개정판

뉴노멀 시대를 선도하는 전도 바이블

개정판

뉴노멀 시대를 선도하는

전도 바이블

하도균 지음

목차

들어가는 말   10

제 1 부 복음전도를 위한 준비   13

Chapter 1. 복음전도의 정의 : 복음전도란 무엇인가?   15
- 복음전도의 문자적 의미   16
- 복음전도의 성경적 의미   19
- 로잔 선언에 나타난 복음전도의 의미   25
- 복음 전도의 영적 의미   30
- 중요한 복음 전도의 정의들   36

Chapter 2. 복음전도에 관한 오해 : 복음전도가 왜 부담스러운가?   42
- 복음 전도에 관한 일반적인 오해들   42
- 오해1 - 교회 다니면 누구나 전도해야 된다?   47
- 오해2 - 특별한 준비나 경험이 없어도 된다?   51
- 오해3 - 전도는 교회 부흥의 수단과 방법이다?   54
- 오해4 - 보이는 열매가 모든 것이다?   58

Chapter 3. 복음전도의 이유 1 : 타락과 구속의 관점에서   62
- 죄인을 향한 하나님의 구속적 노력 때문   62
- 예수 그리스도의 대속적 죽음 때문   72
- 인간의 죄악과 하나님의 심판 때문   80
- 복음전도의 결과 때문   83
- 전도하지 않는 죄를 짓지 않기 위함   87

Chapter 4. 복음전도의 이유 2 : 지상명령의 실천적 관점에서 94
  - 지상명령의 선포자와 수행자 95
  - 지상명령의 재해석들과 그 문제점 97
  - 지상명령의 궁극적 목표와 복음전도의 상관관계 100
  - 지상명령에 나타난 복음전도의 과정 102
  - 지상명령과 약속 108

제 2 부 복음전도를 위한 동력들 111

Chapter 5. 복음전도의 기본 동력으로서 복음 1 : 십자가의 관점에서 113
  - 십자가에 담겨 있는 이중적 의미 114
  - 누구를 위한 십자가인가? 117
  - 세상 사람들에게 비친 십자가 121
  - 영적 승리의 통로가 되는 십자가의 능력 124
  - 영적 회복의 통로가 되는 십자가의 능력 129

Chapter 6. 복음전도의 기본 동력으로서의 복음 2 : 133
          하나님 나라의 관점에서
  - 복음전도와 하나님 나라의 상관관계 134
  - 복음의 내용으로서 예수께서 선포한 하나님 나라 137
  - 복음의 내용으로서 바울이 선포한 하나님 나라 140
  - 하나님나라 복음과 성령의 상관관계 143
  - 오늘날 잃어버린 복음, 하나님 나라 146

Chapter 7. 복음전도의 기본 동력으로서의 성령 : 능력 있는 150
          복음전도를 위하여

- 복음전도를 위한 성령의 약속 150
- 약속한 성령의 경험과 전도의 활성화 152
- 전도자를 위한 성령의 역할 155
- 피전도자를 위한 성령의 역할 160
- 성령의 역사가 없는 전도의 현상들 164

Chapter 8. 복음전도의 기본 동력으로서의 사랑 : 본질적 복음 전도를 위하여 166
- 복음전도의 모형으로서의 사랑 167
- 웨슬리가 이해한 복음전도의 동기로서의 사랑 173
- 웨슬리 구원론의 근간을 이루는 삼위 하나님의 사랑 177
- 웨슬리가 실천한 사랑을 통한 복음전도의 과정 181
- 사랑의 실천을 통한 복음전도의 내연확대 185

제 3 부 복음전도의 실제 191

Chapter 9. 복음전도의 기본적인 방법 : 전도는 어떻게 해야 하는가? 193
- 관계 형성의 중요성 194
- 전도의 접촉점 만들기 195
- 복음 스토리 나누기 199
- 결신을 통한 영적 출산 204
- 양육을 통한 영적성장과 재생산 208

Chapter 10. 복음전도를 위한 피전도자 이해 : 누구에게 전도해야 하는가? 211
- 복음의 수용성에 따른 피전도자들의 분류 212

- 복음에 수용적 부류와 비수용적인 부류들 … 215
- 복음에 수용적인 부류에 속한 사람들 … 217
- 복음에 수용적인 사람들을 위한 전도 … 219
- 복음에 비수용적인 사람들을 위한 전도 … 223

Chapter 11. 복음전도를 위한 기본적인 반대질문 처리법 : 어떻게 … 228
대답해야 하는가?
- 반대질문이 들어오지 않도록 준비하라 - 전도자의 확신 … 229
- 반대질문을 분류하라 … 233
- 반대질문 처리의 과정과 기본적인 태도 … 237
- 반대질문을 처리하는 기본적인 방법 … 241
- 반대질문 처리시 주의해야 할 점 … 244

Chapter 12. 복음전도를 위한 교회 공동체성의 회복 : 교회는 무엇을 … 248
준비해야 하는가?
- 교회의 본질적 구성요소로서의 공동체성 … 249
- 교회 공동체성과 복음전도와의 관계 … 252
- 공동체성의 핵심요소로서 코이노니아 … 254
- 성령의 코이노니아 사역과 복음전도 … 257
- 코이노니아의 회복을 통한 복음전도 활성화 … 260

제 4 부 시대를 관통하는 복음전도의 본질 … 265

Chapter 13. 교회 개혁과 복음전도 : 교회의 본질 회복을 통한 … 267
복음전도
- 교회 갱신과 복음전도의 상관성 … 268

- 18세기 영국국교회의 문제점과 웨슬리의 갱신운동 277
- 웨슬리의 교회 갱신의 특징 280
- 웨슬리의 교회 갱신과 복음전도의 실제 283
- 웨슬리의 교회 갱신 운동의 적용 286

Chapter 14. 사회적 책임과 복음전도 : 교회의 공공성 회복을 통한 289
　　　　　　복음전도
- 복음전도와 사회적 책임의 유산 290
- 웨슬리의 유산으로서 복음전도와 사회적 책임 294
- 통전적인 복음전도의 신학 재정립과 전도 교육 304
- 통전적 복음실천을 위한 교회의 구조 확립과 제도 306

Chapter 15. 다문화 교회와 복음전도 : 교회 구성원의 회복을 통한 310
　　　　　　복음전도
- 다문화 사회의 이해와 한국적 다문화 사회의 특징 311
- 다문화 사회에 관한 성경적 고찰과 교회의 책임 316
- 성공적인 다문화교회의 정착을 위한 노력 321
- 다문화 사회속에서 효율적인 복음전도 전략 326

Chapter 16. 성결한 사랑과 복음전도 : 신앙의 본질의 회복을 통한 333
　　　　　　복음전도
- 변화되는 사회속에서 교회의 역할 334
- 성결과 사랑의 관계 338
- 성결한 사랑과 복음전도 342
- 성결한 사랑을 통한 복음전도의 원리 345

제 5 부 변화하는 시대의 복음전도의 전략들   353

Chapter 17. 세속화 시대의 복음전도 : 세속화에 따른 대응 전략   355
- 세속화란 무엇인가?   356
- 교회 속에 나타난 세속화   359
- 세속화로 전도를 어렵게 만드는 요인들   362
- 세속화 시대에 효율적이고 능력 있는 복음전도의 전략   368

Chapter 18. 다종교 시대의 복음전도 : 종교 다원주의에 따른 대응 전략   377
- 다종교 사회의 형성과 도전   378
- 다종교사회와 복음주의 기독교   387
- 다종교 사회에서 효율적인 복음 전도 전략   394

Chapter 19. 뉴노멀 시대의 복음전도 : 새로운 일상에 따른 대응 전략   403
- 현재까지 복음 전도에 관한 개관   404
- 뉴노멀 시대 복음 전도를 위한 준비   408
- 뉴노멀 시대 효율적인 전도방법 제안   412

Chapter 20. 메타버스 시대의 복음전도 : 온라인 공간 활성화에 따른 대응 전략   422
- 온라인 공간의 활성화가 가져온 변화   423
- 온라인 공간의 활성화에 따른 복음 전도 전략   427
- 온라인 공간을 통해 집중해야할 전도 대상자   432

미주   437

들어가는 말

변화하는 세상에 효율적인 복음 전도!

예상치 못한 코로나 시기를 거치며 많은 사람들이 두려움을 가지고 혼란을 겪고 있습니다. 각자 자신의 삶에서 이러한 일들은 처음 경험하는 일이기 때문입니다. 그렇기에 변화하는 새로운 시대에 맞는 새로운 삶의 방식들이 나오고 있습니다. 변화하는 세상에 변화하는 방법이 필요하다는 것입니다. 이러한 변화는 교회에서도 감지되고 있습니다. 말들이 많이 있지만, 온라인 예배가 뗄 수 없는 요소로 자리 잡아가고 있고, 온라인을 통한 교육과 전도 등 멀티미디어의 중요성이 새삼 다시 인식되고 있습니다. 그러나 교회마다 가장 어려움을 겪고 있는 것은 전도입니다. 코로나를 지나며 온라인에 숨어버린 성도들이 많이 있고, 또 신앙이 연약한 분들은 이 기회에 교회로부터 떨어져 나간 사람들도 있기 때문입니다. 더구나 대면의 만남을 기피하는 현상 때문에 전도가 더 어려워진 것도 사실입니다. 그렇기에 어떻게 전도할 수 있을까? 어떻게 변화하는 시대에 맞는 효율적인 전도를 할 수 있을까? 고민이 많습니다.

이러한 질문에 도움을 드리고자 전도 바이블 개정판을 출판하게 되었습니다. 기존의 [전도바이블]에 충분한 전도의 이론들과 방법들이 담겨져 있지만, 개정판에는 변화하는 시대에 효율적으로 전도하기 위한 이론과 방법들이 덧붙여진 것입니다. 그러나 분명한 것은, 이 시대에 꼭 맞는 새로운 전도 방법은 없다는 것입니다. 왜냐하면 복음의 내용은 불변하기 때문입니다. 그러므로 시대를 분석하고 그 시대에 적합한 접촉점을 제시할 수 있으면 전도는 효율적으로 할 수 있습니다. 복음에는 능력이 있지만, 능력 있는 복음을 전달하기 위해서는 세상과의 접촉점을 만들어야 하기 때문입니다. 보통 전도자들이 쉽게 무시할 수 있는 부분이 바로 이 부분입니다. 접촉점을 만들어 내기 위해서는 시대와 문화의 분석, 그리고 세상의 흐름을 파악하여야 접촉점을 만들어 낼 수 있기 때문입니다. 어려운 작업이기는 하지만, 세상을 알아야 접촉점을 만들어 낼 수 있습니다. 접촉점을 형성하였다는 것은 피전도자들의 마음을 여는 행위와도 같습니다. 공감대가 형성되었다는 것이지요. 그때 복음은 능력있게 전달될 수 있습니다.

  이를 위하여 본 저서는 이 시대를 주도하고 있는 '다문화' '다종교' '세속화' '종교다원주의' '메타버스' '뉴노멀' 시대를 분석하여 이론을 제시하였고, 어떻게 접촉점을 형성할 수 있을지를 제안하였습니다. 불안하고 낯선 경험을 하는 시대는 심리적으로 볼 때 복음에 수용성이 있는 시대입니다. 낯설고 두려움 때문에 그것을 벗어날 수 있는 초월자를 원하는 시대이기 때문입니다. 그렇기에 코로나를 경험하고 있는 지금 이 시대가 전도에 더 효율적인 시대라고 할 수 있습니다. 그러나 복음의 수용적인 시대가 되었다고 할지라도 사람들이 자발적으로 교회를 찾아오지는 않습니다. 그들의 눈높이에 맞추어 찾아가 접촉점을 형성하여야 합니다. 그때 그들의 마음이 열어지고 하나님을 알 수 있는 기회를 갖게 됩니다. 본 저서를 통하여 세상과 접촉점을 만들고 효율적으로 전도하여 영혼을 구원하는데 도움이 되었으면 합니다.

  본 저서는 복음 전도의 전문 서적으로서 이론과 실천을 겸비한 책입니다. '성경적이고 신학적인 이론이 없는 실천은 껍데기에 불과하며, 실천이 뒤따르지 않는 성경적이고 신학적인 이론은 공허하다'는 큰 전제를 가지고 저술되었습니다. 그 덕에 여러 신학대학에서 전도학 교재로 사용되고 있습니다. 본 저서를 통하여 복음적인 이론을 바탕으로 열정적인 실천을 겸비하여 주님의 유언과도 같은 지상명령이 능력있게 성취될 수 있기를 소원합니다.

제 1 부

복음전도를 위한 준비

Chapter 1

복음전도의 정의
- 전도란 무엇인가?

주님의 지상명령인 전도를 중요하지 않다고 여기는 교회와 그리스도인들은 거의 없습니다. 또한 많은 그리스도인들이 전도하여 영혼을 구원하기 위해 노력합니다. 그러나 전도를 강조하고 독려하는 교회와 기독교 단체들, 그리고 현장에서 전도하고 있는 그리스도인들 모두 전도를 정확하게 인식하는 일은 매우 중요합니다. 정확한 의미의 규정 없이는 그 의미에 걸 맞는 효율적인 실천이 따를 수 없고, 실천적인 행동들에 관한 평가도 불가능합니다. 모든 학문적이고 실천적인 일들은 정확한 개념의 규정을 시작으로 그것을 실천하기 위한 실천적인 행동들이 따르게 되어 있습니다. 또한 '전도'라는 개념의 정의 없이 전도가 행해질 때, 주객이 전도되어질 수 있습니다. 즉 전도가 마치 교회성장의 수단처럼 취급되어지기도 하고, 또한 사람을 끌어 모으는 방법으로 전락하는 경우가 종종 생기기도 하는 것이지요. 그러나 분명한 것은 '전도'는 교회성장의 수단도 아니요! 사람을 끌어 모으는 방법도 아니라는 것입니다. 그러면 전도는 어떻게 정의할 수 있을까요?

복음전도는 인도와 다르다 - 문자적 의미

1. 복음전도는 기독교의 도(道)를 전하는 것입니다.

우리 한글의 '전도(傳道)'라는 단어를 문자 그대로 풀자면 '도(道)를 전(傳)하는 것'입니다. 따라서 기독교에서 말하는 전도(傳道)란 기독교의 도(道)를 전(傳)하는 것이라고 정의할 수 있습니다. 이렇게 본다면 전도(傳道)라는 용어는 기독교에서만 사용하는 단어는 아니라는 것을 알 수 있습니다. 왜냐하면 사회 공동체 안에 있는 어떠한 단체나 모임에도 그들을 유지하고 지탱하는 도(道)가 있기 때문입니다. 예를 들자면, 우리는 흔히 '야구 전도사(傳道師) 이승엽'이라는 말을 들어 보았을 것입니다. 이승엽 선수가 너무나도 야구를 잘하고 또 승부사적인 기질이 있어서 가장 중요할 때 해결사의 역할을 톡톡히 하는 모습을 보여주어 많은 사람들에게 야구에 대해 흥미를 갖게 하고 친근감을 느끼게 해주었기에 붙여진 수식어입니다. 야구계에서 본다면 이승엽 선수는 야구를 전하는 전도자와 같은 사람입니다.

그렇습니다! 이렇듯 전도(傳道)라는 말은 기독교에서만 사용하는 단어는 아닙니다. 그리스도인들끼리만 모여서 전도라는 말을 사용할 때에는 그 단어가 세상적인 단어와 구분되어 기독교적인 단어로 사용될 수 있지만, 이 단어가 세상의 단어와 구분되어지기 위해서는 기독교의 핵심적인 의미를 담은 기독교적 단어가 필요합니다. 그래서 이와 같은 인식을 가지고 있는 그리스도인들은 전도(傳道)라는 말 앞에 복음(福音)이라는 말을 붙여 사용하기도 합니다. 즉 '복음전도(福音傳道)'라는 단어가 되는 것이지요. 즉 기독교의 도(道)는 복음(福音)임을 강조하며[1] 그 복음(福音)을 전하는 것이 기독교의 전도(傳道)라는 것입니다. 이러한 '복음전도'라는 단어의 사용은 한글의 기독교적인 표현을 위해서만이 아니라, 이것이 성경적인 의미이기도 하기 때문입니다.[2]

'복음전도'라는 말을 가장 먼저 사용한 사람은 챨스 아담스(Charles Adams)입니다. 그는 1850년에 자신의 저서 [19세가 중엽의 복음전도](Evangelism in the Middle of the Nineteenth Century)에서 처음으로 사용하였고, 1888년 아더 T. 피어슨(Arthur T. Pierson)이 쓴 [복음전도 사역의 원리와 실제](Evangelistic Work in Principle and Practice)라는 책에서 다시 사용되었습니다. 그 후 이 단어는 복음주의적인 문헌에서 널리 사용되어 왔습니다.[3]

이상에서 보자면, 전도란 사람들을 교회의 성장을 위하여 교회로 데리고만 오는 인도(引導)와는 거리가 있음을 알 수 있습니다. 물론 성경에 보면, 빌립이 나다나엘을 예수께로 인도한 "와 보라(Come and See)"는 전도(요한복음 2:43-46)가 있기는 합니다. 그러나 빌립의 전도방식 역시 사람을 데리고만 오지 않았음을 알아야 합니다. 그는 먼저 예수가 어떤 분이신지 경험했고, 또 예수께 오면 어떠한 기쁨과 소망이 생겨날지를 알았기에 의미 없이 무턱대고 동원가치처럼 사람들을 예수께로 데리고 오지 않았습니다. 예수를 분명히 소개하였고 그 대상을 예수께로 데리고 온 방법이 "와 보라"는 것이었습니다.

2. '인도'를 복음전도의 의미로 강조할 때 일어나는 일들

전도한다는 것은 교회의 성장을 위하여 사람들을 교회로만 데리고 오는 인도와 사뭇 다릅니다. 교회의 성장을 위하여 사람을 인도하는 것은 그 자체로서 목적이 있는 행위입니다. 다시 말하자면, 그 목적이 '복음을 전하여 영혼을 구원하며 하나님께 영광을 돌린다'[4]는 전도의 궁극적인 목적과 유사할 수는 있지만, 그 자체로서 '지역 교회의 성장' '숫자적 부흥'이라는 또 다른 강력한 목적을 지니고 있다는 것입니다. 그런데 교회 지도자들이 '전도하자'는 명목 아래서 전도의 궁극적인 목적보다는 '교회 성장'이라는 목적을 전도의 목적으로 인식시켜 교육하게 될 때에 성도들은 가장 중요한 전도 본래의 목적을 상실한 채, '숫자적인 부흥', 그리고 '빈자리 채우기'라는 차원에만 매어

달릴 수 있습니다.

　물론 수적 부흥과 빈자리를 채우는 것을 위해 사람들을 인도하는 것이 잘못되었다는 것만은 아닙니다. 그리고 그것을 비판하려고 하는 것도 아닙니다. 그렇게 해서 부흥하는 교회들도 많이 있습니다. 그러나 역효과가 너무 큽니다. 그 역효과란, 지속적으로 전도하며 생활해야 할 그리스도인들이 전도해야할 동력을 상실한 채, 일회적인 전도나 일시적인 전도에만 그칠 수 있는 것입니다. 전도는 한번 전하고 끝날 것이 아닙니다. 주님께서 이 땅에서 우리를 부르실 그날까지, 그리고 세상이 복음화 될 때 까지 행해야할 명령입니다. 그리고 전도자는 한 영혼을 구원함으로 하나님께 영광을 올려 드리며 주님이 주시는 복음의 능력과 기쁨을 맛볼 때 지속적으로 죽은 영혼을 살리고자 하는 힘을 얻을 수 있는데, '교회성장'이 목적이 되었을 때 전도자들에게 오는 성취감과 동력이란 자신들이 이루어 놓은 업적에 있다는 것을 알아야 합니다. 즉 영혼구원을 통해 하나님께 영광을 올린다는 전도의 궁극적인 목적과는 상반된 인간의 업적에 대한 성취감이라는 결과가 도출될 수 있다는 것입니다. 그렇게 되어 질 때 결국 전도란 성령의 도우심이나 역사가 아닌 자신의 일에 대한 성취로 각인되어질 수 있습니다. 이것이 '주객이 전도'된 결과입니다. 이렇게 전도하는 성도들은 쉽게 지칠 수 있고 자신의 힘이 소진되었을 때 '전도'라는 단어가 무섭게, 그리고 부담스럽게 다가올 수 있습니다.

　많은 교회에서 '전도해도 안 된다', '전도가 힘들다', '전도가 부담스럽다'라고 말들이 나오곤 하는데, 대부분의 경우에는 전도를 잘 알지 못하고 실천하는 데에서 오는 부작용일 수 있음을 부인할 수 없습니다. 그러므로 전도의 방법으로 인도는 가능하지만, 전도와 대등한 개념으로서 인도가 전도를 대체할 수 없음을 알아야 합니다. 다시 한 번 각인하자면, 복음전도란 문자적인 의미에서 볼 때 기독교의 도(道)인 복음을 전하는 것입니다.

복음전도는 기쁜 소식, 복음을 전하는 것이다 - 성경적 의미

1. 성경적 어원의 의미

'전도'라는 의미를 가지고 신약성경에 사용된 단어는 한 단어만이 아닙니다. 많은 단어들이 '전도'와 연관되어 있습니다. 그러므로 이 단어들을 모두 조사하고 어원을 조사해서 전도를 정의한다고 하는 일은 방대한 일로 지면의 관계상 용이하지도 않을뿐더러, 본 저서가 추구하고자 하는 1차적인 목표도 아닙니다. 그러므로 본 저서에서는 '전도'라는 용어로 주로 사용된 핵심적인 단어만을 조사하여 성경적인 '복음전도'의 의미가 무엇인지를 밝히고자 합니다.[5]

신약성경의 여러 저자들은 전도의 다양한 행위를 묘사하기 위하여 40여종의 많은 유사어(類似語)를 사용하여 '전도'를 표현하였지만, 주로 사용된 단어는 유앙겔리온($ευαγγελιον$) 이라는 단어이며, 케류소($κηρυσσω$)와 마르튜레오($μαρτυρεω$) 라는 단어와 함께 신약성경에서 전도의 의미를 표현한 3대 단어라고 부릅니다.[6]

케류소($κηρυσσω$)

먼저 '선포하다'의 의미를 지닌 케류소($κηρυσσω$)라는 단어를 살펴보면, 선포되어지는 핵심적인 내용이 하나님의 기쁜 소식이었습니다.[7] 그러므로 '선포하다'의 의미를 지닌 '케류소'라는 단어가 사용된 구절들은 전도의 본질적인 의미인 기쁜 소식을 전하는 것과 동일한 의미로 사용된 것을 알 수 있습니다. 즉 이 단어가 사용될 때, 주로 선포되어지는 내용 면에서 있어서는 예수가 절대적으로 중심을 차지하며, 그렇기에 '선포한다'는 단어는 곧 잘 '복음화 한다'는 말과 동일하게 여겨지며 사용되기도 하였습니다.[8] 그러므로 신약성서에서 '케류소'라는 단어는 '복음을 전하다', '기쁜 소식을 전하다'라는 말과 동일시하게 되었던 것입니다.[9]

마르튜레오 (μαρτυρεω)

이 단어는 법적인 단어입니다. 법정 앞에서 자신이 보고 경험한 것을 한 치의 오차도 없이 증거 하는 것의 의미가 여기에 포함되어 있습니다. 그렇다면 어떠한 내용을 법정에 선 사람과 같이 한 치의 오차도 없이 증거 해야 하는 것일까요? 이것은 누가복음 24장 46-48절에 나타난 내용을 본다면 분명해 집니다. "이같이 그리스도가 고난을 받고 제 삼일에 죽은 가운데서 살아날 것과 또 그의 이름으로 죄 사함을 받게 하는 회개가 예루살렘에서 시작하여 모든 족속에게 전파될 것이 기록되었으니 너희는 이 모든 일에 증인이라" 이 구절은 그리스도인들이 어떤 일에 증인이 되어야 함이 명약관화하게 나타나 있습니다. 그것은 예수가 메시아라는 것과 예수의 수난과 죽음, 그리고 부활을 통하여 성경이 성취되었으며 예루살렘을 비롯한 모든 나라에 예수님의 이름으로 회개하고 신앙을 가지는 것의 증인이 되라는 것입니다. 이러한 의미는 비록 누가복음이 아니라도 다른 복음서들과 사도행전에서도 이 단어가 동일한 의미로 사용된 것을 볼 수 있습니다.[10] 그러므로 '마르튜레오'는 '복음을 전하다'라는 의미를 표현하는데 주요한 단어로 사용되었지만, 앞의 '케룩소'라는 단어와 비교해 볼 때 관점과 강조점의 차이로 그 의미들이 더 다양하게 표현되고 있음을 볼 수 있습니다.

유앙겔리온 (ευαγγελιον)

그렇다면 신약성서에서 '복음전도'라는 의미를 담아 가장 많이 사용되어진 '유앙겔리온'이라는 단어는 어떠한 의미가 담겨져 있을까요? 헬라어로 '유앙겔리온'은 두 단어의 합성어(合成語)입니다: 유(좋은)와 앙겔리온(메시지를 전하다, 선포하다, 광고하다)의 합성입니다. 결국 이 합성어의 의미는 명사로 쓰일 때는 '좋은 소식' 즉 '복음'을 의미하며, 동사로 쓰일 때는 '좋은 소식을 전하다'이고, 사람으로 쓰일 때는 '좋은 소식을 전하는 자'가 됩니다. 특히 '좋은 소식을 전하는 자'의 의미로 쓰여진 유앙겔리테스($ευαγγελιστες$)는 신약성경에서 세 번 사용되었는데, 사도행전 21장 8절에서는 '전도자'로, 에베소서 4장 11절에서는 '복음을 전하는 자'로, 그리고 디모데후서 4장 5절에서는 '전도인'으로 각각 번역되었습니다. 그러므로 '유앙겔리온'과 그 파생어는 '전도,' '전도하다' 및 '전도자'의 의미로 번역될 수 있는 것입니다.[11]

그러면 무엇이 기쁜 소식일까요? 여기에 대해서 가장 먼저 신학적인 답을 주려고 했던 사람이 찰스 도드(Charles H. Dodd)입니다. 그는 자신의 저서 [사도적 설교와 발전](The Apostolic Preaching and Its Development)에서 좋은 소식의 핵심이 예수 그리스도이며 그분의 대속적인 죽음과 부활로 새로운 시대를 여셨다는 것을 강조하였습니다.[12] 즉 예수 그리스도의 도래와 그분의 십자가와 죽으심과 부활을 통하여 기쁜 소식이 시작되었으며 그 일을 통하여 누구든지 믿음으로 받아들이는 자는 예수께서 시작하신 새로운 시대를 경험하고 누릴 수 있다는 것입니다. 그리고 그 소식을 전하는 것이 복음전도입니다.

'유앙겔리온'이라는 단어가 어떻게 나오게 되었는가를 고찰하면 '기쁜 소식을 전하는 것'의 의미를 좀 더 명확히 알 수 있습니다. '유앙겔리온'은 로마시대 전쟁터에서 승리를 전하는 나팔소리를 나타내는 말이라고 합니다. 전쟁터에서 모든 군인과 백성이 목숨을 걸고 전쟁을 하고 있는데 이미 전쟁에서 이겼다는 소식을 나팔소리가 들려온다면 얼마나 기쁘겠습니까? 바로 이것이 기쁜 소식, 즉 복음인 것입니다. 이것은 누가 지시하지 않더라도 서로 전하려고 할 것입니다. 복음의 위대함이 여기에 있습니다. 우리가 이 세상을 살아갈 때에 죄와 정욕, 그리고 욕심과 나약함 등 많은 것들과 싸워 나갑니다. 그러나 복음의 기쁜 소식은 우리가 더 이상 싸울 것이 없다는 것을 알려주는 기쁜 소식입니다. 이미 전쟁은 끝났기 때문입니다. 왜냐하면 우리의 예수님께서 십자가에 달려 죽으시고 부활하시므로 인간의 싸움을 이기시고 완성하셨기 때문입니다. 이 기쁜 소식을 전하는 것이 복음전도의 핵심입니다.

　이상의 세 단어의 의미를 요약하여 성경적인 '복음전도'의 의미를 정의하자면 다음과 같습니다. 먼저 '케류소'는 하나님의 기쁜 소식을 선포하는 것이 이 단어가 가지고 있는 주된 의미였는데, 그 기쁜 소식의 핵심은 예수 그리스도였습니다. 다음으로 '마르튜레오'는 법정의 용어로서, 제자들이 경험하고 목격한 예수그리스도가 메시아이며 그분의 고난과 죽으심 그리고 부활에 관한 기쁜 소식을 증언하는 일이 그 주된 의미였음을 살펴보았습니다. 마지막으로 '유앙겔리온'은 두 단어가 합성된 것으로서 '기쁜 소식, 즉 복음을 전하는 것'이 그 주된 의미였음을 고찰하였습니다. 이렇게 본다면 신약성경에서 '복음전도'의 의미를 가지고 주로 사용되었던 3대 단어 모두가 공통적인 의미를 포함하고 있음을 봅니다. 그것은 '기쁜 소식을 전하는 것' '예수가 하신 기쁨의 소식을 전하는 것'이 복음전도라는 것입니다. 이것이 복음전도의 성경적인 의미입니다.

2. 성경적 의미의 실제적 적용

　이상에서 '복음이 무엇인가?'라는 질문에 대해서 기쁜 소식이라고 답할 수 있음이 밝혀졌습니다. 왜냐하면 '복음' 혹은 '복음전도'로 주로 사용된 '유앙겔리온'이라는 단어가 '기쁜 소식'이라는 의미를 가지고 있기 때문입니다. 이 의미를 　전도의 현장에 적용할 때, 분명히 언급하고 넘어가야 할 부분이 있습니다. 복음전도를 한다고 하는 것은 기쁜 소식을 전하는 일이라는 것입니다. 바로 여기에서 전도자가 세상을 향해 당당하고 떳떳하며 자신감이 있어야 할 이유가 생겨납니다. 전도는 억지로 가기 싫어하는 사람들을 교회로 인도하는 것이 아니라, 세상 사람들이 들으면 가장 기뻐할 소식을 전해주는 것이기 때문입니다.

제가 출석하는 교회 근처에 아주 맛있는 산채나물 뷔페집이 있습니다. 저는 가끔 동역자들과 함께 그곳에서 점심식사를 하면서 만족해하곤 합니다. 왜냐하면 점심때만 되면 무엇을 먹을까가 고민이었는데, 만족할만한 가격에 맛있고 서비스 좋은 집을 발견하였기 때문입니다. 가격이 4900원인데 매일 다른 종류의 돌솥 밥이 나와서 마음껏 먹을 수 있고, 또 냉면과 소면을 마음껏 먹을 수 있으며 60여 가지가 되는 산채나물들도 마음껏 먹을 수 있습니다. 소비자가 그 식당에서 먹을 수 있는 메뉴나 종류를 본다면 가격이 결코 비싼 것이 아님을 알 수 있습니다. 그리고 서비스도 좋습니다. 제가 한번 그곳에 식사를 하고 나서는 그 집을 홍보하는 사람이 되어 버렸습니다. 너무도 좋은 것을 먹고 경험하였기 때문입니다. 그 식당에서 저를 홍보대사로 위촉하지 않았지만 제가 스스로 알아서 하는 일입니다. 그런데 제가 그 식당을 소개시켜 준 사람들은 어김없이 그 식당을 다녀와서는 좋은 곳을 소개시켜 주어서 고맙다고 인사를 합니다. 너무 좋은 일입니다.

성경적인 의미의 복음전도가 이와 같습니다. 내가 경험한 기쁜 소식을 알지 못하는 사람들에게 전해주는 것이 복음전도라는 것입니다. 그러니 부담감도 없습니다. 누구나 그 소식을 듣는다면 나와 같이 기뻐할 것이기 때문입니다. 누가 시켜서가 아니라, 자연적으로 전하게 되어 있습니다. 성경적인 복음전도는 이와 같이 하여야 합니다. 그리고 그 소식을 들은 자는 나에게 감사할 것이며, 자연스럽게 또 다른 사람들에게 전하게 되어 있습니다. 좋은 것은 전염성이 강하기 때문입니다. 이렇게 본다면, 왜 복음전도가 부담되고 어려운 것인가에 대한 답을 얻을 수 있습니다. 그것은 전도자가 복음, 즉 기쁜 소식을 경험하지 못했거나 그 경험이 너무 오래되었기 때문입니다. 경험 없이 이론적으로만 전하려고 하니 부담감이 생기고 어려움이 생기는 것입니다. 기쁜 소식을 이론적으로만 알고 있는 사람이 자연스럽게 기쁨을 가지고 전하기에는 어려움이 있을 수 있기 때문입니다. 그러므로 복음전도의 훈련은 사람들로 하여금 복음, 즉 기쁜 소식을 경험하게만 해주면 자연스럽게 복음전도로 연결되어질 있다고 할 수 있습니다. 복음전도 훈련에 있어서 가장 중요한 부분이 바로 이 부분입니다. 복음을 경험케 해주는 일입니다.

그렇다면 기쁜 소식을 경험하게 해준다는 것은 무엇을 의미하는 것일까요? 이것을 알기 위해서는 기쁜 소식의 핵심 내용이 무엇인지를 알아야 합니다. 기쁜 소식의 핵심내용은 이미 복음전도의 성경적인 의미에서 고찰하였듯이, 예수그리스도께서 우리의 죄를 위해서 십자가에서 죽으시고, 그 사실을 믿는 자들을 하나님의 자녀로 확증하시며 천국의 처소를 예비하시기 위해서 부활하신 사건입니다. 즉 복음의 핵심 내용은 예수그리스도의 십자가의 죽으심과 부활 사건이라는 것입니다. 그러므로 복음, 기쁜 소식을 경험케 해준다는 것은 예수님께서 십자가에서 죽으신 사건과 부활하신 사건을 말해줌으로 그것을 믿고 받아들이도록 하는 일입니다.

왜 예수님의 죽으심과 부활이 기쁜 소식이 될까요? 우리 인간의 모든 문제는 죄에서부터 기인되었는데, 그 죄의 문제를 해결할 수 있는 방법은 나의 죄를 위해서 직접 죽어주신 예수 그리스도의 십자가 밖에 없기 때문입니다. 그러므로 예수님의 십자가 사건이 나를 위한 사건임을 깨달아 믿고 받아들일 때 나의 죄 문제가 해결되어 집니다. 죄의 문제가 해결되면 우리는 더 이상 우리가 우리 자신의 연약함과 한계 때문에 싸울 필요가 없고 참된 평안과 기쁨을 맛볼 수 있습니다. 세상의 돈이 우리에게 궁극적인 기쁨이 될 수 없습니다. 그리고 세상의 관계와 세상의 권세와 지위가 우리에게 궁극적인 기쁨이 될 수 없습니다. 그 모든 것을 가진 사람들도 '죄'라는 궁극적인 죄의 문제가 해결되지 않으면 힘들고 답답하며 날마다 자신과 싸우며 괴로운 삶을 살아갑니다.

그러나 죄의 문제가 해결된 사람은 세상 사람이 웃을 수 없는 웃음을 웃을 수 있으며 참 소망을 가질 수 있습니다. 또한 예수님의 부활이 기쁜 소식이 되는 이유는, 하나님의 자녀들인 우리가 이 세상을 살아갈 때에 살아계신 예수그리스도의 보호하심과 인도하심, 그리고 공급하심을 경험하며 살아가고, 이 세상을 떠날 때에 살아계신 예수님이 마련하신 천국으로 갈 소망이 있기 때문입니다. 이것이 이 땅을 살아가는 우리에게 모든 기쁨과 소망이 됩니다. 이보다 더 큰 기쁨과 소망은 있을 수 없습니다. 이것은 맛본 사람만이 알 수 있고 누릴 수 있는 것입니다. 그러므로 그 기쁨을 경험한 사람들은 세상에서 힘들고 어렵게 살아가는 사람들을 보며 자연스럽게 자신의 경험을 나누어 주는 것입니다. 이것이 성경적인 전도입니다.

복음전도는 선포하는 것만이 아니다 - 로잔선언의 복음전도의 의미

복음전도가 무엇인지를 정의하는 것에 대해서 모든 사람들의 의견이 다 일치하는 것은 아닙니다. 조금씩 차이는 있습니다. 어떤 사람들은 복음을 가지고 있는 그리스도인들이 이 사회에 현존해 있는 것 자체가 복음전도라고 생각합니다. 다른 사람들은 복음을 선포하는 것을 복음전도로 정의하기도 합니다. 또 다른 사람들은 복음전도가 사람들이 회심을 할 때에만 이루어지는 것이라고 합니다. 그래서 복음주의적 교회 지도자들은 복음전도에 대한 일치된 정의를 찾고자 노력하였고, 그 결과 1974년 스위스 로잔에서 전 세계에 있는 복음주의자들이 모여 이 일을 했습니다. 그리고 성명서를 채택하여 발표하였습니다. 이것이 로잔선언문입니다.

1. 로잔 선언문에 있는 복음전도에 관한 정의

로잔선언문이 전도의 정의에 있어서 중요한 이유는, 이것보다 더 광대하고 포괄적인 정의가 없다는데 있습니다. 또한 이전의 자유주의 신학자들에게 공격을 받았던 부분에 관한 반성과 고찰도 담겨있기 때문입니다. 이전까지 복음주의 자들의 복음전도의 방식은 일방적으로 복음을 선포하는 것이었습니다. 하지만 영혼을 사랑하여 구원하고자 복음을 선포하는 일이라면, 대상자들이 가장 잘 받아들일 수 있도록 삶 속에서 영향을 나타내 도움을 주고, 관계를 형성하며, 선포 후에도 그들이 받아들일 수 있도록 노력을 기울여야 함을 깨달은 것입니다. 이모든 성찰이 담겨있는 전도의 정의가 로잔선언문에 있습니다. 이 선언문은 굉장히 포괄적이지만 핵심적이라고 할 수 있는 부분을 소개하여 정리하자면 다음과 같습니다.

> "전도한다는 것은 기쁜 소식을 널리 퍼뜨리는 것인데, 기쁜 소식이라 함은 예수 그리스도께서 성경대로 우리의 죄를 위하여 죽으시고, 죽은 자로부터 다시 살아나셔서, 통치하시는 주가 되시어 지금도 회개하고 믿는 모든 자들에게 사죄와 성령의 자유케 하시는 은사를 공급하신다는 것이다. <u>전도를 위하여 그리스도인은 반드시 세상에 속해 있어야 하며</u>(현존) 사람들을 이해하기 위하여 마음을 기울여 대화를 나눌 필요가 있다. 그러나 <u>전도 그 자체는 역사적 성서적 그리스도를 주와 그리스도로 선포하여</u>(선포), 사람들로 하여금 개인적으로 그에게 찾아와서 하나님과 화목함을 얻도록 <u>설득하는 일이다</u>(설득). 사람들을 복음에 초대함에 있어서 우리는 제자 된 값을 치러야 한다는 것을 감출 수가 없다. 예수께서는 오늘도 당신을 따르는 모든 사람들로 하여금 자기를 부인하고 자기 십자가를 지고 그의 새 공동체에 속하였음을 분명히 하도록 부르신다. 전도의 결과는 그리스도께의 순종, 교회와의 협력, 세상 안에서의 책임 있는 봉사를 포함한다."[13)]

2. 로잔선언문에 담겨 있는 복음전도의 중요한 요소들

로잔선언문에 나타난 전도의 정의에는 전도가 무엇인지를 가르쳐 주는 핵심적인 세 가지 요소가 있습니다. 그것은 '현존의 전도(Presence)', '선포의 전도

(Proclamation)', '설득의 전도(Persuasion)'입니다.[14] 위의 선언문에서 밑줄을 그은 부분이 바로 그 부분입니다. 이 세 가지 전도의 요소들은 각각 그 자체로서 '전도'라는 말을 붙일 수 있지만, 그 자체로서는 완전한 복음전도의 개념이 아닙니다. 세 가지가 합쳐질 때 온전한 복음전도의 개념이 됩니다. 이 세 가지를 설명하자면 다음과 같습니다.

현존(presence)의 전도

이것은 구원받은 그리스도인들이 구원의 영향력을 주변의 세상에 드러내며 살아갈 때 그 자체가 주변 사람들에게 영향을 주는 전도의 첫 단계라고 할 수 있습니다. 실제로 구원을 경험한 그리스도인들은 이 세상에서 살아갈 때 세상 사람과 똑같이 살아갈 수 없습니다. 그것은 우리 안에 날마다 임재 하시는 성령께서 어떠한 난관도 이겨나갈 수 있는 힘과 능력을 주시고 기쁨과 소망을 주시기 때문입니다. 그래서 구원받은 그리스도인들의 삶은 늘 소망가운데 일하실 하나님의 기대감을 가지고 살아갑니다. 이것이 진정한 그리스도인들의 삶의 모습입니다.[15] 바로 그리스도인들이 이러한 삶의 모습을 세상에 보여줄 때 세상은 그 삶의 모습에 영향을 받고 충격을 받으며 그리스도인들 주변으로 몰려 들 수 있습니다. 매력을 느끼기 때문이지요. 또한 호감이 가기 때문입니다. 그리고 그 이유를 묻기도 합니다.[16] 그리고 좋은 관계가 형성됩니다. 복음을 전할 수 있는 기회를 얻게 되는 것입니다. 이 과정은 전도의 매우 중요한 요소입니다. 그러므로 구원받은 그리스도인들의 '현존'은 세상 사람들과 관계를 형성하고 복음을 전할 수 있는 기회를 얻는 중요한 바탕이 됨을 알아야 합니다.

그러나 분명히 알아야 할 것은, 아무리 세상 사람들에게 호감을 주고 매력을 준다고 할지라도 이러한 삶 자체로만 세상을 구원시킬 수 없다는 것입니다. 그러므로 이러한 관계가 형성되었을 때 그리스도인들은 반드시 복음을 선포하는 다음 단계로 넘어가야 합니다. 복음을 듣지 않고 삶으로만 구원 받을 수 있는 방법은 없습니다. 그러므로 "나는 삶으로 전도하겠습니다."라고 전도의 현장으로 나가는 자리를 피하는 사람들은 진정 복음전도의 개념을 알지 못하는 사람들이라고 볼 수 있습니다. 그 사람들에게는 반드시 이 로잔선언에 나타나 있는 세 가지의 전도의 정의를 말씀해 주십시오.

선포(proclamation)의 전도

아무리 구원받은 사람들의 삶의 모습을 통하여 도전을 받고 영향을 받은 사람이라 할지라도 그 사람에게 복음을 선포되어지지 않고는 구원의 역사가 일어날 수 없습니다. 피전도자에게 주 예수 그리스도의 십자가와 부활의 진정한 의미를 선포되어지고, 또 피전도자가 그 사실을 자신의 것으로 받아들일 때만 구원의 역사가 일어납니다. 그러므로 복음을 선포한다는 것은 복음전도에 있어서 가장 중요한 요소라고 할 수 있습니다. 로잔선언이 있기 이전의 복음주의자들의 전도는 주로 이 부분에만 치중되어 있었고, 또 선포만이 복음전도의 모든 것이라고 생각 되기도 하였지만, 로잔대회를 통하여 반성과 새로운 연구를 통하여 포괄적인 복음전도의 개념을 산출할 수 있었습니다. 하지만 아무리 복음 선포에 대한 반성이 있었다고 할지라도, 이 차원이 복음전도의 가장 중요한 차원임은 누구도 부인할 수 없습니다. 그러므로 선포의 전도는 복음전도의 심장이라고 할 수 있습니다.

설득(persuasion)의 전도

전도자는 복음을 선포한 후에 반드시 복음을 받아들일 수 있도록 설득해야 합니다. 복음전도는 선포하는 데에서만 끝나서는 안 되기 때문입니다. 전도자가 선포한 복음의 내용이 진정 능력이 있고 영생을 줄 수 있는 내용이라면 그것을 들은 피전도자가 그 내용을 받아들이는 결단을 할 수 있도록 관심을 가지고 설득해야 합니다. 복음전도는 피전도자가 복음을 듣고 스스로 결단하여 복음을 받아들이고 회심을 하여야 온전히 마칠 수 있기 때문입니다. 여기까지 되어야 온전한 복음전도라고 할 수 있습니다. 복음은 들었을 때가 주님께로 나올 수 있는 가장 좋은 시간입니다. 그러므로 전도자들은 이 시간을 놓쳐서는 안 됩니다. 만약 이 시간에 복음을 듣고 즉각적으로 주님께 나오지 않는다면 그들은 십중팔구 복음의 내용에 면역이 생겨서 나중에 예수님을 영접하기가 더 어려워 질 수 있습니다. 그러나 설득의 전도가 여기서 끝나는 것은 아닙니다. 전도자는 예수님을 구세주로 모셔 들인 사람에게 교회라는 신앙의 공동체를 소개해야 합니다. 왜냐하면 그는 교회에서 예수 그리스도의 제자로 성숙되어야하기 때문입니다. 교회를 통하여 그 사람은 그리스도에게 순종하는 법과 책임 있는 사회인으로 살아가는 법을 배우게 될 것입니다.[17]

3. 로잔선언의 실제적 적용

이상의 세 가지 차원의 복음전도의 개념을 전도현장의 실제와 연결시켜 그 중요성을 제시하자면 다음과 같습니다. 첫째, '현존의 전도'는 구원받은 그리스도인들의 삶이 바탕이 되어 세상 사람들과 좋은 관계를 형성하는 단계입니다. 관계형성 없이 일방적으로 전하는 복음전도에는 한계가 있습니다. 가장 좋은 관계를 형성할수록, 그리고 가장 뛰어난 삶의 영향력을 보여줄수록 피전도자는 복음을 듣고 회심할 가능성이 크다는 것을 알아야 합니다. 오늘날에도 관계전도가 중요하다고 말하고 있지만, 이미 로잔선언에서 그 중요성을 지적한 것입니다. 또한 그리스도인의 온전한 삶의 현존은 세상을 변화시키고 바꾸어 가는 데에도 중요한 요소가 됨을 인지해야 합니다.

둘째로, '선포의 전도'는 전도의 핵심으로서, 말 그대로 복음의 중요한 내용을 전달해 주는 것입니다. 가장 중요한 부분이기에 전도의 심장이라고 언급하기도 합니다. 이것 없이 회심의 사건은 발생하지 않습니다. 여기서 중요한 것은 전도자가 자신이 전달해 줄 복음의 내용에 능력이 있음을 확신해야 한다는 것입니다. 그때 복음이 효율적으로 전달될 수 있습니다.

셋째로, '설득의 전도'는 복음전도의 마무리 단계로서 피전도자가 복음을 들은 즉시 예수님을 영접할 수 있도록 권고하고 설득하는 것을 의미합니다. 복음을 전했으니 이제 내가 해야 할 일은 끝났다고 여기는 것이 아니라, 그 내용이 피전도자의 인생에 너무 중요한 일이기에 받아들이도록 끝까지 관심을 가지고 요청하는 일을 의미합니다. 그리고 이 부분에서 치열한 영적인 전쟁이 치러질 수도 있습니다. 그러므로 전도자들은 무엇보다도 이 일을 중요시해야 합니다. 열매가 맺히는 시간이기도하기 때문입니다. 그러나 설득의 전도는 여기에서 끝나는 것이 아니라, 회심한 사람에게 교회를 소개하여 그 안에서 예수 그리스도께 순종하는 법과 책임 있는 사회인으로 배워 나갈 수 있도록 해 주어야 합니다. 이렇게 되어 질 때 복음전도는 마무리 되어 집니다.

복음전도는 영적 주인을 바꾸는 일이며 영적 출산이다 - 영적의미

복음전도를 정의할 때 빼놓을 수 없는 정의가 있습니다. 그것은 영적인 의미에서의 정의입니다. 왜냐하면 복음전도의 실제 그 자체가 영적인 영역에서 다루어지는 부분이기 때문입니다. 복음전도는 '기독교의 도'라고 할 수 있는 복음을 전하여 영적인 주인을 바꾸어 놓는 일이며 하나님의 자녀로 만드는 일이기에 영적인 일입니다 그러므로 전도자들은 한 번의 전도가 피전도자들의 운명을 바꾸어 놓는 일임을 명심하여야 하며, 영적인 출산의 행위라는 것을 잊어서는 안 됩니다. 그렇다면 복음전도의 영적인 의미 속에서 우리가 복음전도를 더 깊게 이해하고 주의해야할 부분은 무엇일까요?

1. 복음전도는 피전도자의 영적인 주인을 바꾸어 놓는 일임을 명심해야 합니다.

이미 앞에서 언급하였듯이, 전도는 교회로 사람을 데리고 오는 것만을 의미하지 않습니다. 기독교의 도라고 할 수 있는 복음을 전하여 영혼을 구원하는 일입니다. 복음에는 능력이 있기에, 짧은 시간 복음을 듣는다고 하여도 인격적인 결단을 내려 예수를 구주와 주님으로 영접한다면 영생을 소유한 하나님의 자녀가 될 수 있습니다. 이것을 영적인 의미에서 살펴보자면, 피전도자 자신이 자신의 삶의 주인이 되어 마귀에게 끌려 다녔던 시간에서, 한 순간의 복음의 선포와 한 순간의 인격적인 결단을 통하여 예수님을 인생의 주인으로 바꾸어 놓는 순간이 전도의 시간인 것입니다.

이렇게 볼 때, 사단이 왜 전도를 그렇게 방해하는지 그 이유도 여기서 추론될 수 있습니다. 전도를 한다는 것은 그들의 영적인 지경을 축소시키는 일이기 때문입니다. 영적인 주인이 바뀌어 지기 때문입니다. 그러므로 전도에 대한 준비와 대비도 철저해야 합니다. 그러나 전도자가 크게 걱정하지 않아도 됩니다. 전도는 내가 하는 것이 아니라, 나를 도우시는 성령께서 계시기에 그 능력으로 가능한 일입니다. 또한 예수께서 이미 십자가에서 사단을 이기셨기에 문제가 없습니다. 단지 전도를 한다는 일이 어떠한 일인지 정확히 알고 실천해야 한다는 것입니다.

2. 전도는 단순한 영적 전투가 아니라, 영적전투의 최전방임을 알아야 합니다.

전도가 주님의 지상명령이기에 그것을 실천하고 행하는 일은 영적인 전투임을 알아야 합니다. 왜냐하면 주님이 원하시는 모든 일들은 영적인 일들이고 그것을 행할 때 사단으로부터의 공격이 분명히 있을 수 있기 때문입니다.

사단은 할 수만 있다면, 하나님 자녀 된 우리들이 주님이 원하시는 일들과 명령을 실천하지 못하도록 방해하여 영적으로 이탈하게 만들고 메마르게 하여 힘을 잃도록 만들며 쓰러지게 함을 그 목적으로 가지고 있습니다. 그러나 복음전도를 함에 있어서 전도자들이 분명히 알아야 할 부분이 있습니다. 그것은 전도가 단순한 영적인 전투만을 의미하지 않는다는 것입니다. 영적인 전투이기는 하지만, 영적인 전투의 최전방에서 싸우는 전투라는 점입니다. 후방에서 싸우는 전투도 얼마든지 있습니다.

예를 들자면, 힘들고 어려운 상황 속에서도 큐티를 할까? 말까? 고민하는 것도 영적인 전투이고, 기도를 꾸준히 하다가 쉬고 싶은 유혹이 올 때 그것을 이겨나가는 것도 영적인 전투입니다. 그러나 복음전도란 피전도자에게 복음을 전하여 그 순간 영적인 주인을 바꾸어 놓는 일입니다. 눈에는 보이지 않지만, 영적인 주인을 바꾸어 놓는 일이기에 굉장한 방해가 있을 수 있고 치열한 싸움이 전개되기도 합니다. 사단의 입장에서 볼 때, 전도하는 행위를 그대로 방치한다고 한다면 수 없이 많은 사람들이 그대로 하나님의 자녀로 그 호적을 바꿀 것이고 그들의 영역이 축소되는 것이기에 모든 수단을 통해서 방해할 것이 분명한 일입니다. 그러므로 전도자들은 자신들이 삶의 현장에서 실천하는 복음전도가 얼마나 위대한 일이고 중요한 일이며 하나님의 나라를 즉석에서 확장할 수 있는 일임을 알아야 합니다.

어떠한 전투에서도 그렇듯이, 최전방이 무너진 전투는 자연히 후방도 무너지게 되어 있습니다. 전방을 무너뜨린 적들이 그것에 만족하여 더 이상 후방으로 진군하지 않는 일들은 있을 수 없기 때문입니다. 그러므로 전도자들은 자신들이 최전방을 지키고 싸워 그 영역을 확대해 나아가는 하나님의 군사라는 사실을 명확히 해야 합니다. 막연히 사람들을 교회로 데리고 나오는 것을 복음전도라고 하였을 때에는 이러한 인식을 가질 수 없지만, 복음전도가 복음을 전하여 영적인 주인을 바꾸어 놓는 일임을 자각하였을 때에는 당연히 전도자 자신이 영적인 최전방을 지키고 그 영역을 확대해 나아가는 군

사라는 사실에 자부감을 가져야 한다는 것입니다. 그러므로 전도하는 교회와 개인은 최전방이 든든히 서 있는 교회와 개인이라고 볼 수 있고, 전도하지 못하는 교회와 개인은 나도 모르는 사이에 서서히 후방이 잠식당하고 있음을 알아야 합니다. 복음전도 하는 교회와 개인이 영적으로 건강한 이유가 바로 여기에 있습니다.

모든 전투가 그러하듯이, 전투가 벌어졌을 때 군수물품들이 가장먼저 지급되고 배려되어지는 장소는 최전방 입니다. 최전방이 무너지면 후방은 의미가 없기 때문입니다. 이와 같은 이치를 전도에 적용하여 같은 방식으로 다음과 같이 말할 수 있습니다. 그것은 전도할 때 하나님의 은혜와 보호하심, 일하심을 가장 명확히 목도하고 누릴 수 있다는 것입니다. 즉, 하나님의 은혜와 일하심을 가장 명확하게 목도하고 누릴 수 있는 곳이 전도의 현장이라는 것입니다. 전도는 영적인 전투의 최전방이기 때문입니다. 실제로 전도할 때 경험할 수 있는 일들은, 그렇게 완강하였던 사람들이 복음을 듣고 눈물을 흘리며 주님을 영접하는 일들과 복음을 듣고 우울증 환자가 가장 큰 기쁨의 웃음을 웃으며 삶의 의미를 되찾는 일, 그리고 영혼구원을 위해 육체의 질병들이 고쳐지는 기적들이 빈번하게 일어나는 일들 입니다. 이 모든 것들이 전도현장에서 직접 목도할 수 있는 하나님의 일하심입니다. 그러므로 전도의 현장에서 전도자들은 다시 살아나고 힘을 얻으며 더 굳건하게 세워질 수 있습니다. 하나님의 구원을 경험하기 때문입니다.

3. 복음전도는 새 생명을 낳는 일입니다.

복음전도를 또 다른 차원에서 정의해보자면, 영적인 출산이라고 할 수 있습니다. 피전도자가 복음을 듣고 결단하여 예수님을 영접하면 하나님의 자녀가 되지만, 영적인 나이는 그 사람의 실제 나이와 상관없이 지금 막 태어난 갓난아이와 같습니다. 이제 막 예수님을 영접하여 더 깊게 알아가고 경험하겠다고 시작한 사람이기 때문입니다. 항상 복음전도의 완성이라고 할 수 있는 결단의 시간은 그리스도인으로 시작하는 출발점이 되지요. 이 관문을 거치지 않고는 어느 누구도 그리스도인이 될 수 없습니다. 예수를 믿는 즉시 영적인 어른이 되고 영적인 거장이 되는 법은 없습니다. 이렇게 보자면 복음전도를 하는 일은 '기독교의 도를 전하고', '복음의 기쁜 소식을 전하며', '영적인 주인을 바꾸어 놓는 일'이기도 하지만, 확실하게 영적인 아이를 낳는 일이기도 합니다. 그러므로 복음전도는 하나님의 나라를 직접적이고도 구체적으로 확장시켜 가는 일이라고 할 수도 있습니다. 복음전도를 이렇게 영적인 출산이라고 정의할 때 무엇을 주의해야 할까요?

  복음전도가 영적인 출산이라고 정의될 수 있다면 가장 먼저 주의를 기울여야 할 것이 있습니다. 그것은 육신적인 아이를 낳기 위해서도 태교를 하듯이, 영적으로 가장 멋지고 이상적인 아이를 낳기 위해서도 태교가 필요하다는 것입니다. 물론 하나님께서 강권적으로 전도자에게 권유하셔서 노방에서 만난 사람을 전도하여 결신하게 할 수도 있지만, 여기서 언급하고자 하는 것은 가장 일반적이고 효율적인 전도 안에서 중장기적으로 복음전도가 진행될 때 필요한 부분입니다. 바로 여기에서 태신자 전도방법이 나오기도 했습니다.

  몸속에 잉태한 아이를 유산하지 않고 건강하게 잘 낳기 위해서 임신부의 몸가짐과 조심, 그리고 사랑이 필요합니다. 마찬가지로 내가 전도하고자 하는 사람을 품고 복음전도를 하게 될 때에도 동일한 자세가 필요합니다. 먼저는, 어느 때 보다도 정숙하게 하나님 앞에 나아가야 합니다. 성경에 보면, 하나님께서 하시는 일들을 이스라엘 백성들이 목도하게 될 때에는 자신을 정결하게 하고 몸을 조심하게 하였습니다. 영적인 출산을 한다고 하는 것은 하나님하시는 일 가운데서 가장 위대한 일중에 하나입니다. 그러므로 죄 가운데 있으면서 영적인 출산을 하게 되는 경우는 거의 없다고 할 수 있습니다.[18]

  다음으로, 예비 엄마가 뱃속에 있는 아이와 대화를 나누며 교통하듯이 전도자도 피전도자에게 지속적인 관심을 갖고 관계를 형성하며 교제를 나누어야 합니다. 한 번의 만남과, 한 번의 복음전달로 열매 맺으려고 하지 마십시오. 피전도자에게 붓는 사랑과 관심만큼 그 복음전도의 열매가 아름다울 것은 자명한 일입니다. 마지막으로, 예비 엄마가 태아를 위하여 음악을 들으며 동화를 들려주고 태아에 좋은 모든 것을 투자 하듯이, 전도자와 이와 같이 피전도자에게 사랑의 투자를 해야 합니다. 그것은 돈이 들어가는 일이 될 수도 있고, 또 돈이 필요 없는 헌신과 노력이 될 수도 있습니다. 이러한 사랑의 투자가 많으면 많을수록 복음전도의 열매를 확실하게 맺혀질 수 있습니다.

4. 영적인 사생아를 낳지 마십시오.

전도를 영적인 출산으로 정의하면서, 꼭 주의 드리고 싶은 말이 있습니다. 그것은 영적인 사생아를 낳지 말라는 것입니다. 전도현장에 나가보면, 이미 복음을 듣고 예수님을 영접한 경험이 있는데도 마치 영적으로 죽은 세상 사람처럼 살아가는 사람들을 만나게 됩니다. 전도자가 처음에는 불신자인줄로 알고 복음을 전하지만, 나중에 결단을 할 시간이 되면 예전에 이러한 결단을 해본 경험이 있다고 말하는 사람들이 이 부류에 속하는 사람들이라고 할 수 있습니다. 이러한 일들이 발생하게 되는 이유는, 전도자들이 복음을 전하여 피전도자가 결신을 경험하게 되었을 때 그 결신에서 전도의 모든 것을 마치려는 경향 때문에 발생되어 집니다.

아이를 낳는 이유는 낳아서 보는 기쁨에 그치기 위함이 아니라 키워 성장시키기 위함입니다. 영적인 출산 역시 마찬가지입니다. 그러므로 전도자가 영적결신에서만 만족하고 그 사람의 영적인 성장에 관심을 갖지 않는다면 영적인 사생아는 언제든지 발생할 수 있음을 명심해야 합니다. 이러한 영적인 사생아의 문제가 중요한 이유는, 그 사람이 다시 하나님 앞으로 나와 신앙생활을 하기에는 복음의 면역성이 생겨 다른 어떠한 사람들보다도 어렵기 때문입니다. 차라리 복음을 듣지 못했고, 또 영접을 한 경험이 없는 사람이 하나님께 나오기는 더 쉽다는 것입니다. 그러므로 전도가 영적인 출산임을 상기한다면, 전도자들은 항상 출산했다고 모든 것이 끝난 것이 아니라, 어떻게 그 아이를 잘 키울 수 있을지 관심을 가져 줘야 합니다. 그래야 진정한 영적인 부모가 될 수 있습니다. 낳아서 죽이는 부모는 진정한 부모가 아닙니다. 낳아서 키울 능력이 없다면 키울 수 있는 사람에게 위탁을 하든지, 아니면 낳지 않는 것이 더 좋을 수 있습니다. 복음의 좋지 않는 면역성을 갖지 않게 하기 위함입니다.

중요한 복음 전도의 정의들

복음전도에 관한 중요한 정의들은 위에서 언급된 것 이외에도 많이 있습니다. 그러나 여기서는 아직까지 많은 사람들에게 인식될 정도로 유명하게 정의 내려진 복음전도에 관한 정의 중 몇 가지만 언급하여 그 의미를 풀어서 이해를 돕고자 합니다. 그리고 마지막으로는, 전도하며 교회를 세우고 교단으로 발전한 한국 성결교회의 복음전도의 정의를 언급하며 복음전도에 관한 이해를 도우려 합니다.

1. 중요한 인물의 전도정의

윌리엄 템플(William Temple) **대주교 - 성공회 신부**

"전도란 성령의 능력으로 예수 그리스도를 소개하여 사람들로 하나님을 믿도록 하고, 그를 구주로 영접하게 하며, 또한 그를 교회를 다스리시는 왕으로 섬기도록 만드는 것이다"[19]

오늘날 전도학의 거장이라 할 수 있는 마이클 그린(Michael Green)은 자신의 저서 [Evangelism Through the Local Church]에서 윌리엄 템플이 내린 복음전도의 정의를 가장 포괄적이며 가장 넓은 찬동을 얻는 정의라고 규정하였습니다.[20] 그리고 이 정의에 담겨있는 의미를 다음과 같이 풀었습니다.[21]

"첫째, 복음전도는 선교와 동일한 것이 아니며 선교에 복음전도가 포함되는 것입니다. 왜냐하면 선교는 복음전도보다는 훨씬 영역이 큰 것으로 복음전도는 교회의 전체 선교의 한 국면이기 때문입니다. 둘째, 복음전도는 예수님에 대한 좋은 소식입니다. 셋째, 복음전도는 성부 하나님께 중심을 두고 있습니다. 넷째 복음전도는 그 효과를 완전히 성령님께 의지합니다. 다섯째, 복음전도는 그리스도의 몸인 교회로의 통합을 의미합니다. 여섯째, 복음전도는 결단을 촉구합니다. 일곱째, 참된 복음전도는 선포나 결단에서 끝내지 않고, 제자삼음에서 끝납니다."

복음전도는 단순하게 보이지만, 이처럼 포괄적인 의미 가지고 있다는 사실을 알아야 합니다. 특별히 마이클 그린이 지적하였듯이, 윌리엄 템플의 정의에서 색다른 것은 복음전도의 완성을 선포나 결단으로 보지 않고 제자삼음으로 보고 있다는 점입니다. 그리고 이러한 부분은 오늘날 대부분의 복음전도를 어디까지 규정지어야 하는 문제에 있어서 핵심적인 역할을 하는 경계선이 되기도 합니다.

닐스(D. T. Niles) **- 선교학자**

"거지 한 사람이 다른 거지에게 먹을 것이 어디에 있는가를 가르쳐 주는 것이다"

닐스가 정의한 복음전도의 정의는 열왕기하 7장에 나오는 이야기를 연상시킵니다. 즉 아람 군대가 사마리아 성을 둘러 진치고 있었을 때, 그 성 안에서는 식량이 떨어져 거의 모든 사람이 죽어가게 되었습니다. 그 때 성 안에 있었던 문둥병자들이 결단을 내려 목숨을 걸고 아람군 진영으로 뛰어들었습니다. 성 안에 있어도 굶어죽고, 성 밖에 있는 아람군대에 들어가도 죽을 수 있는데, 이왕이면 식량이 있는 아람군대에 들어가 항복을 하고 음식을 먹기를 원했던 것입니다. 그런데 문둥병자들이 아람군대에 들어가서 발견한 것은 하나님께서 이미 하신 일로서, 하나님의 방법 안에서 그들이 도망간 것이었습니다. 문둥병자들은 먼저 자신들의 배고픈 배를 음식으로 채우다가, 이 기쁜 소식을 성 안에 있는 사람들에게 알려야 한다는 생각했습니다. 만약 이 아름다운 소식을 알리지 않으면 우리게 벌이 있을 것이라고 생각했습니다. 그래서 그들은 성 안에 있는 사람들에게 소식을 알렸고, 성안에 있는 사람들은 문둥병자들이 전해준 아름다운 소식 때문에 살 수 있었습니다.

　전도는 이와 같은 것입니다. 굶주려 죽을 수밖에 없던 거지 한 사람이 빵이 있는 곳을 발견하여 먼저 먹어보고, 굶주려 가는 또 다른 거지에게 가르쳐 주어 살리는 일이 전도인 것입니다. 닐스의 정의에는, 복음전도가 영혼의 양식인 복음을 전해주어 생명을 살리는 것의 의미가 있다는 것을 잘 보여 주고 있습니다. 또 복음을 듣지 않아 그것을 경험해보지 못한 사람은 굶주려 죽어가는 거지와 같은 존재일 수 있음을 나타내 주고 있습니다. 그리고 만약 먼저 빵을 발견한 거지가 다른 거지들에게 그 사실을 알려주지 않으면 다른 사람들은 죽을 수밖에 없음도 지적하여 복음전도의 중요성을 잘 드러내고 있다고 보여 집니다.

루이스 드룬몬드(Lewis A. Drummond) **- 남 침례교 전도학 교수**

"복음전도란 불신자로 하여금 예수 그리스도에 대한 진리와 주장을 접하게 하고 하나님 앞에서 회개하며 주 예수 그리스도를 믿음으로써 주님 안에서 교제 할 수 있게 해 주는 노력의 집합이다"[22]

루이스 드룬몬드는 본인의 저서에서 복음전도를 다음과 같이 정의하면서 다음의 것들을 경계하였습니다. 즉, 복음전도의 개념을 지나치게 광의적으로 사용하는 것은 자기 속임수가 되기 쉽다[23]는 것입니다. 그리고 그것은 복음전도에 힘을 기울이지 않는 교묘한 변명이 될 수 있음도 지적하였습니다.[24] 복음전도는 분명히 공식적으로 복음을 전하는 그 이상이기 때문입니다. 드룬몬드에 의하면, 복음전도는 복음의 핵심인 예수 그리스도에 대한 진리와 주장을 접하게 하는 데에서 끝나는 것이 아니라, 회개하게 만들고 예수님을 믿게 함으로 주님 안에서 교제할 수 있게 하는 것까지를 포함하고 있습니다. 이렇게 규정하고 있는 이유는 이미 언급하였듯이, 복음전도를 너무 광범위하게 정의하여 기독교의 모든 행위가 복음전도의 행위가 되지 않게 하기 위함이 그 목적이라고 할 수 있습니다. 복음을 깊게 경험한 사람들! 그리고 진정한 복음전도를 통하여 영혼을 구원하고 성장시켜본 사람들은 될 수 있으면 복음전도를 기독교의 모든 일들과 좀 더 명확히 구분하여, 모든 그리스도인들이 복음을 전하고 있다는 변명에서 그리스도인들을 명확히 인도하고자 하는 경향이 있음을 알아야 합니다.

샘스터(W. E. Sangster,) **- 영국 감리교의 목사 -**

"복음전도란 주님을 모르는 사람들에게 복음을 전하러 나가는 것을 말한다. 그것은 예수 그리스도에 의한 구속이라는 기쁜 소식을 선포하는 것이다… 그것은 참된 주가 되시는 예수님을 공공연하게 거부하거나 혹은 주님에 대하여 무관심한 사람들에게 예수의 이름으로 복음을 전파하러 가는 일이다. 그는 나팔을 불어 사람에게 들리게

해야 한다."25)

생스터의 정의에서는 색다르게 강조되어 있는 부분은, 복음의 핵심이라고 할 수 있는 '예수의 이름'이 언급되어 있는 것입니다. 실제로 복음은 예수 이름의 능력을 전하는 것입니다. 예수의 이름 안에는 예수님의 생애, 그 생애 가운데 핵심적인 죽으심과 부활이 담겨 있기 때문입니다. 전도는 그저 복음을 전하러 나가는 일이 아니라, 예수 이름의 능력을 믿고 그 능력 안에서 행해지는 일임을 타나내주고 있습니다. 또한 '나팔을 불어 사람에게 들리게 하라'는 주장은 복음전도자들이 세상을 향하여 당당함과 떳떳함을 가지고 자신 있게 기쁜 소식을 전하라는 것입니다. 전도는 사람을 빌려오는 일이 아니라 복음을 듣고 영생을 얻게 하는 일이기 때문입니다. 그러므로 세상 사람들이 듣고 생명을 얻을 수 있는 기쁜 소식을 나팔을 불어 사람에게 들리게 하듯이 당당히 알리라는 것입니다.

2. 전도하며 세워진 교단, 성결교회의 복음전도 정의

초기성결교회에는 복음전도에 관한 정확한 개념 정의가 있었습니다. 성결교회의 대부라고 할 수 있는 이명직 목사는 「활천」을 통하여 "전도(傳道)"라는 제목의 글에서 복음전도에 대한 정의를 내리고 있기 때문입니다.26) 이명직 목사는 이 글에서 "전도"란 "도(道)"를 전하는 것이라 하였습니다. 다시 말하자면, 길을 잃은 사람에게 "도(道)"를 가르치고 멸망의 길로 가는 사람에게 "도(道)"를 전하는 것이 "전도(傳道)"라는 것입니다.

그렇다면 이명직 목사가 말하는 "도(道)"란 무엇을 의미할까요? 이명직 목사에 의하면 "도(道)"란 "하나님 말씀"을 가리키며, 또한 "그리스도의 십자가의 은혜"를 지칭합니다. 또한 "도(道)"에는 무한한 생명이 있기에 "전도(傳道)"란 생명을 전하는 것이고 생명이 있는 곳에는 전도함이 있다고 하였습니다.

이것이 초기성결교회에서 가지고 있었던 전도에 관한 일반적인 개념 정의였습니다. 그러므로 초기성결교회가 강조한 "도(道)"의 의미는 "좋은 소식"이 가지고 있는 의미와 거의 같은 것으로 성경적 전도의 의미와 일맥상통하는 것이라 할 수 있습니다.

하지만 초기성결교회에서는 "도(道)"를 전하는 목적을 각 사람의 영혼을 구원하는 일에만 한정하지 않았습니다. 오히려 그 다음 단계인 성결을 경험케 하는 것까지를 포함하였습니다. 모든 사람들이 성결을 경험하여 온전해 질 수 있도록 십자가의 도를 전해야 한다는 것입니다. 기독교의 "도(道)" 안에는 사람을 구원케 하는 능력도 있지만 성결케 하는 능력도 있기 때문입니다. 이러한 목적이 있었기에 성결교회는 온전한 복음(Full Gospel)을 전한다는 슬로건 아래서 한국 땅에서 전도활동을 시작한 것입니다. 「활천」에서 사설을 집필하던 길보른은 "완전한 구원"[27] "성결을 전하라"[28]라는 제목의 글을 통하여 이것에 대해서 명확히 설명해 주었습니다.

이상에서 볼 때, 성결교회가 가지고 있던 복음전도에 대한 전통적인 이해는 "도(道)", 즉 기독교의 복음을 강조하고 그것을 전하는 것이 전도임을 분명히 명시하고 있으며, 전도의 목표는 영혼구원에만 있는 것이 아니라, 성결의 복음을 전하는데 까지 두어 온전한 복음을 전하는 것에 강조점을 두었음을 알 수 있습니다.

Chapter 2

복음전도에 관한 오해
- 복음전도가 왜 부담스러운가?

흔히 교회를 방문하여 전도 집회를 인도하거나 전도세미나를 인도할 때면 성도들 가운데 복음 전도를 부담스러워 하는 분들이 많이 있음을 알 수 있습니다. 그리고 전도가 어렵다고 합니다. 집회를 주최하는 교회에서도 '축복집회'나 '은사집회' '말씀사경회'를 하면 성도들이 많이 모이지만, 일단 '전도'가 들어간 집회나 세미나에는 모이는 숫자가 반 정도 줄어든다고 합니다. 왜 그럴까요? 그것은 복음전도에 대해서 부담이 있기 때문입니다. 그리고 그 부담은 오해에서 비롯됩니다. 그렇다면 복음전도를 어려워하는 이유, 즉 복음전도에 관한 오해들은 떠한 것들이 있을 까요?

복음전도에 관한 일반적인 오해들

많은 경우에 그리스도인들이 전도를 어렵게 생각하는 이유는 전도를 잘못 알고 있기 때문입니다. 복음전도가 무엇인지를 제대로만 알고 있다고 할지라도 전도할 수 있습니다. 그 정의 안에서 충분히 동기 부여가 되기 때문이고, 어떻게 전도해야 할지가 명확해 지기 때문입니다. 그리고 성경대로 본질적으로 전도하는 자를 성령께서 도우시기 때문입니다. 그러나 우리가 잘못 알고 있는 전도에 관한 정의는 우리로 하여금 두렵게 만들고, 아예 그 전도

자체에 다가서는 일을 하지 못하도록 동력을 앗아가 버리는 경우도 있습니다. 그리고 '내가 하지 않아도 되겠구나!' 하는 변명을 낳게 만듭니다. 그렇다면 우리가 잘못이해하고 있는 복음전도에 관한 오해들은 어떠한 것들이 있을까요?[29]

1. '복음전도는 교역자들만 하는 것이다'는 오해

저는 어렸을 때 '전도사'와 '목사'라는 직위를 다음과 같이 생각해 본적이 있었습니다. '전도사' 때 전도하여 '목사'가 되어 그 전도한 사람들을 데리고 목회하는 것이구나! 그래서 크지 않는 교회를 목회하거나, 목회를 잘 못하시는 분들은 전도사 때 전도를 많이 하지 않아서 그렇게 된 것으로 이해하곤 하였습니다. 이 얼마나 우스운 생각입니까? 그런데 성인이 된 그리스도인들조차도 제가 어렸을 때 생각했던 것처럼 전도를 잘못생각하고 있는 분들이 많습니다. 즉 전도는 전도사만 하는, 그리고 숫자가 적은 교회를 담임하시는 목사님들만 하는 경우로 생각하는 것이지요. 하지만 그것은 잘못된 생각입니다. 왜냐하면 '전도하라'는 주님의 지상명령은 성직자들만이 아닌, 그리스도를 믿고 따르는 모든 사람들에게 주어진 것이기 때문입니다.[30]

또한 교회가 가장 부흥하고 발전하던 초대교회 시대를 본다고 할지라도, 목사나 전도사처럼 교역자로 섬기는 자들이 명확히 명시되지 않았음을 알아야 합니다. 또한 있었다고 할지라도, 그들에 의해서만 전도가 행해져서 교회가 부흥되고 발전된 것은 아닙니다. 초대교인들 모두가 그들이 경험한 복음! 그리고 그들을 변화시켜 놓은 복음을 전했을 때 교회가 부흥되고 발전한 것입니다. 이렇게 본다면 전도는 특정한 지위에 있는 몇몇 사람만 하는 것이 아니라 모든 그리스도인들이 해야 할 의무임을 다시 한 번 각인해야 합니다.

2. '복음전도는 자리를 채우는 일회적인 행사며 교회 홍보라는'는 오해

　복음전도에 관한 가장 많은 오해 중에 하나가 전도를 교회의 자리를 채우는 것으로 생각하는 것입니다. 그 이유는 많은 교회들이 그렇게 교인들을 독려하고 동기를 부여해 왔기 때문입니다. 물론 교회의 자리를 채워 하나님의 나라를 확장시켜가는 것도 의미 있는 일일 수 있습니다. 그러나 이러한 동기를 가지고 복음전도가 독려되고 진행되어진다면, 복음전도의 동기 자체가 불순해질 것이고 또한 그 결과도 지속적으로 기대한 만큼 미치지 못할 수 있습니다. 또 복음전도가 이렇게 진행 될 때에 그것은 하나의 행사로, 그리고 사업으로 전락할 수 있음도 알아야 합니다. 복음전도는 한 번의 행사로 끝나버릴 수 없는 일입니다. 그리고 세상적인 정신 안에서 동기를 부여해서 일을 진행시켜 나갈 하나의 사업도 아닙니다. 비록 더딜지라도, 영적인 정신 안에서 지속적으로 진행되어야 할 일이 복음전도임을 알아야 합니다. 복음전도는 영적인 일입니다. 그것도 아주 치열한 영적인 전투입니다.

　또한 흔히 전도를 싫어하는 사람들이 가지고 있는 이유 가운데 하나는 전도를 교회의 인위적인 홍보로만 생각하기 때문입니다. 왜냐하면 길거리에 전도하러 나온 사람들의 대다수가 교회의 휘장을 두르고, 또 교회의 주보를 가지고 나와서 나누어 주기 때문입니다. 그래서 그러한 일을 천박한 일로 취급하기도 하고, 또 사람 앞에 나설 용기와 자신감이 없어서 전도하지 못한다고 말하기도 합니다. 또는 길거리에서 행하는 그러한 형식의 전도가 사람들에게 불쾌감을 준다고 생각하여 전도를 아예 생각조차 안하는 사람들도 있습니다.

　그러나 전도는 인위적인 선전이 아닙니다. 복음전도를 계획하신 분이 하나님이시고, 그것을 완성하신 분이 예수 그리스도이시며, 그것을 할 수 있도록 동기를 부여하시고 힘을 주시며 이끌어 가시는 분이 성령님입니다. 그렇기에 복음전도가 인위적인 선전이 될 수 없습니다. 그것은 전적으로 삼위일체 되신 하나님의 일이고, 그분이 주체가 되셔서 끌어 가시는 일입니다. 전도자들이 교회를 소개하는 띠를 두르고 주보를 나누어 주는 일들도, 복음을 전하여 결신한 자들을 교회로 인도하기 위함이 목적이 되어야 합니다. 교회 홍보! 그 자체도 의미가 있는 일이지만, 그렇게만 전도한다면 영적인 동기를 부여받아 지속적으로 전도하기 힘들어 집니다. 오히려 복음전도의 궁극적인 의미를 알고 헌신할 때 성령께서 주시는 힘과 능력에 많은 도움을 받고 전도를 지속할 수 있습니다.

3. '복음전도는 하나의 전도방법으로 대변 된다'는 오해

복음전도에 관해 가지고 있는 오해 중에 하나는 복음전도를 하나의 전도방법과 동일시하는 것입니다. 예를 들자면, 저는 예전에 서울신학대학교의 전도폭발 팀에 깊숙이 관여하여 그 팀을 돕곤 하였습니다. 그런데 안타까웠던 것은, 그 훈련을 받고 있는 많은 학생들이 전도폭발 방법이 마치 전도의 모든 것인 양 생각하고 있더라는 것입니다. 전도하면 전도폭발만 떠올리는 것이지요. 물론 전도폭발이라는 전도방법은 가장 인격적인 전도의 방법이며, 체계적인 전도의 방법이고, 또한 복음의 내용을 포괄적으로 다루고 있는 전도방법입니다. 그리고 거의 전 세계 모든 나라에 들어가 탁월한 임상효과를 나타내고 있는 방법이기도 합니다. 그러나 복음전도의 한 방법으로 전도폭발이 있는 것이지, 전도폭발 방법이 복음전도의 모든 것이라고 말할 수는 없습니다. 그렇게 정의한다면 복음전도의 내용과 영역이 너무 축소될 수 있습니다. 전도폭발에서 이미 확정지어 놓은 복음의 내용만을 전해야하기 때문이고 그것에서 말하는 규칙만 따라야하기 때문입니다. 그러나 복음의 내용은 불변하지만, 사람과 환경에 따라서는 다른 요소들과 이야기들이 첨가되어, 또 다른 접근방법을 사용하여 전할 수 있습니다. 그럴 때 모든 상황과 환경에 맞추어 사람들에게 접근할 수 있고 효과적인 관계형성이 가능하며,

효율적으로 복음을 전할 수 있습니다.

이렇게 하나의 방법만을 전도로 알아 전도하는 것을 'canned evangelism' 이라고 말합니다. 깡통 안에 있는 통조림 식 전도라는 것이지요. 물론 먹기 좋게 가공되어 있기에 깔끔하고 편리하지만, 불편함도 있습니다. 정해진 그 형식의 음식만을 먹을 수 있기 때문입니다. 참치 통조림이라고 한다면, 가공된 참치만을 먹을 수 있지요. 그러나 사람에 따라서는 가공된 참치 통조림보다는 싱싱한 참치 회를 먹기를 원하는 사람도 있을 것이며, 참치 조림을 원하는 사람도 있을 것입니다. 참치라는 고기를 먹는 것이 목적이라면 사람에 따라 달리 먹을 수 있도록 해주는 것이 복음전도의 방법들입니다. 통조림은 가장 간편하고 먹기 좋은 하나의 형식에 불과한 것이지요. 그래서 저는 전도폭발에 헌신하여 평생을 전도자로 살려고 하는 사람을 발견한다면, 복음전도의 한 체계인 전도폭발에 헌신하여 전도폭발의 사람이 되기보다는 복음전도에 헌신하라고 조언해 주었습니다. 이러한 경우는, 꼭 전도폭발이 아니더라도, 사영리 전도법, 연쇄전도법 등 하나의 체계를 신봉하는 사람들에게 동일하게 적용될 수 있는 부분입니다.

4. '복음전도는 선교와 같다'는 오해

복음전도와 선교를 구분하는 것은 생각보다 쉽지는 않을 수 있습니다. 그럼에도 불구하고 분명하게 구분하여야 합니다. 그렇지 않다고 한다면, 이 두 단어를 분리하여 사용할 필요가 없기 때문입니다. 때로는 이 차이를 알지 못하여 복음전도에 깊숙이 헌신하지 못하는 사람들도 봅니다. 선교를 하고 있는 사람이나, 선교의 경험을 하고 있는 사람들이 마치 자신들이 전도를 하고 있다고 생각할 수 있습니다. 그러나 선교를 하고 있다고 할지라도 그 사람이 꼭 복음전도를 하고 있다고는 말할 수 없습니다. 왜냐하면 선교와 전도는 다르기 때문입니다.

마이클 그린은 이 두 단어를 다음과 같이 구분하였습니다. "선교는 전도보다도 넓은 의미를 지니고 있다. 선교는 사회에 미치는 교회의 모든 영향력을 가리켜 말하는 것인 반면에, 전도는 좀 더 제한 된 의미, 즉 좋은 소식을 남에게 전달하는 것만을 의미한다."[31] 마이클 그린에 의하면, 복음전도는 선교의 영역에 포함된 것으로 제한된 성격을 가지고 있습니다. 즉, 선교가 영혼을 구원하고 예배를 회복하여 하나님 나라를 확장하는 제반적인 모든 일들이라고 한다면, 전도는 그 일들 가운데에서 핵심적인 일로서 복음을 전하여 영혼을 구원하고 제자로 만드는 일이기 때문입니다. 그러므로 선교한다고 해서 모두가 전도하는 것은 아닙니다. 선교가 전도를 방해하는 변명이 되어서도 안 됩니다. 선교지에 가서 그 지역의 문화대로 밥을 먹고 언어를 배우며 어려운 사람들을 돌봐준다고 하여도, 그 사람에게 영생을 가져다 줄 복음을 전하지 않는다면 전도했다고 할 수 없기 때문입니다. 모든 선교적인 실천은 영혼을 살리고 세우며 성장시키는 전도에 초점이 맞추어져야 합니다. 그것이 선교의 궁극적인 열매이기 때문입니다.

오해1 - 교회 다니면 누구나 전도해야 된다?

전도를 어렵게 만드는 이유 중에 하나는 교회 다니는 사람이라면 누구나 전도해야 하고, 또 할 수 있다는 생각하는 것입니다. 이것은 교회에 출석하는 사람이라면 누구나 구원받은 성도라고 생각하기 때문입니다. 그래서 교회에서는 교회의 구성원이 된 모든 사람들에게 전도할 것을 촉구하고 독려하기도 합니다. 그러나 분명한 것은, 오늘날 교회 안에는 구원받은 성도들이 대부분이겠지만, 구원을 경험하지 못한, 구원의 확신이 없는 사람들도 많이 있다는 것입니다. 그런데 무조건 모든 사람들에게 전도를 독려한다고 한다면, 어찌 그 일이 효율적으로 진행될 수 있겠습니까? 그렇기에 전도가 어렵다는 이야기가 나올 수 있습니다.

1. 복음전도는 구원받은 성도가 효율 있게 할 수 있습니다.

　복음전도란 복음을 전하여 영혼을 구원하고 그리스도의 제자로 만드는데 초점이 맞추어져 있는데, 어떻게 구원을 경험하지 못한 사람이 구원받을 것을 전하며 다닐 수 있을까요? 할 수는 있겠지만 그 일에 능률과 효율이 있을까요? 능률과 효율이 없다면 그 사람의 일은 힘들고 어려워지는 것이지요. 그래서 복음전도가 어렵고 또 안 된다고 하는 것입니다. 복음전도 자체가 복음을 통하여 한 영혼 영혼을 구원하는 일이기에, 이미 복음을 통하여 구원을 경험한 사람들이 효율 있게 전도할 수 있습니다. 아니 그 사람들만 전도할 수 있다고 해도 과언이 아닙니다. 상식적으로 생각해 보더라도, 자신이 체험해 보지도 못한 일을 다른 사람들에게 열정적으로 체험해 보라고 외치는 일에는 의욕도 떨어지고 효율도 떨어지기 때문입니다. 더구나 복음전도는 영적인 일이기에, 구원이라는 가장 기본이 되는 영적인 일을 경험도 해보지 못한 사람이 그 일을 외치고 다닌다면 영적인 영향력이 다른 사람들에게로 흘러 들어갈 수 없음을 알아야 합니다. 구원을 경험한 자, 그것이 얼마나 귀한 것인가를 깨달은 자가 능력 있게 전도할 수 있습니다. 구원은 복음전도를 하게 만드는 가장 기초적인 힘입니다. 이 기초가 쌓아지지 않고 다른 동력으로 사람들을 복음전도의 현장으로 내 몰수는 없습니다. 기초가 부실한 공사는 금방 무너지게 되어 있습니다.

2. 복음전도를 독려하기 전에 구원의 확신을 점검해 주세요.

　이렇게 본다면, 교회에서 성도들에게 전도를 독려하기 전에 먼저 해야 할 일이 있습니다. 그것은 교인들의 구원의 확신을 점검해 주는 일입니다. 세상에 있는 사람들에게도 복음을 전하여 구원받게 하는 것이 목적이라면, 교회 안에 있는 명목상의 성도들에게는 더더구나 먼저 복음을 전해주어야 할 것이 아닙니까? 이미 교회 안에 들어온 내 식구, 내 가족이기 때문입니다. 그런데 그 일을 하지 않고 무조건 사람들을 세상으로 보내어 전도하게 하는 것은 복음전도의 본질을 져버리고 세상적인 행사로만, 그리고 교회의 자리 채우는 프로그램으로만 전락할 수 있습니다. 그러므로 신자들의 구원을 점검하고 복음전도를 독려하는 교회가 영적으로 건강한 교회라고 할 수 있습니다.

전도특공대나, 전도 팀을 만들어 전문적으로 전도하는 교회라면 더욱이 구원의 확신을 점검해 주어야 합니다. 이것은 아무리 강조해도 지나치지 않습니다. 구원의 확신을 점검해 주는 일은 귀찮은 일이 아니라, 이미 복음을 듣고 구원을 경험한 사람이라면 구원의 확신을 위해 자신이 경험한 복음의 내용을 되새겨 보는 일 자체가 감동이 되고 힘이 되는 일입니다. 복음에는 능력이 있기 때문입니다. 그러므로 이렇게 구원의 확신을 점검해 주는 일은 그들을 복음에 훈련시키는 일이 되기도 합니다. 또, 만일 전도 팀을 구성하였지만, 그 안에 구원의 확신이 없는 자가 있다면 그 팀은 그 사람으로 인하여 와해될 수 있기 때문입니다.

3. 어떻게 구원을 받고[32], 또 그 사실을 어떻게 확인할 수 있을까요?

그렇다면 어떻게 구원을 받을 수 있나요? 교회에 오랫동안 출석만하면 구원받을 수 있나요? 봉사를 많이 하고 헌신된 일을 많이 하면 구원받나요? 신앙의 연륜이 오래되어 직위가 올라가면 구원받나요? 목사나 장로의 자녀는 자동적으로 구원받나요? 십일조와 헌금을 많이 하기만 하면 구원받나요? 그렇지 않습니다. 구원을 위해서 우리는 먼저 복음을 들어야 합니다. 복음의 소식을 듣지 않고 구원을 받을 수 있는 방법은 없기 때문입니다.[33] 그리고 자신이 죄인임을 인식해야 합니다. 내 안에는 선한 것이 없고, 혹여나 있다고 할지라도 그것이 나를 구원할만한 것이 전혀 되지 못한 다는 사실을 인정해야 합니다. 그때 나를 위해서 구원을 이루신 예수님이 보여 지기 시작합니다. 마지막으로는 나의 구원을 위해서 십자가 위에서 죽으신 예수님을 나의 구원자와 주인으로 고백하고 받아들여야 합니다. 비록 내가 어떻게 살아왔다고 할지라도, 지금 이 순간 예수님만이 나의 죄를 용서하시고 나의 주인이 될 수 있는 분임을 믿고 받아들이게 되었을 때, 나의 모든 죄는 눈처럼 희게 용서될 것입니다. 그리고 그렇게 고백하는 자들에게 구원이라는 선물을 주십니다.

그렇다면 내가 구원받은 사실을 어떻게 알 수 있습니까? 내가 구원을 받았다는 사실의 확신은 다음의 세 가지 기준을 가지고 확인해 볼 수 있습니다.[34] 첫째는 말씀의 증거입니다. 성경 말씀은 예수그리스도를 영접한 그리스도인들에게 죄의 용서는 물론 영생에 대한 확신을 가지게 합니다. 예를 들자면 다음과 같습니다. 내게 구원의 확신이 희미해 질 때, 요한복음 6장 47절을 읽을 수 있습니다. 그곳에는 "진실로 진실로 너희에게 이르노니 믿는 자는 영생을 가졌나니"라고 기록되어 있습니다. 이 말은 내가 예수 그리스도를 믿었다면 이미 구원을 받은 것이라는 확증의 말씀입니다. 나는 구원의 확신이 희미해 질 수 있지만, 말씀에 기록된 사실을 바탕으로 나의 구원을 확신할 수 있다는 것입니다. 이것은 객관적인 증거입니다.

둘째는 성령의 증거로서 주관적인 증거라고 할 수 있습니다. 중생을 경험한 사람은 성령께서 그 사람 안에 내재해 계십니다. 성령과 동행하는 삶을 살게 된 것이지요. 그런데 그 성령은 그리스도인들에게 하나님 아버지에 대한 확신을 가지게 하며 **"우리의 영으로 더불어 우리가 하나님의 자녀인 것을 증거 하십니다"**(롬 8:16). 이것은 내가 주관적으로 들을 수 있는 내면의 성령의 음성과 환경과 상황을 통해서 말씀하시는 성령의 역사를 포함합니다.

셋째는 우리 영의 증거입니다. 성령으로 말미암아 맺어지는 여러 가지 열매와 결실은 우리의 영으로 하여금 우리가 하나님의 자녀인 것을 증거 합니다. 예를 들자면, 예전에 미워하던 사람을 사랑하게 되며 포용하고, 더 나아가서는 나와 관계가 없는 사람들까지도 사랑할 수 있게 되는 것입니다. 바로 이러한 증표들이 내가 구원받았다는 사실을 나타내 줍니다.

오해2 - 특별한 준비나 경험이 없어도 된다?

전도를 어렵다고 느껴지게 만드는 또 다른 이유, 오해 중에 하나는 아무런 준비 없이도 길거리에 나가서 외치기만 하면 된다는 식의 발상입니다. 하지만 여러 사람이 그렇게 외치더라도 복음전도의 결과는 다를 수 있습니다. 복음전도가 무엇인지 왜 해야 하는지를 알고 준비하여 전하는 사람과 그렇지 못한 사람과의 차이입니다. 그렇다면 효율적인 복음전도를 위해 준비해야 할 것은 무엇일까요?

1. 전도는 복음의 내용을 알고 경험해야 합니다.

효율적인 전도를 위해서 가장 필요한 것 중에 하나는 복음의 내용을 알고 경험하는 것입니다. 왜냐하면 복음을 전하는 것이 복음전도의 가장 주된 일이기 때문입니다. 제약회사에서 주부 사원들을 모아 교육을 한 뒤, 자신의 회사의 제품을 소개하며 판매하는 일을 하게 하는 곳이 많이 있습니다. 그런데 그 주부사원들이 아무리 교육을 잘 받았고 외판에 뛰어난 자질을 가지고 있는 사람이라고 할지라도 감당하지 못하는 사람들이 있습니다. 그 사람은 자신이 약을 먹어보고 효능을 경험해 본 사람입니다. 자신이 직접 약의 효능을 경험하여 고침을 받았기에 누가 시키지 않아도 설득력 있게 전할 수 있는 것이지요. 비록 그 약의 화학 성분이 어떻게 되고, 어떻게 반응하여 몸에 좋은지를 모른다고 할지라도 그 약을 먹어보고 나아본 사람은 자신 있게 그 약의 효능을 전할 수 있는 것입니다. 전도도 이와 같습니다. 기독교의 교리를 다 알지 못하고, 또 성경의 지식에 부족함이 있을지라도, 그리고 우리의 신앙의 대상이 되는 하나님에 대한 깊이 있는 지식이 없다고 할지라도 전할 수 있습니다. 기독교의 핵심 되는 복음! 그 복음을 경험한 사람은 누가 뭐라고 해도 자신이 경험한 것을 자신 있게 전할 수 있고 또 열매를 거둘 수 있는 것입니다.

그렇다면 복음을 경험한다는 것은 무엇을 의미할까요? 그것은 복음의 핵심 내용인 예수 그리스도의 십자가 사건과 부활 사건을 내 사건으로 경험하는 것을 의미합니다. 즉, 예수 그리스도를 전인격적으로 받아들이는 것을 의미합니다. 이것은 지적(知的)으로 내가 죄인이며 내 죄를 위해서 예수께서 십자가에서 죽으신 사건을 믿고 마음 속 깊이 받아들이는 것을 의미합니다. 다음으로 감정적(感情的)으로는 나 대신 십자가에 죽으신 예수님 때문에 감사하며, 부활하셔서 천국을 준비하시며 나의 삶에 개입하셔서 인도하시는 주님께 깊은 감사가 있어야 합니다. 마지막으로는 의지적(意志的)으로 그 예수 그리스도를 신뢰하며 그분만 의지하여 내 삶을 살아가겠다는 결단을 해야 합니다.

예수께서 나의 죄를 위해서 십자가에 돌아가셨다는 사실 때문에 얼마나 감사하고 감격하여 울어보았습니까? 내 죄 때문에 내가 죽어야 하는데 나대신 죽어주신 예수님을 위하여 얼마나 울어 보았습니까? 눈물이 모든 것을 대변해 주는 답은 아니지만, 눈물 안에는 우리의 진실이 담겨 있습니다. 한 번도 예수님 때문에 감사하고 감격하여 울어보지 못하였는데 예수님이 나를 위해서 죽으셨다고 말할 수 있겠습니까?

2. 초대교회 전도의 주된 준비는 복음을 경험하는 것이었습니다.

성경 안에서 전도의 모델이 되는 사례나 교회를 말하라고 한다면, 저는 주저 없이 초대교회를 말하고 싶습니다. 초대교회라 함은 사도행전에 기록되어 있는 대표적인 예루살렘 교회와 안디옥교회를 지칭합니다. 그런데 그 시대는 예수 믿기가 쉬운 시대가 아니었습니다. 왜냐하면 로마의 핍박이 있었기 때문입니다. 예수를 믿겠다고 결단을 내리면 그에 대응하는 대가를 지불해야만 하는 시대가 그 시대였습니다. 그럼에도 불구하고 초대교회는 점차로 부흥하였고, "날마다 구원 받는 사람의 수가 늘어갔습니다."

예수를 믿으면 핍박을 받고, 예수를 믿으면 죽을 수도 있는데 어떻게 구원 받는 사람의 수가 늘어갔을 까요? 우리가 알고 있듯이, 소수의 그리스도인들은 로마 사람들에게도 복음을 전하여 급기야 AD 313년에는 콘스탄틴 대제가 밀라노 칙령을 통하여 기독교의 박해를 금지하고 후원하여 로마의 국교가 기독교가 되는 초석을 놓았습니다. 기독교를 박해하던 로마가 국교로서 기독교를 선언한 것은 정치적인 힘으로 된 것도 아니고, 어떠한 물리적인 힘이나 군사적인 힘으로 된 것이 아닙니다. 그것은 오로지 복음을 경험한 소수의 그리스도인들이 복음을 전하는 복음전도를 통하여 일어난 일입니다. 복음을 경험하고 새사람이 된 소수의 그리스도인들이 자신들이 경험한 그 복음 안에 있는 능력을 전하였을 때 발생한 일입니다.[35] 복음이 로마를 바꾸어 놓은 것입니다. 이것이 복음의 힘이요! 능력입니다.

3. 경험되는 않은 지식은 한계가 있습니다.

복음의 내용에 관한 지식은 중요합니다. 그러나 경험되지 않은 지식은 우리로 하여금 실천할 수 없도록 합니다. 실천하는 행동은 경험된 지식에서 나옵니다. 복음에 관한 지식도 마찬가지입니다. 저희 아버지는 목사님 이십니다. 그래서 어려서부터 가정 예배를 드리고 또 성경을 읽고 요절을 암송하는 훈련을 받으며 성장하였지요. 누구보다도 복음에 관한 지식은 제 머릿속에 많이 채워진 사람이었습니다. 하지만 그 복음적 내용의 지식을 전하려는 노력은 특별히 하지 않았습니다. 오히려 교회에서 전도하러 나가자고 하면 힘들어했고 숨어버리곤 하였습니다. 그런데 서울신학대학원 5차 학기 때, 지금의 저의 스승되시고 멘토되신 홍성철 교수님의 수업을 듣게 되었습니다. 그 수업의 이름은 "제자화의 이론과 실제"라는 과목이었습니다. 그 수업을 통하여 머릿속에 있던 복음에 관한 지식이 가슴으로 내려오기 시작하였습니다.

예수님이 저의 죄 때문에 십자가에서 죽으신 일 때문에 한없이 울었습니다. 예전에도 수없이 많이 들어왔던 이야기였는데, 그 이야기가 내 사건이 되어 한 없이 가슴을 메이게 하는 것이었습니다. 그런데 그 눈물은 한번으로 그치는 것이 아니라, 한 학기 내내 울게 만들었습니다. 길거리의 빨간 네온사인의 십자가만 보아도 눈물이 나고, 예수님의 '예'자만 들어도 눈물이 났습니다. 심지어는 전철 안에서 구걸을 하기 위하여 복음성가를 틀어놓고 다니는 사람들의 음악소리에도 눈물이 났습니다. 주체할 수가 없었습니다. 그러나 결코 슬퍼서 눈물을 흘리는 것은 아니었습니다. 표현할 수 없는 느낌이었지만, 감동과 기쁨이 주된 것이었다고 할 수 있습니다. 그 후로 제 인생은 바뀌게 되었습니다. 나에게 한 학기 동안 눈물을 주었던 복음에 헌신하며 살고, 그 복음을 전하는 전도자로 헌신하며 살아가자는 결단을 내리게 된 것이지요. 그래서 오늘까지 수많은 사람들을 만나며 복음을 전하고 행복가게 살아가고 있습니다. 경험된 복음의 지식이 저를 전도자로 헌신하게 만들었던 것입니다.

오해3 - 전도는 교회 부흥의 수단과 방법이다?

복음전도에 관한 오해가운데 가장 일반화 되어 있는 것이 복음전도가 교회 부흥의 수단과 방법이라고 생각되어지는 것입니다. 이렇게 잘못 이해되어진 것은 교회가 복음전도를 이와 같이 취급하였기 때문이고, 또 그렇게 행하여 왔기 때문입니다. 말은 그럴듯하게 들릴지 모르지만 이것은 주객이 전도된 말입니다. 복음전도는 교회부흥의 수단과 방법이 아니라, 교회가 이 땅에 존재해야할 중요한 이유 중에 하나이기 때문입니다.

1. 수단과 방법으로 전락된 전도는 교회의 존재의미를 약화시킵니다.

교회가 이 땅에 존재해야 하는 이유는 예수님께서 이 땅에 오신 목적에서 찾을 수 있습니다. 저는 성경의 많은 구절 중에 한 구절을 가지고 이것을 설명하려 합니다. 요한복음 10장 10절을 보면, "... 내가 온 것은 양으로 생명을 얻게 하고 더 풍성히 얻게 하려는 것이라"라고 기록되어 있습니다. 예수님께서 이 땅에 오신 궁극적인 목적이 세상 사람들로 하여금 생명 즉 영생을 얻게 하고, 얻은 생명을 풍성히 누리게 하기 위함입니다. 그렇다면 교회가 이 땅에 존재하며 해야 할 가장 중요한 일도 바로 이 일입니다. 교회의 머리는 예수 그리스도시기 때문입니다.

교회는 세상 사람들에게 영생이 있음을 가르쳐 주고 그 영원한 생명을 얻을 수 있도록 도와주어야 합니다. 또 영생을 얻은 자들이 그 영생의 풍요함을 누릴 수 있도록 이끌어 주어야 합니다. 이 일이 교회 안에서 온전히 진행될 수 있을 때 그 교회는 건강한 교회라고 할 수 있습니다. 그런데 전도는 사람들로 하여금 영생이 있음을 가르쳐 주고 그 영생을 얻을 수 있도록 도와주는 일입니다. 교회가 해야 할 가장 본질적인 일이지요. 그러나 그 전도가 교회의 또 다른 목적이나 이유에 종속되어 자리하게 된다면 교회가 어떻게 성경적인 모델이 되는 교회가 될 수 있을 것이며, 건강한 교회가 될 수 있겠습니까? 그러므로 교회부흥의 수단과 방법으로 전락된 전도는 교회의 존재이유를 약화시켜 가는 일임을 알아야 합니다.

2. 수단과 방법으로 전락된 전도는 성도들을 지치게 만듭니다.

수단과 방법으로 전락된 복음전도는 성도들을 지치게 만듭니다. 왜냐하면 전도할 수 있는 힘과 동기를 부여받는데 한계가 있기 때문입니다. 수단과 방법은 그 자체가 목적이 될 수 없습니다. 그리고 목적을 성취하기 위해서는 언제든지 버려질 수 있고 다른 것으로 대체될 수 있으며 바뀌어 질 수 있습니다. 그렇기에 성도들도 수단과 방법이 영구적인 것이라고 생각하지 않습니다. 한번은 전도 팀과 함께 부산에 가서 전도실습과 전도 집회를 한 적이 있습니다. 부산에서는 큰 교회 중에 하나였고, 또 전도에 열정이 있는 교회로 알았는데 교인들은 많이 참석하지 않았습니다. 그리고 참석한 성도들조차 이러한 전도 집회와 전도 팀의 초청이 무슨 의미가 있는가? 라고 반문할 정도였습니다. 한 권사님은, "지난주에도 한 선교단체의 거지전도 팀이 우리교회에 머물며 전도한다고 했는데 잘 안 되더라"고 하셨습니다. 그리고는 "부산에서는 전도가 안 된다"는 것이었습니다.

교회에서는 전도의 열정과 동기를 주기위하여 계속해서 여러 팀을 초청해서 배우게 하고 있었습니다. 그런데 전도가 무엇인지 어떻게 전도할 수 있는 지를 가르쳐 주지 않았기에, 전도 팀만을 대하는 성도들은 시간이 흘러갈수록 지쳐만 갔습니다. 원하는 열매도 잘 보여 지지 않았기에 더 지쳐있었습니다. 저는 팀원들과 함께 금식을 하고 더 강하게 기도하자고 제안하였습니다. 다른 어떤 것보다도 복음에 능력이 있음을 성도들에게 보여주며, 전도란 복음을 전하여 영혼을 구원하는 것임을 성도들이 배울 수 있도록 기도하자고 하였습니다. 하나님께서는 우리들의 기도에 응답하셨고, 다음날부터 교인들과 함께 전도의 현장으로 나간 곳마다 구원의 역사가 있게 하셨습니다. 어떤 곳에서는 남녀호랑개교 4대째 믿는 집안이 복음을 듣고 주님께로 돌아왔으며, 불교 몇 대째 믿는 집안도 주님께로 돌아왔습니다. 또 무당이 복음을 듣고 주님께로 돌아오는 역사도 일어났습니다. 그 전도의 현장을 같이 따라 다니던 성도들은 복음의 능력을 여실히 경험하며 복음전도란 이러한 것이구나! 하는 것을 명확하게 배웠습니다. 그리고는 그들의 입에서 예전과 바뀐 말들이 나오기 시작했습니다. "부산에서도 전도가 된다!" "복음 안에서 사람이 변화된다." "복음에 능력이 있다"는 말을요!

3. 전도를 통한 부흥과 성장은 전도의 결과로 주어지는 일부분입니다.

그러면 전도를 통한 교회의 부흥과 성장은 기대해서는 안 되는 것일까요? 그렇지 않습니다. 복음을 경험하고 그 복음을 전하여 사람을 주님께로 돌아오게 만들며 제자로 삼는 본질적인 전도의 일에 매달릴 때 교회의 부흥과 성장은 자연스럽게 일어날 수 있습니다. 이미 언급하였던 대로, 초대교회가 자연스럽게 성장하고 부흥하였던 것처럼 말입니다. 전도를 통해 얻을 수 있는 결과들은 교회의 부흥과 성장 외에도 더 많이 있습니다. 예를 들자면, 전도하는 전도자들이 복음전도의 현장에서 역사하시는 성령님의 임재와 복음의 능력으로 말미암아 복음에 익숙한 하나님의 사람으로 성장하게 됩니다. 교회 안에서 이렇게 복음에 익숙한 사람들이 생겨난다는 것은 굉장히 큰 축복입니다. 그 사람들이 끼치는 영적인 영향력은 교회를 건강하게 만들 것이기 때문입니다.

또 교회가 복음의 능력 안에서 치유와 회복을 경험하게 됩니다. 한 사람을 치유하고 회복하는 온전한 통로는 십자가 복음 밖에는 없기 때문입니다. 그리고 복음이 있는 곳에 생명이 있고, 생명이 있는 곳에 활력이 있습니다. 복음전도는 교회의 영적인 분위기가 살아나게 만들고 활기 있게 만들며 생명을 불어넣는 도구가 됩니다. 이 밖에도 많은 결과들이 있지만, 이렇게 본다면 교회부흥과 성장은 복음전도 결과의 일부분임이 더 확실해 집니다. 그러므로 결과를 목표인 것처럼 앞으로 내세워 주객을 전도시키지 말고, 성경적인 전도에 충실하면 그것 외에도 더 많은 결과들을 얻을 수 있음을 알아야 합니다. 시간이 좀 걸리더라도, 힘들어보여도, 쉽지 않더라도 교회가 전도를 위해서 가야할 길은 바로 이 길입니다.

오해4 - 보이는 열매가 모든 것이다?

전도가 어렵다고 부담스럽게 만드는 이유 중에 또 하나는 전도의 결과를 강조하기 때문입니다. 보이는 열매에 집착한다고 하는 것이지요. 그래서 사람을 교회로 데리고 오면 전도가 성공한 것이고, 그렇지 않으면 전도를 잘못 한 것인 양 생각하게 만듭니다. 여기에는 미묘한 부분이 있습니다. 이렇게 강조하는 것이 일방적으로 잘못되었다고만 말할 수 없기 때문입니다. 왜냐하면 진정한 복음전도자는 최선을 다하여 복음을 전하고 그 영혼의 구원을 위하여 최선을 다하기 때문입니다. 그때 열매가 맺혀 집니다. 전도는 내 힘으로 하는 것이 아니라, 성령의 힘으로 하는 것이고 열매 맺게 하시는 분도 성령님이시기 때문입니다. 그러나 일방적으로 열매만을 강조하고 과정을 무시하여 열매만으로 전도를 평가하는 일은 분명히 잘못된 것입니다. 그때 전도자들은 열매로 자신을 평가받을 수 있고, 그러한 모습은 전도자로 하여금 지속적으로 전도하게 만드는데 방해가 됩니다. 그렇다면 전도에 대해서 어떠한 자세를 가져야 할까요?

1. 주님의 지상명령은 복음을 전하라는 것입니다.

전도자들은 주님이 주신 지상명령이 복음을 전파하라는 것임을 명심해야 합니다. 마가복음에 나타난 지상명령을 보면, "**너희는 온 천하 만민에게 복음을 전파하라**"(막 16:15)고 기록되어 있기 때문입니다. 예수 그리스도가 완성해 놓으신 복음을 온 세상 모든 사람들에게 전하는 것이 일차적이고 가장 중요한 일입니다. 그것은 로마서에, "**믿지 아니하는 이를 어찌 부르리요. 듣지도 못한 이를 어찌 믿으리요. 전파하는 자가 없이 어찌 들으리요. 보내심을 받지 않았으면 어찌 전파하리요…**"(롬 10:14-15)라고 기록되어 있듯이, 전해야 듣고 믿어 구원을 얻을 수 있기 때문입니다.

설령, 복음을 전하였는데 상대방이 예수 그리스도를 영접하기를 꺼려하였다고 할지라도, 그 복음에는 능력이 있고 영향력이 있기에 그 내용이 마음에 남아 역사할 수 있습니다. 그리고 언젠가 그 사람의 상황이 어렵고 힘들고 외로울 때, 그 내용은 그 사람으로 하여금 예수 그리스도 앞으로 나올 수 있는 힘이 되기도 합니다. 그러므로 눈에 보이는 열매만을 얻기 위하여 복음을 전하는 것은 잘못되었다고 말할 수 있습니다. 본질에만 충실하면 일하시는 분은 성령님이십니다.

2. 형식적인 열매는 열매가 아닙니다.

흔히 교회에서 하나의 프로그램과 이벤트를 위하여 목표를 정해놓고 일방적으로 사람을 모으는 행위는 본질적인 전도와는 거리가 있습니다. 목표를 채우기 위하여 사람을 데려오는 일에 불과하기 때문입니다. 이렇게 해서 모아진 열매는 형식적인 열매에 불과합니다. 물론 그 사람들이 교회에 와서 복음을 듣는다면 구원을 경험 할 기회는 있을 수 있지만, 일반적으로 이러한 프로그램과 이벤트 형식으로 전도하는 교회는 복음적인 마인드가 부족하다고 할 수 있습니다. 그래서 그 모이진 사람들에게 복음을 전하기보다는, 행사만 하고 끝나는 경우가 많습니다.

바로 이러한 경우가 보이는 열매에 집착해서 전도하는 대표적인 경우이기도 합니다. 그러나 분명한 것은, 이러한 형식적인 열매는 전도의 진정한 열매가 아니라는 것입니다. 형식적인 열매를 강조할수록 전도의 본질은 희석되며, 진정한 전도의 열매를 얻는 것과는 거리감이 생길 수 있음을 명심해야 합니다. 세상에서 진행하는 동일한 방식의 프로그램과 이벤트를 통하여 사람들을 모아 전도의 형식적인 열매를 맛본 사람은 대가와 희생을 통하여 한 영혼을 구원하는 일이 너무 어리석어 보일 수 있으며, 미련한 것으로 보일 수 있습니다. 그러나 하나님은 전도의 미련한 것으로 세상을 구원하시기를

기뻐하십니다.[36]

3. 그러나 전도는 구원을 위해서 최선을 다해야 합니다.

비록 전도의 행위가 복음을 전해주는 것이고, 주님의 지상명령에도 "복음을 전파하라"고 기록되어 있을지라도, 복음전도자는 영혼의 구원을 위하여 최선을 다해야 합니다. 일방적으로 외치기만하고 전도를 접는 사람은 전도의 마인드가 없는 사람이라고 할 수 있습니다. 왜냐하면 복음전도의 궁극적인 목표는 영혼의 구원과 그 영혼을 통한 영적인 재생산에 있기 때문입니다. 전도자 입장에서 최선을 다한 경우라면, 그 전도가 전하는 데에서만 끝났든지, 아니면 영혼을 구원하는 데까지 이르렀든지, 그다지 중요하지는 않습니다. 왜냐하면 전도자가 영혼을 사랑하여 소중히 여겼으며 그 영혼의 구원을 위하여 최선의 노력을 다하였기 때문입니다. 그리고 이렇게 전도를 할 때 그 열매는 하나님께서 맺게 하십니다. 또한 그러한 전도자를 통하여 또 다른 준비된 영혼을 붙여 주셔서 열매를 볼 수 있게도 하십니다.

제가 2006년도에 교회를 개척을 하였을 때 일입니다. 하나님의 도움으로 30평이 조금 넘는 조그마한 오피스텔을 얻어서 예배를 드리게 되었습니다. 오피스텔이기에 교회 간판도 걸 수 없었고, 또 교회 종탑도 세울 수가 없었습니다. 그렇기에 어느 누구도 그곳에 교회가 있다고는 생각하지 못할 곳이었으며, 직접 전도하여 데리고 오기 전까지는 교회의 숫자적인 부흥은 기대할 수 없는 곳이었습니다. 저는 전도를 배우겠다는 전도사님 몇 분과 함께 부지런히 전도하러 다녔습니다. 그런데 전도를 하고나서 돌아와 이야기 해보면, 분명히 많은 사람들을 만났고 복음을 전하여 결신하게는 하였는데, 거의 많은 경우 다른 교회를 다니시는 명목상의 교인들이었기에 복음을 전한 후 자신들의 교회에 충실히 다닐 것을 부탁하고 보내주었다는 것입니다. 저는 한 번도 그러한 전도사님에게 열매가 없다고 야단을 쳐 본적이 없습니다.

우주적인 교회의 관점에서 볼 때, 우리들은 하나님께서 너무 기뻐하시는 일들을 하고 왔기 때문입니다. 꼭 우리가 세운 지역교회로 사람들을 결신시키고 데려와야만 하는 것은 아닙니다. 그 사람이 다른 교회를 다니는 사람이라면 그 교회에 충성할 수 있도록 도와야지요. 당장 눈에 보이는 열매는 없어도 우리 전도 팀은 전도에 최선을 다하였고 그 일을 훌륭하게 감당한 것입니다.

이렇게 본질적인 복음전도에 열정을 내고 있을 무렵, 기적과 같은 일들이 일어났습니다. 주일날이 되면, 우리가 직접 전도한 사람은 아니었지만, 신기하게도 저희가 예배드리는 곳에 준비된 영혼들이 찾아오는 것입니다. 간판도 없고, 종탑도 없는데, 찬송 소리를 듣고 찾아오기도 하며 물어서 찾아오기도 하고, 또 소개받아서 찾아오기도 하는 것입니다. 동쪽에서 전도하였는데, 서쪽에서 영혼이 오는 역사가 일어난 것입니다. 너무 놀랍고 신기한 일들이었습니다. 하나님께서는 최선을 다하여 영혼을 사랑하며 전도를 하고 있는 우리를 기뻐하셔서 준비된 영혼들을 붙이셨다고 생각할 수밖에 없었습니다. 개척한지 3개월 만에 하나님께서는 오피스텔을 다 채워주셨고 준비된 교회 건물로 이전할 수 있도록 만들어 주셨으며, 또 1년 동안 2주 만을 제외하고 매주 새 신자들을 붙여주셨습니다. 복음전도에 최선을 다한 결과였습니다.

Chapter 3

복음전도의 이유 1
- 타락과 구속의 관점에서

한번은 길을 가다가 열심히 전도하시는 그리스도인을 만났습니다. 도전도 되고 그 열정에 감동이 되어 다가가 여쭈어 보았습니다. "왜 그렇게 전도를 열심히 하세요?" 격려도 하고, 또 그 열정에 더 깊이 도전도 받으려고 던진 질문인데, 질문을 받고 나서 이분은 쩔쩔매는 것처럼 보였습니다. 한참을 생각하신 후 이분에게서 나온 답변은 명답이었습니다. "네 우리교회 목사님이 간곡히 부탁하셨거든요!" 혹시 이러한 마음으로 전도하고 계신 분들은 없으신가요? 물론 목사님의 말씀에 순종하는 것은 훌륭한 일입니다. 그러나 이러한 이유와 명분만을 가지고 전도한다면 오래가지 못합니다. 그리고 꼭 해야 할 필요성도 느끼지 못할 수 있습니다. 저에게 답변을 하시던 분이 쩔쩔매셨던 것처럼, 자신이 하는 일에 대한 자부감도 느끼지 못할 수 있습니다. 무엇인가 더 위대한 이유가 있어 보이는데 그것을 알고 있지 못한 것이지요. 그렇다면 우리가 복음전도를 해야 할 구제적인 이유는 무엇일까요? 동기부여가 되어야 전도의 현장으로 나갈 수 있지 않을까요?

죄인을 향한 하나님의 구속적 노력 때문입니다.

하나님은 사람이 죄로 타락한 이후부터 지금까지 죄인들을 구속하시기 위하여 일하고 계십니다. 한 번도 머뭇거리시거나, 쉬어보신 적이 없으십니다. 성경 어디를 보더라도 하나님께서 죄인을 구속하시기 위한 노력을 읽을 수 있고 느낄 수 있습니다. 창세기 3장을 보면, 인간이 타락한 직후, 하나님께서는 어떻게 행동하셨는지를 기술하고 있습니다.[37] 구속이라는 관점을 가지지 않고 성경을 본다면 평범하게 스쳐 지나갈 수 있는 구절이기도 하지만, '죄인을 위한 하나님의 열심'이라는 관점에서 본다면 '하나님의 구속적인 노력은 인간이 타락한 직후부터 지금까지 그 마음을 가지고 일해 오셨구나!' 하는 것을 알 수 있습니다. 여기에 전도의 가장 중요한 이유가 있습니다.

1. 타락한 사람

하나님은 사람을 당신의 형상과 모습대로 만드셨습니다. 이것은 굉장한 축복입니다. 하나님이 만드신 피조물 가운데 하나님의 형상과 모습대로 지어진 존재는 사람을 제외하고는 없기 때문입니다. 그리고 하나님은 **"생육하고 번성하라, 땅에 충만하라, 땅을 정복하라, 땅을 다스리라"고 말씀하셨습니다**(창1:26-28). 하나님께서 사람을 이렇게 창조하신 목적은 다음의 세 가지에서 찾아볼 수 있습니다.[38] 첫째, 하나님과 영적으로 교제케 하기 위함이었습니다. 둘째, 이웃과 더불어 살게 하기 위함이었습니다. 그래서 하와를 만들어 주셨습니다. 셋째, 자연을 다스리고 관리하게 하기 위함이었습니다. 하나님은 자신의 형상과 모습대로 지은 사람들이 이 땅을 가득 채워 더불어 살며, 또 하나님이 원하시는 대로 자연을 정복하며 다스리고, 그 가운데 하나님과 깊은 영적인 교제 안에서 누리며 살아가기를 원하셨던 것입니다. 이 세상의 천지 만물은 사람을 위하여 창조되었다고 하여도 과언이 아닙니다. 그래서 그것을 사람에게 주시고 위임하신 것입니다.

그런데 하나님께서는 사람에게 한 가지 규정을 두셨습니다. 그것은 동산 중앙에 있는 선악을 알게 하는 열매는 따먹지 말라고 하신 것입니다. 그것을 따 먹는 날에는 정녕 죽으리라고 말씀하셨습니다(창2:16-17). 왜 하나님께서 이러한 규정을 두셨을 까요? 모든 것을 아낌없이 주신 하나님께서 이것만을 규정하신 이유가 무엇일까요? 여러 가지 이유가 있을 수 있지만 가장 중요한 것은 사람을 보호하시기 위함이었습니다. 선악과를 따먹는다는 것은 선과 악을 판단하는 일에 하나님과 하나가 된다는 것을 의미하기 때문입니다. 다시 말하자면, 하나님의 위치에 들어서는 것을 의미합니다. 사람이 하나님의 형상과 모습대로 지음을 받았고, 또 모든 것을 하나님께서 사람에게 위임하셨지만 한 가지 넘지 말아야 할 것이 있습니다. 그것은 하나님은 창조주이시고 인간은 피조물이라는 것입니다. 피조물인 인간이 창조주의 위치에 들어서려는 순간 모든 창조의 질서는 깨어집니다.

하나님께서는 이미 당신께서 창조하신 천사가 타락하여 아픔을 가지고 계셨습니다.[39] 천사와 사람의 다른 점은, 사람이 하나님의 형상과 모습을 가지고 있는 반면에 천사에게는 없다는 것입니다. 그러했기에 하나님께 인간은 더 존귀했을 수 있습니다. 천사가 하나님처럼 되려하다가 타락한 것처럼, 인간도 하나님처럼 되려는 싹을 아예 처음부터 막으려 하셨는지 모릅니다. 그래서 하나님은 선악과를 먹지 말라고 명하시며 최소한의 선을 그어 놓으셨던 것 같습니다. 인간에도 어느 정도의 선과 악을 판단할 수 있는 기준은 있지만, 절대적인 선과 절대적인 악의 기준은 하나님만이 판단하실 수 있는 영역이기 때문입니다. 이것만 지켜질 수 있다면, 사람은 얼마든지 하나님께서 원하시는 대로 모든 것을 누리고 다스리며 살아갈 수 있는 존재였습니다.

그러나 사람은 뱀을 매개로 접근한 사단의 달콤한 소리에 귀를 기울이기 시작하였습니다. 하나님께서는 선악과를 따먹는 날에는 정녕 죽으리라고 말씀하셨는데, 그 소리는 뒷전으로 미뤄둔 채, 그 열매를 따 먹으면 눈이 밝아져 하나님과 같이 되어 선악을 알게 된다는 소리에 더 관심을 두었습니다(창3:5). 하나님처럼 된다는 사단의 소리가 달콤해 지기 시작한 것입니다. 하나님은 그것만큼은 안 되는 일이라고 선악과를 통하여 선을 그으셨건만, 사람은 타락한 천사의 말에 소리를 기울였습니다. 이것은 자신을 하나님처럼 만들어 보고 싶은 유혹이었습니다. 더 이상 하나님의 통치 밑에 있을 필요가 없다는 뜻입니다.

그리고는 그 열매를 따먹었습니다. 절대적으로 사단의 유혹에 동의한 행위입니다. 하나님처럼 되보고 싶다는 것입니다. 이것이 죄의 시작입니다. 선악과에 문제가 있는 것이 아니라, 하나님처럼 되고자 하는 사람의 욕망과 결단이 죄라는 것입니다. 선악과를 따먹었다는 것은 이제부터 스스로 선악을 판단하며, 스스로 운명을 개척하고, 스스로 영원의 문제까지 해결하겠다는 것입니다. 이것은 자기 교만의 극치요, 자기 우상의 표현입니다.[40] 이렇게 타락한 사람은 하나님께서는 어떻게 하셨을까요?

2. 타락한 인간을 향한 하나님의 구속의 노력 - 전도의 성경적 모델

♥⇒ 죄지은 인간을 찾아가시는 하나님

분명히 선악과를 따먹지 말라고 하셨는데, 그것을 따먹는 날에는 정녕 죽으리라고 경고하셨는데 그것을 따먹고 타락하게 된 사람을 보시며 하나님의 마음은 어떠하셨을까요? 또 하나님의 말씀보다는, 하나님과 같아지려고 하다가 타락한 천사의 말을 듣고 타락한 사람을 보시며 하나님의 마음을 어떠하셨을까요? 무엇보다도, 모든 것을 위임하시고 축복해주신 하나님을 배신한 사람을 향한 하나님의 마음은 어떠할까요? 죄라는 것은 간단히 선악과를 따먹은 행위로 끝나는 것이 아니라, 이렇게 여러 가지 문제가 얽혀 있습니다.

아마도 하나님의 마음은 굉장히 슬프고 힘드셨을 것입니다. 그러나 하나님은 죄지은 사람을 포기하지 않으셨습니다. 그것이 인간의 연약함임을 아셨습니다. 그래서 성경은 하나님께서 이러한 사람을 찾아가셨다고 기록되어 있습니다(창3:8). 하나님께서 동산을 거니셨다는 것은 아담을 찾아가신 것입니다. 정말 보기 싫고 만나기 싫다면 그곳에 찾아가지도 않으셨을 것입니다. 아직 사건이 일어난 줄 모르고 찾아가신 것이 아닙니다. 하나님은 전지하신 하나님이시기 때문입니다. 그렇다면 모든 것을 아시고도 찾아가신 이유는 두 가지 중에 하나입니다. 즉 하나는 징계하시기 위함이고, 다른 하나는 용서하시기 위함입니다. 그런데 성경의 맥락을 보면 용서가 목적임을 알 수 있습니다.

죄지은 아담과 하와를 찾아가신 하나님! 이것이 바로 죄인을 향하신 하나님의 마음입니다. 그리고 지금까지 동일한 모든 사람을 향하신 하나님의 마음입니다. 성경을 보면, 항상 하나님께서 먼저 찾아오심으로 인간의 역사는 의미를 갖고 소망을 품을 수 있었습니다. 이것이 기독교 입니다. 사람은 죄를 짓지만 용서하기를 원하시는 분은 하나님이십니다. 하나님께서 일방적으로 먼저 찾아오시지 않았다면, 우리 사람에게는 회복과 소망을 기대할 수 없었을 것입니다. 전도란 바로 이와 같은 하나님의 마음으로 하는 것입니다. 여기에서 출발해야 하는 것입니다.

⇐♡ 하나님을 거부하는 아담과 하와

죄지은 인간에게 하나님이 먼저 찾아오심은 얼마나 큰 축복입니까? 하나님은 용서하시기로 작정하시고 찾아오신 것입니다. 그러나 죄 지은 사람은 그 하나님을 외면해 버립니다. 먼저 하나님을 찾아서 용서를 구해도 시원치 않을 형국이지만, 죄 지은 사람이 먼저 하나님을 찾는 다는 것이 불가능하다는 것을 아시기에 먼저 찾아오신 하나님이셨습니다. 그런데 아담과 하와는 그 하나님의 소리를 듣고 숨어버립니다. 이것은 하나님에 대한 외면입니다. 그리고 하나님에 대한 거부입니다. 죄가 그렇게 만들었습니다.

저는 목회를 하고 신앙인들을 훈련을 시키면서, 그리스도인들이 문제만 생기면 숨어버려 잠수를 타는 일을 종종 목격하였습니다. 이때가 가장 답답합니다. 연락도 안 되고, 거처를 알 수도 없고. 그래서 제가 담당하여 훈련시키고 목회하는 그리스도인들에게는 제발 어떠한 문제가 생기더라도 잠수만은 하지 말라고 부탁합니다. 제가 답답하기 때문이고, 또 만나야 문제의 해결을 기대할 수 있기 때문입니다. 그런데 성경을 보니, 최초의 잠수는 아담과 하와부터 시작되었고 그것은 죄의 결과 중에 하나라는 사실을 알게 되었습니다. 너무나 안타까운 모습입니다. 만약 그때 아담과 하와가 하나님께 나와 용서를 구했더라면 어떻게 되었을까요? 제 생각에는 아마도 에덴동산에서 쫓겨나지 않았을 거라고 생각합니다. 용서와 회복을 목적으로 하나님께서 찾아 가신 것이기 때문입니다. 그러나 선악과를 따먹음으로 하나님을 실망시켜드린 사람은, 하나님의 용서의 발걸음을 외면함으로 다시 한 번 하나님의 마음을 아프게 해 드렸습니다.

♥⇒ 포기하지 않으시고 아담을 부르시는 하나님

그러나 하나님은 여기서 포기하지 않으셨습니다. 아니 포기할 것이라면 찾아오시지도 않았을 것입니다. 누구보다도 당신이 창조한 사람이기에 잘 알고 계셨기 때문입니다. 여기에서 전도자의 기본적인 자세가 어떠해야 하는지 알 수 있습니다. 하나님께서 죄지은 사람을 먼저 찾아 가셨듯이, 전도자도 요청이 있기 때문보다도 먼저 세상의 사람들을 찾아가야 합니다. 그리고 하나님이 아담과 하와를 끝까지 포기하지 않으셨던 것처럼 그와 같은 노력과 자세가 있어야 합니다. 전도자는 하나님의 대리인이기 때문입니다.

하나님은 자신을 피하여 숨어버린 그들을 부르셨습니다. 그리고 **"네가 어디 있느냐"**(창 3:9)고 물으셨습니다. 하나님은 그들이 어디에 있는지 몰라서 물어 본 것이 아닙니다. 모든 것을 알고 계십니다. 하나님의 질문에는 다음과 같은 실존적인 의미가 포함되어 있습니다. '지금 네가 있는 곳이 편한 곳이냐? 왜 그곳에서 두려워하고 힘들어 하고 어려워하고 있느냐? 나는 너를 창조하였을 때 그렇게 두려워하며 어렵게 살도록 창조하지 않았다. 그러므로 지금 내 앞으로 나와라! 그래야 회복이 있다!' 이 말씀은 죄 지은 아담과 하와의 현 위치를 점검하고 드러내시는 질문이었습니다. 하나님은 이렇게 질문하심으로써 그들이 자신들을 돌아보며 하나님 앞으로 나올 것을 촉구하신 것입니다. 하나님은 끊임없이 그들을 회복하시기 위하여 노력하고 계신 것입니다.

⇐♡ 다시 하나님의 부르심을 거부하는 인간

하나님의 이러한 노력에 아담이 조금이라도 호응하려고 노력만 하였다면 아마도 오늘날 세상의 판도는 바뀌었을 것입니다. 그러나 아담은 그렇게 하지 못하였습니다. 오히려 변명하였습니다. 이것이 죄의 결과이고 죄의 영향력입니다. 아담은 벗었음으로 인하여 두려워하여 숨었다고 변명하였습니다(창 3:10). 하나님께서는 지금 네가 있는 위치를 점검하고 파악하여 그렇게 두렵게 살지 말고 회복하기 위해 오신 하나님 앞으로 나오라고 말씀을 하신 것이었지만, 죄 지은 아담은 그 말의 의미보다는 자신의 죄 때문에 두려워하여 감히 하나님 앞으로 나가지 못하겠다고만 버팁니다.

아담과 하와가 벗고 산 것은 이미 성경이 기록하고 있습니다. "**아담과 그의 아내 두 사람이 벌거벗었으나 부끄러워하지 아니하라**(창2:25)." 이렇게 본다면, 아담과 하와는 벌거벗었기 때문에 하나님 앞으로 나가지 못한 것은 아닙니다. 늘 벗고 살았습니다. 여기서 말한 '벗어서 두렵다'라고 하는 것은 아마도 죄 지은 자신의 모습을 하나님 앞에서 가리 울 수 없어서, 벌거벗은 것처럼 다 드러나니 못나가겠다고 말한 것으로 보는 것이 옳을 듯싶습니다. 죄로 인한 수치심입니다. 만약 그렇다면 하나님께 물어보아야 했습니다. 그리고 방법을 찾아야 합니다. 지금 몸만 숨어있을 뿐이지 하나님과 대화가 진행되고 있기 때문입니다.

♥⇒ 끝까지 회복시키시기 원하시는 하나님

이정도 까지 왔으면, 하나님께서 포기하시고 그냥 돌아가셔도 어느 누구도 하나님이 사랑이 없다고 말할 수 없을 것입니다. 죄를 먼저 지어 하나님의 마음을 아프게 한 것은 아담과 하와였습니다. 그리고 그러한 사람에게 먼저 찾아온 분도 하나님이셨습니다. 그러나 그러한 하나님을 외면한 것도 아담과 하와입니다. 하지만 하나님은 포기하지 않고 그들을 회복하기 원하셨기 때문입니다. 이러한 하나님의 마음은 아담의 변명 후에도 이어집니다. 하나님 앞으로 나아오든지, 아니면 어떻게 나갈 수 있을지 방법을 물었어야했을 아담이었지만 변명으로 일관하며 숨어있는 그에게 하나님은 또 한 번의 기회를 주십니다. 그것은 이제 막다른 골목에 처한 아담에게 하나님께서 중요한 말씀을 해주셨기 때문입니다. **"누가 너의 벗었음을 네게 알렸느냐 내가 네게 먹지 말라 명한 그 나무 열매를 네가 먹었느냐"**(창3:11) 이 말씀은 하나님께서 죄의 본질을 드러내 주신 말씀이었습니다. '나는 네가 죄를 지은 것도 알고, 또 너로 하여금 죄를 짓도록 만든 배후 세력도 알고 있다. 아담 혼자서 죄짓지 않았다'는 것입니다. 이 얼마나 명쾌한 말씀입니까? 아담은 숨기려하지만, 하나님께서는 이미 모든 것을 알고 계신다고 말씀하십니다. 그러니 모든 것을 알고 계신 하나님 앞에 나오기만 하면 되는 것입니다. 또 그 짐을 혼자서 다지지 않아도 된다고 하는 것이지요. 왜냐하면 죄를 짓도록 한 배후의 세력도 있다는 것을 알고 계시기 때문입니다. 이제는 하나님과 더 이상의 줄다리기를 하지 않아도 됩니다. 모든 것을 아시기 때문입니다. 그 분 앞에 나와서 고백만 하면 됩니다. 하나님은 이렇게까지 하셔서라도 아담을 회복하기 위해 노력하셨습니다. 이제 막다른 골목입니다. 더 이상 도망갈 곳도 없습니다. 하나님 앞으로 굴복하고 나와야 합니다. 그러나 아담은 어떻게 하였나요?

⇐♡ 죄를 전가시키는 인간(창3:12)

막다른 골목에 처한 아담의 선택은 죄의 전가였습니다. 하나님은 죄의 배후 세력까지 언급하시면서 기회를 주셨는데, 아담의 반응은 회개가 아니었습니다. 수세에 몰린 아담은 하나님께 굴복하기는커녕, "뼈 중에 뼈요, 살 중에 살"이라고 고백했던 여자에게 죄를 전가시킨 것입니다. 그것도 "하나님이 만들어 주신"이라는 수식어를 붙여서 하나님께도 그 책임을 전가하고 있는 것입니다. 참으로 통탄할 일입니다. 잘못을 인정하고 뉘우쳤으면 끝날 수 있는 일이었는데, 아담은 그 책임을 아내인 하와에게 떠넘기고, 또 그 하와를 만드신 하나님께 떠넘긴 것입니다. 하나님 마음에 또 다른 대못을 박는 순간이었습니다. 저는 이 이야기가 구약에 나타난 최초의 십자가 사건의 모형이라고 말하고 싶습니다. 왜냐하면 십자가란 죽음과 자기 굴복, 포기를 의미하기 때문입니다. 신약에 와서 예수께서만 십자가를 지신 것이 아니라, 이미 구약에서 죄 지은 사람을 위하여 하나님께서 먼저 십자가를 지시는 모범을 보여주신 것입니다.

모든 권위와 권세 그리고 하나님의 영광을 내려놓으시고 아담과 하와를 찾아오셨는데 아담은 받아들이지 않았습니다. 그들이 회복할 수만 있다면 얼마든지 더 참을 수 있는 하나님이셨는데 아담이 받아들이지 않았습니다. 죄 지은 사람이 이렇게 하나님과 대화하고 논쟁하며, 또 하나님의 마음을 아프게 할 수 있음도 하나님의 사랑 때문이었습니다. 아담과 대화를 하고 계시는 하나님은 낮아질 때로 낮아지신 분입니다. 그러나 죄의 전가는 더 이상 아담과의 대화를 할 수 없도록 만들었습니다. 적어도 죄가 있다고 했을 때 이야기가 될 수 있는 것이지, '나는 죄가 없다'고 버티는데 어떻게 대화를 이끌어 갈 수 있겠습니까? 너무나 안타까운 시간이지만 이렇게 해서 하나님과 아담과의 대화는 막을 내리게 됩니다. 죄의 문제를 해결하지 못한 채로요.

♥⇒ 아픈 마음으로 하와에게 찾아가시는 하나님

그러면 하나님은 여기에서 포기하고 돌아가셨을까요? 그렇지 않습니다. 끝까지! 할 수 있는 한 마지막까지 최선을 다하시는 분이 우리 하나님이십니다. 한 영혼을 위해서라면 어디든지 얼마까지라도 낮추고 찾아가실 수 있는 분이 하나님이십니다. 아담에게 거절을 당하신 하나님은 하와에게로 가십니다. 하와라도 설득하여 회복한다면 아담에게도 다시 기회가 있을 수 있기 때문입니다. 저는 성경의 이 부분은 묵상하다가 눈물을 멈출 수 없었습니다. 하나님이 어떤 분이십니까? 모든 이름위에 뛰어난 신이지 않습니까? 모든 권세와 권위가 다 그분께 있지 않습니까? 그분은 지존하시고 전능하신 창조주 이지 않습니까? 그분이 이리가라면 이리가고 저리가라면 저리가시는 분입니까? 그렇지 않습니다. 그런데 지금 하와에게로 가시는 하나님의 모습을 묵상해보니 눈물이 나올 수밖에 없었습니다. 너무나 초라한(?), 그리고 낮아지신 모습입니다. 만약 영혼의 구원과 회복을 위함이 아니었다면 어디에서도 이러한 모습을 보이시지 않았을 것입니다. 전도자에게는 이와 같은 모습이 있어야 합니다. 그래야 진정한 전도자입니다.

⇐♡ 뱀에게 죄를 전가한 하와

하와는 어떠했습니까? 하와라도 하나님께 용서를 구했다면 어떻게 되었을까요? 그러나 죄는 무섭습니다. 궁색한 변명으로 일관하게더니 죄를 전가시키고, 거기에서 모든 것을 끝내게 만듭니다. 그렇기에 하와역시 자신의 죄를 뱀에게 죄를 전가합니다. 이제는 사람에게 더 이상 기회가 주어질 수 없었습니다. 죄의 전가는 그것으로 끝이기 때문입니다. 뱀에게는 기회가 주어지지 않습니다. 뱀의 모양을 한 사단은 회복의 대상이 아니기 때문입니다.

예수 그리스도의 대속적인 죽음 때문입니다.

예수 그리스도께서 우리를 구원하시기 위하여 이 땅에 오셔서 십자가에서 죽으시고 부활하신 사건은 복음전도의 또 다른 중요한 이유 중에 하나가 됩니다. 그런데 예수께서는 갑자기 이 땅에 오셔서 죽으신 것이 아니라, 이미 구약에 예언되어 있었던 부분이며 그 예언은 인간이 타락한 직후부터 그 인간을 구속하기 위한 방법으로 하나님께서 계획하신 것입니다. 우리가 구약에서부터 계획되어 있던 예수그리스도의 대속의 죽음이 어떻게 점진적으로 진행되었고 이루어지게 되었는가를 성경을 통하여 고찰하는 것은 복음전도에 있어서 중요한 요소가 될 것입니다. 왜냐하면 복음전도는 단지 신약의 교회의 부흥을 위해서 존재하는 것이 아니라, 인간이 창조되어지고 타락한 순간부터 그 인간을 구속하기 위한 하나님의 계획안에 있는 것이라는 것을 알 수 있기 때문입니다. 복음전도를 하는 순간 우리는 하나님의 구속적인 일에 동참하는 일원이며, 그 구속사에 남을 기념비적인 행위를 하고 있는 것입니다.

1. 복음의 약속

복음은 신약에 예수 그리스도를 통해 완성되지만, 이미 구약에 약속되어 있는 것입니다. 그렇다면 하나님은 언제 어디서 어떠한 상황 속에서 복음을 약속해 주셨을 까요? 그것은 인간이 타락한 직후, 하나님의 구속적인 노력에도 불구하고 죄지은 인간이 죄의 용서를 구하지 않고 죄를 전가시켰을 때 진노하지 않으시고 그들을 향하여 약속해 주신 것이 복음이었습니다. 이것을 원형복음(原型福音), 혹은 최초의 복음이라고 합니다.[41] 하나님의 구속의 노력을 거부한 인간에게 필요한 것은 그들의 죄를 대신해서 직접 그 죄의 대가를 치러줄 예수님의 십자가만이 필요했기 때문입니다.

"내가 너로 여자와 원수가 되게 하고 네 후손도 여자의 후손과 원수가 되게 하리니 여자의 후손은 네 머리를 상하게 할 것이요. 너는 그의 발꿈치를 상하게 할 것이니라"(창3:15)

이 구절이 복음의 약속이라고 말할 수 있는 이유는, 이 안에 복음의 핵심 내용이라고 할 수 있는 예수 그리스도의 십자가와 부활이 예표 되어 있기 때문입니다. 여기서 여자의 후손은 동정녀에게서 탄생하실 예수 그리스도를 지칭하며, 뱀은 사단을 지칭합니다. 또 뱀이 "발꿈치를 상하게 한다"는 것은 예수께서 세상의 죄를 지시고 당하실 고난, 즉 몸이 찢기시고 피를 흘리며 십자가에서 죽으실 것을 예표합니다. 하지만 여기서 끝나는 것은 아닙니다. "여자의 후손은 뱀의 머리를 상하게 할 것"이기 때문입니다. 이것은 예수 그리스도의 부활을 상징합니다. 뱀에게 있어서 치명타는 머리입니다. 머리만 움켜쥐어도 꼼짝할 수 없는 존재가 뱀입니다. 그런데 여자의 후손, 즉 예수님은 그 뱀의 머리를 상하게 한다, 즉 깨어 부순다는 것입니다. 이제 사단의 세력이 더 이상 힘을 쓸 수 없게 되었다는 것입니다. 이것이 부활이 내포하고 있는 중요한 의미입니다.

부활은 예수 그리스도께서 죽음에서 다시 살아나신 것만의 의미를 담고 있는 것이 아니라, 사단의 세력을 이겨 승리하신 것에 대한 선포입니다. 예수 그리스도의 십자가의 죽음과 부활! 이것이 이미 창세기 3장 15절에 예언되어 있는 것입니다. 그러므로 예수 그리스도는 어느 날 갑자가 우리의 구속의 주님으로 이 땅에 오신 것이 아님을 알아야 합니다. 죄인 된 인간을 구속하시기 위한 철저한 하나님의 계획안에 오셨습니다. 그러면 이 복음의 약속이 신약에 와서 이루어지기 까지 하나님은 어떠한 일을 하셨을까요? 죄로 인해 무지해진 사람들에게 예수만이 죄용서의 핵심이라는 사실을 가르쳐 주시기 위하여 어떠한 일을 하셨을까요?[42]

2. 가죽옷을 지어 입히신 하나님

창세기 3장 15절의 말씀은 복음의 내용을 포함한 함축적인 말씀이었기에, 하나님은 말씀의 의미를 사람들이 알 수 있도록 서서히 구속의 비밀을 계시하셨습니다. 이것은 마치 고대 근동지역에서 왕이 마을을 행차할 때에, 먼저 사신들을 보내고 길을 닦아 준비한 뒤, 왕의 행렬이 지나갈 때 비록 한 번도 보지 못한 왕이었다고 할지라도 그 행렬이 왕의 행렬인 것을 알도록 하기 위함과 같은 것이었습니다.

하나님은 이 일을 위하여 먼저 아담과 하와를 에덴동산에서 내보내시기 전에 가죽옷을 지어 입혀 주셨습니다. 이것은 구속의 차원에서 굉장히 의미 있는 일입니다. 죄를 짓고 난 아담과 하와가 나뭇잎으로 옷을 만들어 입었지만, 그 옷으로는 그들이 지은 죄를 가릴 수 없었습니다. 그래서 하나님은 그들의 죄를 가를 수 있는 방법을 가르쳐 주신 것입니다. 물론 나뭇잎으로 만든 옷보다 가죽옷이 더 가치 있고 좋은 옷이지만 가죽옷은 그 이상의 의미를 가지고 있다는 것입니다. 그것은 가죽옷이란 동물의 피 흘리는 희생 없이는 만들어 질 수 없는 것이었습니다. 하나님께서 가죽옷을 만드셨다는 것은 어떠한 희생을 감수하셨다는 것을 의미합니다.

그러므로 아담과 하와가 가죽옷을 입었을 때 그들은 자신들의 죄가 가려졌다는 것을 느낄 수 있었을 것입니다. **"피 흘림이 없이는 죄 사함이 없느니라"**(히 9:22)는 성경의 진리를 처음으로 그들에게 가르쳐주시는 시간이기도 하였습니다.[43] 아담과 하와도 하나님께서 만들어 주신 옷을 입는 순간 놀랐을 것입니다. 왜냐하면 그들의 고민거리였던 죄가 가리워졌을 것이기 때문입니다. 하나님은 예수 그리스도의 피가 우리의 죄를 어떻게 대속할 수 있는지 이렇게 가르쳐 주시기 시작하셨습니다.

3. 아벨의 제사를 통하여

하나님께서 예수 그리스도의 십자가 죽음 통한 대속의 진리를 더 잘 알 수 있도록 계시해 주신 사건은 가인과 아벨의 제사였습니다. 농사를 짓던 가인은 농산물로 하나님께 제사하였고, 아벨은 양으로 하나님께 제사를 드렸습니다. 그런데 하나님께서는 가인의 제사는 받지 않으시고, 아벨의 제사만을 받으셨습니다. 여기에 대해서는 많은 해석이 있을 수 있고 논란이 있을 수 있지만, 창세기 3장 15절에 나타난 복음의 약속과 예수그리스도의 구속적 완성이라는 측면에서 이 사건을 바라보고 해석할 때, 특별히 창세기 3장 21절에 나타난 가죽옷의 사건과 연관되어 창세기 4장에 나타난 제사를 해석할 수 있습니다. 이것을 구속사적인 성경해석이라고 할 수 있습니다.

하나님께서는 분명히 죄를 덮을 수 있는 방법을 창세기 3장 21절에서 가르쳐 주셨는데, 가인은 농사를 짓던 사람으로 본능적으로 농산물을 가지고 제사를 드렸으며, 아벨은 하나님이 주신 방법을 믿으며 드렸습니다. 이 사건은 성경에서 처음으로 제사가 나오는 내용입니다. 이 당시 제사는 무엇을 의미했을까요? 오늘날로 말하면 '예배'의 의미로 하나님과의 만남이 전제됩니다. 그런데 죄 있는 인간이 하나님께 나아가 하나님을 만날 수 있는 방법은 '피'로 인한 죄의 덮음을 통해서 가능합니다. 하나님께서 이미 아담과 하와에게 가죽옷을 지어 주시며 가르쳐 주신 부분이기도 합니다. 하나님은 아담과 하와를 에덴동산에서 쫓아 내실 수밖에 없으셨지만, 가죽옷을 지어주시며 그들과 지속적으로 만날 수 있는 방법을 가르쳐 주셨다고 볼 수 있습니다. 하나님과의 만남 없이는 하나님께서 계획하시는 구속이 인간에게 적용될 수 없기 때문입니다. 그 연장선상에서 창세기 4장의 내용을 보면, 왜 하나님께서 아벨의 제사를 받으셨는지 이해될 수 있습니다. 물론 앞뒤의 성경적인 맥락과 상관없이 가인과 아벨의 사건만을 가지고 다른 해석이 가능하기도 하겠지요.

성경 안에서 이 문제를 언급한 구절들을 살펴보더라도 구속사적인 해석이 가능합니다. 가인과 아벨의 제사에 대해서 성경이 언급하고 있는 구절은 모두 세 구절입니다. 첫 번째가 히브리서 11장 4절이고, 두 번째가 요한일서 3장 12절이며, 마지막으로는 유다서 10-11절입니다.[44] 여기에서 보면, 가인의 행위는 본능적이고 악한 것으로 그래서 믿음이 없는 것으로 결론지을 수 있습니다. 왜 악합니까? 하나님께 속하지 않았기 때문이라고 할 수 있습니다. 하나님이 원하시는 제물은 피의 제물이라고 할 수 있기 때문입니다.[45] 그리고 하나님이 원하시는 것을 생각하기보다는 자신이 드리기에 편리 제물로 하나님께 나아갔기에 본능적이라고 할 수 있습니다. 그렇기에 믿음이 없다고 말할 수 있습니다.

  그러나 아벨의 제사는 하나님이 기뻐하시는 제사였고 열납하시는 제사였습니다. 왜 그렇습니까? 하나님이 가르쳐 주시고 원하시는 피의 제물을 드려 자신의 죄를 가렸기 때문입니다. 하나님께서 아벨의 제사를 받으셨다는 것은 아벨이 드린 제물을 통하여 아벨의 죄를 덮고 용서하셨다는 것을 의미하기도 합니다. 그러므로 이 사실을 창세기 3장 21절과 연관시켜 해석해 볼 때, 하나님은 아담과 하와에게 죄를 덮을 수 있는 방법을 가르쳐 주셨는데 이제는 아벨을 통하여 그 방법이 전승되어지고 있다는 사실입니다. 또한 한 마리의 동물의 희생으로 한 사람이 구속을 받았음을 나타내주는 사건이라고 할 수 있습니다.

4. 유월절의 어린양을 통하여

  하나님께서 예수 그리스도의 대속의 사건을 알 수 있도록 더 깊게 계시하신 사건은 출애굽 때 있었던 유월절 사건입니다. 하나님께서 애굽에 내리신 마지막 재앙은 예수 그리스도를 예표하시고 십자가의 의미를 내포한 유월절 어린양의 사건이었습니다. 하나님은 이 사건을 통하여 하나님을 믿지 않는 세상 사람들의 죄의 결과가 죽음이라는 것을 가르쳐 주셨고, 한편으로는 하나님을 믿고 따르는 자들에게는 어떻게 구원이 임하는지 가르쳐 주셨습니다.

그런데 유월절 어린양의 사건에서 구속사적인 관점을 가지고 유심히 살펴보아야 할 부분이 있습니다. 그것은 한 가족이 흠 없는 1년 된 수컷 어린양을 잡아 그 피를 문설주와 좌우 인방에 바른 행위입니다. 하나님의 심판의 사자들은 바로 이 피를 보고 그 집에 재앙을 내리지 않고 건너갔기 때문입니다. 여기서 어린양은 우리의 죄 때문에 죽으실 예수 그리스도를 예표하신 것이고, 문설주와 좌우 인방에 바르라는 것은 예수께서 십자가위에서 어떻게 죽으실 것을 예표하신 것입니다. 결국 그 피로 인하여 죽음에서 살아난 이스라엘 사람들은 그 피의 효능을 확실히 경험하게 되었습니다. 그 사건으로 말미암아 예수 그리스도의 보혈이 우리의 죄를 속하여 죽음에서 생명으로 이끌어 내심을 가르쳐 주신 것입니다. 이 사건이 아벨의 제사보다 한 단계 더 발전한 계시라고 볼 수 있는 이유는, 아벨의 제사는 한 마리의 희생으로 한 사람만을 구속하였으나, 유월절 어린양의 사건에서는 한 마리의 어린양이 한 가족을 구원하였다는 것입니다. 구속의 범위가 확대된 것이지요.

5. 대 속죄일을 통하여

유월절 어린양을 통하여 분명히 보여주신 피로 말미암는 구속의 의미는 대 속죄일 이라는 행사를 통하여 더 확대되어 계시되었습니다. 이스라엘 백성들은 자신들이 범한 죄를 속하기 위하여 일 년에 한 번씩 전 국가적으로 제사를 드렸습니다. 대 속죄일이라는 날을 정하여 이스라엘 민족 안에 있는 모든 사람들이 속죄의 제사를 드렸던 것입니다. 모든 절차가 거룩하게 지켜져서 하나님께서 이 제사를 열납하시면 이스라엘의 모든 죄가 속함을 받습니다(레 16:15-20). 이스라엘 백성들이 일 년 동안 지은 모든 죄로부터 깨끗함을 받은 것입니다.

　히브리서 기자는 이러한 속죄의 예식은 그리스도의 죽음을 통하여 완성되었다고 분명히 말하였습니다(히 9:9-12). 그렇기에 아직 완성된 속죄의 예식은 아니지만, 이전에 하나님께서 계시해주신 사건과 비교해 볼 때에, 한 단계 더 발전된 하나님의 계시임을 알 수 있습니다. 아벨을 통하여서는 한 마리의 희생이 한 사람만을 구속하였지만(One for one person), 유월절 어린양을 통해서는 한 가족이 구속을 받았습니다(One for one family). 그런데 대 속죄일을 통해서는 한 민족이 구속을 받게 되었기 때문입니다(One for one nation). 하나님은 이처럼 구속의 범위를 넓혀 가시면서 예수 그리스도의 죽음이 왜 모든 사람의 구속이 되는가를 이해시켜 주시고 계신 것입니다.

6. 예수 그리스도의 대속적인 죽음을 통하여 완성된 복음

　마침내 예수 그리스도께서 이 땅에 오셔서 십자가 위에서 피를 흘리시고 죽으심으로 온 세상의 죄가 씻겨 지게 되었습니다(One for all). 죄로 인해 더 이상 소망 없이 살아가는 우리 인간을 위해, 죽음을 향해 쉬지 않고 달려가는 사형수와 같은 우리 인간을 위해, 예수님은 그 죄의 문제를 근본적으로 해결하시기 위해서 십자가 위에서 죽으신 것입니다. 그리고 그 죄로 인해 우리 삶 속에 찾아온 많은 문제들을 보혈의 능력으로 극복하고 이길 수 있는 길을 열어 놓으셨습니다. 또한 십자가의 구속을 증명하시기 위해서 사흘 만에 부활하셨습니다. 이렇게 복음이 완성됨으로 예수 그리스도의 한 번의 죽음은 이 땅에 있는 모든 사람들, 그리고 앞으로 태어날 모든 사람들의 죄까지도 사함을 얻을 수 있는 길을 열어 놓으신 것입니다. 만약 이와 같은 복음의 점진적인 사건이 있지 않았더라면, 죄로 인하여 무지하였던 인간들이 인격적으로 예수님을 구주와 주님으로 받아들이기 어려웠을 것입니다.

　물론 예수님을 영접하는 사람들 가운데에는 이러한 하나님의 점진적인 사건들을 알지 못한 채로 예수님만을 바라보고 믿으며 영접하는 경우가 다반사이나, 그렇게 예수님을 받아들이고 영접하였다고 할지라도 문제가 되지 않습니다. 이미 시간이 흐르면서 사람의 인식 안에는 일련의 복음의 점진적인 계시의 사건을 통하여, 알든 알지 못하든, 예수님에 관한 이해의 지평이 넓혀 있는 상태이며, 또한 전혀 구약의 사건들을 알지 못한다고 할지라도 기독교 공동체 안에 들어와서 성경을 배우며 인격적이며 체계적인 하나님의 구속의 방법들을 배우고 그 하나님을 알아가게 될 것이기 때문입니다. 중요한 것은 하나님께서 구속의 계획을 세우셨다가 나중에 한 번에 예수님을 이 땅에 보내신 것이 아니라, 그 예수가 누구신지 인간들이 이해하고 받아들일 수 있도록 체계적으로 점진적으로 그 방법을 계시해 가셨다는 것입니다. 이것을 먼저 이해하여 받아들이든지, 아니면 받아들이고 나중에 더 깊게 이해되든지, 하나님께서 우리를 위하여 이 일을 체계적으로 진행하신 것에 대해서 감사하게 될 것입니다.

이제 예수 그리스도를 통한 대속적인 죽음과 부활을 통하여 하나님의 구속의 계획이 완성되었기에, 남은 일이 있습니다. 그 구속의 방법을 알지 못하는 사람들에게 전파하는 것입니다. 듣고 알아야 하나님의 구속 사역을 경험하고 구속받을 수 있기 때문입니다. 그러므로 하나님께서 계획하신 구속의 사건과 그것을 이해시키시고 설명하기 위하여 점진적으로 그 계획을 계시하신 사건, 그리고 예수께서 그 구속의 계획을 완성시키신 사건은 우리로 하여금 그 일을 전하도록 동기를 부여해 주는 일임에 틀림이 없습니다. 이제 하나님 편에서 더 하실 일이 없는 완벽한 구속이 완성되었기 때문입니다. 전하고 믿기만 하면 구원의 역사가 일어날 것이기 때문입니다.

인간의 죄악과 하나님의 심판 때문입니다.

우리가 전도해야할 이유 중에 중요한 또 다른 하나는 죄지은 인간과 그로 인한 하나님의 심판 때문입니다. 만약 인간이 죄짓지 않았고, 하나님의 심판도 없다고 한다면 왜 전도해야 하겠습니까? 인간의 죄악이 얼마나 무서운지, 그리고 그 영향력과 결과를 안다면 아마도 전도에 대한 열정이 뜨거워 질 수도 있습니다. 그냥 하나님의 심판을 받도록 내버려 둘 수 없기 때문이지요.

1. 인간 편에서 - 인간의 죄악

그리스도인들이 복음전도를 해야 하는 이유는 예수 그리스도를 믿지 않는 사람들의 영적인 상태 때문입니다. 바울에 의하면, 그들의 영적인 상태를 "허물과 죄로 죽은"것으로 묘사하고 있습니다(엡 2:1). 그러므로 그들은 여기서 돌이키지 않는 한 죽음에서 다시 살아날 수 없습니다. 이것이 죄지은 인간의 한계입니다. 이렇게 허물과 죄로 죽은 사람들의 삶의 특징을 바울은 다음의 세 가지로 지적하고 있습니다(엡 2:2-3). 첫째는 세상의 풍속을 좇는 삶을 살아갑니다. 아무리 지조가 있는 사람이라고 할지라도 영적인 기준이 없기 때문에 세상이 움직이는 대로 살아가는 사람들이 바로 이 사람들이라는 것입니다. 둘째로 공중권세 잡은 자, 곧 사단을 좇아 삽니다. 이 땅은 공중권세 잡은 자들이 실권을 가지고 있으니 그들이 권세를 휘두르는 데로 살아갈 수 밖에 없는 존재들이 그들입니다. 셋째로는 그들은 육체의 욕심대로 살아갑니다. 육체가 좋은 것만을 행하며 살아간다고 하는 것입니다. 왜냐하면 영적으로는 죽어있기에 영원을 추구하며 살아갈 수 없기 때문에 그렇습니다. 이렇게 볼 때에 허물과 죄 때문에 영적으로 죽어 있는 상태라는 것이 얼마나 심각한 상태인지 이해되어질 수 있을 것입니다.

그러면 인간의 허물과 죄는 어디에서부터 시작의 근원을 찾아야 할까요? 그것은 선악과를 따먹지 말라는 하나님의 명령을 사단의 유혹 때문에 불복종한 것에서부터 찾아야 합니다. 하나님은 선악과를 따 먹으면 정녕 죽으리라고 하셨는데, 사단은 하나님의 말씀과는 반대로 선악과를 따먹어도 정녕 죽지 않고 하나님과 같이 되어 선악을 알 수 있다고 유혹하여 인간을 타락하게 만든 것입니다. 이 사단의 유혹에 넘어간 인간은 사단의 유혹대로 더 이상 하나님을 필요치 않게 되었고 하나님의 자리에 자신이 서서 자신의 삶을 통치하게 되었습니다. 이것이 최초의 불순종이었고 죄의 시작이었으며 인간을 죄와 허물로 죽게 만든 시작이었습니다. 이러한 인간의 상태를 그냥 두면, 위에서 바울이 언급한 대로 허물과 죄 속에서 죽은 상태로 살아갈 수밖에 없기에 전도해야할 이유가 생기는 것입니다.

특별히 여기서 '허물'이라고 함은 일반적으로 우리가 지은 자범죄를 의미하고, '죄'라고 함은 죄를 지을 수 있는 경향성, 또는 원죄라고도 하는 죄의 뿌리를 의미합니다. 하나님을 알지 못하는 사람은 자신들이 지은 죄와 또 그 뿌리 때문에 영적으로 죽어있는 상태라는 것입니다. 아무리 사랑하는 어머니라도 그 어머니가 구원받지 못하였다면 영적으로 죽은 사람이라는 선포입니다. 육은 살아 있어도 언젠가는 죽는데, 그 육신이 죽고 나면 영적으로는 죽은 상태이기에 미래가 없다고 하는 것입니다. 이 사실을 알았는데 어떻게 가만히 있을 수 있겠습니까? 이 땅에 태어나는 것은 순서가 있어도 죽어가는 것은 순서가 없습니다. 내일은 우리의 시간이 아닌데, 영적으로 죽어있는 사랑하는 사람의 상태를 알고도 어찌 가만히 있을 수 있단 말입니까?

이렇게 본다면 복음전도를 하는데 있어서 인간의 죄의 문제는 매우 중요합니다. 인간이 이렇게 타락한 죄인이라는 인식이 있어야 전도가 시작될 수 있기 때문입니다. 즉, 자신을 죄인으로 여기지 않고 죄의 본질을 자세히 파악하지 않으면 진정한 의미에서 전도는 할 수 없게 됩니다. 복음전도는 이미 고찰한 대로, 기독교의 진리인 복음을 전하여 죄로 인해 죽은 영혼을 구하고 살리는 일이기 때문입니다. 그러므로 죄에 대한 확실한 인식과 고백이야말로 전도의 매우 중요한 요소라고 할 수 있습니다.

2. 하나님의 심판

이렇게 죄악을 가지고 있는 인간은 반드시 하나님의 심판을 받아야 합니다. 죄에 대한 하나님의 심판은 반드시 있기 때문입니다. 창세기에도 나와 있듯이, 하나님께서는 동산 중앙에 있는 실과를 따먹으면 정녕 네가 죽을 것이라고 하였는데, 이러한 엄중한 하나님의 경고대로 인간은 죄를 지음과 동시에 하나님의 영이 떠나게 되었고 영과 육이 분리되었습니다. 그 결과 인간은 "이 세상 풍속을 좇고, 공중 권세 잡은 자를 따르며, 육체의 욕심"(엡 2:2-3)에 지배받는 삶을 살게 되었다고 바울은 이야기하고 있습니다. 다시 말하자면, 죄지은 사람들은 세상의 풍속을 거슬릴 수 없어 부정과 부패 속에서 살아가고, "공중 권세 잡은 자"가 이 세상의 방법과 유혹이라는 미끼를 "육체의 욕심" 앞에 던지면 대부분 그것을 붙잡으려고 그들의 양심을 팔아버립니다.[46] 또한 그들은 하나님의 창조 목적과는 달리, 하나님을 떠났기에 그 공허함을 채우려 우상을 섬기며, 이웃과 더불어 살기보다는 자신의 목적을 위하여 이웃을 사용하기도 합니다. 그리고 자신의 이익을 위하여 자연을 파괴하고 그 파괴된 자연은 인간을 위협하고 있습니다.

기독인들은 바로 이렇게 비참한 상태에 빠진 비기독인들에게 복음을 전하여 그 비참한 삶에서 탈출할 수 있도록 도와야 합니다. 이것이 복음전도의 중요한 이유 중에 하나입니다. 그러나 이것만이 이유가 아니라, 영적으로 죽어 있는 세상 사람들은 마침내 육체적 죽음을 맛보고 그 후에 하나님의 심판을 받게 되기에 더욱 복음을 전하여야 합니다. 영적으로 죽은 상태에서 인생을 영위한 사람들은 그들의 삶에 대해서 하나님으로부터 추궁하게 되는 날이 분명히 올 것이기 때문입니다. 성경은 분명히 "**한 번 죽는 것은 사람에게 정하신 것이요 그 후에는 심판이 있으리라**"(히 9:27)라고 기록하고 있습니다. 그리고 "**각 사람이 자기의 행한 대로 심판을 받으리라**"(계 20:13)고 기록 되어 있습니다.

전도하며 성장한 한국성결교회의 초기 지도자인 이명직 목사도 '하나님의 심판'을 강조하며 전도자들을 독려하였습니다. 1925년 8월호 「활천」에서 이명직 목사는 "심판"이라는 글을 통하여, 어느 누구도 종국에는 하나님의 심판을 피해갈 자가 없다고 하였습니다. 그렇기에 사람이 어리석고, 죄로 눈이 어둡고, 정욕으로 마음이 캄캄하여 자기의 운명을 깨닫지 못하고 아무런 판단 없이 지내는 것은 한심한 일이라고 하였습니다.[47] 그는 또한 하나님이 무엇을 심판하시는 지에 대하여 그 기준을 언급하였는데, 첫째는 행위이고, 둘째는 언어이며, 셋째는 마음이라고 하였습니다.[48] 하나님은 종국에 가서 인간의 모든 것을 심판하시는 분으로 소개되고 있는 것입니다. 그러니 심판을 인식하지 못하고 살아가는 사람이 불쌍한 사람이라는 결론에 도달하게 됩니다.

이상에서 볼 때에 인간의 죄와 그 죄로 인한 하나님의 심판은 우리로 하여금 복음전도의 현장으로 나아가게 하는 이유가 됩니다. 복음전도를 강조함에 있어서 인간의 죄와 하나님의 심판의 내용이 세상 사람들에게 부정인 이미지가 짙다고 하여 강조하지 않고 가르치지 않는다고 한다면 그것은 오히려 복음전도를 약화시키는 결과를 낳을 뿐입니다. 성경에 기록되어 있는 것은 그대로 믿고 받아들이며 지혜롭게 말할 수 있을 때 복음전도가 성경적인 토대를 기반으로 힘을 받을 수 있음은 자명한 일입니다.

복음전도의 결과 때문이다

전도는 한 사람의 인생을 바꾸어 놓습니다. 이 세상에 속한 사람이었으나 하나님 나라의 소속으로 바뀌게 되면서 이 땅의 삶도 자연스럽게 바뀌게 되는 것입니다. 그러면 전도를 통하여 어떠한 변화가 생겨나는 것일까요?

1. 의롭다하심을 얻음 - 의인, 죄의 용서이다.

복음을 듣고 반응하게 되면, 가장 먼저 주어지는 선물이 의롭하심을 얻는 것입니다. 이는 죄를 회개하고 믿음으로서 얻게 되는 선물로, 의인이란 한마디로 죄의 용서이며 하나님 아버지가 아들 예수의 피로 인하여 피전도자의 죄를 사하시며 자기의 의로움을 전가시켜주시는 행위라고 볼 수 있습니다. 웨슬리는 다음과 같이 말하였습니다.

> "의인의 성서적 정의는 죄 용서이다. 이는 하나님 아버지의 일로서 아들의 피로 인하여 이룩된 화해로 전에 지은 죄를 사하심으로 자기의 의로움을 나타내는 일이다. 그럼으로 의롭다 하심을 받은 자, 즉 죄의 용서를 받은 자는 하나님께서 과거의 모든 죄를 사하시며 기억도 않으시며 죄가 없었던 것처럼 여기시며 그의 사랑하시는 아들로서 하나님의 축복과 사랑과 돌보심을 받게 된다."[49]

이렇게 의인이 된 피전도자는 하나님과의 관계 개선가 개선되었으나 실제로 의로워지는 것 은 아닙니다. 그러므로 이것은 객관적, 법적인 의미에서의 의로움이라 할 수 있습니다. 그러나 모든 사람이 저절로 의롭다 하심을 받는 것은 아닙니다. 그러므로 여기에 전도의 필요가 있고 동시에 믿음의 반응이 요구되는 것입니다(롬 5:1).

2. 중생 - 성령의 내주하심

하나님으로부터 의롭하심을 얻은 피전도자는 이제 그의 심령에 성령께서 내주하십니다. 이것을 중생이라고 부릅니다. 드디어 본격적으로 그의 심령을 변화시킬 수 있는 주체가 들어오신 것입니다. 구원을 경험한 사람들의 삶의 변화는 성령께서 내주하셔서 그의 삶을 끌어가시기 때문입니다. 이것은 주관적인 변화라고 할 수 있습니다. 칭의가 죄인을 향한 하나님의 선언이라면 중생은 성령이 그의 안에서 이루시는 역사입니다. 중생은 성령의 역사이지만, 반드시 말씀이라는 매개를 통하여 이루어집니다 (약 1:18). 성령은 하나님의 말씀에 의지하여 중생의 역사를 이루십니다. 이것을 앞에서 언급한 의인의 사건과 비교하면 다음과 같습니다.

의인과 중생과의 비교

의인은 하나님께서 우리를 위해 우리의 죄를 사해 주시는 것이며, 중생은 하나님께서 우리 안에서 우리의 타락한 본성을 새롭게 하시는 것과 관계됩니다. 또 의인은 하나님과 죄인과의 관계의 변화이고, 중생은 죄인이 거듭나서 새롭게 되는 것을 뜻합니다. 즉, 의인은 외적 객관적인 사건이요, 중생은 주관적 실제적인 사건입니다. 의인은 하나님이 그리스도를 통하여 나를 위하여 하시는 일이고 중생은 하나님이 성령을 통하여 내 안에서 하시는 일입니다. 시간적으로 보아서는 의인과 중생 어느 쪽도 앞서지 않습니다. 즉 동시적인 사건입니다. 다만 사건의 성경에 따라 논리적인 순서로서 의인이 중생보다 먼저 설명될 뿐입니다. 그렇다면 중생을 경험한 자에게는 어떠한 변화가 따를까요?

중생의 변화

- 믿음 - 중생의 첫 번째 변화는 믿음입니다. 여기서 믿음은 성경의 모든 진리를 수긍하며 하나님을 전심전력으로 신뢰하며 예수 그리스도를 통하여 죄 사함을 받고 하나님의 사랑을 회복하였으며 하나님과 화해되었다고 확신하는 믿음입니다. 이러한 믿음의 열매로 나타나는 것은 능력과 평

안입니다. 여기서 능력이란 소극적으로 범죄치 않게 하는 힘입니다. 그리고 적극적으로는 성령을 따라 사는 성결한 삶을 가능케 하는 힘이 됩니다. 또 믿음의 다른 열매는 평안인데 이 평안은 오직 하나님의 자녀들만이 자길 수 있는 영적인 평안입니다.
- 소망 - 중생한 사람의 두 번째 변화는 소망입니다. 이 소망은 살아계신 하나님께 대한 신앙을 근거로 한 것이며 그리스도의 내주하심의 결과로 오는 것입니다. 이 소망의 열매로는 확신과 기쁨입니다.
- 사랑 - 중생의 세 번째 변화는 가장 중요한 것으로 사랑입니다. 이는 우리에게 주신 성령으로 말미암아 우리 마음에 부은바 된 하나님의 사랑(롬5:5)입니다. 이 사랑이 우리의 삶에 새로운 동기를 제공합니다. 이 사랑의 대상은 우선 하나님이며, 다음으로는 이웃입니다. 중생한 성도가 가지는 사랑은 대상뿐만 아니라 사랑의 표징까지도 변화시킵니다.

3. 양자 - 하나님과의 관계회복

칭의가 죄책감의 문제를 해결하였다면 중생의 경험은 부패의 문제를 해결하고 동시에 영적인 생명을 부여합니다. 그런데 인간이 잃어버린 하나님과의 문제는 바로 양자를 통하여 회복됩니다.(갈 4:4-7) 그렇다면 하나님 자녀의 대표적인 특권은 무엇입니까?

- 언제든지 담대하게 하나님께 나아갈 수 있는 명분이 주어졌습니다(히 4:16)
- 하나님의 보호와 관리를 받는 특권을 누립니다(마 6:25-30)
- 유산을 약속하셨습니다(롬 8:17, 히 12:28, 11:16, 약 1:12)

그 유산은 나라이며, 더 나은 본향이고, 생명의 면류관입니다.

전도하지 않는 죄를 짓지 않기 위함입니다.

한번은 교회의 한 자매로부터 질문을 받았습니다. "목사님! 전도하지 않는 것이 정말로 죄예요? 저는 목사님들이 전도를 하게 만들기 위해서 만들어 낸 말이라고 생각해요. 목사님들도 전도하지 않으면서 왜 성도들에게는 전도하지 않는 것이 죄라고 몰아붙이는 거예요? 저는 이 자매의 말을 듣고 그 질문에 대해 무엇인가 설명을 해 주어야 할 필요가 생겼습니다. 이렇게 질문한 자매는 저명한 선교단체에서 오랫동안 일해 온 간사였습니다. 자신은 하나님의 나라와 영혼을 위해서 열심히 일해 왔다고 생각했는데 실제로 현장에 나가서 전도한 경험은 거의 없기 때문이었습니다. 그렇기 때문에 전도가 주님의 지상명령이고 너무 중요한 사실은 알지만, 전도하지 않는 것이 죄라고 정죄할 이유는 없다는 것이었습니다. 그리고 일선 교회의 목회자들에게 많은 불신을 가지고 있던 자매이기도 했습니다.

전도하지 않는 것이 죄인가? 그렇다면 전도하지 않는 모든 성도들은 날마다 죄를 짓는 것인가? 그렇다면 죄는 아닌가? 참으로 혼란스럽고 어려운 질문입니다. 그런데 다음의 이유로 전도하지 않는 것이 죄라고 할 수 있습니다. 물론 전도하지 않는 사람들을 이렇게 정죄하여 불안감을 형성해서 전도의 현장으로 내몰 생각은 없습니다. 그러나 성경은 어떻게 말하고 있는지, 그리고 그 성경에 충실한 사람들은 성경을 근거로 어떻게 말하고 있는지 알아야 할 필요는 있습니다.

1. 아람군대 진영에 들어간 나병환자들의 입에서 나온 말 때문입니다
(왕하 7:3-9).

우리가 이미 성경에서 알고 있다시피, 이스라엘의 사마리아성은 아람 군대에 의해서 포위를 당한 적이 있었습니다. 성 안에 있던 사람들은 아람 군대의 포위망 때문에 식량을 구하지 못하고 점차 죽어가는 형편에 이르게 되었습니다. 시간이 흐르면 흐를수록 사마리아 성안에 있는 사람들에게는 불리한 상황이 전개 되었고 자연스럽게 몰락당할 위험에 처하게 되었습니다. 심지어 성 안에서는 두 여인이 배고픔을 견디지 못해 자신의 아이를 서로 협의 아래 먹게 되는 최악의 상황까지 맞이하게 됩니다. 바로 이때 성 안에 있던 나병환자 네 사람은 가만히 앉아서 죽기를 기다리기보다는 아람군대 진영으로 들어가 항복하자는 결단을 내립니다. 어찌되었건 죽는 것은 마찬가지인데 조금이라도 희망이 있어 보이는 선택을 한 것이지요. 아람군대 진영으로 들어가 항복을 한 뒤, 그들을 살려주면 오히려 그들에게는 전화위복이 될 수 있기 때문입니다. 그런데 놀라운 일이 발생하였습니다. 이미 하나님께서 선지자를 통하여 예언하셨듯이, 하나님께서는 하나님의 방법으로 아람군대를 철수시키신 것 입니다.

이 놀라운 기쁜 소식을 가장 먼저 경험하게 된 사람들이 바로 나병환자들이었습니다. 그들은 그곳에 들어가 먼저 자신들의 굶주린 배를 채웠습니다. 그러나 그것에서 만족하지 않았습니다. 그들의 머릿속에 갑자기 떠오른 생각은 성 안에서 굶주려 죽어가고 있는 사람이었습니다. 그래서 그들은 다음과 같이 말합니다. "우리가 이렇게 해서는 아니되겠도다. 오늘은 아름다운 소식이 있는 날이거늘 우리가 침묵하고만 있도다. 만일 밝은 아침까지 기다리면 벌이 우리에게 미칠지니 이제 떠나 왕궁으로 가서 알리자하고"(왕하 7:9). 여기서 보면, 침묵하는 것은 죄입니다.[50] 만약 성경의 본문에서 나병환자들이 침묵하였다면 하나님께서는 어떠한 방법을 통해서라도 그 기쁜 소식을 사마리아 성 안에 있는 사람들에게 알리셨을 것입니다. 아람군대를 철수시키신 분도 하나님이시기 때문입니다. 그러나 나병환자들은 어떻게 되었을까요? 그들은 그들의 고백대로 하나님의 벌을 경험했을 것입니다. 그들이 고백한 내용은 하나님께서 생각나게 하시고, 또 그러한 마음을 주셔서 고백한 것이기 때문입니다. 기쁜 소식을 경험한 사람은 반드시 전해주어야 합니다. 침묵하는 것은 죄입니다. 내가 침묵하고 있는 동안 사람들은 죽어가고 있기 때문입니다.

2. 에스겔에게 주신 말씀 때문입니다 (겔 3:16-21)

에스겔은 포로기의 선지자로서 하나님의 파수꾼으로서 부름을 받고 일한 선지자입니다. 그런데 성경을 보면, 어떻게 하나님의 부르심을 받고 어떠한 사명을 가지고 일한 선지자인지 자세히 언급되어 있습니다. 먼저 에스겔 3장 16-17절에는 에스겔에 대한 부르심이 나타나 있습니다. 에스겔은 하나님의 말씀이 임하심으로 부르심을 받게 되었습니다. 그리고 그가 할 일은 하나님의 말씀을 듣고 전달하는 것이었습니다. 자신의 생각이나 말을 전하는 것이 아니라, 하나님의 말씀을 듣고 전달하는 사람이라는 것입니다. 또한 그가 하나님의 말씀을 전할 때에는 사람들을 깨우칠 목적으로 전해야 함을 가르쳐 주고 있습니다. 그렇다면 에스겔 선지자가 파수꾼으로 해야 할 중요한 일은 무엇일까요?

먼저는 **"악인들을 깨우쳐 그들로 하여금 악한 길을 떠나 생명으로 구원하게"**(18절)하는 일 이었습니다. 또한 공의에서 돌이켜 악을 행하는 의인들도 깨우쳐 **"범죄 하지 않게"**(21절)하는 일이었습니다. 이것은 파수꾼으로 에스겔이 해야 할 중요한 일중에 하나였습니다. 파수꾼은 적의 동태를 살펴 백성들을 보호하고 안전하게 하는 것이 임무이기 때문입니다. 그런데 하나님은 여기에서 말씀하시고 그치신 것이 아니라, 너무 중요한 말씀을 또 해주셨습니다. 만약 악인을 깨우치지 않거나 그들로 구원하지 않는다면 **"그의 피 값을 네 손에서 찾을 것"**(19절)이라고 말씀하셨고, 악을 행하는 의인도 깨우치지 않으면 **"그의 피 값을 네 손에서 찾을 것"**(20절)이라고 하셨기 때문입니다.

에스겔이 파수꾼으로 부름을 받았다고 하는 것은 오늘날 그리스도인들에게 굉장히 의미 있는 일입니다. 물론 그 시대의 에스겔이라는 사람이 하나님의 사람으로 대표성을 가지고 일하였지만, 오늘날의 그리스도인들은 모두가 하나님의 사람입니다. 그렇기에 하나님의 사람으로서 그리스도인들이 어떠한 일을 해야 하는지 본문은 분명히 가르쳐 주고 있습니다. 오늘날 그리스도인들도 파수꾼의 역할을 감당해야 합니다. 교회라는 그리스도의 공동체를 보호하고, 외부의 사단의 공격을 경계하며 복음을 전하여 사람들을 깨우쳐야하는 사명을 가지고 있기 때문입니다. 하나님께서 에스겔에게 주신 사명은 동일하게 예수 그리스도를 통하여 오늘날 그리스도인들에게 지상명령으로 주셨기 때문입니다. 그러나 에스겔에게 주신 사명에서는 그 사명을 감당하지 않으면 어떻게 하실 것까지 자세히 언급하셨다는 것이지요. 이것은 에스겔로 하여금 위협감을 주기 위함이 아니라, 이 사명의 중요성, 그리고 긴박감을 일깨워 주기 위한 것이라고 볼 수 있습니다. 우리가 경험하여 얻은 영원한 생명, 그리고 어떻게 하여야 하나님의 심판에서 벗어나 그 영생을 누릴 수 있는지를 가르쳐 주지 않는다면 에스겔에게 하신 말씀이 동일하게 우리에게도 적용되지 않을까요?

3. 바울과 존스토의 고백에서

신약시대의 위대한 전도자 바울은 복음을 전하는 것이 자신에게 당연한 것이라고 언급했습니다. 유대인들에게 사십에 하나 감한 매를 다섯 번이나 맞았으며(고후 11:24), 가는 곳마다 어려움과 핍박이 있었지만 모든 것을 무릎 쓰고 복음을 전하였기에 오늘날의 기독교의 기초 틀을 형성한 사람이 바울이라고 해도 과언은 아닐 것입니다. 그런데 바울은 그렇게 어려움을 당하면서 복음을 전하였지만 그것이 자랑할 것이 아니라 당연한 것이라고 하였습니다. 아마도 그 복음 안에서 새로운 삶과 생명을 경험하고 그의 인생이 바뀌어 졌기 때문일 것입니다. 또한 인생의 궁극적인 목적을 알았고 어디로 행해서 달려가야 할 것을 알았기 때문이며, 예수를 만나지 못했다면 자신의 인생은 죽은 것과 다름이 없는 인생임을 경험했기 때문이었을 것입니다. 그렇기에 바울의 삶은 이제 덤으로 사는 인생이었습니다.

이러한 바울이 복음전도와 관련하여 중요한 고백을 하였습니다. 그것은 **"만일 복음을 전하지 않으면 내게 화가 있을 것임이로다"**(고전 9:16)라는 말입니다. 복음전도를 하는 것은 당연한 것이지만, 그 당연한 것을 하지 않을 때 화를 경험하게 된다는 것입니다. 여기에서 전도를 하지 않는 것에 대한 죄를 언급할 수 있을 것입니다. 이미 앞에서 언급하였듯이, 하나님의 화, 심판, 벌은 죄가 있는 곳에 임하기 때문입니다. 바울은 스스로 자각 하였습니다. 너무 엄청난 은혜를 경험하였고 그 안에서 인생이 송두리째 바뀌었는데, 모든 사람들이 경험할 수 있는 그 소식을 전해주지 않는 것은 죄라는 것을 말입니다. 그래서 하나님의 화를 경험하게 된다는 것이지요.

한편, 오늘날 위대한 복음주의의 거장 중에 한 사람인 존 스토트는 Our Guilty Silence라는 책을 저술하여 적극적으로 전도하지 않는 죄에 대한 언급을 하였습니다. 복음주의적 시각에서, 그리고 탁월한 성경의 해석을 바탕으로 많은 저술활동과 설교를 통하여 영향력을 끼친 존 스토트가 전도하지 않는 침묵에 대해서 단도직입적으로 언급하고 나선 것입니다. 그는 침묵이야말로 죄이며 이것이 자신이 저술한 책의 주제라고 하였습니다.[51] "진정으로 복음이 그 주장하는 바대로 '좋은 소식'이라면 그리고 그 복음이 우리에게 맡겨져 있다면, 그것을 다른 사람에게 전하지 않는 것은 죄를 짓는 것"[52]이라고 분명히 정의하였습니다.

4. 전도폭발에서 말하는 죄의 정의에서

전 세계에서 가장 체계적이고 인격적인 전도방법으로, 그리고 임상의 효과가 탁월한 전도방법으로 호응 받고 있는 전도폭발(evangelism explosion)의 내용에 '죄의 정의'에 관한 예화가 나옵니다. 물론 신학적인 깊이와 차이는 있을 수 있지만 성경적인 내용이 담겨져 있습니다. '복음제시'라는 부분 안에 포함되어 있는 '죄의 정의'에 관한 예화는 다음과 같습니다.

> "우리가 흔히 죄라고 할 때 우리는 단지 강도나 살인이나 간음 등을 염두에 둘 때가 많아요. 하지만 성경은 우리가 하나님을 기쁘시게 해 드리지 못하거나 하나님의 법을 어기는 모든 것이 다 죄라고 말씀하고 있어요. 성미를 부리거나 도둑질을 하는 등 하지 말아야 할 것을 한 것도 죄예요. 또 기도를 하지 않거나 성경을 읽지 않거나 이웃을 내 몸같이 사랑하지 않는 등, 해야 할 일을 하지 않은 것도 역시 죄예요. 죄는 행동으로만 짓는 것이 아니라 거짓말, 욕설, 정욕, 교만, 미움 등, 생각과 말로도 짓게 되요. 성경은 말씀하기를 형제를 미워하는 자는 이미 살인했다고 했고 여자를 보고 음욕을 품는 자는 이미 간음했다고 했어요. 이러한 기준에서 볼 때 당신은 하루에 죄를 얼마나 짓는다고 생각하십니까?"[53]

이상에서 본다면, 죄란 '하나님이 하라고 하는 것을 하지 않는 것'이 죄입니다. 그렇다고 한다면 하나님께서 예수 그리스도를 통하여 주신 지상명령, 즉 **"너희는 온 천하 만민에게 복음을 전파하라"**(막16:15)는 말씀을 실천하지 않는 것도 분명한 죄가 됩니다. 성경에 보면 지상명령 외에도 복음전도에 관한 주님의 부탁과 명령은 많이 있기에 그것을 행하지 않는 것은 죄가 된다고 할 수 있습니다.

전도하지 않는 것이 과연 죄일까? 전도를 하지 않는 사람에게, 그리고 전도가 부담스러운 사람에게 또 관심이 없던 그리스도인들에게도 논란이 될 수 있는 부분이지만, 필자는 성경의 구절들과 저명한 복음주의자와 전도방법을 통하여 죄라고 밝혔습니다. 모쪼록 이 내용이 전도하지 않는 사람들을 정죄하는 데에 사용되지 않기를 바라고, 몰랐던 부분에 대한 새로운 인식과 더불어 성경말씀대로 살기를 원하는 모든 그리스도인들에게 복음전도를 해야 하는 신선한 이유로 자리매김할 수 있기를 원합니다.

Chapter 4

복음전도의 이유 2
- 지상명령의 실천적 관점에서[54]

　복음전도를 해야 하는 이유 중요한 또 하나는 주님께서 주신 지상명령 때문입니다. 여기서 지상명령이라는 단어는 영어로 'Great Commission'인데, 말 그대로 주님께서 주신 가장 위대한 위임입니다. 이것은 해도 되고 안 해도 되는 선택의 문제가 아니라, 그리스도인이라면 반드시 해야 하는 일입니다. 특히 주님께서 지상명령을 주신 시점을 본다면, 십자가에서 죽으시고 부활하신 후 이 땅에 계시면서 하늘로 승천하시기 전에 주어진 것입니다. 그러므로 그러한 시점에서 이 명령의 중요성을 생각해 본다면 지상명령은 주님의 유언과도 같은 말씀이고, 또 주님의 가르침의 핵심과도 같은 말씀이라고 할 수 있습니다. 그러므로 우리가 주님을 닮아가고 주님처럼 성장해 가려 한다면, 반드시 주님께서 주신 이 명령을 실천해야 마땅하다고 할 수 있습니다. 이렇게 본다면 복음전도를 실천함에 있어서 주님의 지상명령을 알아본다고 하는 것은 가장 강력한 전도의 이유가 된다고 할 수 있습니다. 주님이 주신 지상명령은 성경 안에서 모두 다섯 군데(마28:19-20; 막16:14-18; 눅24:44-49; 요20:19-23; 행1:6-8)에 언급되었습니다. 그런데 본 저서에서는 가장 간결하면서도 핵심의 내용이 담겨있다고 할 수 있는 마태복음에 언급된 지상명령의 내용을 중심으로 살펴보려고 합니다.

지상명령의 선포자와 수행자

마태복음에 나타난 지상명령의 실제적인 내용은 28장 19절에서부터 20절 상반절입니다. 그러나 이 명령을 끌어내는 문맥의 시작은 16절부터라고 할 수 있습니다. 이렇게 볼 때, 16-18절까지의 내용은 지상명령과 그 문맥의 의미가 함께 가며 지상명령의 내용을 더 분명하고 구체화시켜주는 통로라고 볼 수 있습니다. 그렇다면 지상명령의 내용과 동일한 맥락 안에서 기록된 16-18절의 내용은 지상명령과 관련하여 어떠한 의미를 부여해 주고 있을까요?

1. 지상명령을 선포하는 예수의 권위

가장 먼저는 지상명령을 선포하시는 예수가 어떠한 분이신가를 분명히 설명하고 있습니다. 실제로 명령은 누가 선포하느냐가 중요하고, 그 선포자의 권세와 권위가 얼마나 있는가에 따라서 그 명령의 중요성을 가늠할 수 있습니다. 그런데 본문에서는 지상명령의 선포자로서의 예수가 어떠한 분이신지를 명확하게 언급해 주고 있습니다. 그 이유는 십자가에서 죽으시고 부활하신 예수를 "하늘과 땅의 모든 권세"를 가진 자로서 소개하고 있기 때문입니다. 그 권세와 위치는 "한 번 열면 닫을 자가 없고, 닫으면 열자가 없다"는 선언의 말씀과도 같이, 오늘날 우리가 그를 거부한다고 하여도 그 분은 우리의 왕이시며, 거룩한 시온 산에 앉아계신 의로우신 성품을 가지고 계신 왕이시고 통치권을 가지고 계시며 오늘도 우리의 삶을 열고 닫으시며 영원히 통치하실 분이십니다.[55] 바로 이 권세와 권위 때문에 지상명령의 중요성이 부각될 수 있습니다. 여기서 말하는 "하늘과 땅"은 우주적인 영역을 가리키는 것으로서, 예수의 권위는 유대인에게만 해당하는 것이 아니라 모든 이방인들을 포괄하는 우주적인 권위입니다. 모든 언어와 문화, 민족과 피부색, 인종과 지위라는 장벽을 뛰어넘는 권위인 것입니다.[56]

실제로 이 명령을 실천하는 일은 유대인에게만 국한되지 않고 모든 이방인에게 해당되는 일이며, 그들로 하여금 예수의 주되심을 전파하고 예수를 닮아가도록 만드는 일이기에 어렵고 힘든 일이기도 합니다. 왜냐하면 이방인들에게는 그들이 믿는 기존의 신이 있었기 때문입니다. 그러므로 예수는 지상명령의 내용을 말씀하시기 전에 그 명령을 실천할 수 있는 힘으로서의 당신의 권세를 말씀해 주신 것입니다. 즉, "하늘과 땅의 모든 권세"가 그분에게 있기에 그 명령을 따르는 자들은 명령을 주신 예수만을 따르고 의지하면 사단의 모든 세력을 이기고 승리할 수 있다는 확신을 가질 수 있습니다.[57] 모든 권세가 예수께 있기에 그 명령을 따르는 자들은 자신들의 감정을 극복하고 인격적으로 그 분의 명령을 준수할 수 있습니다.

2. 지상명령을 받는 수행자의 상태

다음으로, 지상명령의 내용을 담고 있는 본문의 16-18절은 지상명령을 수여받는 사람들의 상태를 언급하고 있습니다. 실제로 지상명령을 받은 제자들은 그처럼 중요한 지상명령을 받을 준비가 되어 있지 않아 보입니다. 그들은 기도하며 예수를 기다리지도 않았고, 또 예수를 보았을 때 모두가 예수를 경배한 자들도 아니었습니다. 본문은 "예수를 뵈옵고 경배하나, 아직도 의심하는 사람들이 있었더라."고 기록하고 있기 때문입니다. 부활하신 예수를 처음 목격한 것도 아니었는데(요 20:19-23), 그 예수를 보고 의심하는 사람도 있었다는 것도 놀랍지만, 더 놀라운 것은 그러한 제자들에게 지상명령을 주신 예수입니다. 바로 여기에 전도의 중요성이 있습니다. 내가 부족해도 순종하기만 하면 실천할 수 있는 것이 전도입니다.

그래서 예수는 그들의 영적인 상태와 상관없이 그들 모두에게 엄청난 명령을 맡기셨습니다. 그것은 제자들의 영적 상태를 초월할 수 있는 예수의 권세 때문이기도 하였습니다.[58] 영적인 준비가 되어있어서 감당할 수 있는 것이 아니라, 주님이 명령하시니 순종하고 따르기만 하면 주님의 권세와 권위로 그 명령을 감당할 수 있는 것입니다. 지상명령을 받고 따르는 자들은 바로 이러한 자세 안에서 주님의 명령에 순종하며 실천하면 되는 것이었습니다. 그렇다면 이렇게 큰 권세와 권위를 가지시고 꼭 실천되기를 바라며 주신 예수의 지상명령의 실제적인 내용은 어떠한 것일까요? 이것이 구체적으로 어떻게 복음전도와 관련될 수 있을까요? 또한 이것을 어떻게 해석하여야 옳은 것일까요?

지상명령의 재해석들과 그 문제점

마태복음에 나타난 지상명령에 대한 다양한 해석들이 지금까지 있어 왔습니다. 그러나 대부분의 해석들은 선교적인 관점에서나 교육적인 관점에서 해석되어왔고, 또한 그 명령을 해석함에 있어서도, 성경의 원문에 충실하여 해석하기 보다는 자의적이고 영적인 해석에 초점을 맞추어 해석하기도 하였습니다. 이에 본 장에서는 지금까지 마태복음의 지상명령 해석에 영향을 끼쳤지만, 그 해석의 방향이 잘못되었던 대표적인 세 가지의 재해석들을 언급하고, 이러한 재해석들의 잘못된 이유들을 언급하여 복음전도의 관점에서 지상명령을 재해석하고자 합니다.

1. 지상명령의 재해석들

먼저, 맥가브란(D. A. McGavran)을 비롯한 일부의 학자들은 마태복음에 나타나고 있는 지상 명령을 '전도'와 '교육'이라는 2단계적 이해를 가지고 접근합니다.[59] 맥가브란은 이 본문을 '제자삼음'과 '양육'으로 구분하여, 전자는 전도의 단계, 후자는 윤리의 변화를 초래하는 성숙의 단계로 해석하고 있습니다.[60] 이것은 가르치라는 명령을 회심 후의 교육으로 해석하고 있음을 보여주는 것입니다.[61] 다음으로, 올리버(Dennis Oliver)는 마태복음에 나타난 지상명령에서 궁극적인 목표가 가르치는 것이라고 이해합니다.[62] 그는 지상명령에 나타난 가장 중요한 명령은 가르치라는 것이며, 다른 모든 동사형 단어들은 이것을 실행하기 위한 사전 활동으로 보았습니다.[63] 피터스(George W. Peters)는 마태복음에 나타난 지상명령에서 가장 중요한 핵심은 '제자를 삼는 것'이며, 이 명령은 같은 문장 안에 나오는 분사들, 즉 '가서', '세례를 주고', '가르치라'는 분사에 의해서 보충된다고 하였습니다.[64]

　이러한 견해들은 대체로 마태복음의 지상명령의 내용이 한 문장이라는 전제 아래서 문장을 분석하고 가장 중요한 동사를 찾아내어 서술한 입장들입니다. 조금만 관심을 기울인다면 이러한 입장을 가지고 지상명령을 분석할 수 있기에 많은 신학자들이 이러한 입장을 견지하고 있습니다. 성경에 기록된 지상명령들을 분석하여 연구한 대표적인 학자 하워드(David M. Howard)도 이러한 입장을 견지하고 있습니다.[65] 그런데 이러한 해석들이 가지고 있는 문제점들은 어떠한 것이 있을까요?

2. 재해석들에 나타난 문제점

　첫 번째로, 맥가브란의 2단계적인 해석은 희랍어 원문을 자세히 살펴 볼 때에 문제점이 있음이 금방 지적될 수 있습니다. 왜냐하면 희랍어 원문에는 지상 명령 가운데 본동사는 단 하나만 있으며 명령의 형식을 취하고 있기 때문입니다. 즉, '제자를 삼으라'라는 동사만이 본동사로서 명령어로 사용되고 있는 것입니다. 그럼에도 불구하고 2단계적 해석을 한다는 것은 이 구절의 본동사가 적어도 2개 이상 있다고 간주하고 있다는 데에서 오는 오류이며, 그렇기에 명령어 역시 2개로 보고 2단계적인 해석을 하였던 것입니다. 그러나 마태복음 28장 19-20절 상반절에 나타난 지상명령은 하나의 문장으로 구성되었고, 그렇기에 하나의 본동사만을 가지고 있습니다. 이러한 사실은 희랍어 원문을 분석하면 쉽게 드러나는 부분이므로 누구나 공감을 할 수 있을 것입니다.

두 번째로, 올리버의 해석은 지상명령이 한 문장으로 이루어져 있기에, 맥가브란과 같이 지상명령을 2가지 중심 주제로 해석하지 않고 한 가지 주제로 해석하였다는 점은 괄목할만합니다. 하지만 한 문장에서 가장 중요한 중심 단어가 무엇인가에 관한 부분에 있어서는 잘못된 방향으로 나가고 있습니다. 일반적으로 생각해 보자면, 한 문장 안에서 가장 중요한 문장성분은 서술어, 즉 동사일 것입니다. 그렇기에 문장을 파악하기 위해서는 본동사가 무엇인지를 찾는 일이 중요할 것입니다. 이렇게 본다면, 마태복음에 나타난 지상명령에서 본동사는 '제자를 삼다'라는 단어임이 자명합니다. '가르치다'라는 것은 본동사의 의미를 강화시켜주는 역할을 하는 현재 분사에 불과합니다. 그럼에도 불구하고 '가르치다'라는 분사가 지상명령의 가장 중요한 핵심으로 보는 것은 잘못된 해석입니다.

세 번째로, 피터스의 해석에서도 조금의 문제점이 발견됩니다. 이는 희랍어 원문을 분석하고 좀 더 정확하게 조사해 본다면 쉽게 알 수 있습니다. 실제로 마태복음의 지상명령은 피터스의 해석과 같이 하나의 본동사와 세 개의 분사를 가지고 있는 형태를 취하고 있습니다. 본동사는 이미 언급한대로, '제자를 삼다'입니다. 그리고 세 개의 분사는 '가서', '세례를 주고', '가르치라'입니다. '지키라'는 '가르치라'는 분사를 수식하는 부정사이기에 따로 취급하지 않고, '가르치라'는 분사를 설명할 때 그 의미를 더 명확하게 해 주는 요소로 설명될 수 있습니다. 그런데 '가서'와 '세례를 주고' '가르치라'는 단어는 똑같은 분사이기는 하지만, 희랍어 문법을 살펴보면 시제가 다르다는 것을 발견할 수 있습니다. "가라"는 단순과거분사이지만, "세례를 주라" "가르치라"는 현재분사입니다. 희랍어분사구문을 살펴보면, 단순과거분사는 주동사보다 앞선 동작을 나타내고, 현재분사는 동시적인 상황을 나타냅니다.[66] 이렇게 볼 때에 지상명령에 나타나 있는 분사들은 분사라는 이유만으로 한 부류로 같이 취급하여 해석되어질 수 없는 분명한 시제상의 차이가 있다는 것 외에도, 시제의 차이 때문에 발생하는 행위의 구분 있다는 점도 알아야 합니다. 그러므로 지상 명령에 나타나는 분사들을 단지 분사라는 이유만으로 그 의미들을 시제의 차이 없이 하나의 기준으로 해석하고 적용코자 하는 모습은 오류라고 생각합니다. 그렇다면 분사의 시제가 다르기에 어떠한 해석의 차이가 있을까요? 또한 이 분사들은 본동사인 '제자를 삼다'와 관련지어 어떠한 의미를 담고 있을까요?

지상명령의 궁극적 목표와 복음전도의 상관관계

1. 복음전도의 관점에서 본 지상명령의 궁극적 목표

마태복음에 나타난 지상명령에서 가장 중요한 희랍어 단어는 '제자를 삼다'입니다. 다시 말하자면, 지상명령의 핵심은 모든 족속을 제자로 만들라는 것입니다. 여기서 제자를 삼는 것을 말하기 위해서는 먼저 제자가 누구인지에 관한 개념의 정의부터 있어야 할 것입니다. 제자란 누구를 말할까요? 우리가 흔히 제자라고 했을 때에는 제자는 '배우는 자'를 나타냅니다. 그것은 영어의 제자(disciple)라는 단어가 라틴어 명사 'discipulus'를 어원으로 하고 있기 때문이며, 그러므로 오늘날에 있어서 영어의 명사는 주로 '지지자', '추종자', '신봉자'의 의미로 사용되기도 합니다.[67] 복음서에서는 '제자'라는 단어가 예수께 와서 영생을 얻고, 예수가 구세주이며 하나님 되심을 고백한 후 전 생애를 투신하여 예수를 따르는 자들에게 불리는 호칭이었습니다.[68] 그러므로 제자란 한 순간에 완성된다기보다도, 영생을 얻는 시점을 시작으로 하여 제자가 되는 과정이 필요하며 제자가 되어서도 끝까지 예수의 삶을 닮아 따라가야 함을 의미하고 있습니다.

이것은 '제자도'라는 단어를 살펴볼 때 그 의미가 더 명확해 집니다. 일반적으로 '제자도'(discipleship)는 제자로서 계속되는 성장의 과정을 의미합니다.[69] 그러므로 '제자도'는 우리 삶의 모든 영역에서 그리스도인으로서 성장함을 의미한다고 볼 수 있습니다.[70] 즉 '제자도'는 구원받은 한 사람이 성장하여 예수 그리스도의 형상을 닮아가는 것이라 할 수 있지요. 그렇다면 지상명령의 궁극적 목표라고 할 수 있는 제자를 만드는 일과 복음전도는 어떠한 관계가 있을까요? 무엇보다 제자를 만드는 일과 복음전도는 떼려야 뗄 수 없는 긴밀한 관계를 가지고 있다고 할 수 있습니다. 왜냐하면 제자를 삼는 일은 복음전도로부터 시작되기 때문입니다.[71] 즉, 제자를 만드는 일에는 과정이 필요한데 전도가 그 시작을 담당하고 있습니다. 제자로서의 시작은 복음을 듣고 반응하여 예수를 구주와 주님으로 모셔 영생을 얻는 데에서 출발합니다.

2. 복음전도와 지상명령의 궁극적 목표로서의 '제자'

복음전도는 복음을 전하여 구원을 얻게 하는 데에만 목적이 있을까요? 그렇지 않습니다. 실제로 구원이라는 사건은 제자로서의 삶의 시작이기도하지만, 한 사람의 신앙의 출발점이기도합니다. 그런데 신앙인으로서의 삶을 출발한 사람은 지속적으로 그리스도의 장성한 분량까지 성장해 나가야 합니다. 그 개념이 '제자'입니다. 이 때, 한 사람을 장성한 분량까지 성장시켜주는 가장 중요한 도구가 복음입니다. 왜냐하면 인간이 타락하였을 때 그 인간을 회복하시기 위하여 하나님께서 계획하시고 진행시킨 것이 복음(예수 그리스도의 죽음과 부활)이기 때문입니다. 하나님께서는 이 복음 안에서 인간이 완전히 회복될 수 있는 길을 만들어 놓으셨습니다. 이렇게 볼 때, 복음전도가 지향하는 목표점은 복음을 전하여 한 사람을 구원하는 것만이 아니라, 구원받은 한 사람을 지속적인 복음의 깊이로 이끌어 예수 그리스도의 장성한 분량에 이르게 하는 것임을 알 수 있습니다.

이와 같은 관점을 가지고 자신의 입장을 정리한 사람 중에 한 사람이 전도학의 대부라고 할 수 있는 로버트 콜만(Robert Coleman)입니다. 그는 베스트셀러 중에 하나인 자신의 저서 『주님의 전도계획』에서 주님의 전도계획은 한 사람의 구원에서 끝나는 것이 아니라, 그 사람을 훈련시켜 또 다른 사람을 재생산 할 수 있는 데까지로 보았습니다.[72] 즉 예수가 제자를 부르시고 그 제자들을 훈련시킨 모든 과정을 전도의 과정으로 본 것입니다. 이렇게 본다면 복음전도는 한 사람에게 복음을 전하여 영생을 얻을 수 있는 데에서 끝나는 것이 아니라, 지속적으로 그 사람에게 관심을 갖고 복음의 깊이로 인도하여 그 결과 제자를 만드는데 도움을 주는 것임을 알 수 있습니다. 그렇기에 '제자'라는 단어는 복음전도의 궁극적인 결과라고 할 수 있습니다. 그렇다면, 한 사람을 제자로 만드는 지상명령이 성취되기 위해서는 어떠한 과정이 필요할까요?

지상명령에 나타난 복음전도의 과정

1. '가라' - 복음전도의 전제조건

그렇다면 '제자를 삼으라'는 본동사에 보조적인 방법으로서 '가라'는 어떻게 해석되어야 할까요? '가라'는 이미 앞에서 지적하였듯이, 명령형의 동사가 아니라 단순과거 분사이므로 '가서' 또는 '가면서'로 번역되어야 합니다. 또한 단순과거분사이므로 분사구문에 의하여 본동사보다 앞선 행위임이 분명합니다. 여기에서 주의해야 할 것은 '가라'는 단어가 명령형이 아니라는 사실을 알면서도 명령형으로 이해되어질 수 있다는 점입니다. 요하네스 블라우(Johannes Blauw)는 "복음을 전하여 제자를 만들기 위해서는 찾아가는 일이 선행되어져야 하며… 그리스도의 제자들이 만국으로 가는 운동을 통해서만 제자 삼는 일이 이루어질 수 있다"고 강조하여 '가라'라는 분사를 독자들에게 명령적인 부분으로 다가오도록 설명하였습니다.[73]

그러나 조심하여야 할 부분이 있습니다. 분명히 블라우가 지적한 내용이 '가라'라는 단어를 해석하는 한 방법이 될 수 있지만, 본문의 원어(희랍어)에 충실하여 그 본질적인 의미를 밝혀내고 난 뒤 적용이 가능하다는 것입니다. 여기서 '가라'는 단어는 무조건 이동을 의미하는 단어만은 아닙니다. 예수께서는 제자들에게 그들의 삶의 터전이 아닌 타 지역으로 무작정 결단하고 가라고 명령하실 필요가 없었습니다. 왜냐하면 예수께서는 이미 이스라엘 사람들이 전 세계에 흩어져 있다는 사실을 알고 계셨고, 기독교 박해의 결과로 곧 로마제국 전역에 흩어지게 될 것을 당연한 일로 알고 계셨기 때문입니다. 그러므로 예수께서 이 명령을 하실 당시는 이미 유대인들이라고 할지라도 눈만 돌려 주변을 바라보면 이방인들과 이교도인들이 얼마든지 발견될 수 있는 형편이었습니다. 그들은 이미 로마의 지배를 받으며 여러 곳에서 밀려 들어온 이방인들과 같이 생계를 유지하고 자녀를 양육하고 살았던 것입니다. 그러므로 유대인들이 살고 있던 삶의 터전 바로 그곳이 이미 세계의 모든 사람들이 몰려 함께한 자리가 되었던 것입니다.[74]

이렇게 볼 때에 '가라'라는 단순과거분사는 다음과 같이 해석하는 것이 원문에 충실한 해석이라고 간주됩니다. 레벨(Dr. leavell)에 의하면 '가라'라는 단순과거 분사가 '제자를 삼으라'라는 동사의 전제라고 언급하며, 그렇기에 기독교 신자들은 이미 제자 삼는 사역의 현장에 파송되어 있다고 주장하였습니다.[75] 즉, 희랍어 문법적으로 볼 때에 단순과거 분사 '가라'는 완료의 의미가 있습니다. 그러므로 '가라'는 단어를 해석할 때, 시제의 차이를 표현하지 않은 한글 표현대로 해석하여 지금 당장 다른 지역으로 가라는 결단을 내포하는 의미로 먼저 해석되어져서는 안 됩니다. 오히려 문법을 살려서 완료의 의미를 강조하고, 이미 지상 명령을 받고 있는 사람들이 생활하고 있는 장소가 하나님께서 제자를 삼기 위하여 가게하신 곳, 즉 파송하신 장소라고 보는 것이 원문에 가까운 해석이라는 것입니다.

그리스도인들이 처해있는 삶의 터전, 바로 그곳이 복음을 전해야 될 최초의 장소이고 지역이므로 신자들은 이미 파송되어 있는 상태라고 볼 수 있습니다. 이렇게 볼 때에 그리스도인들은 자신이 원하든지, 원하지 않든지 복음 전도의 사역에 이미 출발한 사람들이라고 볼 수 있습니다. 이러한 해석은 단순과거분사를 현재분사와 동일한 위치에서 취급하지 않고 문법이 구분하여 준 차이를 명확히 따라서 그 의미를 뚜렷이 할 때 가능합니다. 바로 여기에서 전도와 관계성을 발견할 수 있습니다. 복음전도의 대상은 내가 생활하고 있는 삶의 자리에서 먼저 발견할 수 있어야 합니다. 그 곳이 하나님께서 나를 파송하신 곳이기 때문입니다.

그리고 이렇게 원문에 충실하게 해석될 때 다음의 두 가지 의미가 확대되어 첨가될 수 있습니다. 첫째, 아무리 어렵고 힘든 상황 속에 있는 그리스도인이라고 할지라도 본문의 의미를 알고 있는 그리스도인들은 자신들이 처한 상황을 환경이나 불행, 혹은 무능력의 탓으로 돌리지 않을 수 있다는 것입니다. 하나님께서 이미 나의 모든 것을 아시고 계획하셔서 나를 그곳에 파송하셨다는 의미를 알게 될 것이기 때문입니다. 내가 속해 있는 가정, 직장, 삶의 터전의 반경들이 하나님께서 파송하신 전도의 터전임을 알게 될 것입니다.

둘째, '가라'의 의미를 올바로 깨달은 신자들은 먼저 자신의 주변에서부터 제자 삼는 사역을 시작하게 되지만 그 장소에서 끝나지 않고 지경을 넓히시며 열방의 모든 족속으로 나아가게 하시는 하나님의 일을 경험케 될 것입니다. 이것은 비록 '가라'라는 명령의 의미가 내가 속한 삶의 터전에서 시작하는 것이고 출발하는 것이지만 그 삶의 반경 안에서만 국한 되지 않을 것임을 시사합니다. 그리고 이렇게 진행되는 것이 성경적이고 복음이 흘러가는 통로입니다. 요하네스 베르쿠일(Johannes Verkuyl)은 '가라'는 단어가 사회적, 종족적, 문화적, 지리적, 국경을 넘어 가야한다는 사실을 강조하였습니다.[76] 사도행전에 나타나있는 지상 명령을 보면 분명히 복음이 흘러가는 통로가 지상명령을 받았던 제자들의 삶의 터전인 '예루살렘'으로부터 시작되는 것을 볼 수 있지만 '온 유대와 사마리아와 땅 끝'까지 흘러갈 것을 명령하고 있기 때문입니다.

2. '세례를 주라' - 일차적인 복음전도[77]

다음으로 '세례를 주라'와 '가르치라'는 현재 분사로서 본동사와 동시적인 상황을 나타내고 있습니다. 이것을 '가라'는 단순과거분사와 연결시켜 해석해 보자면, '가라'가 예수님의 핵심 명령인 '제자 만드는' 일을 효율적으로 수행하기 위하여 대상자들을 어디서 먼저 발견하고 품어야 하는 가를 가르쳐주는 분사라고 한다면, 그 다음으로는 '세례를 주라'와 '가르치라'는 분사를 통하여 그 대상자들에게 무엇을 어떻게 하여야 제자가 될 수 있는가를 언급해 주는 것이라 할 수 있습니다. '세례를 주라'는 것은 예수님의 십자가의 죽으심과 부활의 사건을 불신자가 그분에 대한 믿음을 구사하여 예수님과 하나로 연합되는 일을 말합니다. 뿐만 아니라, 세례를 통하여 교회의 일원이 되는, 즉 교회와 하나가 되는 것을 의미합니다.[78] 즉 '죄에 대해서 죽고 새로운 생명으로 다시 살아난 존재가 되었다는 것'을 확인하는 것입니다.[79] 또한 세례를 주는 것에는 회개가 포함되어 있습니다. 이러한 관점에서 살펴보면, 세례를 주는 것은 다분히 전도의 본질적인 의미와 상통한다고 볼 수 있습니다. 왜냐하면, 전도란 예수그리스도가 우리의 죄를 위하여 죽으시고 부활하심으로 죄와 죽음의 권세를 모두 이기셨다는 사실을 선포하고, 이 사실을 믿고 받아들이도록 하여 영생을 얻게 하는데 주된 목적이 있기 때문입니다. 이와 관련하여 미국의 남 침례교 대학의 전도학 교수 루이스 드러먼(Lewis A. Drummond)는 다음과 같이 주장합니다.[80]

> **복음전도란 불신자로 하여금 예수 그리스도에 대한 진리와 주장을 접하게 하고 하나님 앞에서 회개하며 주 예수 그리스도를 믿음으로써 주**

님 안에서 교제를 할 수 있도록 하는 노력의 집합이다.

　이러한 전도의 의미는 '세례를 주라'는 의미와 부합됩니다. 전도의 행위 없이 진정한 세례는 불가능합니다. 전도를 통해서 사람들은 자신의 죄로부터 해방되고 의에 대하여 살아나 예수님과 연합할 수 있기 때문입니다. 그러나 '세례를 주라'는 의미가 영적인 의미에만 국한되지는 않습니다. 그것은 기독교 공동체로의 입문을 의미합니다. 즉, 성령의 역사로 거듭나서 우주적인 교회의 일원이 된 사람들은 반드시 지역교회의 일원이 되어야 합니다. 우주적인 교회의 일원이 된 사람은 지역교회의 일원이 되어야 교회 안에 있는 신자들과 횡적인 관계를 맺으며 성장할 수 있기 때문입니다.[81] 그러므로 세례는 복음전도를 통한 성령의 역사로 우주적인 교회의 일원이 되는 일과 지역교회의 일원이 되는 일이 동시에 해결되는 사건이라고 할 수 있습니다.

　이렇게 본다면, 제자를 삼기 위해서 대상자를 품은 뒤 해야 할 일은 그 대상자에게 찾아가 죄를 드러내 용서받을 수 있는 길을 가르쳐주고 회개케 하여 예수님을 영접하고 그 예수님과 연합할 수 있도록 하는 것이며, 또한 지역교회에 입문할 수 있도록 도와주는 일이라고 볼 수 있습니다. 이것을 한 마디로 말하면 복음을 전하여 구원을 받게 해주고 하나님의 자녀가 되게 만들어 주는 일이라 할 수 있습니다. 이 과정이 없이는 진정한 제자가 될 수 없습니다.

3. '가르치라' - 이차적인 복음전도

　세례를 준 다음에는 어떻게 하여야 예수님의 온전한 제자가 될 수 있을까요? 그 방법은 가르치는 데 있습니다. 기독교는 맹목적으로 믿는 종교가 아닙니다. 기독교는 알아야 믿고, 믿는 만큼 변화 될 수 있는 종교입니다. 그러므로 예수님의 제자가 되기 위해서는 반드시 주님이 분부하신 모든 것을 알 수 있는 기회가, 배울 수 있는 기회가 있어야 합니다. 그런데 본문에 마지막으로 나타나 있는 '가르치다'라는 현재분사는 부정사 '지키게 하라'가 수식하고 있습니다. 그러므로 '가르치라'는 말을 해석하기 위해서는 그 단어를 수식하고 있는 '지키게 하라'와 함께 해석되어야 합니다. 이 두 단어는 모두 동사에서 파생된 단어입니다. 하지만 우리는 '가르치라'에 더 큰 관심을 기울여 온 것 같습니다. 왜냐하면 상대적으로 가르침이라는 것이 계속적인 과정을 요구하는 것이기에 일회적인 세례보다는 제자의 완성을 도울 수 있고, 예수께서 제자들에게 '가르침'의 중요성을 부탁하시기는 처음이기 때문입니다.

마태복음에 나타난 예수 그리스도의 활동은 '가르침', '전파하심', 그리고 '병 고치심'으로 요약됩니다. 그런데 복음서를 보면, 예수님이 제자들을 세상에 파송하시면서 병 고침과 복음의 전파를 명하시면서도 '가르침'은 명령하지 않고 지상 명령을 주시는 시점까지 보류해 왔었습니다. 그 이유는 예수께서 살아 계실 동안에는 선생은 하나뿐이었지만, 이제 예수가 부활하여 승천함으로써 교회를 가르칠 책임과 권세를 세상에 남아 있는 자들에게 이양해 주기 위한 것으로 생각됩니다.[82] 그러면 '가르치라'는 단어와 '지키게 하라'는 단어는 어떻게 연결시켜 해석할 때 '제자를 삼으라'는 본동사의 의미를 구체화 할 수 있을까요? '가르치라'는 단어는 현재분사입니다. 그런데 분사는 명사를 수식합니다. 그러므로 명사적 성격을 지닌 부정사를 형용사적 성격을 지닌 분사가 수식하는 것으로 해석할 때 정확한 해석이 됩니다. 즉 이 말은 '가르쳐서' 그것에서 끝나지 않고 '지킬 수 있도록' 해 주어야 한다고 해석함이 옳을 것입니다. '가르쳐'라는 분사가 '지키게 함'이라는 부정사를 수식하도록 해석해야 한다는 것입니다.

이러한 바탕에서 '지키게 하라'는 부정사를 '제자를 삼으라'는 지상 명령의 핵심 과제와 연결해 본다면, 제자를 삼는 과제의 방법으로 가르치는 일이 가르치는 데에서 끝나는 것이 아니라, 오히려 그것을 지키고 보존하여 완결 점에까지 이르러야 함을 제시한다고 볼 수 있습니다. 가르침이 가르침에서 끝나는 것이 아니라 그것을 지키는 완결 점에까지 도달하도록 부탁하고 있다고 해석될 수 있고, 또한 '예수께서 분부한 것을 알고 지키는 자는 곧 제자'라는 도식이 성립될 수 있습니다. 즉, '지키는 자가 제자'라고 볼 수 있는 것입니다. 여기서 '가르치라'는 것은 기독교 지식의 전수를 의미하고, '지키게 하라'는 그 지식을 지키는 삶의 전수라고 할 수 있습니다. 그러므로 제자도의 구체적인 모습이 여기서 드러나고 있음을 볼 수 있습니다.

이것을 전도와 연결 지어 생각한다면 예수를 믿고 구원을 경험하며 세례를 받은 그리스도인들은 지속적으로 복음의 깊이 있는 내용을 가르침 받아야 하며, 그 가르침대로 살아갈 때 전도의 결과인 제자로 세워질 수 있습니다. 복음은 일회적으로만 듣고 끝낼 내용이 아닙니다. 우리가 예수를 알면 알수록, 더 깊이 있고 풍성함이 그 안에 있습니다. 그 안에서 그리스도의 장성한 분량까지 성장해 가는 것입니다. 그러므로 복음전도자들은 한 사람의 제자를 만들어 내기 위하여 지속적으로 복음의 내용을 가르쳐야 하고, 또한 그것을 삶으로 지키게 하여 복음을 누리는 삶이 나타날 수 있도록 도와주어야 합니다. 그때 전도의 궁극적인 결과라고 할 수 있는 예수 그리스도의 제자를 만들어 낼 수 있습니다. 물론 제자를 만든다고 해서 모든 일들이 끝나는 것은 아닙니다. 하지만 온전한 제자는 다시 세상으로 나아가 이 일들을 반복하여 또 다른 제자들을 만들어 낼 수 있고, 하나님의 나라를 확장시켜 나갈 수 있기에 예수 그리스도의 제자를 궁극적인 복음전도의 결과 혹은 완성이라고 볼 수 있는 것입니다.

지상명령과 약속

1. 약속의 내용

'제자를 삼는' 일이 이 땅을 복음화 하는 구체적이고도 중요한 일이기에 예수는 명령만을 주신 것이 아니라, 이 일을 행하는 자들에게 약속도 주셨습니다. 그 약속은 '세상 끝 날까지 함께 하시겠다'는 것입니다. 그것은 그리스도인들이 예수의 명령에 순종하여 이 의미 있는 일에 몰두할 때 친히 임재하시겠다는 것입니다. 그 분의 임재는 구약의 '쉐키나(shekinah)'의 개념에서 유래한 것으로 모세, 여호수아, 기드온과 같은 사람들이 위험하지만 중요한 사역을 감당할 수 있도록 그들 가운데 임재 하시어 힘을 주시고 격려하시는 것을 의미합니다.[83] 이미 앞에서도 언급하였지만, 우리는 지상명령을 주신 예수의 권세와 권위에 대해서 살펴보았습니다. 그분은 하늘과 땅의 모든 권세를 가지신 분이었습니다. 그런데 그분이 우리의 삶에, 사역에 함께 하시겠다는 것입니다. 이 얼마나 놀라운 약속입니까? 그런데 부활하셔서 승천하시고 하나님 우편에 앉아계신 예수가 어떻게 우리에게 함께 하실 수 있을까요?

2. 약속을 이루는 주체

그것은 성령 안에서 가능합니다. 예수는 이미 승천하시기 전에 성령에 관한 말씀을 해 주셨고, 성령이 하실 일들을 언급해 주셨습니다. **"내가 아버지께 구하겠으니 그가 또 다른 보혜사를 너희에게 주사 영원토록 너희와 함께 있게 하시리라... 너희는 저를 아나니 저는 너희와 함께 거하심이요. 또 너희 속에 계시겠음이라"**(요 14:16-17). 이렇게 볼 때, 이 약속이 분명하다면, 주님의 지상명령을 수행하는 자들에게 항상 성령의 인도와 함께하심이 있다는 결론이 내려집니다. 그러므로 주님의 지상명령은 내 힘으로 행하는 것이 아니라, 하나님의 영, 성령의 힘으로 행하는 것이라고 할 수 있습니다.[84] 복음전도는 우리에게 자격이 있어서가 아니라, 주님의 권세와 권위 안에서 순종하며 그 힘으로 행하는 것입니다. 그렇기에 우리는 지상명령을 주신 주님을 더욱 의지하며 그 힘으로 능력 있게 지상명령을 실천해야 합니다.

제 2부

복음전도를 위한 동력들

Chapter 5

복음전도의 기본 동력으로서의 복음 1
- 십자가의 관점에서

　모닥불이 잘 타오르기 위해서 땔감이 필요하고, 자동차가 잘 달리기 위해서 연료가 필요하듯이, 복음전도가 활성화되기 위해서는 그에 합당한 동력이 필요합니다. 특히, 전 세계 종교 역사에서 유래 없을 정도로 빠르게 복음이 확산되었던 초대교회는 복음이 활발하게 전파될만한 분명한 근거가 있었습니다. 그것은 바로 예수 그리스도의 십자가와 부활 사건을 직접 보고 듣고 경험한 사람들이 있었기 때문입니다. 초대교회의 전도의 방식이 케리그마(kerygma)였는데, 이는 복음의 핵심 되는 예수의 성육신과 십자가 사건, 그리고 부활의 선포를 의미합니다. 그리고 케리그마의 내용을 믿고 받아들이는 사람들에 의해 초대교회가 세워지기 부흥되기 시작했습니다. 사도들과 초대 그리스도인들이 유대인과 이방인을 가리지 않고, 다양하게 복음을 전할 수 있었던 것은 케리그마의 내용이 튼튼한 기초가 되었으며 그것을 직접 경험하였기 때문입니다. 또한, 초대교회가 수많은 핍박을 이겨내고, 성장할 수 있었던 것도 케리그마의 토대가 분명히 있었기에 가능했습니다. 그런데 이 케리그마의 핵심 내용을 더 축약하여 한 마디로 말하라고 한다면 '예수의 십자가'라고 할 수 있을 것입니다.[85] 이 말은 기독교의 핵심이 예수의 십자가라는 말과 같습니다. 이에 본장에서는 복음의 핵심이라고 할 수 있는 십자가에 대한 통찰을 통해 복음을 경험할 수 있는 기초를 만들며 복음전도의 동력을 부여하고자 합니다.

십자가에 담겨 있는 이중적 의미

십자가가 내포하고 있는 가장 기본적인 의미는 두 가지 입니다. 첫째는 심판이고, 둘째는 사랑입니다. 십자가의 심판과 사랑은 십자가를 푸는 열쇠가 됩니다. 십자가를 바라볼 때 이러한 이중적인 의미를 균형 있게 바라보지 못하면 십자가의 본질에서 벗어나게 됩니다. 그렇기 때문에 십자가는 반드시 심판과 사랑이라는 두 개의 앵글을 가지고 바라보아야 합니다. 그런데 이 두 가지 모습 중에 먼저 바라보아야 할 모습은 심판입니다. 왜냐하면 십자가에 담긴 심판의 성격을 바르게 이해하게 될 때 비로소 십자가에 담긴 사랑을 깊이 이해[86]할 수 있기 때문입니다.

1. 하나님의 심판의 장소인 십자가

십자가에 담겨 있는 첫 번째 모습은 심판입니다. 본질적으로 십자가는 하나님의 심판을 보여주는 곳입니다. 십자가는 로마 법정의 최고의 사형 집행 수단이었습니다. 가장 잔인한 처형법이 바로 십자가형이었습니다.[87] 그렇기에 예수님께서 십자가에서 죽으셨다는 것은 죄인으로서 심판을 받으셨다는 것을 의미합니다. 그러나 그것은 단지 세상 법정에서 심판을 받았다는 것만을 의미하는 것이 아니라 온 인류의 죄를 다 짊어진 죄의 괴수로서 하나님의 심판을 받으셨다는 것을 의미합니다. 십자가에 매달리신 예수님은 더 이상 하나님의 아들이 아니라 온 세상 죄를 지고 가는 '하나님의 어린양'으로서 심판을 받아 죽으신 것입니다.[88] 우리는 십자가로 구원을 받을 수 있지만, 그 구원의 은혜는 예수께서 심판을 받았기 때문이었다는 사실을 먼저 기억해야 할 것입니다.

그렇다면 예수님께서 십자가 위에서 죄인으로서 심판을 받으셨다는 사실이 일깨워 주는 것은 무엇일까요? 첫째, 죄에 대한 하나님의 심판이 있다는 사실을 깨닫게 해줍니다. 하나님은 죄와 공존하실 수 없는 분이십니다. 그래서 당신의 아들을 희생하시면서 까지 죄에 대해서 심판을 강행하신 장소가 십자가입니다. 그렇기에 십자가 앞에 나아갈 때마다 십자가는 끊임없이 우리가 죄인이라는 사실을 각인시켜 줍니다. 그래서 사람들은 십자가 앞에 나아가는 것을 꺼립니다. 그러나 십자가는 또한 우리의 죄가 처리된 곳임을 기억해야 합니다. 그렇기에 우리는 십자가 앞에 나아가 십자가가 일깨워 주는 죄를 십자가에서 처리함으로 십자가의 구원을 날마다 경험할 수 있게 됩니다.

둘째, 십자가의 심판이 일깨워 주는 것은 마지막 날에 심판이 있을 것이란 사실입니다. 성경은 **"한번 죽는 것은 사람에게 정해진 것이요 그 후에는 심판이 있으리니"**(히 9:27)라고 말씀합니다. 십자가를 바라보면서 그리스도인은 종말론적인 세계관을 가질 수 있어야 합니다. 마지막 날에 온 인류는 심판을 받게 됩니다. 어느 누구도 이 심판을 피해갈 수 없습니다. 이 날에 믿지 않는 자는 물론이거니와 믿는 자들도 심판을 받게 됩니다(요5:29). 그러나 예수님을 따르는 자들은 심판의 날이 더 이상 두렵지 않습니다. 오히려 주님과의 만남을 소망하며 주님께서 주시는 상급을 기대하게 되는 날이 됩니다(고전3:11-15). 마지막 날, 이 땅은 불타 없어지지만(벧전3:10), 불 타 없어질 이 땅에 매이지 않고 영원한 하나님의 나라를 기대하게 되는 것이 십자가를 통한 심판이 가르쳐 주고 있는 것입니다.

2. 하나님의 구원과 사랑의 장소인 십자가

십자가에 담긴 두 번째 의미는 '사랑'입니다. 심판과 사랑은 매우 상반된 요소이지만 십자가는 하나님의 '심판'을 통해 하나님의 '사랑'을 보여 주고 있습니다. 하나님은 죄를 절대로 간과할 수 없기 때문에 죄지은 자를 반드시 심판해야 합니다.[89] 그런데 죄가 없으신 예수께서 십자가에서 심판을 당하셨습니다. 왜 하나님은 죄가 전혀 없으신 예수님을 십자가에서 심판 하셨을까요? 그것은 인간을 향한 하나님의 사랑 때문이었습니다. 죄로 인해 죽을 수밖에 없는 인간들을 향한 사랑이 예수님을 십자가에서 심판받게 하셨던 것입니다. 이렇게 서로 상반되는 하나님의 심판과 사랑이 예수 그리스도의 십자가를 통해 죄인을 구속하는 도구가 된 것입니다.

하나님은 당신의 독생자를 희생하시면서 우리에 대한 당신의 사랑을 확증하셨습니다(롬5:8). 온전한 사랑은 말이 아니라 실천입니다. 하나님은 우리를 사랑하시는 표현으로 아들의 목숨까지 주시면서 그 사랑을 확증하셨습니다. 그러므로 십자가는 하나님의 사랑의 최고의 극치를 보여 주는 곳이라고 할 수 있습니다.[90] 십자가는 죄에 대한 하나님의 무서운 심판이 있다는 것을 보여주지만, 또 다른 한편으로는 독생자를 내어 놓으신 하나님의 사랑이 나타나는 곳이 됩니다. 그렇기에 죄의 그늘 아래서 고통 가운데 살아가던 자들이 십자가 앞에 나아오기만 한다면 하나님의 사랑이 그를 회복시킬 수 있는 것입니다.

십자가가 내포하고 있는 심판과 사랑이라는 의미는 십자가를 이해하는 기초가 됩니다. 그렇기에 심판과 사랑이라는 십자가의 두 가지 의미를 바로 이해하는 것은 매우 중요합니다. 먼저, 우리는 심판과 사랑이라는 두 가지 거울로 나 자신과 세상을 바라볼 줄 알아야 합니다. 십자가를 하나님의 심판으로만 바라본다거나, 하나님의 사랑으로만 바라보는 것은 매우 위험한 일입니다.[91] 이는 한쪽으로 기울어진 절름발이의 신앙의 모습과 같습니다. 십자가는 하나님의 심판이 있다는 사실을 가르쳐 주고, 죄를 드러냅니다. 하지만 십자가는 사랑으로 그 죄를 씻고 새롭게 합니다. 십자가의 심판과 사랑은 십자가 앞에 나아가는 자를 구원합니다. 그리고 십자가 앞에 나아가 구원을 경험한 자들은 하나님의 심판을 알지 못하고 죽음을 향해 달려가고 있는 세상 사람들을 바라보게 됩니다. 그렇기에 십자가 앞에 나아가 십자가의 심판과 사랑을 경험한 자들은 자신뿐만 아니라 다른 영혼들을 위해서도 눈물을 흘리며 복음의 씨를 뿌리게 되는 것입니다.

누구를 위한 십자가인가?

하나님의 심판과 사랑을 보여주는 십자가는 조금 더 깊게 들어가면 세 가지를 강조하고 있음을 알게 됩니다. 그 십자가는 하나님을 위한 십자가, 죄인을 위한 십자가, 그리고 내가 죽어야 할 십자가라는 것입니다. 십자가가 강조하는 세 가지 차원은 예수님이 죽으신 십자가가 누구를 위한 것인지를 분명하게 보여주고 있습니다.

1. 하나님을 위한 십자가

예수님이 죽으신 십자가는 먼저는 하나님을 위한 것이었습니다. 다시 말하자면, 그 십자가는 예수님께서 먼저 이 땅에서 말씀하신 하나님의 사랑을 직접 실천하셔서 보여주신 모범이라는 것입니다. 그렇다면 어떤 의미에서 예수님의 십자가가 하나님을 위한 십자가였을까요? 첫째, 예수님의 십자가는 하나님을 향한 최고의 사랑의 표현이었기 때문입니다. 예수님은 마태복음 22장 37절에서 **"네 마음을 다하고, 목숨을 다하고, 뜻을 다하여 주 너의 하나님을 사랑하라"**고 말씀하셨습니다. 그런데 예수님은 이렇게 말씀만 하시고 끝나신 것이 아니라, 직접 십자가에 죽으심으로 말미암아 하나님을 향한 당신의 최고의 사랑을 표현해 드린 것입니다.

둘째, 예수님의 십자가는 하나님을 향한 최고의 순종[92]이었기 때문입니다. 빌립보서 2장 8절에는 **"죽기까지 복종하셨으니, 곧 십자가에서 죽으심이라"**라고 기록되어 있습니다. 예수님은 십자가에서 죽으심으로 순종의 절정을 보여주셨습니다. 예수님은 하늘에 있는 보좌를 버리시고 하나님의 계획에 온전히 순종해서 내려오셨지만 다시 한 번 십자가의 죽음으로써 순종을 완성하셨던 것입니다. 셋째, 예수님은 십자가에 죽으심으로 하나님 앞에서 온전하게 되셨기 때문입니다. 히브리서 5장 8-9절에 보면 **"그가 아들이시면서도 받으신 고난으로 순종함을 배워서 온전하게 되셨은즉 자기에게 순종하는 모든 자에게 영원한 구원의 근원이 되시고"**라고 기록하고 있습니다. 예수님은 십자가에서 죽기까지 순종하심으로 온전하게 되셔서 구원의 통로가 되셨습니다. 하나님은 예수님의 온전하심을 통해서 우리를 받으시는 것입니다.

넷째, 예수님의 십자가가 하나님의 영광을 온 세상에 드러내었기 때문입니다. 요한복음 12장에서 예수님이 **"아버지여 아버지의 이름을 영광스럽게 하옵소서"**라고 기도하시니 하늘에서 소리가 나서 **"이미 내가 영광스럽게 하였고 또 다시 영광스럽게 하리라"**고 응답해 주셨습니다. 예수님의 관심은 오직 하나님의 영광에 있었기에 자기의 죽음 앞에서도 하나님의 영광을 드러내달라고 기도하였고, 목숨까지 바쳐서 의를 사랑하고, 불법을 미워함으로 하나님의 영광을 회복시키셨습니다. 그래서 십자가에서 죽음은 고통이었지만, 그 안에는 하나님의 지혜와 영광과 능력이 숨어 있게 되는 것입니다(고전 1:24).

2. 죄인을 위한 십자가

예수님의 십자가는 하나님을 위한 십자가인 동시에 죄인인 우리를 위한 십자가였습니다. 하나님께만 영광을 돌리는 도구가 아니라, 궁극적으로 우리를 죄에서 구원하기 위한 십자가였다는 것입니다. 그렇다면 예수님은 십자가 위에서 우리의 어떠한 죄 값을 직접 담당해 주신 것일까요? 첫째, 예수님은 십자가 위에서 죄인들의 영적인 죽음을 대신 감당하셨습니다. 영적인 죽음은 하나님과의 분리를 의미합니다.[93] 예수님은 한 번도 하나님과 분리된 적이 없으셨습니다. 그러나 십자가 위에서 죽으실 때는 하나님의 아들로서가 아니라, 이 세상의 모든 죄를 다 짊어지신 죄의 근원으로서, 하나님의 심판을 받고 계셨기에 하나님과 분리되는 고통을 겪으셔야 했습니다.[94] 예수님께서 왜 이런 죄의 고통, 하나님과 분리되는 고통을 당하셨을까요? 그것은 바로 죄로 인해 타락한 인간들을 위해서였습니다. 인간들이 죄로 인해 받아야 할 영적인 죽음을 예수님이 대신 감당해 주셨기에 죄인들은 구원을 받게 된 것입니다.

둘째, 예수님은 십자가 위에서 죄인들의 정신적인 죽음을 대신 감당하셨습니다. 예수님은 죄가 없으셨지만 모욕을 당하시고, 조롱을 당하셨고, 발길질 당하시고, 뺨을 맞으시고, 침 뱉음을 당하셨습니다. 그러나 예수님은 욕 받으시되, 대신 욕하지 아니하시고, 고난 받으시되 위협하지 않으셨습니다 (벧전2:2). 예수님께서는 죄인들이 당해야 하는 모욕과 조롱을 대신 당하심[95]으로 정신적인 죽음을 감당해 주셨던 것입니다. 이렇듯 예수님께서 십자가 위에서 죄인들의 정신적인 죽음을 감당해 주셨기에 십자가는 정신적인 고통에서도 구원받을 수 있는 근거가 됩니다. 셋째, 예수님은 십자가 위에서 죄인들의 육체적인 죽음을 대신 감당하셨습니다. 예수님은 육체의 정욕을 채우는데 사용했던 육체의 모든 죄를 대신해서 육체의 고통[96]을 당하셨습니다. 머리에는 가시 면류관을 쓰시고, 손과 발은 대못에 박히시고, 옆구리는 창에 찔려 물과 피를 흘리셨습니다. 죄인들이 육체로 지은 모든 죄를 그분의 몸으로 대신 형벌 받으신 것입니다. 이렇게 예수님께서 죄인들의 육체적 고통을 감당해 주셨기에 죄인들은 육체적 고통에서 구원받을 수 있는 근거를 갖게 되었습니다.

넷째, 예수님은 십자가 위에서 죄인들의 과거와 미래에 지을 모든 죄를 위해 죽으셨습니다.[97] 예수님께서 십자가에서 흘리신 피는 지난 세대와 장차 올 세대를 포함하여 모든 인류의 죄를 감당하는 죽음이었습니다. '한 사람 예수 그리스도의 은혜로 말미암은 선물이 많은 사람에게 넘쳤으리라'고 로마서 5장 15절에는 기록되어 있습니다. 일반적으로 예수님이 십자가에서 온 인류의 죄를 대신 지고 죽으셨다는 것은 이처럼 죄인이 감당해야 될 영적인 죽음과 정신적인 죽음과 육체적인 죽음을 감당하셨다는 것을 의미합니다. 그리고 죄인들이 미래에 지을 모든 죄까지도 감당한 십자가라는 것입니다. 그러므로 죄인을 위한 십자가는 어떠한 죄인이라도 전인격적으로 구원받을 수 있다는 의미를 담고 있습니다.

3. 내가 죽어야 할 십자가

세 번째로, 예수 그리스도의 십자가는 내가 죽어야 할 십자가입니다. 일반적으로 그리스도인들이 십자가를 통해 구원받고 그 십자가를 깨달아 갈 때, 신학적으로 크게 다음의 단계를 밟습니다. 첫 번째는 '속죄의 십자가'를 깨닫는 것입니다. 이는 예수님의 십자가 죽음을 죄를 씻기 위한 속죄의 죽음으로 이해하는 것입니다. 내 죄가 십자가 위에서 예수의 죽음으로 속량되었다는 것이지요. 그래서 감격합니다. 다음으로는 '대속의 십자가'를 깨닫습니다. 이는 죄인인 '나를 대신해서' 예수님께서 십자가에서 죽으셨다는 것을 깨닫게 되는 것입니다. 내가 죽었어야할 존재였다는 것을 깊게 깨닫는 단계이지요. 그리고 마지막으로 깨닫게 되는 것은 바로 '내가 죽어야 할 십자가'라는 사실입니다. 이제는 예수님처럼 나도 온전히 십자가에 못박혀 죽는 단계입니다.

십자가를 내 죄를 위해 예수님께서 죽으신 곳으로, 그리고 나를 대신해서 예수님께서 죽으신 곳으로 받아들이고 나면, 이제는 내가 지고 예수님을 따라야 할 십자가로 받아들일 수 있어야 하는 것입니다. 예수님은 **"아무든지 나를 따라오려거든 자기를 부인하고 날마다 제 십자가를 지고 나를 따를 것이니라."**(눅 9:23)라고 말씀하셨습니다. 여기서 "자기를 부인한다"는 것은 자아에 대한 죽음을 상징합니다.[98] 예수님께서 나를 위해 십자가에서 죽으셨

던 것처럼 이제는 내 자신을 십자가에 못 박고, 예수님을 따라가야 하는 것입니다.[99]

세상 사람들에게 비친 십자가

세상은 십자가에 담겨있는 놀라운 하나님의 지혜를 발견하지 못하고 미련한 것으로 여깁니다. 성경은 "**우리는 십자가에 못 박힌 그리스도를 전하니 유대인에게는 거리끼는 것이요 이방인에게는 미련한 것이로되 오직 부르심을 받은 자들에게는 유대인이나 헬라인이나 그리스도는 하나님의 능력이요 하나님의 지혜니라.**"(고전 1:23-24)라고 말씀하고 있습니다. 십자가의 비밀을 깨달은 자들에게는 십자가는 하나님의 최고의 능력과 지혜가 되었지만 십자가의 비밀을 깨닫지 못한 사람들에게는 어리석은 것으로 보였다는 것입니다. 1세기 당시 유대인들, 헬라인들, 그리고 로마인들은 각자 나름대로의 관점에서 십자가를 어리석은 것으로 취급했습니다. 그런데 이러한 모습이 오늘날에도 동일하게 나타나고 있다는 사실을 발견할 수 있습니다.

1. 유대인(종교인) - 거리끼는 것

유대인들에게 십자가는 거리끼는 것이었습니다. 왜냐하면 유대인들은 표적을 구하는 민족이었기 때문입니다.[100] 표적이나 이적을 구하고 열광하는 것이 유대인들의 특징이었습니다. 이목을 끌고 사람의 감성을 자극하여 군중 심리를 부추기는 것, 이런 것을 좋아하는 민족성이 유대인들에게 특징적으로 있었습니다. 그래서 그들은 그런 관점에서 메시아를 받아들이려고 했고, 그러한 안목으로 십자가를 바라보려고 했습니다. 그러나 십자가는 이적이나 호기심을 불러일으키기에는 너무 거리가 있었습니다. 예수님은 이러한 유대인들의 생각을 미리 아시고 이렇게 말씀하셨습니다. "**악하고 음란한**

세대가 표적을 구하나 선지자 요나의 표적 밖에는 보일 표적이 없느니라."(마 12:39) 예수님이 보여주시고 했던 표적은 십자가였으나 십자가는 유대인들이 구하는 표적과 거리가 먼 것이었습니다. 신명기 21장 23절에는 "나무에 달린 자는 하나님께 저주를 받았음이니라"고 말씀하고 있습니다. 하나님의 저주를 상징하는 십자가는 유대인들이 원하는 표적이 될 수 없었습니다. 오히려 십자가는 거리끼는 것이 되었습니다. 만약 예수께서 십자가에서 이적을 일으키시며 해방되셨다면 유대인들에게 십자가는 능력이 되었을지 모릅니다. 그러나 예수님은 십자가에서 저주를 받은 자로 죽어갔습니다. 그렇기에 십자가는 유대인들에게는 거리끼는 것일 수밖에 없었던 것입니다. 오늘날에도 수많은 종교인들이 유대인들과 동일하게 기적과 표적을 구합니다. 기독교 안에도 십자가는 외치지만 실상은 눈에 보이는 현상들에 집착하는 경우가 너무나 많습니다. 그들의 입술은 십자가를 말하지만 그들의 삶은 십자가로는 부족하다고 항변하고 있는 것입니다. 더 크고 화려한 무엇인가를 요구하는 것입니다. 그러나 십자가만이 진정한 표적이고 하나님의 능력이라는 사실을 알지 못하기에 그들은 진정한 십자가의 능력을 경험하고 있지 못하고 있습니다.

2. 헬라인(지식인) - 어리석은 것

헬라 사람들은 지혜를 좋아하는 사람들이었습니다. 그들은 인간의 지성과 그 인식 체계의 잠재력을 굳게 믿고 있었습니다. 그들은 이데아의 세계로 인도해 줄 지혜를 찾고 있었습니다. 그런데 이러한 그들에게 그들의 이성으로는 예수님의 성육신을 도저히 이해할 수 없었습니다. 하나님이 사람의 육체를 입고 이 땅에 오셨다는 것이 몹시 못마땅했던 것입니다. 더 이해할 수 없는 것은 하나님의 아들, 곧 창조주가 십자가에서 죽었다는 것입니다. 인간의 이성으로 이해하기에는 십자가는 불합리한 것이었습니다.[101] 그래서 이 십자가의 도가 헬라 사람에게는 어리석게 보인 것입니다. 오늘날에도 사람의 이성이 추구하여 정립해 놓은 법칙과 공식만을 진리로 받아들이는 사람들이 있습니다. 하지만 이러한 태도는 지적인 교만이라고 할 수 있습니다. 성경은 "**하나님의 어리석음이 사람보다 지혜롭고 하나님의 약하심이 사람보다 강하니라**"(고전 1:25)고 말씀하고 있습니다. 그러나 오늘날 이런 현상은 더욱 심해지고 있습니다. 과학적으로 증명된 것만을 진리로 받아들이려고 하는 것입니다. 과학이 증명할 수 없는 사랑, 믿음과 같은 것들이 훨씬 더 중요한 가치가 있는 것임에도 불구하고 과학과 이성으로만 모든 것을 판단하려고하는 어리석음에 빠져 있는 것입니다. 그렇기에 그들은 여전히 십자가 안에 담긴 하나님의 지혜를 깨닫지 못하는 우를 범하고 있습니다.

3. 로마인(통치자) - 무능력의 극치

로마인들에게는 힘이 중요했습니다. 리더라면 리더에 걸맞은 능력이 있어야 하는 것이지요. 이것이 강자의 철학이요, 정복자의 관점입니다. 그렇기에 강자의 논리, 힘의 숭배라고 하는 관점에서 바라본 십자가는 너무도 무능력해 보였습니다. 예수님이 유대인의 왕이라면, 왕으로서 능력을 갖추고 싸워서 이겨야 하는데, 제대로 싸움 한번 하지 못하고 초라하게 십자가에서 죽어가는 모습을 로마 사람들은 이해할 수 없었던 것입니다.[102] 하지만 성경은 "**너희 중에 누구든지 으뜸이 되고자 하는 자는 너희 종이 되어야 하리라 인자가 온 것은 섬김을 받으려 함이 아니라 도리어 섬기려 하고 자기 목숨을 많은 사람의 대속물로 주려 함이라**"(마 20:27-28)고 말씀하고 있습니다. 진정한 리더십은 섬김에 있는 것입니다. 오늘날에도 여전히 강자의 논리, 힘의 논리가 세상을 지배하고 있습니다. 통치자들은 더 많은 힘과 권력을 가지고자 합니다. 왜냐하면 그들은 힘과 권력으로 세상을 지배할 수 있다고 생각하기 때문입니다. 그러나 예수님은 십자가에서 죽으심으로 인해 온 세상의 주가 되셨습니다(빌2:5-11). 이 세상의 통치자들과 권력을 추구하는 자들은 이러한 십자가의 놀라운 비밀을 알지 못하기에 진정한 통치권을 가지지 못하게 되는 것입니다.

영적 승리의 통로가 되는 십자가의 능력

하나님의 심판과 사랑을 드러내는 십자가는 하나님을 만족시켜 드리고, 죄인들을 구원하기 위한 모든 일을 다 마쳤습니다. 이제 그 십자가는 내가 죽어야 할 십자가가 되어 개인적으로 적용시켜 나갈 수 있게 됩니다. 십자가 위에서 내가 죽어질 때 비로소 십자가의 능력이 개인적으로 적용되기 시작하는 것입니다. 그렇다면 내가 십자가에서 죽어짐으로써 얻게 되는 십자가의 능력을 영적인 승리라는 차원에서 구체적으로 살펴보고자 합니다.

1. 십자가를 통해 경험하는 죄와 사단에 대한 승리

죄는 자신의 권세로 사람들을 지배하려고 합니다. 김남준은 죄의 세력에 대해 불신자는 죄의 절대적인 지배에 놓여 있지만 신자는 죄의 상대적인 지배 아래 있다고 하였습니다.[103] 불신자는 죄와 사망의 법에 속박된 채 태어나 죄의 종으로서 자신의 힘으로는 그 지배에서 벗어날 수 없는 삶을 살아갑니다.[104] 그러나 신자는 은혜 아래 있는 삶으로 죄의 절대적인 지배권에서는 벗어났지만, 죄는 불법적으로 신자의 삶에 잔존하며 그 영향력을 극대화하려고 합니다.[105] 이와 같이 죄는 불신자와 신자 모두에게 그 세력을 행사하여 자신의 지배 아래에 놓으려고 합니다. 그런데 이 죄의 세력 뒤에는 사단이 있습니다. 에베소서 2장 1-2절에 보면 "그는 허물과 죄로 죽었던 너희를 살리셨도다. 그 때에 너희는 그 가운데서 행하여 세상 풍조를 따르고 공중의 권세 잡은 자를 따랐으니 곧 지금 불순종의 아들들 가운데서 역사하는 영이라"고 말씀하고 있습니다. 여기서 공중 권세 잡은 자는 사단을 가리킵니다. 사단은 끊임없이 하나님을 대적하며 선택된 사람들을 잘못된 길로 인도하려고 하고, 사람들을 자극하여 죄를 짓도록 만드는 것입니다.[106]

사단은 불순종의 아들들 가운데서 역사할 뿐만 아니라 믿는 자들 가운데서도 우는 사자와 같이 삼킬 자를 찾고 있습니다. 그렇다면 이러한 폭력적인 죄와 사단의 세력과의 싸움에서 승리할 수 있는 방법은 어디에 있을까요? 로마서 6장은 십자가 안에서 죄인이 어떻게 죄에서 벗어나 해방을 얻을 수 있는지에 대해서 실제적이고 중요한 진리를 설명하고 있습니다. 로마서 6장 1, 2절의 핵심은 '죄에 대하여 죽은 우리가'라는 말씀에 있습니다. 예수를 믿는 자들은 이미 죄에 대해 죽은 자들이라는 것입니다. 3절과 4절에서 바울 사도는 예수 믿은 자들이 죄에 대해 죽었다는 것을 세례를 근거로 이야기합니다. 세례라고 하는 것은 죄에 대해 죽고 의에 대해 살아 예수 그리스도와 연합하는 행위입니다.[107] 오늘날에는 세례의식이 간소화 되었지만 정식 세례 의식에서는 물속에 들어가며 죽는 것을 상징하고 물속에서 다시 나오면서 살아나는 것을 상징합니다. 따라서 세례를 받을 때 물속에 들어가면서 죄에 대해 죽겠다는 결단을 하는 것이고, 다시 물속에서 나오면서 의에 대해 살겠다고 결단하는 상징적인 표시가 되는 것입니다.

이것이 그리스도인의 위치입니다. 그리스도인은 죄가 유혹할 때마다 자신을 이미 '죄에 대해 죽은 자'라고 여겨야 합니다. 이것이 바로 죄로부터 승리하는 방법입니다. 죄의 세력으로부터 이길 수 있는 비결은 죄를 이기려는 노력에 있지 않고, 죄에 대해서 죽는데 있습니다. 죄를 짓지 않으려는 노력은 한계가 있습니다. 죄를 극복하는 방법은 그냥 죄에 대해 죽는 것입니다. 죄에 대해서 죽는다는 것은 이미 그 죄를 처리하신 십자가 앞으로 나오는 것을 의미합니다. 그 십자가는 죽음을 상징하기도 하기 때문입니다. 그래서 십자가 앞에서 세례 받았을 때 내가 했던 죽음의 결단을 다시 상기 시키는 것입니다. 그때 죄는 무력화 됩니다. 이 십자가의 진리는 매우 단순하지만 이 진리를 이해할 때 진정한 승리를 맛볼 수 있는 것입니다. 뿐만 아니라 십자가는 예수님께서 사단의 모든 권세를 깨뜨리고 승리하신 곳입니다.[108] 요한 사도는 요한복음 12장과 16장에서 예수님으로 말미암아 세상 임금이 심판을 받는다[109]고 이야기 합니다. 예수님이 십자가에서 죽으심으로 말미암아 이 세상 임금이 심판을 받아 쫓겨나는 것입니다. 여기서 세상 임금은 바로 사단을 지칭합니다. 이미 2천 년 전에 예수님께서 십자가를 통해 이 세상 임금을 심판하신 것입니다. 그런데 많은 사람들이 이 사실을 모르기 때문에 여전히 사단의 세력에 묶여 있습니다.

골로새서 2장 13-15절에서는 **"또 범죄와 육체의 무할례로 죽었던 너희를 하나님이 그와 함께 살리시고 우리의 모든 죄를 사하시고 우리를 거스르고 불리하게 하는 법조문으로 쓴 증서를 지우시고 제하여 버리사 십자가에 못 박으시고 통치자들과 권세들을 무력화하여 드러내어 구경거리로 삼으시고 십자가로 그들을 이기셨느니라."**고 말씀하고 있습니다. 여기서 "우리를 거스르고 불리하게 하는 법조문으로 쓴 증서"가 무엇일까요? 바로 율법조항입니다. 존 스토트는 이 율법조항은 깨어진 법이기 때문에 우리를 대적한다고 하였습니다.[110] 사단은 자신의 정체를 감춘 채 율법의 조항을 통해서 공격하는 것입니다. 인간은 연약함과 한계로 인해 율법의 모든 요구를 이룰 수 없습니다. 단 한가지의 율법이라도 지키지 못하게 되면 사단은 율법의 조항을 가지고 와서 정죄하고 율법의 저주 아래에 가두는 것입니다. 그런데 예수님께서 이 조항들을 십자가에서 못 박아 버리사 무력화하셨습니다.[111] 무력화 하셨다는 것은 무장해제 되었다는 것인데, 이것은 사단이 가지고 있는 모든 무기들을 다 내려놓았다는 것입니다. 그렇기 때문에 십자가에서 사단이 이미 심판 받았고, 무장해제 되었다는 사실을 이해하고 믿음으로 받아들일 때, 사단에 대한 승리를 경험할 수 있습니다.

2. 십자가를 통해 경험하는 육체와 세상에 대한 승리

그리스도인은 이 세상에서 건짐을 받고, 세상으로부터 구별되었지만, 또한 세상 속에서 살아가야 될 존재입니다. 그리스도인은 이러한 역학적인 관계 가운데 살고 있기 때문에 늘 긴장 가운데 놓여 있습니다. 그리스도인은 하나님의 자녀로서 이 세상 속에서 하나님의 나라를 확장해 나가야 하는 사명을 부여받았지만 세상을 살아가면서 세상을 이겨내지 못하게 되면 오히려 세상의 영향력 아래 속박된 삶을 살아가게 되는 것입니다. 사도 요한은 요한1서 2장 15절에서 **"이 세상이나 세상에 있는 것들을 사랑하지 말라 누구든지 세상을 사랑하면 아버지의 사랑이 그 안에 있지 아니하니"**라고 말씀하였습니다. 그리스도인이 이 세상을 살아가면서 세상[112]을 사랑하게 되면 아버지의 사랑에서 멀어지게 된다는 것입니다. 앤드류 머레이는 가장 중요한 죄의 근원이 "세상에 대한 욕망과 즐거움을 가지고 세상을 사랑하는 것"[113]이라고 규정하면서 "그리스도인은 세상의 친구일리도 없고 세상에서 인정하는 죄조차 범하지 않겠다고 결심하면서도 자신이 원하는 만큼 세상을 즐길 수 있는 자유를 소유하고자 하는 욕망을 품고 있다"[114]고 고발하였습니다.

뿐만 아니라 그리스도인은 이 세상을 살아가는 동안 육체를 가지고 살아갑니다. 바울 사도는 갈라디아서 5장 17절에서 **"육체의 소욕은 성령을 거스르고 성령은 육체를 거스르나니 이 둘이 서로 대적함으로 너희가 원하는 것을 하지 못하게 하려 함이니라"**고 말씀하고 있습니다. 육체의 소욕은 성령의 소욕과 서로 대적함으로 그리스도인으로 하여금 어려움에 빠지게 하는 것입니다. 특별히 바울 사도는 이어지는 24절에서는 육체와 함께 정욕과 탐심을 못 박았다고 말하면서 육체의 일을 정욕과 탐심으로 정리하고 있습니다.[115] 개역한글에서는 정욕을 '정'이라고 번역하고 있으며, 킹제임스 버전에서도 애착과 호의를 의미하는 'affections'으로 번역함으로 그 의미를 탐심과 구별하고 있습니다. 그리스도인들이 하나님의 뜻에 순종하지 못하는 이

Chapter 5

유 중에는 인간적인 정을 끊지 못하기 때문일 경우가 많습니다. 특별히 한국인은 '정'에 약한 민족이기 때문에 더욱 성경의 원칙과 인간적인 정이 갈등을 일으킬 경우에 쉽게 타협하게 되기도 합니다.

이러한 세상과 육체와의 갈등 가운데 그리스도인이 승리할 수 있는 비결은 어디에 있을까요? 이 또한 십자가를 통해서만 승리할 수 있습니다. 갈라디아서 5장 24절을 보면 **"그리스도 예수의 사람들은 육체와 함께 그 정욕과 탐심을 십자가에 못 박았느니라."** 고 말씀하고 있습니다. 그리스도인들이 어떻게 육체의 일에서 벗어날 수 있는가라는 질문에 바울 사도는 그리스도인들은 이미 육체와 함께 정욕과 탐심을 십자가에 못 박았기 때문에 승리를 얻을 수 있다고 말하고 있는 것입니다. 그리스도인이 육체에 대해 승리하는 방법은 육체를 십자가에 못 박는 것입니다.[116] 이는 육체의 소욕이 일어날 때 마다 십자가 앞으로 가지고 나가는 것을 의미합니다. 그리고 십자가에서 그것 때문에 죽으신 예수님께 해결해 달라고 요청하는 것입니다. 제씨 펜 루이스는 그리스도인들이 육체를 십자가에 못 박을 때 "세상의 유행과 향락에 붙들려 육신을 위한 물질적인 문제들을 놓고 불평하다가 주님의 이름을 더럽히는 일 따위는 종지부를 찍게 될 것이다"[117]라고 말하였습니다.

또한 십자가는 '세상'에 대한 승리를 안겨줍니다. 바울 사도는 갈라디아서 6장 14절에서 **"그러나 내게는 우리 주 예수 그리스도의 십자가 외에 결코 자랑할 것이 없으니 그리스도로 말미암아 세상이 나를 대하여 십자가에 못 박히고 내가 또한 세상을 대하여 그러하니라"** 라고 말씀하고 있습니다. 세상이 그리스도인을 볼 때 그는 세상에 대해 죽은 자입니다. 마찬가지로 그리스도인들도 세상을 십자가에 못 박아서 더 이상 세상의 원리를 따라가지 않고, 세상의 것들을 추구하지 않는 것입니다. 세상의 욕망에는 육신의 정욕, 안목의 정욕, 이생의 자랑이 있는데, 그것을 인정하면 굴복되고 이것을 거절하고 이미 십자가에서 죽은 사실을 받아들일 때 육신의 욕망으로부터 승리하고 세상으로부터 자유 할 수 있다는 것입니다.[118] 기독교 진리는 아주 간단합니다. 죽으면 승리하는 것입니다. 죽어야 부활이 있는 것입니다.

영적 회복의 통로가 되는 십자가의 능력

십자가에서 죄와 사단을 못 박으면 죄와 사단에 대해 승리하고, 육체와 세상을 못 박으면 육체와 세상에 대해 승리합니다. 이것이 십자가의 능력을 통해 경험하게 되는 영적 승리의 원리입니다. 그런데 이러한 영적인 승리는 영적인 회복으로 이어집니다. 죄를 십자가에 못 박으면 의가 살아나고, 사단을 못 박으면 생명이 살아나며, 육체를 못 박으면 성령으로 채워지고, 세상을 못 박으면 하나님 나라를 누리게 됩니다. 서로의 짝이 있습니다. 하나가 죽으면 다른 하나가 살아나 회복되는 것입니다.

1. 십자가를 통해 경험하는 의와 생명의 회복

'의'라는 것은 하나님과의 올바른 관계를 말합니다. 고린도후서 5장 21절에는 **"하나님이 죄를 알지도 못하신 이를 우리를 대신하여 죄로 삼으신 것은 우리로 하여금 그 안에서 하나님의 의가 되게 하려 하심이라"**고 말씀하고 있습니다. '그 안에서'란 예수님의 십자가를 의미합니다. 앞에서 살펴본 바와 같이 그리스도인은 세례를 받을 때 예수와 함께 십자가에서 죽었습니다. 죄에 대해서 죽었다는 말입니다. 그렇기 때문에 우리로 하여금 그 안에서 하나님의 의가 되게 하신다는 것은 십자가에서 죄에 대해 죽고 나면 하나님의 의가 살아나는 것으로 해석할 수 있는 것입니다. 하나님과의 올바른 관계를 깨어지게 만든 죄를 십자가에 못 박으니 의가 살아나서 하나님과의 관계가 회복되었다는 뜻입니다. 마찬가지로 십자가에 '사단'을 못 박으면 '생명'을 얻게 됩니다. 사단의 가장 큰 무기는 죽음입니다. 사단은 죽음과 함께 죽음이 가지고 있는 정서들을 가지고 옵니다. 여기서 죽음의 정서들이란 사단 때문에 이 세상에 함께 들어 온 불평, 원망, 시기, 질투, 아픔, 불안, 아픔, 초조와 같은 것들을 지칭합니다.[119] 그러므로 십자가를 통한 '사단'에 대한 승리는 '사단'의 카운트 파트너인 '생명'을 가져다주는 것입니다. '사단'을 십자가에 못 박는다고 했을 때, 여기에는 사단이 가져다주는 불평, 원망, 시기, 질투, 아픔, 불안, 아픔, 초조와 같은 모든 죽음의 정서들도 못 박는 것을 포함합니다. 사단이 가져다주는 죽음의 정서들을 십자가에 못 박을 때 예수께서 주시는 사랑, 소망, 기쁨, 평안, 감사와 같은 생명의 정서들이 누리게 되는 것입니다.

그렇다면 의와 생명을 회복한다는 것은 무엇을 의미할까요? 십자가에서 '죄'를 못 박아 '의'를 회복할 때, 우리는 존재의 변화를 경험하게 됩니다. 죄인이었던 우리가 의인이 되는 것입니다. 그리고 십자가에서 '사단, 죽음'을 못 박아 '예수, 생명'의 승리를 얻을 때 우리는 사명을 감당하게 됩니다. 사단이 주는 죽음의 요소들에 갇혀 있는 자들에게 예수, 생명을 나눠주는 사명자로 살게 되는 것이지요. 바울 사도는 로마서 6장의 말씀을 통해서 예수님이 지신 십자가는 단순히 죄를 씻어 주는 속죄의 차원을 넘어서 옛 창조의 생명에 종지부를 찍고 죄의 권세로부터 해방을 얻게 하는 십자가라는 의미를 제시해 줍니다.[120] 하나님이 십자가를 통해서 원하시는 것은 나의 죄 된 본성이 죽는 것입니다. 그런데 죄 된 본성이 죽는 것으로 끝나는 것이 아니라, 새로운 창조를 이루어내는 것입니다.[121] 죄에 대해 완전히 죽고, 내 안에 새로운 인격을 창조하는데 십자가의 궁극적인 목적이 있는 것입니다. 그래서 우리는 성령의 조명 아래서 우리 자신 안에는 아무것도 고쳐쓸만한 것이 없음을 깨닫고 오직 십자가 앞에 나가서 죄에 대해서 죽어야 됩니다.[122] 이렇게 죄를 십자가에 못 박으면 옛 사람은 죽고 새 사람이 되어 장성한 그리스도의 분량까지 성장하게 되는 것입니다.

또한, 기독교는 생명의 종교입니다. 죽어가는 모든 것들을 살리는 능력이 생명에 있습니다. 예수님이 오신 목적은 이러한 생명을 우리에게 주시기 위함이었습니다. 그래서 예수님께서 십자가에 못 박히셨습니다. 그렇기 때문에 우리가 십자가에 사단을 못 박으면 사단이 가지고 온 죽음은 처리되고 예수께서 가지고 온 생명을 누리게 되는 것입니다. 예수를 믿는다는 것이 이와 같은 것입니다. 죽음의 정서들을 십자가에서 처리하고 생명을 누리는 것입니다. 죽음의 정서들에 매이지 않고 생명을 더 풍성히 누려 나가는 것입니다.

2. 십자가를 통해 경험하는 성령의 통치와 하나님 나라의 회복

십자가에 정과 욕심을 못 박으면 성령께서 지배하시기 시작합니다. 십자가에 정과 욕심을 못 박을 때 육체는 죽고, 영은 살아나게 됩니다. 그렇게 육적인 요소가 죽어져 갈 때, 성령이 내 안에서 나를 지배해가기 시작하는 것입니다. 갈라디아서 5장 16절에서 **"내가 이르노니 너희는 성령을 따라 행하라 그리하면 육체의 욕심을 이루지 아니하리라"**고 말씀하고 있습니다. 이 말씀을 보면, 육체와 성령 사이에 치열한 투쟁이 묘사되어 있는데, 그 이유는 육체와 성령이 본질적으로 상반되기 때문에 그렇습니다. 우리 안에 있는 성령이 우리를 지배할 때, 육체의 정욕은 사라집니다. 성령이 나를 지배할 때는 죄를 짓고 싶지 않습니다. 이것이 바로 성령이 지배하시는 삶입니다. 그 순간은 육체를 십자가에 못 박은 것입니다. 육체를 못 박아야 성령이 나를 지배하고, 성령이 나를 지배할 때, 그 육체의 법에서 자유로워지는 것입니다. 송신호는 "성령충만이란 내주하시는 성령께서 그리스도인의 생각과 행동을 지배하는 것을 말하는데 이로써 하나님의 뜻에 순종하게 된다"[123]고 이야기 합니다.

또한 세상을 십자가에 못 박을 때, 천국이 경험됩니다. 세상에 대해 십자가에 못 박힌 사람은 무미건조한 삶을 살아가게 되는 것이 아니라 오히려 다른 세상의 기쁨과 영광을 맛보게 됩니다. 이 세상과 구별되어 이 세상에 대해 죽어질 때, 세상 속에서 힘없이 살아가는 것이 아니라 또 다른 세상, 하나님 나라를 경험하게 되는 것입니다. 이 세상의 즐거움이 아닌 하나님 나라의 본질적인 평강과 기쁨이 내 안을 가득 채우기 시작하는 것입니다. 그 영원한 세계가 실제적으로 경험되기 시작하는 것입니다. 그러면 더 이상 이 땅의 것이 매력적으로 느껴지지 않습니다. 그래서 더 이상 세상에 얽매이지 않고 세상을 이기면서 살아가게 되는 것입니다. 이렇게 하나님 나라를 경험하는 것이 그리스도인의 능력인데 하나님 나라를 경험하지 못하니까 여전히 세상을 그리워하며 세상을 따라가게 되는 것입니다. 이 세상을 이기고 넉넉히 승리하면서 살아갈 수 있는 힘이 여러 가지 은혜에서 올 수 있지만 가장 중요한 것은 하나님의 나라를 경험하는 것입니다. 세상을 이길 힘과 능력은 세상과 단절되는 것에서 옵니다. 그리고 세상과 단절된 만큼 하나님의 나라가 경험되어지기 시작합니다. 세상이 십자가에서 못 박힐 때 이 땅에서 누려지는 승리의 선물이 천국인 것입니다.[124]

  천국은 미래적으로만 경험할 수 있는 나라가 아니고, 현재적으로 이 땅에서도 누리며 살 수 있는 나라입니다.[125] 초대교회 교인들이 여러 가지 예수 믿기 열악한 상황 속에서 자기가 경험했던 예수를 전하며 당당하게 순교를 맞이한 이유는 세상을 이길 수 있는 힘이 있었기 때문입니다. 그 힘은 세상과 구별되어 세상에 대해 죽는 것으로부터 나왔습니다. 사도행전 7장에서 스데반은 돌에 맞아 죽어 가면서 천국을 봅니다. 하나님이 그 보좌에 앉아계시고, 그 우편에 예수가 앉아 있는 것을 보는 것입니다. 돌에 맞아 죽지만 이 땅에서 하나님의 나라를 바라보고 그 하나님의 나라 때문에 죽는 고통을 이길 수 있는 것입니다. 순교는 죽음이라고 하는 어려움을 이길 수 있는 죽음보다 더 큰 은혜가 있을 때 가능한 것입니다. 죽음을 이기는 더 큰 은혜가 바로 하나님 나라에 대한 경험입니다. 세상과 단절된 만큼 하나님 나라가 내 삶에 임재하고, 그 하나님 나라를 경험한 만큼 이 세상을 이기게 되는 것입니다.

Chapter 6

복음전도의 기본 동력으로서의 복음 2
- 하나님 나라의 관점에서[126]

전도가 중요하다는 사실은 새삼 새로울 것이 없습니다. 전도를 통하여 개인에게 하나님의 구원이 시작되고 하나님의 나라[127]가 확장되기 때문입니다. 또한 전도를 통해 나타나는 이러한 결과들은 교회가 이 땅에 존재하는 목적이기도 합니다. 그렇기에 교회 공동체가 전도를 강조하고 실천하는 것은 당연하다고 할 수 있습니다. 그런데 오늘날 실천되고 있는 대부분의 복음전도는 개인의 구원에 초점을 맞추며 영생을 얻게 하는데 중점을 두고 있습니다. 물론, 많은 교회에서는 그러한 복음전도의 본질적인 요소도 퇴색되어 교회 성장을 위해 사람을 교회로 데리고 나오는 행위가 성경이 말하는 전도의 모습인 것처럼 전락해 버린 안타까운 예들도 적지 않습니다.[128] 영혼구원에 초점을 둔 복음전도가 잘못되었다는 것은 아니지만, 그러한 복음전도의 모습이 통전적인가? 라는 질문이 제기될 수 있습니다. 왜냐하면 예수께서 이 땅에 오셔서 전도하신 모습을 보면 주로 '하나님 나라'를 선포하시며 그 나라를 경험케 하신 모습을 볼 수 있기 때문입니다(막1:15). 그렇다면 '하나님 나라'와 복음전도와는 어떠한 관계가 있는 것일까요? 이번 장에서는 복음전도의 구체적인 이유와 동력을 하나님나라의 관점에서 답을 찾아가고자 합니다.

복음전도와 하나님 나라의 상관관계

1. 하나님 나라의 현재적 특징과 복음전도

19세기 말부터 20세기 초반까지만 하더라도 하나님 나라는 종말론적인 관점에서만 토의되었습니다. 슈바이처(Schweizer)로 대표되는 '철저한 종말론'[129]을 주장하는 학자들의 입장이 거세었기 때문입니다. 그러나 이에 맞서 도드(Dodd)와 그의 추종자들은 '예수께서는 하나님의 나라가 이미 실현되었다고 보았다' 라는 '실현된 종말론'[130]을 내세웠습니다. 그러다가 1930년대부터는 '예수께서 하나님 나라를 종말에 오는 미래적인 것으로 보기도 하였고, 동시에 이미 자신을 통하여 실현되었다고 가르치기도 했다' 라는 것에 합의하기에 이르렀습니다.[131] 그 이후로 오늘날 많은 학자들은 하나님 나라의 도래에 관한 예수의 가르침을 '시작'과 '완성'의 구도로 설명하고 있습니다.[132] 바로 여기서 하나님 나라의 현재적인 특징이 발견되어집니다. 스나이더(Snyder)는 "예수와 함께 시작하였던 하나님 나라를 어째서 맨 마지막에 다루어야 하는가?"[133]라는 질문을 던짐으로써 현재 진행되고 있는 하나님 나라의 중요성을 강조하며 또한 하나님 나라의 현재성을 강조하였습니다. 히브리서 6장 5절에는 "하나님의 선한 말씀과 내세의 능력을 맛보고"라는 말씀이 기록되어 있습니다. 이 말씀은 이 땅에 살고 있는 그리스도인들이 미래에 임할 하나님의 나라를 지금 여기에서 경험할 수 있다는 것을 의미합니다.

그렇다면 어떻게 미래에 임할 하나님의 나라를 현재 이 땅에서 경험하는 것이 가능할까요? 이 일이 가능한 것은 하나님의 나라가 예수의 사역으로 말미암아 이 땅에 침투하였기 때문입니다.[134] 이미 앞에서 살펴보았듯이, 하나님의 나라는 '하나님의 통치'와 '하나님의 다스리심'으로 이해할 수 있습니다. 사탄이 주도권을 잡고 있는 이 땅에서 예수의 사역으로 말미암아 귀신들이 떠나가고 묶임을 받은 자들이 놓임을 경험하는 그 자체가 하나님 나라가 시작되었다는 것을 의미합니다. 바로 여기에서 하나님 나라와 복음전도의 연결고리가 생깁니다. 예수께서 이 땅에 오셔서 사역을 시작하시고 십자가에서 죽으시고 부활하심으로써 인간은 더 이상 사탄의 통치에 갇혀 살아갈 이유가 없어졌기 때문입니다. 예수께서 인류를 위하여 하신 일을 알고 믿기만 하면 자유함을 얻고 이 땅에서 하나님 나라를 누리며 살 수 있는 것입니다. 예수의 공생애 첫 번째 메시지도 "회개하라 천국이 가까이 왔느니라"(마 4:17)라는 전도의 메시지였습니다. 왜 그러할까요? 사탄의 세력에 묶여 죽어가고 있는 자들을 살리고자 하심이 예수께서 이 땅에 오신 목적이기에, 그 목적을 당신의 첫 번째 메시지에 담아 담대히 선포하신 것입니다. 이렇게 보자면, '하나님 나라'라는 주제는 예수께서 선포하시고자 하셨던 가장 중요한 메시지이자 동시에 전도의 핵심 내용이라 할 수 있습니다.

2. 하나님 나라의 미래적 특징과 복음전도

하나님 나라의 현재성에는 하나님 나라의 미래를 보장해주고 소망을 갖게 해 주는 특징이 있습니다. 하나님의 나라가 가까웠다는 예수의 선포는 종말의 완성을 향한 하나님의 구원의 행위가 시작되었음을 이야기해주면서, 하나님 나라의 완성에 대한 미래의 희망이 분명한 것임을 말해줍니다.[135] 또한 하나님 나라는 종말론적인 입장에서 볼 때 당연히 미래적인 특성을 가지고 있습니다. 종말론적 역사관은 기독교인의 정체성을 규정하는 기본적인 요소로서, 그리스도인이 종말에 경험할 궁극적인 하나님 나라를 목표삼아 달려가야 한다는 점에서 다분히 미래적이라 할 수 있습니다.[136] 그리스도의 강림이 육체를 입고 오시는 성육신 사건과 재림으로 오시는 두 차례로 나타나는 것처럼 하나님 나라도 두 차례에 걸쳐서 드러납니다. 한번은 예수께서 사역을 시작하시며 드러났지만, 또 한 번은 그리스도께서 다시 오실 때 능력과 영광가운데 드러날 것입니다.[137] 그러므로 우리는 이 땅에서 예수의 사역으로 말미암아 이미 시작된 하나님의 나라를 경험할 수는 있지만, 예수의 종말론적인 말씀들에서 모든 관심이 하나님 나라의 미래적인 완성을 지향하고 있다는 사실을 간과해서는 안 됩니다.[138]

이러한 사실을 그리스도인 개개인에게 적용해보자면, 그리스도인들은 예수께서 완성하신 복음 때문에 칭의를 경험하고 하나님의 자녀가 되어 이 땅에서 하나님의 나라를 경험하고 살아가는 자들이지만, 앞으로 다가올 완성된 하나님 나라를 위하여 부단히 전진해 가야할 사람들이기도 합니다. 즉, 복음 때문에 시작된 하나님 나라를 맛보며 살아가지만, 그것이 전부가 아니라 미래에 도래할 하나님 나라를 위하여 살아가야 하는 존재인 것입니다.[139] 바로 여기에서 하나님 나라의 미래성과 복음전도의 연관성이 있습니다. 칭의를 경험하여 하나님의 자녀가 되었다는 것은 죄로 인해 타락한 인간이 완전히 회복되었다는 것을 의미하는 것이 아닙니다. 오히려 회복의 시작이라고 할 수 있습니다. 그러므로 칭의를 경험한 인간은 완전한 성화를 위하여 전진해 나아가야 합니다.

이 성화의 과정이 미래에 도래할 하나님 나라를 기다리는 방법이고 그것을 누리기 위한 준비라고 할 수 있습니다. 그런데 한 개인의 성화의 과정에는 개인의 노력과 결단만으로는 부족합니다. 그렇기에 복음전도자들의 도움이 필요한 것입니다. 복음은 한 개인의 칭의에만 필요한 것이 아니라, 성화에도 반드시 필요한 요소입니다. 예수께서 십자가에서 죽으시고 부활하셨을 때 이미 그 안에서 개인의 성화까지 완성하셨습니다. 그것을 점진적으로 경험하고 누리는 것은 개인의 몫이며 편차가 있을 수 있습니다. 그러므로 복음전도자들은 칭의를 경험한 그리스도인들에게도 부단히 복음의 내용을 인지시키고 독려하여 성화의 과정에 적용할 수 있도록 도움을 주어야 합니다. 이것이 전도의 또 다른 차원인 것입니다.

복음의 내용으로서 예수께서 선포한 하나님 나라

1. 예수께서 선포한 하나님 나라와 구약과의 관계

예수께서 외치신 하나님 나라의 주제는 구약과 지속적인 관계를 가지고 있으며 오히려 구약은 이 주제를 중심으로 해석되어질 수 있습니다. 즉, 이 주제는 '구속사적인 관점'에서 성경을 바라볼 때 이해될 수 있습니다. 구속사라는 것은 인간을 구원하기 위한 하나님의 역사이기에 '구속사적인 관점'은 그 자체가 복음전도의 관점과 동일하다고 할 수 있습니다. 그러므로 예수께서 선포하신 '하나님 나라'라는 주제 역시 이미 하나님께서 설계하고 진행시켜 오신 주제이며 하나님의 때가 되어 예수께서 이 땅에 오심으로 선포되어진 것입니다. 바로 여기에서 하나님 나라와 구약과의 연관성을 설명할 수 있습니다. '하나님 나라'라는 주제는 구약과 유대교의 문서에 직접적으로는 등장하지 않습니다. 그러나 이 주제를 중심으로 살펴보자면, 예수께서 표현하고자 하였던 하나님 나라는 '하나님께서 창조주로서 온 세상을 다스리시며… 모든 사람이 하나님의 통치를 받을 때… 오직 그곳에만 진정한 자유와 정의와 화평, 곧 구원이 있다'[140]는 구약의 중심 사상과 일치하기에 하나님 나라의 주제와 구약은 깊은 관련성이 있다고 볼 수 있습니다.

그렇다면 '하나님 나라'라는 주제가 구약에서 어떻게 발전되어 예수께 이르러 선포되게 되었을까요? 전도, 즉 구속사의 관점에서 하나님 나라라는 주제를 가지고 설명하자면 다음과 같습니다. 첫째는 구약의 창조사상입니다. 이것은 하나님께서 하늘과 땅을 지으신 우주의 주인으로 온 우주를 다스리신다는 사상입니다. 둘째는 인간의 타락사상입니다. 이 타락의 핵심은 하나님의 대리자인 인간 아담이 하나님의 통치를 거부한 사건이라 할 수 있습니다.[141] 그 결과 아담과 하와는 하나님의 통치를 떠나 사탄의 통치 안으로 들어가게 되었습니다. 셋째는 구원의 약속입니다. 하나님은 자신의 통치를 거부하고 사탄의 통치 아래로 들어간 인간을 포기하지 않으시고 다시 구원하실 것을 약속하셨습니다. 즉 메시아를 보내셔서 십자가를 통하여 그들의 죄를 감당하게 하시고 다시 살아나게 하셔서 사탄의 세력을 굴복시키시고 그들을 통치하시며 회복하실 것을 약속하셨습니다. 하나님 나라라는 단어는 사용되지 않았지만, 바로 여기에서 하나님 나라를 약속하셨다고 볼 수 있습니다. 넷째는 종말사상입니다. 이것은 하나님이 드디어 역사의 종말에 이 땅에 오셔서 악의 세력을 모두 멸망시키시고 그의 백성들을 구원하시며 완성하실 것이라는 사상입니다.

이렇게 보자면 구약의 내용은 인간이 타락한 뒤, 그 인간을 구원하시기 위한 하나님의 약속과 그 약속을 이루시기 위한 노력으로 점철되어 있다고 할 수 있습니다. 단지 그 구원을 하나님 나라의 관점에서 표현하자면 하나님의 통치 회복이라고 표현할 수 있는 것입니다. 그러므로 구약의 내용은 예수께서 선포하신 하나님 나라와 직접적인 연관성을 가지고 복음전도의 중요한 내용을 구성하고 있다고 볼 수 있습니다.

2 예수께서 선포한 하나님 나라의 특징과 복음전도

그렇다면 예수께서 선포한 하나님 나라의 특징은 어떠할까요? 첫째, 예수께서는 하나님 나라의 의미와 성격을 말씀하시며, 하나님 나라가 지금 당장 들어와서 누릴 수 있는 나라임을 강조하시고 받아들일 것을 촉구하십니다. 이렇게 볼 때 예수께서 선포하신 하나님 나라는 그 자체가 전도이며 '구원의 영역으로서의 하나님 나라'[142]의 특징을 갖는다고 할 수 있습니다. 둘째, 그 시대에 만연하였던 묵시문학의 영향으로 묵시론적 이원론과 연결되어 '하나님 나라 대 사탄의 나라'의 대립적인 관점에서 하나님 나라를 설명하시며 사탄의 통치를 끝내시기 위한 당신의 노력과 하나님 나라를 결부시켜 선포하셨습니다.[143] 예수는 마치 적국을 점령한 야전사령관처럼 한 발자국, 한 발자국 하나님 나라를 확장해 가십니다. 귀신은 쫓겨 가고 인간은 치유되며 죄 용서가 이루어지고 인간의 권리가 옹호되며 관계가 개선되어집니다.[144] 바로 이러한 모습에서 예수께서 선포한 하나님 나라와 복음전도가 결부되는 것입니다. 예수께서 사탄의 나라를 무너뜨리고 하나님 나라를 누리게 하시는 활동이 전도의 핵심이기 때문입니다. 전도는 영적인 전투의 최전방에서 치러지는 치열한 전투입니다. 예수께서 최전방에서 사탄의 나라를 무너뜨리고 하나님 나라를 경험케 하시는 모습이 전도 안에서 고스란히 재현됩니다. 이렇게 본다면, 예수의 하나님 나라 선포 활동은 신약에 있어서 복음전도 활동의 시작이며 모델이고 귀중한 준거가 된다고 할 수 있을 것입니다.

셋째, 예수께서 선포하신 하나님 나라는 예언 사상과 결탁되어 하나님의 왕적인 통치와 심판의 사상이 강조되어 있습니다.[145] 예언 사상의 핵심 주제 중에 하나는 하나님께서 '심판자'로서 부정한 왕과 부정한 백성들을 심판하신다는 내용입니다. 이것은 예수께서 선포하신 하나님 나라의 내용에 종종 등장하는 것으로 미래에 완성될 하나님 나라를 그 백성들이 준비토록 하는 역할을 합니다. 하나님 나라의 개념이 종말에 완성될 하나님 나라와 결부되어 설명되어 지면서 그때 일어날 하나님의 심판이 부각되고 있는 것입니다. 이는 전도에 있어서도 중요한 주제이기도 합니다. 전도를 실천하는 이유 중에 하나는 하나님의 심판이 반드시 있기 때문입니다. 꼭 심판을 강조하여 구원으로 초청함이 목적은 아니더라도, 구원의 길을 받아들이지 않는 사람들에 관한 경고는 엄연히 전도의 내용의 중요한 축으로 자리 잡고 있습니다.

이상에서 살펴 본대로 예수께서 선포하신 하나님 나라는 그 자체가 복음전도였습니다. 예수께서 하나님 나라를 선포하신 것은 하나님 나라를 전하여 그 나라를 누리게 하고자 함만이 목적이 아니라, 하나님 나라의 완성에 목적을 둔 것이기도 하였습니다. 이것이 복음전도의 목적이기도 한 것입니다. 그러므로 복음전도와 하나님 나라는 분리하여 생각할 수 없습니다. 스나이더는 이와 관련하여 다음과 같이 주장합니다.

예수를 구세주요 주님으로 선포하는 것은 곧 하나님 나라를 선포하는 것이다. 그러나 오늘의 기독교는 복음전도와 하나님 나라 사이의 중요한 연결을 끊어 놓았다. 복음전도가 하나님 나라의 선포와 완전히 분리된 결과, 오늘날의 회심자들은 그리스도의 몸에 참여하는 것이 곧 하나님 나라와 그 의에 헌신하는 것이라는 사실을 자각하지 못한 채 그저 교회로 들어오고 있다. 그러나 예수님은 복음전도와 하나님의 나라는 서로 연결되어 있음을 보여 주셨다.[146]

복음의 내용으로서 바울이 선포한 하나님 나라

1. 바울이 선포한 하나님 나라의 특징

바울에게 있어서 하나님 나라는 어떠한 주제였으며 그 특징은 무엇이었을까요? 바울에게 있어서도 '하나님 나라'라는 주제는 자신의 신학의 중요한 요소였습니다.[147] 그러나 바울은 '하나님 나라'라는 직접적인 표현을 사용하기보다는 '성령'이라는 용어 안에서 그 의미를 더 풍성히 설명하고 있습니다.[148] 이것에 대해서는 여러 개연성 있는 주장이 있습니다. 웬함(Wenham)은 이 문제에 대해서 몇 가지 가능성을 제시하였습니다.[149] 첫째, 이방선교에 초점을 두고 있는 바울이었기에 '하나님 나라'라는 주제가 헬라사람들에게 낯설게 여겨질 수 있기 때문이며, 둘째, 바울은 '왕국', '나라'라는 개념을 사용하여 권력자들이나 이방인 독자들에게 오해를 주지 않으려는 목적이 있었다는 것입니다.

그렇다면 바울은 성령 안에서 하나님 나라를 풀어 설명하면서 무엇을 강조하려 하였을까요? 무엇보다도 성령이라는 언어를 선택함으로 하나님 나라의 실재에 대하여 더 구체적이고도 적용 가능한 신학적 작업을 하였다고 볼 수 있습니다.[150] 즉, 신자의 삶의 시작점에서 성령이 어떠한 역할을 하고 있는지 보여주며, 또한 신자의 삶 자체가 성령 안에서의 삶임을 주장하고 있습니다. 그리하여 성령 안에서 시작된 신앙의 삶이 성령으로 말미암아 점진적으로 성장하여 그리스도의 형상으로 변화되는 것을 설명하고 있는 것입니다.[151] 이것이 신자가 이 땅에서 하나님 나라를 실제적으로 누리는 방법이며 하나님의 나라를 확장시켜 나가는 방법이기도 합니다. 즉, 신자의 삶의 내적인 능력과 변화를 성령에 초점을 맞추어 설명하고 있는데, 그것이 하나님 나라와 결부되어진다는 것입니다.

2. 바울이 선포한 하나님 나라와 복음전도

그렇다면 바울이 성령 안에서 풀어 설명한 하나님 나라와 복음전도는 어떠한 관련이 있는 것일까요? 바울은 하나님 나라라는 용어를 직접 사용하기보다는 그것을 '칭의'나 '성화'의 개념 안에서 풀어 설명하였습니다.[152] 바울은 먼저, 성령 안에서 개인의 칭의를 통한 하나님 나라의 시작을 강조하고 있습니다. 하나님 나라는 성령의 도우심으로 칭의를 경험하며 가능하다고 하는 것이지요. 이것은 예수가 전한 하나님 나라의 개념과 다를 바가 없는 것으로, 다만 무엇을 강조하여 어떻게 서술하고 있는가의 차이만 있을 뿐입니다. 그러므로 바울의 칭의에 관한 설명들은 곧 하나님 나라를 어떻게 누릴 수 있는가를 서술하고 있는 것으로, 단지 성령 안에서 개인에게 초점을 맞추어 개인의 변화와 성장의 과정을 신학화 한 작업이라고 할 수 있습니다.[153]

바울이 성령 안에서 풀어서 설명한 '칭의'의 개념은 실제로 일차적인 전도의 핵심내용이라고 할 수 있습니다.[154] 복음을 전하는 가장 중요한 이유가 죄인들에게 하나님 나라의 시작을 알리며 회개하고 받아들여 영생을 얻게 하는데 목적이 있기 때문입니다. 이 과정은 칭의를 경험하게 하는 과정과 동일합니다. 먼저는 복음의 내용을 통하여 듣는 피전도자가 죄인임을 자각할 수 있도록 해주어야 합니다. 그리고 그 죄에서 돌이켜 회개하도록 해주어야 하며, 그때 우리가 어떠한 존재로 변화되어지는지에 관하여 전해주어야 합니다. 그러므로 바울이 주장하고 있는 칭의의 내용은 그 자체가 전도의 핵심내용으로서, 그것을 제외하면 복음전도는 껍데기인 형식과 방법만 남는다고 할 수 있습니다. 이렇게 본다면, 바울을 통하여 하나님 나라라는 주제가 전도의 핵심 주제임이 더 분명히 밝혀지며, 케리그마의 내용이 예수께서 전한 하나님 나라와 어떻게 연결되어 하나가 될 수 있는지를 보여주는 중요한 고리가 된다고 할 수 있습니다. 칭의와 하나님 나라라는 개념은 동떨어진 것이 아니라 같은 의미로 풀어질 수 있는 개념이며 반드시 그렇게 연결되어질 때 성경이 말하는 전도를 정확히 이해하고 그 내용도 풍성해지며 온전히 실천할 수 있기 때문입니다.

바울은 칭의의 개념에 이어 성화의 개념을 하나님 나라의 의미 안에서 강조합니다. 이것은 칭의를 경험한 신자가 어떻게 성장하여 성화하여 가는가를 설명하는 것입니다. 하나님 나라와 결부시켜 설명하자면, 한 사람의 신앙인이 미래적 하나님 나라의 도래까지 이 땅에서 어떻게 하나님 나라를 지속적으로 누리며 그 완성된 하나님 나라를 준비하느냐에 관한 설명입니다.[155] 그런데 바울이 강조한 '성화'의 개념도 전도와 연관시켜 그 의미를 부여하자면 이차적인 전도의 핵심 내용이라고 할 수 있습니다. 이미 영생을 소유한 성도들이 이 땅에서 어떻게 거룩해 질 수 있느냐의 문제는 복음의 내용을 지속적으로 가르치고 전달하여 '그리스도의 장성한 분량의 충만'에 이르게 하는 문제와 동일하기 때문입니다. 예수께서 십자가에서 완성하신 복음은 하나님의 자녀로서 하나님의 나라를 현재 누리는 데에만 초점이 있지 않습니다. 그리스도인의 온전한 성장까지도 그 십자가 안에서 이루어 놓으신 것입니다. 그러므로 성도들이 성화되기 위해서는 지속적인 복음의 내용을 듣고 각성하여 그 내용을 삶에 실천할 때 가능합니다.

바울은 이 모든 것을 성령 안에서 설명하였습니다. 성령께서 도우셔야 가능하다는 것입니다. 그런데 이러한 주장 역시 전도의 핵심이라 할 수 있습니다. 전도는 한 개인이 주님의 명령을 받들어 실천하는 것이지만 성령께서 전도자와 피전도자를 돕지 않으시면 불가능하기 때문입니다. 그리고 무엇보다도 중요한 것은 바울이 기독교 신학을 체계화한 신학자이기 이전에 전도자였다는 사실입니다. 그것도 자신이 주장하는 내용을 먼저 삶으로 살아 살아있는 경험을 신학화한 현장의 전도자요, 신학자였습니다. 스나이더(Snyder)가 주장하듯, 하나님 나라의 복음을 전하는 것은 "복음을 말하는 것뿐만이 아니라 복음을 살아내는 것을 의미하며, 그저 하나님의 이야기를 하는 것이 아니라 하나님과 동행하는 삶을 사는 것"[156]이라는 것에 걸맞은 모델이라고 할 수 있습니다. 그렇기에 바울이 선포한 하나님 나라의 개념과 전도는 긴밀한 연관성이 있다고 할 수 있습니다.

하나님 나라 복음과 성령의 상관관계

1. 하나님 나라의 선포와 성령의 역할

성령은 우리로 하여금 하나님 나라 전파라는 핵심적인 사역을 감당하게 하시는 원동력입니다. 이 말은 성령의 역사 없이는 하나님 나라의 선포가 불가능하다는 이야기입니다. 그렇다면 예수께 있어서 하나님 나라의 선포와 성령은 어떠한 관계가 있었을까요? 물론 예수께서 공생애 사역을 감당하시던 시기는 오순절 사건 이전이었기에 제한이 있었지만, 예수의 하나님 나라 선포는 성령의 도우심으로 가능하였습니다.

예수의 하나님 나라 선포와 성령과의 관계를 살펴보자면, 먼저 예수의 세례를 살펴보아야 합니다. 예수께서는 세례요한에게 세례를 받으심으로 공생애를 시작하셨는데, 그 세례의 시점에 성령의 강림을 경험하셨습니다. "성령이 비둘기 같은 형체로 예수의 위에 내려 오셨다"(눅3:22). 그러나 세례 때 강림한 성령은 예수가 하나님의 아들이심을 확증하는 표시에 지나지 않는다고 반문할 수 있습니다. 하지만 예수께서는 이 사건을 하나님 나라와 연결시키셨습니다. 누가복음 4장 17절에서 21절을 보면, 이사야 선지자의 예언을 자신에게 적용하여 그 말씀이 실현된 것임을 선포하셨기 때문입니다.[157] 예수께서는 이사야의 **"주의 영이 내게 임하여"**(사 61:1)를 세례 시 자신에게 임하신 성령으로 이해하고 있는 것처럼 보입니다.

이것은 누가복음 3장과 4장 안에 담긴 이야기의 연결 안에서도 자연스럽게 인식할 수 있습니다. 또한 자신의 사역이 앞으로 어떻게 진행될 것임을 암시하셨습니다. 즉, 가난한 자들에게 복음을 선포하고 귀신들에게 억눌린 자들을 해방하며 사단으로 병과 불구의 굴레에 얽매여 있는 자들을 치유하고 하나님의 통치의 은혜의 해를 선포하는 것입니다. 이 말씀의 실천이 곧 하나님 나라의 도래를 의미하기에 성령과 예수의 사역과의 관계를 이해할 수 있는 중요한 실마리를 제공한다고 할 수 있습니다. 또한 누가는 자신이 기록한 사도행전 10장 38절의 베드로의 설교에서도 이 같은 사실을 입증하고 있습니다. **"하나님이 나사렛 예수에게 성령과 능력을 기름 붓듯 하셨으매 그가 두루 다니시며 선한 일을 행하시고 마귀에게 눌린 모든 사람을 고치셨으니..."**

예수께서는 자신에게 임한 성령의 힘으로 하나님 나라를 선포하시며 하나님 나라의 도래를 보이시기도 하였는데, 이러한 모습에는 어떤 특징들이 있었을까요? 첫째, 앞에서도 언급하였지만, 예수의 하나님 나라 사역은 성령의 임하심으로 하나님 나라를 확장하려는 선교의 의미가 포함되어 있습니다. 둘째, 예수께 임하신 성령은 하나님 나라를 선포하는 원천적인 능력으로 보다 더 깊게 나타납니다.[158] 이것은 첫 번째 특징과 연관되는 것으로서 전도, 그리고 선교를 위한 능력으로 보다 활용되어져 나타난다는 것입니다. 예수의 능력 있는 하나님 나라의 사역 때문에 무지한 세상은 하나님 나라에 눈뜨게 되었고 그 바통이 제자와 후대로 흘러가며 더 구체화되기 시작한 것입니다.

2. 하나님 나라의 경험과 성령의 역할

그렇다면, 하나님 나라는 한 개인에게 있어서 어떻게 시작될까요? 그것은 앞에서 언급하였듯이, 죄 사함을 통한 칭의의 경험으로부터 시작된다고 할 수 있습니다. 다시 말하자면, 한 개인이 예수의 공로를 의지하여 죄 사함을 통해 의롭다하심을 얻어 하나님의 지배와 통치 안으로 들어가는 것입니다. 바울은 이것을 성령 안에서 한 개인의 변화에 초점을 두고 설명합니다. 대표적으로 로마서 3장 20절에서 24절에서는 이러한 과정을 잘 설명하고 있습니다. 이 구절에서 바울은 칭의를 경험하기 위한 조건과 과정을 설명하고 있는데, 첫째, 모든 사람은 죄인이라는 점과, 둘째, 예수의 속량과 하나님의 은혜로 의롭다하심을 얻을 길을 열어 놓으셨다는 것입니다. 그리고 셋째, 이 사실을 믿고 받아들이는 사람은 누구든지 의롭다 칭함을 얻어 하나님과의 관계가 개선된다는 것입니다. 이로부터 하나님의 통치가 시작됩니다. '의'라는 개념을 '성령'과 '하나님 나라'와의 관계 안에서 표현한 부분도 있습니다. "**하나님의 나라는 먹고 마시는 것이 아니요 오직 성령 안에서 의와 평강과 희락이다.**"(롬 14:17) '의'라는 것은 성령 안에서 하나님의 나라를 누리는 현재적인 표시라는 것입니다.

바울은 개인에게 있어서 하나님 나라가 어떻게 시작되는가를 칭의의 개념에 맞추어 설명하였지만, 거기서 그치지 않고 칭의를 경험한 신자가 어떻게 성장하여 성화되어 가는지를 설명합니다. 물론 이러한 내용은 예수께서 선포하신 하나님 나라의 메시지 안에도 포함되어 있지만, 예수께서 선포하신 하나님 나라의 메시지는 하나님 나라 안에서의 삶의 모습을 강조하고 있는 반면, 바울은 성령 안에서의 삶을 강조하고 있다는 차이가 있습니다. 예수께서 선포하신 하나님 나라는 '이미'와 '아직'의 구조로서, 그리스도의 오심과 사역으로 '이미' 하나님의 통치가 현재 가운데 시작되었지만, 그것은 완성을 향하여 달려가는 구조로 설명되었습니다.[159] 이 구조 안에서 이미 시작된 하나님 나라 안에서의 삶이 표현된 것입니다. 물론 바울도 '이미'와 '아직'이라는 같은 구조 안에서 하나님 나라를 설명하고 있지만, 바울이 설명하고 있는 성령 안에 있는 삶은 보다 구체적이고 윤리적이며 실제적인 실천의 강령을 제시하고 있습니다. 성령은 예수께서 완성하신 인간의 구원을 적용하고 경험하게 하시는 능력이시고 주체이기 때문입니다. 바로 여기에 예수의 하나님 나라와 바울의 하나님 나라의 공통점과 차이점이 있습니다.

특별히 바울은 신자들의 성화를 십자가와 연관시켜 구체적으로 설명하고 있습니다. 예수께서 십자가를 통하여 완성하신 구원을 누리려면 날마다 십자가 앞에 나아가 성령의 도우심으로 죄 된 삶을 내려놓고 십자가에 못 박으며 성령을 의지할 때 성화될 수 있다는 것입니다. 구원의 완성은 예수를 통해서이지만, 그 적용과 경험은 성령을 통하여 가능함을 주장하고 있는 것입니다. 성령은 새로운 구원을 창출하시는 분이 아니라 이미 완성하신 구원을 이루어가시며 적용하시는 분이기 때문입니다. 이러한 바울의 주장은 자신의 삶에서 먼저 실천되어지고 경험된 살아 있는 내용입니다. 바울 역시 "**나는 날마다 죽노라**"(고전 15:31)라고 선언하며 자신이 먼저 이렇게 살아갔음을 선언하고 있습니다. 바울에게 있어서 성령은 그리스도인의 존재 원인이 될 뿐더러 또한 성도들의 성화를 위한 삶의 주체로서 지극히 중요한 역할을 감당한다는 것을 알 수 있습니다.

오늘날 잃어버린 복음 '하나님 나라'

1. 복음의 내용으로서 케리그마와 하나님 나라의 관계

그렇다면 복음전도의 주된 내용인 '케리그마($\kappa\eta\rho\nu\gamma\mu\alpha$)'와 '하나님 나라'와는 어떠한 관계가 있는 것일까요? 그것은 예수께서 선포한 하나님 나라를 그분의 죽으심과 연결하여 약속과 성취의 관계에서 설명할 때 가능합니다.[160] 즉,

예수의 하나님 나라 선포가 우리로 하여금 사탄의 죄와 죽음의 통치로부터 해방된 하나님의 백성을 만들어 주고 영생을 얻게 해 주시겠다는 약속이었다면, 예수의 죽음은 이 약속에 응하는 사람들이 실제로 하나님의 백성이 되게 하며 하나님의 통치 안으로 들어가게 하시는 속죄의 제사, 그리고 새 언약의 제사였습니다. 예수께서 직접 죽어주신 이유는 죄에 묶여 사탄의 통치 아래 살아갈 수밖에 없었던 우리를 해방하시기 위하여 우리의 죄 값을 직접 치르시기 위함이었습니다. 이 사건이 예수 당시에 자신이 선포한 하나님의 통치의 사건보다 진일보한 하나님 나라의 완성을 향한 성취로 볼 수 있는 이유는, 그 당시의 예수의 능력 행하심은 하나님 나라에 관한 하나의 예표였고 모형이었다고 볼 수 있는 반면, 예수께서 십자가에서 죽으신 사건은 하나님 나라의 모형에 대한 완전한 성취와 그 예표에 관한 온전한 실재를 이루어 놓으신 사건이기 때문입니다.

또한 십자가에서 죽으신 예수는 삼일 만에 부활하심으로 사탄의 죽음의 세력을 완전히 초토화 시켜 놓으셨습니다. 누구든지 십자가에서 죽으시고 부활하신 예수만 믿는다면 더 이상 사탄의 지배에서 고통당하지 않도록 모든 조치를 취해 놓으신 것입니다. 예수의 부활이 우리 믿는 성도들에게 기쁜 소식이 되는 이유가 바로 여기에 있습니다. 단지 사랑하는 예수께서 살아나셨다는 기본적인 의미보다는, 그분의 다시 사심으로 사탄의 죽음이 더 이상 믿는 자들에게 영향력을 끼치지 못하게 되었기 때문입니다. 또한 예수의 부활은 그를 믿고 따랐던 제자들과 추종자들에게 과연 예수가 하나님의 아들, 주시라는 고백을 만들어 내었으며 확신을 가지고 선포하게 만들었습니다. 이러한 선포를 케리그마라고 합니다. 즉, 사도들은 예수 그리스도의 죽음과 부활에 초점을 맞추어 복음을 선포하였는데, 이것이 케리그마 입니다.

이렇게 보자면, 예수의 하나님 나라 복음과 사도들의 케리그마는 결국 하나의 복음이라고 할 수 있는데 오늘날에는 분리되어 있다는 느낌이 듭니다. 복음전도자들이 사도들의 케리그마는 강조하지만, 하나님 나라와는 연결시켜 설명하지 않으려는 경향이 두드러지기 때문입니다. 그 결과 하나님 나라의 의미는 축소되고, 천국 곧 하나님 나라는 죽어서 가는 나라라고 생각하는 경향이 두드러지게 되었으며, 그 영향이 복음전도에서는 '예수 천당! 불신 지옥!'이라는 전도의 표제로 등장하게 되었습니다. 그러나 케리그마는 예수의 하나님 나라 선포의 성취라는 개념에서 이해되어져야 하며, 그럴 때 복음전도는 하나님 나라와 연결되어 이 땅에서 능력 있는 그리스도인으로 자리매김하는 것을 가능하게 해주고 지속적인 신앙의 성장도 도와줄 수 있습니다.

2. 통전적인 복음전도를 위한 제언

전도한다는 것은 사람을 교회로 데려오는 것만을 의미하지 않고 세상 사람들에게 기독교의 도를 전하여 그 사람을 살리고 세우는 일임을 앞에서 언급하였습니다. 물론 교회의 현실을 살펴보면 이러한 전도의 본질적인 의미마저도 희미해져서 잘 실천되고 있지 못하고 있는 것 같습니다. 본질이 사라지고 형식만 남게 되면 그 형식은 아무리 화려하다고 할지라도 실천할 동력을 잃어버리게 됩니다. 오늘날 전도에 관한 한국교회의 현실이 이와 같지 않는가 생각해 봅니다. 그러나 이러한 모습을 극복하고 본질이 바탕이 되는 전도를 실천함에 있어서 그 핵심 내용을 어떻게 규정하고 전하느냐에 관한 문제는 매우 중요합니다.

한국교회는 그동안 전도를 본질적으로 실천하면서도 개인의 구원과 영생에만 초점을 맞추었을 뿐, 그것이 하나님 나라와 어떻게 연결되어 누리며 완성된 하나님 나라를 향하여 달려갈 수 있는지를 잘 설명하지 못했다고 생각합니다. 그것은 시중에 나와 있는 전도지의 내용, 그리고 전도의 방법을 보면 금방 뚜렷해집니다. 물론 죄에서 돌이켜 회개하고 구원을 얻는 것이 가장 시급한 문제이기는 하지만, 하나님 나라와 연결되어질 때 구원받는다는 것을 또 다른 각도에서 하나님의 통치로 설명할 수 있고, 그 결과 성도로 하여금 이 땅에서 성도로서의 삶의 의미를 알아 완성될 하나님 나라를 기대하며 나아갈 수 있게 만들어 줍니다. 그렇지 못하다면, 하나님 나라는 성도들에게 죽어서만 갈 수 있는 나라로 여겨지며, 이 땅에서 성도들의 삶도 하나님 자녀로서 성경이 이야기하는 삶과 분리되어 어렵고 힘들게 살아가게 만드는 주된 이유가 되기도 합니다. 또한 그리스도인의 완전이라는 구원의 큰 틀 안에서 서로 연결되어질 수 있는 신앙의 주제들이 각자 독립된 주제로 인식되어 혼란을 야기시킬 수도 있습니다.

　이에 왜 하나님 나라가 전도의 핵심주제가 되는지, 그리고 그 하나님의 나라는 어떻게 설명할 수 있으며 또한 어떻게 효율적으로 전달할 수 있는지 예수와 바울의 모습을 중심으로 살펴보았습니다. 하지만, 하나님 나라가 전도의 핵심주제가 된다고 할지라도, 그것은 새로운 주제를 의미하지 않습니다. 기존의 복음주의 전통에서 사용하여왔던 복음전도를 어떻게 통전적으로 볼 수 있으며 어떻게 더 성경적인 내용으로 명확하고도 풍성하게 만들 수 있느냐의 문제였습니다. 한국교회가 오늘 날 잃어버린 '하나님 나라' 복음을 회복하여 통전적인 안목을 가지고 복음을 전하여 그 능력이 나타날 수 있기를 기대합니다.

Chapter 7

복음전도의 기본 동력으로서의 성령
- 능력 있는 복음전도를 위하여

오순절 성령의 강림을 통하여 초대교회는 복음을 능력 있게 전하기 시작하였습니다. 성령의 역사 없이는 결코 허물과 죄로 죽은 영혼을 살릴 수 없으며(엡2:1, 고후3:6), 예수 그리스도를 온전히 증언할 수 없기 때문(요15:26)입니다. 고든 스미스는 이 같은 복음전도와 성령의 관계를 중요하게 인식하여 복음전도란 본질적으로 "다른 사람들을 권면하여 자신들의 삶 가운데 일하시는 성령의 역사에 반응하도록 돕는 것"[161]이라고 정의하였습니다. 본 장에서는 복음전도와 성령의 관계를 소개하는 장입니다. 그렇다면 과연 복음전도와 성령은 어떠한 관계를 이루고 있을까요? 이를 위해서 복음전도를 위한 성령의 약속에 관한 말씀을 먼저 살펴보도록 하겠습니다.

복음전도를 위한 성령의 약속

1. 지상명령을 주심

예수님은 부활하신 이후 승천하실 때까지 부활하신 몸으로 제자들을 열 번 정도 만나주셨습니다. 그 중 다섯 번은 이 세상에서 주시는 주님의 마지막 명령을 제자들에게 주셨습니다. 같은 명령을 반복적으로 말씀하신 것은 그 명령이 말할 수 없이 중요하다는 것을 의미하며 그 내용이 발전적으로 확대되고 있다는 것을 의미합니다. 그 후 시간이 흘러서 그 중요성을 깨달은 그리스도인들은 그 명령을 "지상명령"(the Great Commission) 또는 "교회의 전도위임"(the Evangelistic Mandate of the Church)이라고 부르기 시작했습니다. 그러므로 예수님의 주인 되심을 온전히 인정하고 순종하며 살아가는 제자의 삶에서 늘 강력한 사명이 되어야 하는 것이 바로 이 "지상명령"입니다.[162] 예수님께서는 다섯 번의 지상명령을 통하여 매우 구체적인 복음전도의 영역과 방법 그리고 원리를 알려주셨습니다. 그것은 평생을 복음전도자로 살아가야 할 제자들에게 반드시 필요한 예수님의 명령이요, 또한 오늘날 복음전도자로 세움을 받고 있는 우리들에게도 동일하게 필요한 하나님의 말씀입니다.

2. 지상명령에 나타난 성령의 약속

부활하신 후, 제자들과의 첫 번째 만남에서 두 번의 평강을 일러주신(요 20:19, 21) 주님은 그들에게 부활 후 처음으로 "성령을 받으라"고 말씀하시며 성령을 선물로 주셨습니다(요20:22). 그 후 제자들에게 "온 천하에 다니며 만민에게 복음을 전파하라"는 지상명령을 허락하시면서는 그들이 복음을 전할 때 성령이 함께함으로 온갖 기적을 일으키시겠다는 약속을 또한 주셨습니다(막16:15 이하). 요한복음과 마가복음에 나타난 지상명령에서 주님은 제자들을 도울 성령의 역할을 지속적으로 강조하셨습니다. 앞서 본 두 복음서의 지상명령과는 달리 누가복음에서 주님은 복음을 전할 때에 반드시 필요로 하는 성령의 능력에 대하여 더욱 강조하고 있습니다. 누가복음에 나타난 지상명령이 다른 곳의 명령과는 달리 복음의 내용을 상세히 기록한 이유는, 주님이 부활과 승천 사이에 제자들에게 친히 가르치신 모든 것들을 요약적이면서도 결론적으로 응축하고 있기 때문입니다. 그렇기에 누가복음의 지상명령은 그만큼 더 큰 가치를 지니고 있다고 할 수 있습니다.[163] 예수님은 구약성경에 이 지상명령이 기초하고 있으며 성경대로 "예수님의 십자가와 부활"의 복음과 죄인을 의롭게 하는 "죄의 용서"가 전파되어야 함을 말씀하셨습니다. 또한 예수님은 이와 같은 엄청난 명령을 제자들이 순종할 수 있도록 이에 걸맞은 약속 또한 주셨습니다. 그것은 **"내가 내 아버지께서 약속하신 것을 너희에게 보내리니"**(눅24:49)라고 한 말씀입니다. 그리고 그 약속은 다름 아닌 성령을 보내주신다는 것이었습니다.

부활하신 주님께서 세상을 떠나 승천하시기 직전에 감람산에서 주신 마지막 사도행전의 지상명령 역시 성령의 능력을 힘입어 주님의 증인이 되라는 말씀(행1:8)을 하고 있습니다. 선민인 이스라엘 뿐 아니라 이방인을 포함한 만민에게 바로 하나님의 영인 성령을 부어주시겠다는 것입니다. 그리고 제자들은 그 명령에 순종하여 예수님을 증거 했을 때 민족을 초월해서 역사하시는 성령의 능력을 경험하게 되었습니다. 이처럼 성령의 능력을 힘입어 예루살렘과 온 유대로 흩어지면서 증인의 역할을 충실하게 감당해낸 것입니다(행 8:1~4). 또한 그들은 거기에서 중단하지 않고 사마리아 땅을 넘어 사람들이 사는 곳이면 장소와 종족을 가리지 않고 찾아가 부활하신 주님을 증거하였습니다. 결국 예수님이 오심으로 시작된 하나님의 나라는 성령의 강림과 더불어 그분의 권능과 함께 확장되기 시작한 것입니다.

약속한 성령의 경험과 전도의 활성화

1. 오순절 성령강림 - 복음전도의 시작!

예수가 부활한지 오십일 만에 그리고 그가 승천한지 열흘 만에, 즉 유월절 이후 오십일 째 되는 날(오순절)에 성령은 약속대로 강림하였습니다. 이것은 구약에 예언된 사건이었으며(요엘2:28~30), 사도행전에서는 이것이 예언의 성취라고 증거하고 있습니다(행2:1~4, 2:16~19). 뿐만 아니라 오순절 성령강림은 다음의 말씀을 근거로 본다면 예수에 의해서 예언된 사건이었습니다. **"볼지어다 내가 내 아버지의 약속하신 것을 너희에게 보내리니 너희는 위로부터 능력으로 입혀질 때까지 이 성에 머물라 하시니라"**(눅24:49). **"예루살렘을 떠나지 말고 내게 들은 바 아버지께서 약속하신 것을 기다리라. 요한은 물로 세례를 베풀었으나 너희는 몇 날이 못 되어 성령으로 세례를 받으리라 하셨느니라"**(행1:4~5).

누가에 의해서 기록된 사도행전에 의하면, 처음에는 성령 충만을 경험한 사도들에 의해 복음이 전파되었고, 그 결과 교회가 탄생되었습니다. 그 후에도 사도들은 계속적으로 복음전도에 매진하였습니다. 그 후 초대교회의 성도들도 복음을 전하기 시작하였는데 그 대표적인 예가 스데반과 빌립 집사였습니다. 스데반은 유대인들에게 담대히 복음을 전하다가 순교를 당했고 빌립은 사마리아 성에서 복음을 성공적으로 전했으며, 에디오피아 내시에게도 복음을 전하였습니다. 실로 기독교의 복음은 유대인과 이방인, 교육받은 자와 야만인, 남자와 여자, 노예와 자유인과 같은 모든 사람을 위한 것이었습니다. 비록 비유대인 개종자가 의식과 율법, 이스라엘의 외적 특징을 어느 정도 따라야 하는지에 대한 많은 연구가 있었지만, 복음이 모든 사람을 위한 것이라는 데는 논쟁의 여지가 없었습니다.

사실 구원은 유대인들로부터 오며 구원의 원천은 율법 아래에서 태어난 한 사람에게 달려 있었습니다(갈 4:4; 요 4:22). 그러나 그것은 전 세계를 위해 계획된 하나님의 섭리였습니다.[164] 이 계획이 어떻게 수행되어야 하는지에 대한 문제는 사실 처음 제자들에게 직접적인 관심의 대상이 아니었습니다.[165] 그들은 예루살렘의 유대인들에게 예수와 그의 부활에 관해 가르치는 데 대단히 바빴습니다. 어느 정도 시간이 흐르자 하나님은 그분의 섭리 아래 예루살렘에 있는 교회에 큰 박해가(행8:1) 있게 하셨고 사도 외에는 다 유대와 사마리아 모든 땅으로 흩으시게 하셨습니다. 이 후 누가는 전도자들을 통하여 예루살렘과 유대뿐만 아니라 사마리아와 땅 끝까지 복음이 전파되는 과정의 방법을 이야기로 밝히고 있습니다. 그리고 예수에 관한 복된 소식이 문명된 세계 전역에 선포되고 있었다는 사실과, 로마 제국의 중심부에서 그것이 공공연히 그리고 방해받지 않고서 전파된다는 사실을 확실히 전해주었습니다.

2. 지속적인 성령의 역사 - 복음전도의 확장!

사도행전에서 보여주고 있는 복음전도의 발전 국면을 볼 때에 먼저는 예루살렘에서의 가르침(1:1~6:7), 그리고 팔레스틴과 사마리아 전역에 걸친 확장(6:8~9:31), 이어서 안디옥까지의 확장(9:32~12:24)을 볼 수 있습니다. 후반부에서는 소아시아를 통한 복음의 전파(12:15~16:5), 유럽(16:6~19:20), 그리고 로마(19:21~28:31)를 통한 복음의 확장을 볼 수 있습니다.[166] 특별히 복음이 팔레스틴과 사마리아 전역에 퍼져나갈 때에는 하나님의 복음이 어떻게 인종과 지역과 역사와 문화의 차이를 극복하고 능력 있게 전파되고 있는지를 볼 수 있습니다. 그중에 유대인들과 오랜 반목과 갈등 관계에 있던 사마리아에도 복음이 전파되어 예루살렘 교회와 함께 하나의 교회로 발전되어 가고 있는 사실은 너무나 놀라운 소식입니다. 이러한 하나 됨에 있어서 중요한 역할을 한 것이 바로 오순절 날 강림하신 성령이었습니다. 성령은 유대인들과 사마리아인들, 그리고 이방인들을 하나로 묶는 띠로서 모든 민족과 문화를 초월하여 역사하고 계심을 알 수 있습니다.

또한 이 같은 성령의 역사에는 전도자로 준비된 빌립과 사도들의 헌신적인 노력이 있었음을 분명히 기억해야 합니다. 오직 그리스도의 복음을 위해 헌신적으로 섬기고 봉사한 이들의 노력으로 말미암아 사마리아와 이방 땅에 복음이 전파되고 교회가 은혜 가운데 발전할 수 있었던 것입니다. 뿐만 아니라 복음의 진군을 강력하게 대적했던 사울이 회심하여 복음의 진군을 위한 역사의 선봉에 서기 시작하였습니다. 온 유대와 갈릴리, 사마리아 교회가 든든히 서 가며 주를 경외함과 성령의 위로로 더 많은 영혼들이 모이고 있던 그 때(행9:31), 다른 한편에서 사도 베드로는 복음전파를 위해 방문한 여러 지역 중 룻다의 중풍병자 애니아(예수님이 38년 된 중풍병자를 고칠 때와 흡사)를 고치고 욥바의 죽은 다비다(예수님이 야이로의 딸을 살리실 때의 모습과 흡사)를 살렸으며 무두장이 시몬의 집에서 유숙했던 것을 볼 수 있습니다. 성령의 도우심으로 예수께서 하신 일들이 사도들을 통하여 그대로 재현되고 있는 것입니다.

전도자를 위한 성령의 역할

1. '두려움' 대신 '담대함'으로

부활하신 주님이 처음 제자들을 만나러 가셨을 때에 제자들은 유대인들을 두려워하여 모인 곳의 문들을 닫고 있었습니다(요20:19). 그런데 제자들은 무엇을 계기로 유대인들은 물론 그 당시 세계를 지배하던 로마를 향하여 복음을 담대하게 전할 수 있었을까요? 제자들이 두려워하고 움츠려 든 마음으로부터 벗어나 강력하게 복음을 전하며 영혼들을 회심시킬 수 있었던 원인은 무엇이었을까요? 그것은 다름 아닌 전도자들에게 임한 성령의 임재와 능력 때문이었습니다. 성령의 능력이 임하자 두려움으로 움츠려 들었던 그들의 마음이 회복되기 시작하였습니다. "그들이 다 성령의 충만함을 받고 성령이 말하게 하심을 따라 다른 언어들로 말하기를 시작하니라"(행2:4). 그들이 성령의 충만함을 받은 후에는 이전과 달리 말씀을 가르치며 떡을 떼며 예배도 드리기 시작했습니다. 또한 함께 기도하며 교제의 시간을 누렸습니다. 그러나 이것들은 결과물 중 하나였습니다. 그들이 성령 충만함을 경험한 후 가장 먼저 한 것은 복음전도였습니다. 결국 성령의 역할로 말미암아 전도자들이 담대히 외친 복음에 의하여 교회가 탄생하게 된 것입니다. 성령 충만한 베드로의 모습은 더 이상 두려움을 찾아볼 수 없을 정도로 담대하였습니다.

> "베드로가 열한 사도와 함께 서서 소리를 높여 이르되... 내 말에 귀를 기울이라"(행2:14),
> "이스라엘 사람들아 이 말을 들으라...너희 앞에서 그를 증언하셨으니라"(행2:22)
> "형제들아 내가 조상 다윗에 대하여 담대히 말할 수 있노니... 우리 중에 있도다"(행2:29).

전도자가 성령의 충만함을 경험할 때 반드시 변화를 경험합니다. 그 변화 중에 하나는 아무리 두렵고 떨리는 전도의 현장이라 할지라도 전도자에게 모든 어려움을 극복할 수 있는 담대한 마음이 부어지는 것입니다. 위의 세 구절을 보면 이 부분을 명확히 확인할 수 있습니다. 14절에 "소리를 높여 이르되... 내 말에 귀를 기울이라", 22절에 "이 말을 들으라", 29절에 "담대히 말할 수 있노니" 등이 그 증거구절입니다. 왜냐하면 베드로 역시 예수님의 십자가 사건에서 그 자리를 떠나고 예수님을 부인했던 제자였으며 요한복음 20장에서 다른 아홉 명의 제자들과 함께 숨어있던 나약한 자였기 때문입니다. 그런 베드로도 오순절 성령강림의 사건을 경험한 후 담대한 전도자로 변화된 모습을 확인할 수 있습니다.

2. '불특정 다수' 대신 '준비된 영혼'에게로

성령은 준비된 전도자로 하여금 효과적으로 전도할 수 있도록 준비된 영혼에게로 인도하십니다. 그렇기에 노련하고 준비된 전도자일수록 '자신의 뜻'을 내려놓은 채 매 순간 '성령의 인도하심'을 받기를 소망합니다. 물론 성령은 모든 전도자들을 동일하게 인도하시지는 않습니다. 그렇다면 성령은 어떻게 전도자를 인도하실까요? 먼저, 빌립의 실례에서 살펴보겠습니다. 그는 예루살렘에 큰 핍박이 있은 후에 흩어져 피하다가 사마리아에 도착하였고, 사마리아 성에서 복음을 전하게 된 결과(행8:5) 굉장한 열매를 맺었습니다. 그의 전도에는 표적과 신유와 축귀의 역사도 수반되었습니다. 그로 인해 많은 영혼들이 예수 그리스도를 구주와 주로 믿고 성령이 주시는 기쁨을 누렸습니다. 그런데 바로 그 때 성령은 빌립을 광야로 인도하여 에디오피아 내시를 만나게 하셨고 복음을 전하게 하셨습니다(행8:26). 도무지 사람이 있을 만한 장소가 아닌 곳으로 인도하셔서 하나님의 구속의 역사를 써나가신 것입니다. 이를 통해 성령은 이방 전도의 초석을 마련하게 하셨습니다. 그 이후 성령은 다시 빌립을 아소도의 여러 성에서 복음을 전하도록 인도하였으며, 그 이후 갈멜 산 남쪽 지중해 근처인 가이사랴로 그를 인도하였습니다.

성령은 빌립 뿐 아니라, 베드로 역시 이방인의 전도를 위하여 준비시키시는 장면이 나옵니다(행10:11~23). 베드로가 환상의 의미를 의아해 하고 있을 때, 고넬료가 보낸 사람들이 문 밖에 도착하여 베드로를 찾았습니다. 여전히 자기가 본 환상의 의미에 대하여 골똘하고 있는 베드로에게 "두 사람[167]이 너를 찾으니 일어나 내려가 의심하지 말고 함께 가라 내가 그들을 보내었느니라"(행10:19~20)고 성령께서 말씀하셨습니다. 베드로는 성령의 지시를 받고 그들을 만나 사연을 들은 후 그들을 안으로 들여 함께 유숙하게 됩니다(행10:21~23). 우리는 여기서 지금 진행되어지고 있는 일의 주도권을 성령께서 전적으로 가지고 계신다는 사실을 충분히 간파할 수 있습니다. 그렇기에 후에 베드로가 고넬료의 집에 가서 복음을 전한 것이 예루살렘의 형제들에게 문제가 되어 힐난을 받았을 때 베드로는 이 모든 것이 "하나님이 하신 일"이라고 분명히 초점을 맞추어 설명하는 것을 볼 수 있습니다.[168]

누가는 사도들이 전도를 시작했다고 말하지 않습니다. 사도들은 오순절에 성령께서 그들에게 임하실 때까지 조용히 기다렸을 따름입니다. 하지만 그 이후에는 하나님의 광대하심에 대해 더 이상 침묵할 수 가 없었던 것입니다.[169] 분명히 깨달아야 할 것은 언제나 전도를 주도하시며 준비된 영혼에게로 인도하시는 것은 성령이라는 것입니다. 고넬료 가정의 회심과 성령경험은 유대교의 민족주의적 사고의 한계를 뛰어넘어 하나님 백성의 보편적인 범위와 성격을 확증하는 사건이었습니다. 베드로 역시 이방 죄인들에게 거룩한 영이 주어질 수 없다고 생각한 전형적인 유대인이었지만 "그의 인식을 뒤바꾼 것은 하나님 자신이었고 각 단계마다 그것을 합법화시킨 것은 성령이었습니다 (10:19~20, 44~48; 11:12, 15~18; 15:8-9)".[170]

이것은 위대한 복음전도자인 사도바울에게도 구체적으로 경험된 바입니다. 그 역시 성령의 인도하심을 받아 성공적으로 전도한 경험이 있습니다. 그 일은 그가 '아시아'에 복음을 전하려고 했을 때 성령께서 그에게 나타나서서 그를 '마게도냐'로 방향을 바꾸신 일입니다. 그는 결국 마게도냐 지방의 첫 번째 성인 '빌립보'에서 복음전도를 하였고 최초의 유럽교회인 빌립보 교회를 세우게 됩니다. 성령은 이처럼 때로는 갈 바를 알지 못하고 정확하게 준비된 영혼들을 찾지 못하는 전도자들을 위해 온전한 길로 인도하시는 역할을 감당하고 계십니다.

이상의 사실은 전도에 있어서 너무나 중요한 원칙이기 때문에 전도자라고 한다면 반드시 이 원칙을 놓치지 말아야 합니다. 성령님은 유대인의 편협한 인습에 얽매이시는 분도 아니시며, 교회 지도자들만이 경험할 수 있는 특권도 아니십니다. 성령은 주권자이시며, 전도의 권능이시자 지도자이십니다. 그렇기에 우리 안에 남아있는 오랜 관습과 금기를 깨고, 유대인뿐 아니라 사마리아인과 이방인에게도 임하셨던 성령을 따를 때에만 전도자의 역할을 다할 수 있게 되는 것입니다.[171]

3. '말의 기술' 대신 '복음의 능력'으로

초대교회 당시 전도자들이 외친 메세지는 다양하였습니다. 그러나 그러한 다양함 중에서도 공통점이 있었다면 그들이 외친 메시지에는 언제나 '복음의 핵심'이 담겨져 있었다는 것입니다. 하나님이 구원하시고 계시하시는 모든 행위의 절정이 예수님 안에서 시작되고 완성되었다는 사실은 그 당시 전도자들 모두가 동의하는 바였습니다. 특별히 그들의 메시지의 초점이 된 것은 예수님의 죽음과 부활이었습니다. 예수님은 인간의 죄를 위해 책임을 지시고 죽음을 경험하셨습니다. 그리고 죽음의 모든 권세를 이기시고 다시 살아나셨습니다. 진실로 그분은 하나님의 나라에서 통치자가 되신 것입니다. 그런 예수님은 그분에게 결단을 표한 사람들에게 용서와 능력을 허락하셨고, 오랫동안 기다렸던 하나님의 영인 성령이 믿는 자들에게 선물로 주어졌습니다.

성령충만함의 결과로 성령께서는 전도자들이 전하는 말씀을 복음의 핵심이 되며 논리적이고 힘 있는 말씀으로 변화시켜 주셨습니다. 사도행전 2장에 나타난 베드로의 전도설교 역시(행2:16~36) 구약의 요엘서와(16~21절)[172] 다윗의 고백을 인용한 부분들(25~31, 34~35절)[173]은 복음의 핵심내용을 풀어가기 위한 사도 베드로의 탁월한 접근 방법이었습니다. 또한 복음의 핵심 내용을 전하는 본문(22~36절)에서는 예수님의 생애와 사역을 시작으로 그분의 죽음과 부활, 승귀, 복음의 확증 등 탁월하고 논리적인 그의 설교가 빛을 바라는 모습을 확인할 수 있습니다. 훗날 많은 전도자들에게 도전을 주고 원칙이 된 설교는 분명히 성령의 능력을 힘입어 가능했습니다. 성령의 도우심 아래서 전도자 안에 이미 배우고 들었던 성경의 지식들이 논리적으로 배열되어 능력 있게 선포되어진 것입니다. 성령은 전도자가 무엇보다 자신의 생각과 틀을 버리고 복음의 핵심을 전달할 때에 그를 강력하게 도우십니다. 왜냐하면 진리의 영이신 성령은 그 전도자 속에 계시기 때문이며(요14:17), 복음의 진리를 가르쳐 주시기 때문입니다(요 16:13). 그리고 성령은 전도자를 통하여 예수를 증거 하면서 그분의 영광을 전적으로 드러내시기 시작합니다(요15:26, 16:14).

피전도자를 위한 성령의 역할

1. 죄와 의와 심판에 대한 책망

성령은 복음을 들은 영혼으로 하여금 그 자신의 비참한 상태를 있는 그대로 깨닫게 하십니다. 예수님은 "**그(성령님)가 와서 죄**[174]**에 대하여, 의(義)에 대하여, 심판에 대하여 세상을 책망하시리라**"(요 16:8)고 말씀하셨습니다. 구원받지 못한 사람들은 변명하고 진실을 덮으려고 안간힘을 씁니다. 그 이유는 자신들의 죄가 드러날까 봐 하나님의 빛으로 나오기를 꺼려하고 숨기 때문입니다. 바울이 말했듯이, 죄인들은 허물과 죄로 죽어 있기 때문에(엡 2:1) 성령께서 그들에게 그들의 상태가 어떤지를 깨닫게 해 주셔야만 합니다. 또한 성령은 각 사람으로 하여금 피전도자가 가지고 있는 '의'가 얼마나 보잘 것 없는 것인지를 깨닫게 하십니다(요 16:8). 전도에서 중요한 것 중에 하나가 자신의 '의'를 의지하지 않고 하나님의 '의'가 전가되기를 간구하도록 만드는 일입니다. 그런데 이러한 일은 피전도자가 자신의 '의'가 어떠한 것인지를 깨닫고 보지 못한다면 불가능한 일입니다. 그런데 성령께서는 각 사람의 '의'가 얼마나 보잘 것 없고 티끌만도 못한 것인지를 가르쳐 주시는 역할을 하여 회심에로 한발자국 더 이끌어 가는 것입니다.

그리고 성령은 피전도자로 하여금 이 세상의 임금인 사단이 이미 심판을 받았다는 것을 가르쳐주시며, 그렇기에 그 세상의 임금을 쫓는 자들은 하나님의 심판을 면치 못하고 같이 멸망할 것을 가르쳐 주고 있습니다(요 16:8, 11). 세상은 하나님의 심판이 있는지 알지 못하고 살아가지만, 하나님의 심판은 분명히 존재하며 이미 심판을 선고받은 사단을 쫓아가는 삶은 심판을 면치 못한다는 것입니다. 이러한 사실은 피전도자로 하여금 자신의 삶을 돌아보게 만들며 진지하게 심판 이후의 삶을 생각하게 함으로 진정한 회심으로 이끌어 갑니다. 성경은 "**이 세상 신이 믿지 아니하는 자들의 마음을 혼미**

케 하여 그리스도의 영광의 복음의 광채가 비춰지지 못하게 한다"(고후 4:4)고 말하고 있습니다. 그렇기에 성령의 도우심으로 자신의 삶을 이러한 각도로 돌이켜보지 못한다면 진정한 회심의 역사는 불가능할 것입니다. 오직 성령의 도우심 아래서 "**의인은 없나니 하나도 없으며**"(롬3:10), "**모든 사람이 죄를 범하였으매 하나님의 영광에 이르지 못하더니**"(롬3:23)라는 말씀을 내 삶에 적용할 수 있게 됩니다. 선지자 이사야가 말한 "**우리는 다 부정한 자 같아서 우리의 의(義)는 다 더러운 옷 같다**"(사64:6)라는 말씀을 깨닫게 되는 것입니다. 사도행전에서 성령이 충만한 베드로의 설교를 들은 사람들은 마음이 찔리기 시작했습니다(행2:37). 이는 곧 그들이 죄를 깨달았다는 것을 의미합니다. 그리고 베드로의 말을 듣고 있던 사람들은 그들이 무엇을 해야 하는가 마음을 졸이며 묻기 시작했을 때 베드로는 더욱 강력하게 복음을 전하기 시작합니다. 이는 곧 그들이 마음을 돌이켜 회개하는 단계에 이르렀음을 보여주는 좋은 예입니다.

2. 예수님께로 인도

자신의 절망적 상태를 깨달은 죄인은 예수 그리스도께 점점 더 관심을 갖게 됩니다. 청교도 설교자들 중 일부는 이런 관심을 '각성(覺醒)의 예비 단계'라고 불렀습니다. 이것은 '회심의 각성' 바로 전 단계를 의미합니다. 이 단계에서 비 회심자는 "**다른 이로서는 구원을 얻을 수 없나니 천하 인간에 구원을 얻을 만한 다른 이름을 우리에게 주신 일이 없음이니라**"(행4:12)라는 진리를 깨닫게 됩니다. 이제 이 사람은 자신의 한계선상에 서게 된 것입니다. 이제 그는 오직 예수님만 의지하게 됩니다. 이제 그의 영적 문제는 결론은 맺어야 합니다. 구원을 위해 예수님을 믿고 회심할 것인가, 아니면 예수님에게 등을 돌리고 떠나갈 것인가?[175)]에 대한 심각한 고민을 하게 되는 것입니다.

성령님은 지금도 구원받지 못한 사람을 예수님께로 지속적으로 인도하기를 원하시는데, 이런 역사는 오직 피전도자가 복음의 메시지에 접하여 반응할 때 일어나게 됩니다. 특히 성령님은 예수 그리스도의 승천 이후 예수님의 사역을 계승하는 다른 보혜사로서 오순절 예루살렘의 다락방으로 보냄받음으로 새로운 역사를 시작하게 됩니다. 신약에서 성령은 본질적으로 성자의 영이며 그리스도의 영입니다.[176] 따라서 신약에 나온 성령의 이름도 예수 그리스도와의 연관에서 진술되었습니다. 성령은 예수의 사역을 계승하는 다른 보혜사이며(요14:16; 요일2:1), 그 아들의 영이요(갈4:6), 예수의 영이요(행16:7), 그리스도의 영이십니다(롬 8:9).[177] "예수님은 내가 아버지께로부터 너희에게 보낼 보혜사 곧 아버지께로부터 나오시는 진리의 성령이 오실 때에 그가 나를 증언하실 것이요"(요15:26)라고 말씀하셨습니다. 이는 곧 진리의 성령의 도우심 없이는 어느 누구도 예수님께 인도될 수 없으며, 또한 길과 진리요 생명이심을(요14:6) 믿을 수 없다는 것을 의미합니다.

3. 중생(重生)의 역사

성령의 역사 아래 예수님께로 인도된 영혼은 회개와 믿음을 통해 구원 즉 중생을 경험케 됩니다. 중생은 죄인이 거듭나서 새롭게 되는 것을 뜻합니다. 중생은 주관적, 실제적 사건으로 하나님이 성령을 통해 "내 안에서"(in me)이루어 가시는 역사입니다.[178] 성서에서 중생이란 문자적 의미에서 "낳다", "거듭나다", "출생하다", "소생시키다" 그리고 "새사람"의 의미를 가집니다(요1:13; 3:3, 벧전1:23, 요일2:29, 약1:18, 엡 2:5; 4:22, 골2:13). 이런 말들은 일반적으로 도덕적 변화에 대하여 적용되어지며, 그 변화는 성서에 다음과 같이 다양하게 나타납니다. "거듭난다"(요3:3; 5:7), "하나님께로 난다"(요1:13, 요일 3:9; 4:7; 5:1,4,18), "성령으로 난다"(요3:5,6), "살리셨다"(엡2:1,5), "사망에서 생명으로 옮겨졌다"(요5:24, 요일3:14)등입니다. 이런 표현들은 재생(reproduction)이나 혹은 회복(restoration)으로 이해할 수 있습니다.[179] 중생의 본질에 대하여 웨슬리는 다음과 같이 정의하고 있습니다.

> **중생은 하나님께서 인간 심령 속에서 일으키는 큰 변화이다. 이것은 죄로 죽은 영혼이 그리스도 안에서 새로 지음을 받아 의와 참된 거룩함으로 하나님의 형상으로 새로 나는 것이다. 그리하여 세상을 사랑함이 하나님을 향한 사랑으로, 교만은 겸손으로, 혈기는 온유로, 미움, 시기, 악의는 성실과 온정과 인류애로 변화되는 것이다. 한마디로 해서 땅에 속한 정욕적이요, 악마적인 마음이 "그리스도 예수의 마음"으로 바뀌어 지는 변화이다. 이것이 바로 중생의 본질이며, 성령으로 태어난 사람은 다 이와 같다.**[180]

예수님은 밤에 자신을 찾아왔던 '이스라엘의 선생'인 니고데모를 향해 거듭남 즉 '중생'의 비밀을 알려주셨습니다. 중생의 비밀은 어머니의 뱃속에 다시 들어가 태어나는 것을 의미하지 않았습니다. 그것은 영적으로 일어나는 사건으로 '위로부터', '성령으로부터' 태어나는 것을 의미하였습니다. 곧 '중생'(重生, born again)을 의미하는 '거듭남'이란 단어는 전적으로 위에 계신 하나님의 주권적인 역사로만 가능함을 보여주는 단어입니다. 그리고 그 거듭남의 방법은 '물과 성령으로 남'(요3:5)이라고 말씀하고 있습니다.

먼저 '물로 거듭난다는 의미는 자신이 죄인인 사실을 인정하고 죄로부터 돌아섰을 때 예수 그리스도가 십자가에서 흘리신 피로 자신의 죄를 깨끗하게 씻어주신다는 의미를 지니고 있습니다. 그런 이유로 예수께서 니고데모에게 물로 거듭나라고 하신 말씀은 회개하고 예수님의 피로 정결함을 받으라는 의미입니다.[181] 이렇듯 죄를 회개하고 예수의 피로 씻김 받고 깨끗해진 사람에게 주어지는 선물이 바로 성령님의 내주하심입니다. 성령께서 그 사람의 영혼에 함께하시는 것을 의미합니다. 중생을 위하여 역사하신 성령은 중생의 순간 사람 안에 내주하시며 그 사람의 온전한 회복과 변화를 위해 일하십니다. 이처럼 물과 성령의 연결은, 에스겔 36장 25~27절에서 입증되듯이, 유대인의 의식 속에 깊이 뿌리 박혀 있는 것이었습니다.[182] 이는 예수님께서 니고데모를 향해 성령의 역사가 없이는 중생에 직면할 수 없다는 진리를 분명히 깨닫게 해 주신 사건입니다.

성령의 역사가 없는 전도의 현상들

1. 성경의 예

성령의 역사가 없는 전도는 결코 영혼구원의 열매를 맺을 수 없습니다. 이처럼 성령의 역사가 없는 거짓회심이 일어날 수 있는 사실을 전도자들이 모르고 있다면, 자신이 회심했다고 착각하고 있는 사람들을 도울 수 없게 될 것입니다. 이런 사람들은 때로는 강렬한 종교적 체험을 하기도 하지만, 이후에 어려움이나 핍박이 있으면 예수님을 떠나기도 합니다. 예수님도 마가복음 4장 1~20절에서 씨 뿌리는 자의 비유를 통해 거짓 회심의 가능성에 대해 이미 언급하셨을 뿐 아니라 마태복음 7장 21~23절에서도 거짓 회심에 대한 안타까운 마음을 보여주셨습니다. 사도바울 역시, 사도행전 20장 29~30절에서 거짓 회심 자가 교회 안에 들어와 교회를 어지럽힐 것에 대해 경고한 바가 있습니다. 사도요한도 요한일서에서 이미 교회 공동체에 들어왔지만, 교회의 교리를 부정하는 거짓 회심 자들에 대해 강력한 경고를 하고 있습니다. 결국 성령의 역사가 없는 전도의 현장에서 생겨버린 거짓 회심 자들은 참된 회심을 흉내 내지만 예수님을 향한 구원의 믿음을 진정으로 경험하지 못한 자들입니다. 레슬리 뉴비긴은 "전도나 선교사역을 행하는 교회의 조직적인 노력과 회심이라는 구체적인 사건 사이에는 직접적인 비례 관계가 없다"[183]고 말하였습니다. 이는 교회를 통하여 전도가 촉진되어지기도 하지만, 회심이 일어나게 하는 원인은 절대로 될 수 없음을 말해주는 것입니다. 이는 또한 전도가 결코 어느 것으로도 대체할 수 없는 성령의 사역임을 의미하는 것이기도 합니다. 이처럼 한 영혼이 예수그리스도에게로 온전히 돌아오기 위해서는 성령의 역사가 반드시 필요합니다.

2. 실제적인 예

그렇다면, 성령의 역사가 없는 전도의 현상이 일어나는 원인은 무엇일까요? 다양한 원인을 들 수 있지만, 특별히 그와 같은 현상은 스스로 삶의 위기를 극복하거나 도덕적 가치를 받아들이고 건전한 삶을 살아갈 때 일어날 수 있습니다. 또한 나름대로 영적인 체험을 했다라고 생각할 할 때에도 발생할 수 있습니다. 이 외에도 영접기도를 따라하고 세례를 받아 어떤 교회에 소속되거나 기독교의 주요 교리를 지적으로 받아들이는 모습 속에서도 일어날 수 있습니다.[184]

결국 이 같은 상황들로 자신이 회심했다고 착각할 때 나타나는 특징들이 있는데, 그것은 크게 다섯 가지로 정리해 볼 수 있습니다. 첫 번째는 하나님의 사랑만 강조하고 예수님만이 유일한 구원의 길(요14:6)이라는 것을 믿지 않는 것입니다. 두 번째는 성경도 잘 알고 도덕적이고 깨끗한 생활도 하지만 예수님을 자기의 구주로 고백하지 못한 경우입니다. 세 번째는 교회에서 무슨 일이라도 기꺼이 맡고 열심히 일하지만, 자신이 쌓은 선행과 지식으로 거듭났다고 생각을 하는 경우입니다. 네 번째는 자기 잘못에 대해 진심으로 후회는 하지만, 하나님께 회개하려는 마음이 없는 경우입니다. 다섯 번째는 교회들이 말하는 표준적인 교리들을 지적으로 이해는 하지만, 예수님만이 유일한 진리인 것에 대한 믿음이 없는 경우입니다.[185] 이 상에서 볼 때 성령의 역사가 없는 전도의 모습들을 긴밀하게 구분할 수 있는 준비가 필요합니다. 더 나아가 전도자는 전도의 현장에서 예비 된 영혼들을 만날 때마다 성령의 도우심을 간절히 구하며 나아가는 지속적인 훈련이 요구되어 집니다.

Chapter 8

복음전도의 기본 동력으로서의 사랑
- 본질적 복음 전도를 위하여[186]

예수님은 온 율법과 선지자의 강령을 '하나님 사랑'과 '이웃 사랑'으로 압축해서 말씀해 주셨습니다. 그런데 하나님을 사랑하는 것과 이웃을 사랑하는 것은 복음전도로 연결됩니다. 어떻게 하나님을 사랑하는 것이 복음전도로 연결될 수 있을까요? 그것은 그리스도인이 하나님을 사랑한다고 표현할 때, 가장 올바른 표현방법이 바로 복음전도이기 때문입니다. 하나님은 예수 그리스도의 십자가를 통해 하나님의 사랑을 보여주셨습니다. 하나님께서 십자가에서 보여주신 사랑에 깊게 매료된 사람들은 온 세상 만물의 창조주요, 주관자이신 하나님이 나 같은 인간을 위해 몸소 낮아지셨다는 사실, 거기서 멈추지 않고 십자가에서 목숨을 버리고 우리를 구원하셨다는 사실을 발견하고 그 놀라운 사랑에 완전히 붙잡히게 되는 것입니다. 그리고 이 사랑에 대한 감격이 복음의 확신을 가지고 지칠 줄 모르고 복음을 증거 하게 되는 것입니다. 십자가를 통해 하나님의 사랑을 경험한 사람은 그 사랑을 보여주신 하나님을 사랑하게 되고 그 하나님께서 사랑하시는 영혼들을 향해 이 사랑의 복음을 전하지 않을 수 없는 것입니다. 그렇기에 사랑은 복음전도의 강력한 동력이 됩니다. 그런데 사랑은 예수께서 가르쳐 주신 복음전도의 가장 기본적인 원리입니다. 본 장에서는 예수께서 가르쳐 주신 사랑이라는 복음전도의 원리를 통해 어떻게 본질적인 복음전도가 가능하며, 복음전도의 동력이 되는지 더 자세히 살펴보겠습니다.

복음전도의 모형으로서의 '사랑'

1. 예수께서 강조한 '사랑'을 통한 복음전도

요한복음[187] 13장을 보면, 복음전도는 주님의 지상명령과 함께 시작된 것이 아니라 오히려 다락방에서 시작된 것을 알 수 있습니다. 신약성경에는 복음전도에 관한 많은 언급들이 등장하는데, 그 모든 언급들은 예수님께서 다락방에서 하신 말씀을 기초로 하고 있기 때문입니다. 여기에 복음전도의 원리가 있습니다. 이 말씀에서 예수님은 복음전도를 어떻게 준비하고 실천하며 열매를 맺을 수 있는지를 가르쳐 주고 계십니다.

사랑하여 하나 되기

복음전도의 가장 기본이 되는 원리는 사랑입니다. 즉, 그리스도가 우리를 사랑하신 것처럼, 그 사랑을 계승하여 서로를 사랑하는 그리스도인에게서 복음전도가 시작되는 것입니다. 복음전도를 위한 하나님의 계획은 믿는 자들의 각 지체가 사랑하고 섬기면서 그 안에서 복음전도를 위한 개인의 증거와 공동체의 실천이 역동적으로 세상에 나타나게 하는 것이었습니다.[188] 이렇게 보자면, 복음전도는 세상을 사랑하신 하나님의 사랑을 세상에 보여주는 것이고, 그 사랑이 세상에 영향을 끼칠 때 세상은 그 사랑을 통해 하나님께로 돌아온다고 할 수 있습니다. 다시 말해서 사랑은 복음전도의 가장 기본적인 요소이며 필요불가결한 요소라고 할 수 있는 것입니다. 복음전도를 위한 강력한 메시지와 증언이 필요하지만, 그것 역시 사랑이라는 기초가 없이는 안 되는 것입니다. 그렇다면 예수께서는 사랑을 통한 복음전도의 내용을 어떻게 설명하셨을까요?

요한복음 13장 34-35절을 보면, 예수님은 새 계명을 주시면서 "서로 사랑하라"고 말씀하셨고, "예수께서 제자들을 사랑한 것처럼 사랑하라"고 모범을 제시하셨습니다. 그리고 이렇게 사랑할 때, "모든 사람이 내 제자인 줄을 알리라"고 말씀하셨습니다. 예수님의 계획은 그리스도인들이 서로를 사랑하는 가운데 세상이 하나님의 사랑을 알게 하는 것이었습니다. 서로 사랑하게 될 때, 그리스도인들의 마음과 삶 속에 임재하시는 하나님 때문에 세상은 보이지 않는 하나님을 그들을 통해서 볼 수 있는 것입니다.

이를 위해서, 먼저는 그리스도인의 공동체가 서로를 사랑하며 하나가 되어야 합니다. 그리스도인들은 예수님께서 우리에게 전해주신 사랑의 질을 경험하기 위하여 다른 그리스도인들과 서로 사랑하는 것이 필요하기 때문입니다.[189] 그러나 어느 정도까지 사랑해야 하며, 어떠한 힘으로 사랑해야 할까요? 예수님은 당신을 모델로 제시하시며, 당신께서 제자들을 사랑해 주신 것같이 서로 사랑하라고 말씀하셨습니다. 즉, 사람의 힘과 능력으로 사랑하는 것이 아니라, 예수의 사랑을 경험한 사람들이 그 사랑을 공동체 안에 있는 서로에게 보여주어 사랑으로 하나가 되라고 말씀하신 것입니다. 결국 하나님의 사랑을 세상에 보여줄 수 있을 때 예수님께서 원하시는 복음전도가 시작되는 것이며[190] 그 공동체가 예수님께서 이상적으로 바라시는 공동체라는 사실을 알 수 있습니다.

스코트 존스(Scott J. Jones) 역시 사랑을 통한 복음전도의 방법을 강조합니다. 그는 하나님이 세상을 사랑하시고 그들을 구원하기 원하시지만 그들이 구원받을 수 있는 방법은 하나님의 사랑을 경험한 그리스도인들이 세상을 사랑할 때 비로소 가능하다고 이야기 하고 있습니다.[191] 그리스도인들이 하나님의 사랑으로 세상에 있는 비그리스도인들을 사랑하면서 하나님의 사랑을 보여줄 때 세상은 하나님께로 돌아올 수 있다는 것입니다. 그러나 그 사랑은 그들이 예수님을 주와 그리스도로 고백할 수 있도록 돕는 데까지 나아가야 하는 것입니다.

열매 맺어 세상에 나타내기

그리스도 공동체 안에서 서로 사랑하여 하나가 된다면 어떠한 결과가 먼저 나타날까요? 결론적으로 말하자면 열매가 맺힙니다. 예수님은 요한복음 15장 8절에서 다음과 같이 말씀하셨습니다. "너희가 열매를 많이 맺으면 내 아버지께서 영광을 받으실 것이요. 너희가 내 제자가 되리라." 이 말씀은 다락방에서 하신 말씀과 시간적으로 큰 차이가 나지 않습니다. 이미 예수님께서 다락방에서 "너희가 서로 사랑하면 이로써 모든 사람이 너희가 내 제자인 줄 알리라"(요 13장 35절)라고 말씀하신 후였습니다. 여기서 "제자가 되다"는 공통어구의 전제조건이 되는 문구를 연결시켜 본다면, "열매"는 "사랑"으로 이해할 수 있을 것입니다. 이러한 논리는 다음의 성경구절로 뒷받침됩니다. **"이는 너희로 가서 열매를 맺게 하고… 내가 이것을 너희에게 명함은 너희로 서로 사랑하게 함이로다."**(요 15:16-17)

이렇게 보자면, 그리스도인들의 공동체 안에서의 서로 사랑한다는 것은 사랑하는 행위에서 그치는 것이 아니라, 그 사랑함에 결과로서 열매가 맺혀짐을 알 수 있습니다. 사랑하면 나타나는 열매들이 있습니다. 그리고 이 열매를 보고 그 공동체가 진실로 서로를 사랑하는지 알 수 있습니다. 그렇다면 사랑의 열매들은 무엇일까요? 무엇보다도 하나님의 속성에 관한 것으로 '의'와 '거룩'과 '순결' '진실함' 등의 차원에서 맺게 되는 열매들입니다.[192] 웨슬리는 사랑하게 되면, 그 안에서 "자비의 언어와 심령의 겸손과 온유와 양선과 오래 참음"의 모습을 만들어 낸다고 하였습니다.[193]

결국 그리스도인들이 공동체 안에서 서로를 사랑하게 될 때, 하나님의 기본적인 속성들이 공동체 안에 나타나게 되고, 세상은 세상에서 볼 수 없는 고귀한 하나님의 속성들을 공동체와 구성원인 개개인을 통하여 볼 수 있음으로 하나님을 간접적으로 경험할 수 있으며 하나님께로 돌아올 수 있게 되는 것입니다. 이렇게 사랑의 열매들은 복음전도와 연결될 수 있으며 이러한 사랑을 통해 예수님은 그리스도인들이 세상 속에서 복음전도를 실천할 수 있기를 바라신 것입니다.

2. 초대교회의 '사랑의 실천'을 통한 복음전도

예루살렘 교회의 모형

초대교회의 복음전도를 연구하였던 저명한 전도학자 마이클 그린(Michael Green)은 초대교회, 특별히 예루살렘교회가 핍박 속에서도 복음전도의 열정이 불타오를 수 있었던 동기 중에 하나가 '하나님의 사랑' 때문이라고 이야기합니다.[194] 초대교회의 그리스도인들은 환경적인 어려움 속에서도 하나님의 사랑이 성도들의 마음속에 심겨져 잃어버린 자들에 대한 하나님의 마음을 함께 공유할 수 있었습니다. 그렇기에 그들은 하나님의 사랑 안에서 서로 하나가 될 수 있었고, 그 속에서 세상을 향하여 하나님의 마음을 보여줄 수 있었습니다.

초대 예루살렘교회의 모습을 단편적으로 잘 드러내고 있는 사도행전 2장의 내용을 보면, 실제로 그들이 어떠한 공동체를 형성했으며, 어떻게 복음전도가 가능했는지를 짐작할 수 있도록 도와줍니다. 예루살렘교회는 먼저, 하나님의 수직적인 교제를 경험하였습니다. "...기적과 표적이 많이 나타나니"(행 2장 43절). 여기서 "기적과 표적"이라는 것은 하나님과의 수직적인 교제가 있었다는 것을 그들의 삶에서 나타내 주는 증표였습니다. 또한 이러한 수직적인 교제가 지속되면 지속될수록 개인적으로는 하나님의 성품을 닮아가는 사람이 되게 하며, 공동체적으로는 하나님을 닮은 공동체가 되도록 도와줍니다.[195] 즉, 하나님을 세상에 보여줄 수 있는 공동체가 되어가는 것입니다. 바로 이것이 초대 예루살렘교회의 모습이었다고 할 수 있습니다.

또한, 이러한 수직적인 교제는 공동체 내부의 구성원들로 하여금 서로를 사랑하게 만들어 필요를 채워주고 서로를 세워 세상에서 찾아 볼 수 없는 유일한 사랑의 공동체가 되게 합니다. **"모든 물건을 서로 통용하고 또 재산의 소유를 팔아 각 사람의 필요에 따라 나눠주며"**(44-45절). 초대 예루살렘교회는 세상 어디에서도 찾아 볼 수 없는 사랑의 공동체가 된 것입니다. 그러나 이들은 공동체 내부적으로만 사랑하는 데에서 끝난 것이 아니라, 그들의 어려운 처지에도 불구하고 내부에서 결속된 사랑의 정신을 세상을 향하여 표현하기 시작하였습니다. 한 예를 들자면, 252년 카르타고의 그리스도인들은 끔찍한 재앙으로 피해를 입은 이교도들을 돌봐주었으며, 그들을 환대하고 구제하였습니다.[196]

결국 이러한 초대교회의 사랑의 실천은 복음전도의 열매로 나타났습니다. **"주께서 구원받는 사람을 날마다 더하게 하시니라"**(행 2장 47절). 작지만 순결하고 의의 열매를 맺어 사랑이란 어떠한 것인지를 보여주는 그리스도의 공동체에 세상은 매력을 느끼고, 그 공동체를 통하여 하나님을 보고 공동체 안으로 들어오게 되었던 것입니다.[197]

사도요한 교회의 모형

초대교회 가운데 대표적인 교회 중에 하나가 사도요한의 공동체입니다. 사도요한은 예수님의 제자 가운데 유일하게 자연사(自然死)한 사람으로, 죽을 때까지 그리스도인의 공동체를 세우는데 주력하였으며 그 영향력을 펼쳐나가는데 큰 영향력을 끼친 인물입니다. 요한은 자신이 기록한 성경에서, 그리스도인의 공동체가 어떻게 형성되어 세상에 영향을 끼치며 복음전도를 통하여 성장해 나갈 수 있었는지를 비교적 상세하게 소개하고 있습니다.

요한1서 1장에서, 먼저 사도요한은 초대 그리스도교 공동체가 어떻게 형성되었는지를 자세하게 설명하고 있습니다. 이것이 중요한 이유는, 이 과정을 거친 그리스도인의 공동체는 그 모습이 자기의 정체성이 되기 때문입니다. 요한은 **"태초부터 있는 생명의 말씀을 듣고, 보고, 자세히 보고 손으로 만졌다"**(요일1:1절)라고 표현하고 있습니다. 이 말씀은 예수 안의 생명을 경험하였다는 말로 이해할 수 있을 것입니다. 그런데 태초부터 계신 생명의 말씀을 유한한 인간이 어떻게 경험할 수 있었을까요? 그것은 아버지의 사랑에 근거하여 성육신하여 세상에 나타나신 예수 그리스도를 통해 경험할 수 있었습니다. 그렇기에 예수 그리스도를 통해 하나님을 경험한 사람들이 모여 그 경험들을 나누게 될 때, 공동체는 결속되고 더욱 단단하게 하나가 될 수 있는 것입니다.

그러나 하나님의 사랑 안에서 생명을 경험하여 하나가 된 공동체는 그 공동체의 정체성 때문에 공동체 안에서만 안주하지 못합니다. 사도요한은 이러한 사실을 다음과 같이 표현합니다. **"우리가 보고 들은 바를 너희에게도 전함은 너희로 우리와 사귐이 있게 하려함이니"**(요일1:3절). 이것은 생명을 경험한 공동체는 자신들이 경험한 생명을 반드시 나누게 된다는 표현이기도 합니다. 바로 여기에서 복음전도가 시작됩니다. 태초부터 있었던 생명을 경험한 자들이 생명을 경험하지 못한 세상의 사람들에게 그 생명의 경험을 나누는 것입니다. 그것이 어떠한 방식으로 가능할까요? 바로 "사귐"을 통해서 가능합니다. 그리스도인의 공동체에서 삼위 하나님과 사귐을 가진 사람들은 그 사귐을 통하여 생명을 경험하고, 세상을 향하여 자신들의 공동체로 초청하여 사귐을 갖게 하는 것입니다. 바로 여기에 복음전도의 목적이 있습니다. 자신이 경험한 생명을 전하여 반응하는 사람에게 생명이 있는 공동체로 초청하여 함께 생명의 교제를 나누는 것입니다. 이것이 가능한 이유는, 세상은 그리스도인 공동체가 하나님의 사랑이 바탕이 되는 생명을 경험해 보지도 못하였고, 찾을 수도 없기 때문입니다. 결국, 요한 공동체 역시, 하나님과의 교제를 바탕으로 공동체를 형성하였고 그 안에서 지속적인 생명의 교제

를 통해, 급기야는 세상으로 영향을 끼치어 하나님의 사랑을 효율적으로 전할 수 있게 된 것입니다.[198]

웨슬리가 이해한 복음전도의 동기로서의 사랑

웨슬리는 평생을 복음전도에 헌신한 사람입니다. 그는 평생의 목표가 잃어버린 자를 찾아 구원하는 것이었으며, 동료사역자들에게는 "영혼을 구원하는 일 외에는 아무 일도 하지 마시오!"[199]라고 언급하였을 정도였습니다. 위대한 전도자였던 웨슬리의 신학의 핵심 주제 중에 하나가 '사랑'이라 할 수 있습니다. 그 이유는, 웨슬리 사상의 핵심 주제라고 할 수 있는 '성결'이 '사랑'과 분리될 수 없기 때문입니다. 웨슬리는 "사랑은 어느 때나 성결함이다"[200]라고 주장하였으며 "성결이란 본질적으로 하나님과 모든 인류에 대한 사랑"[201]이라고 하였습니다. 그렇다면 웨슬리가 강조한 '사랑'은 어떻게 복음전도와 연관되어 그로 하여금 위대한 전도자로 준비되고 능력 있게 복음전도를 실천할 수 있도록 하였을까요?

인간을 향한 하나님의 사랑

하나님은 인간을 사랑하십니다. 그 사랑은 죄로 타락한 인간을 구원하시기 위해 독생자 아들을 희생케 하셔서 구원의 길을 열어 놓으셨습니다. 이렇게 본다면, 하나님의 사랑이 복음전도의 기초가 되는 것입니다. 그렇다면 하나님은 인간을 왜 사랑하실까요? 웨슬리는 "하나님의 형상"이라는 설교에서 주장하기를, "인간은 하나님의 속성인 사랑 그 자체"[202]라고 하였습니다. 그러므로 "사랑은 인간의 존재에 생기를 불어 넣어주는 따뜻한 온기"[203]와 같은 것입니다. 하나님은 인간을 당신의 형상과 모양으로 창조하시면서 당신의 속성인 사랑을 불어 넣어 만드신 것입니다. 그렇기에 인간은 하나님의 사랑 없이는 존재할 수도 없었고 살아갈 수도 없는 존재라고 할 수 있습니다. 이처럼 인간을 사랑하실 수밖에 없으므로, 인간이 타락하였을 때 인간을 구원하기 위한 하나님의 모든 구원의 노력도 여기에서 시작되었다고 할 수 있습니다. 인간의 죄를 능가하는 하나님의 사랑이 있었기 때문입니다. 그러므로 인간은 죄로 인한 타락의 결과를 직시하고, 하나님의 사랑으로 새로워져야 한다고 웨슬리는 주장합니다.[204]

하나님의 사랑과 구원의 직접적인 연관성은 웨슬리가 던진 다음의 질문에서도 잘 나타납니다. 웨슬리는 "인간이 어떻게 하나님의 형상으로 창조되었습니까? 인간이 어떻게 하나님의 형상을 잃어 버렸습니까? 어떻게 하면 인간은 하나님의 형상을 회복할 수 있습니까?"[205]라는 질문을 통하여 하나님의 형상대로 지음 받은 인간이 죄로 하나님의 형상을 잃어버렸지만, 하나님의 지속적인 사랑을 통하여 다시 회복될 수 있음을 주장하며, 하나님의 사랑과 복음전도와의 밀접한 관계를 설명하였습니다.[206] 위의 세 가지 질문은 실제로 복음전도로 접근할 수 있는 가장 중요한 질문이며, 복음전도의 내용을 풀어갈 수 있는 질문이기도 합니다.

이상에서 보자면, 인간의 타락에도 불구하고 하나님의 사랑은 지속적으로 역사하고 있으며 그 사랑에 반응할 때 인간의 구원은 시작된다고 할 수 있습니다. 하나님의 사랑이 복음전도의 충분한 동기가 되는 것입니다. 그러나 여기서 구원이란, 영적인 회복만을 의미하지 않고 전인적인 회복과 치유를 의미합니다. 웨슬리에게 하나님은 사랑 안에서 고장 난 것을 치유하시는 "위대한 의사"였기 때문입니다.[207] 그러므로 복음전도는 하나님의 사랑을 바탕으로 인간을 치유하고 회복하는 것을 포함한다고 말할 수 있습니다.

하나님을 향한 인간의 사랑

인간을 향한 하나님의 끊임없는 사랑은 인간의 반응을 이끌어 냅니다. 하나님의 사랑이 잠자고 있는 인간의 사랑을 깨워 하나님께로 향하게 하는 것입니다. 웨슬리는 "하나님의 사랑"이라는 설교에서 인간이 하나님을 사랑하는 것은 하나님의 사랑이 원인이 되며 그 사랑에 보답하는 형태라고 말하고 있습니다.[208] 이렇게 보자면, 인간이 하나님을 사랑한다는 것은 하나님의 사랑을 경험하며 하나님의 사랑을 누리게 되는 목적론적인 경향을 있음을 알 수 있습니다.[209]

그렇다면 하나님을 향한 인간의 사랑이 어떻게 복음전도의 동기가 될 수 있을까요? 웨슬리는 하나님의 사랑으로 일깨워진 인간이 하나님과의 사랑의 관계를 회복하며 구원을 경험하는 그 과정은 "인간으로 하여금 순수한 사랑을 실천하는 과정"[210]이라고 생각하였습니다. 즉, 인간은 하나님을 사랑함으로써 하나님을 향한 의지와 마음이 순수하게 되어, 하나님을 사랑하는 인간의 사랑이 순수한 하나님의 사랑을 닮아간다는 것입니다. 그리고 이 과정을 통하여 하나님과 온전한 관계를 이루어 가는 것입니다. 바로 여기에서 "서로사랑"의 동력이 생겨납니다. 세상에서 경험할 수 없고 흉내 낼 수도 없는 하나님의 사랑을 닮아가는 그리스도인들이 그 사랑으로 공동체의 구성원들을 사랑하기 때문입니다. 인간의 힘으로 서로를 사랑하면 지속적으로 사랑할 수도 없거니와 그 사랑으로 공동체를 하나로 결속시키기가 어렵습니다. 그러나 하나님의 사랑으로 공동체의 구성원들을 사랑하고 섬기면 그 사랑은 공동체로 하여금 하나님을 닮아 하나가 되도록 만들어 줄 뿐만 아니라 그 공동체를 통하여 세상은 하나님을 보게 되는 것입니다. 세상이 보여줄 수 있는 사랑과는 질적으로 차이가 있기 때문에 그 사랑을 통해 하나님을 보는 것입니다.

결국 예수님이 말씀하신 "서로사랑"은 인간의 힘으로 공동체의 구성원을 사랑하는 것이 아닌, 하나님의 사랑을 경험하고 그 반응으로써 하나님을 사랑하며, 이 과정을 통해 그 사랑이 순수하고 온전해지는 것을 경험하여 세상에 가시(可視)적인 하나님을 보여주는 것입니다. 이것을 웨슬리의 표현대로 서술하자면, "자기 자신을 위하여 하나님을 사랑하는 것이며, 하나님을 위해 인간을 사랑하는 것"[211]이라고 할 수 있습니다. 하나님의 사랑에 반응하여 하나님을 사랑하는 것은 자신이 회복되고 하나님의 사랑으로 채워지는 과정이지만, 그 과정을 통하여 내가 경험한 하나님의 사랑을 서로를 위해 나눌 수 있기 때문입니다.

이웃을 향한 인간의 사랑

그리스도인들이 공동체 안에 있는 구성원들을 서로 사랑하며, 세상 사람들도 사랑할 수 있는 이유는 하나님의 사랑에 있습니다. 웨슬리는 "하나님의 사랑이 무엇인가? 그것은 하나님이 먼저 우리를 사랑하신 것이며, 그를 위하여 우리가 온 인류를 사랑하는 것이다"[212]라고 언급하여 하나님의 사랑을 경험한 사람들은 그 사랑 때문에 온 인류를 사랑해야 함을 주장합니다. 하나님의 사랑은 온 인류를 향하여 끊임없이 미치는 사랑이기 때문입니다. 또한, "하나님이 우리를 그토록 사랑하셨다면 우리들도 서로 사랑함이 마땅하지 않는가?"[213]라고 역설하며 하나님의 사랑은 반드시 나 외의 타자(他者)를 향하여 영향을 끼치어야함을 강조하였습니다.

복음전도의 동력이 바로 여기에 있습니다. 우리의 힘으로 사람을 사랑하는 것도 능력이 있지만, 하나님의 사랑을 경험하여 그 사랑으로 이웃을 사랑한다는 것은 얼마나 힘이 있고 능력이 있겠습니까? 세상은 지금까지 어디서도 찾아볼 수 없었던 진정한 사랑의 모습을 여기에서 볼 수 있기 때문입니다. 그런데 그 사랑의 궁극적인 목적이 영혼 구원과 회복에 있기 때문에 여기에서 복음전도의 동력을 찾을 수 있습니다.[214] 즉, 하나님의 사랑이 없으면 땅 위의 모든 사람들을 나 자신처럼 사랑할 수 없으며, 그렇다면 복음전도는 능력 없는 형식적인 행위에 그칠 수밖에 없는 것입니다. 그러나 여기에서 하나 덧붙일 것이 있습니다. 웨슬리는 '이웃 사랑'의 대상을 인간에게만 국한하지 않았다는 것입니다. 자연까지 포함하였습니다. 자연 속에 있는 모든 피조물도 창조주의 사랑과 돌보심의 대상이기 때문입니다. 그러므로 그리스도인들이 땅과 자연의 피조물들을 다룰 때, 바로 그 때가 하나님을 상대하는 것임을 알아야 합니다.[215]

웨슬리 구원론의 근간을 이루는 삼위 하나님의 사랑

웨슬리가 강조한 사랑은 웨슬리가 집대성한 구원론의 밑바탕이 됩니다. 이미 살펴보았듯이, 하나님 사랑이 인간을 구원하기 위한 출발점이고 과정이며 완성이기 때문입니다. 그렇다면 웨슬리의 구원론의 핵심 주제들에 삼위 하나님의 사랑은 어떻게 연관되어 있을까요? 이것이 중요한 것은, 웨슬리가 보여준 전도자로서의 위대한 모습은 웨슬리만의 독특한 전도방식 때문이 아니라, 사랑함으로 세상에 효율적으로 복음을 전할 수 있다는 예수님의 전도의 방식을 그의 사상에 녹여 신학으로 집대성하였기 때문이고, 그러한 사실은 웨슬리가 예수께서 부탁하신 성경적인 복음전도의 모형과 그것을 전수받은 초대교회의 복음전도를 계승한 것이라는 사실을 증명할 수 있기 때문입니다.

선행은총과 삼위 하나님의 사랑 - 구원을 위한 접촉점

웨슬리 구원론의 출발점이라고 할 수 있는 선행은총은 인간이 구원을 경험하기 이전에 인간을 위해 역사하시며 구원으로 이끌어가는 은총입니다. 선행은총은 인간의 양심을 일깨워 구원의 필요를 느끼게 하고, 그 필요에 응답할 수 있는 힘을 줍니다. 인간은 선행은총을 통하여 그 안에서 일하시는 하나님의 사랑을 미미하게나마 지각할 수 있는 것입니다.[216] 이렇게 보자면, 선행은총이란 인간을 향하신 하나님의 끝없는 사랑의 표현 양식이라고 할 수 있으며, 하나님의 사랑이 아니고는 구원을 위한 선행은총을 설명할 길이 없음을 알게 됩니다.

그렇다면 선행은총을 인간이 경험하기 위하여 삼위 하나님은 어떻게 역사하실까요? 먼저 성부 하나님은 완전히 타락한 인간을 구원하시기 위하여 값없는 은혜를 베풀어 주셔서 인간이 그 은혜에 반응할 수 있는 기회를 주셨고 구원이 시작될 수 있도록 하셨습니다. 선행은총이라는 단어 자체가 하나님의 일방적인 사랑을 담고 있는 표현인 것입니다. 그런데 웨슬리의 선행은총은 성자 예수님의 대속에 근거해 있습니다. 웨슬리에게 있어서 하나님의 은총은 모두 예수님의 대속을 근거로 한 것이었습니다. 그러므로 그 대속의 첫 번째 결과로서 하나님은 선행은총을 모든 사람에게 값없이 주셨다고 할 수 있는 것입니다.[217] 바로 이것이 성자 하나님의 사랑이라고 할 수 있습니다. 대속을 위한 죽음보다 큰 사랑이 없기 때문입니다.

성령 하나님은 선행은총의 단계에 어떻게 자신의 사랑을 표현하셨을까요? 성령 하나님은 성부 하나님의 구속의 사랑의 성취자로서 큰 비중을 가집니다.[218] 성령은 선행은총을 통하여 하나님의 은혜 안에서 자신이 죄인임을 자각하게 만들고 칭의 이전에 회개를 할 수 있도록 돕습니다. 이것은 감정적인 것이 아닌 이해와 판단력, 그리고 이성으로써 인간을 인도하셔서 인간의 협력을 이끌어 내어 하나님의 구원을 시작하게 하는 것입니다.[219] 마치 부모가 자식을 다독이듯이, 사랑으로써 인간을 존중하며 하나님의 구원으로 이끌어 가시는 분이 성령이십니다. 이러한 삼위 하나님의 사랑은 하나가 되어 타락한 인간을 깨워 반응하게 만들며, 하나님의 구원으로 나아가게 한다고 할 수 있습니다.

칭의와 삼위 하나님의 사랑 - 구원의 시작

선행은총에 반응하여 자신이 죄인임을 깨닫고, 회개와 믿음을 통하여 하나님께 나아오는 자는 하나님으로부터 '의롭다'라고 칭함을 얻습니다. 구원의 접촉점도 삼위 하나님의 사랑 때문에 가능하였지만, 이제부터 본격적으로 펼쳐지는 구원의 시작도 삼위 하나님의 사랑 때문에 가능합니다. 그렇다면 삼위 하나님의 사랑은 어떻게 칭의에 도움을 주었을까요? 먼저, 성부 하나님은 회개와 믿음을 구사하며 하나님께 나온 사람의 죄를 용서해 주시고 '의롭다'라고 칭해주십니다. 하나님께서 이렇게 하실 수 있는 근거는 성자 하나님이 십자가에서 흘리신 보혈로 인하여 죄가 사하여졌기 때문이며, 이것을 통하여 하나님은 자신의 의로우심을 나타내셨기 때문입니다. 이것은 마치 사망선고를 받은 사람에게 다시 살아났다는 생명의 선고를 하시는 것과 같습니다. 당신의 사랑에 반응하여 한 사람이 다시 살아났다는 기쁨의 선언인 것입니다. 하나님만이 의로우신 재판장이시기에 그의 선언은 놀라운 가치를 지닙니다.

성자 예수님은 당신이 세상을 사랑하여 희생하신 십자가 위에서 흘리신 피로써 선행은총에 반응한 인간의 죄를 용서해 주십니다. 죄가 용서함을 받았기에 그리스도의 의로움이 그 사람에게 전가됩니다.[220] 인간의 구원을 위해 사랑의 정점(頂點) 보여주신 십자가 사건 때문에 인간의 구원이 시작되었으며 그리스도에게 있는 의가 죄인에게 전가되어 의롭다 칭하심을 얻게 된 것입니다. 성자 하나님의 죄 사함을 통한 의의 전가(傳家)라는 구원의 시작은 다분히 성자 하나님의 사랑에 그 일들이 기인(基因)되어 있다고 해도 과언이 아닐 것입니다. 칭의는 신생(新生)이라는 사건과 동반되어 일어납니다.

칭의가 그리스도께서 행하신 일에 초점을 맞추어 죄 사함을 통한 의롭다 하심에 초점이 맞추어 있다면, 신생은 성화가 시작되는 출발점으로써 주관적인 변화를 경험하며 성화하여 성장하는 출발점입니다. 바로 여기에서 성령 하나님이 어떻게 사랑으로써 사람들을 성화시켜 나가는지 알 수 있습니다. 웨슬리의 구원론을 이해함에 있어서 성령과 그리스도의 상관성은 성령론의 한 특징이라고 할 수 있으며, 이 말은 성령이 칭의에 역사하지 않는

다거나 그리스도가 신생과 성화에 역사하지 않음을 의미하는 것은 아닙니다.[221] 그런데 성령께서 이러한 사역을 행하실 때 우리에게 '보혜사'로서 즉, 상담자와 같이 사랑을 가지고 우리를 설득하며 사랑으로 이끌어 가십니다. 어떠한 상황에서도 성령의 포기하지 않는 사랑의 사역이 그리스도인들을 지켜 나가는 것입니다.

성화와 삼위 하나님의 사랑 - 구원의 완성

웨슬리의 구원론은 칭의를 넘어 성결을 경험하는 궁극적인 지향점을 가지고 있습니다. 그러므로 구원받은 그리스도인은 성화의 과정을 통하여 하나님의 대리자로 하나님의 창조사역에 동참하여 세상을 바꾸는 일에 적극 동참하는 자로 서야 합니다. 즉, 하나님의 사랑을 지속적으로 경험하는 힘을 바탕으로 하나님을 닮아 거룩해지며 그 거룩함을 삶의 현장 속에 구체적으로 적용하며 살아가는 완전한 그리스도인으로 자리매김해야 합니다. 그런데 이 과정에서도 성부 하나님의 사랑은 절대적입니다. 그 사랑 때문에 온전히 하나님을 닮아가려는 힘이 생겨나고, 세상을 향하여 하나님의 사랑을 펼쳐 보일 수 있기 때문입니다. 웨슬리가 위대한 전도자로 설 수 있었던 이유도 궁극적으로는 여기에 있었습니다. 하나님의 사랑을 바탕으로, 내적으로는 하나님을 닮아 거룩해지는 과정이 있었으며, 외적으로는 세상 속으로 들어가서 세상의 약자들과 어려움들을 함께 나누고 사랑을 보여주는 구체적인 행위가 있었기에, 세상을 알고 세상과 하나 되어 복음을 효율적으로 전할 수 있었던 것입니다. 웨슬리는 종교적 신비주의의 영향을 받았지만, 그 신비주의를 극복한 자로서 세상 속에서 사랑을 실천하는 일을 적극적으로 행하였던 자이기 때문입니다.[222]

그렇다면 성자 하나님은 이 성화의 과정 속에서 어떻게 당신의 사랑을 보여주시는 것일까요? 그리스도인이 성화의 과정을 경험한다는 것은 점진적입니다. 웨슬리에게 있어서 이 과정은 한 순간에 이루어지는 것이 아니라 지속적으로 성장하는 점진적인 과정을 거쳐서 온전한 성화에 이르게 된다고 보았기 때문입니다. 그런데 이러한 점진적인 과정을 거치며 온전한 성화를 경험하기 위해서는 회개와 믿음이 필요합니다. 그리고 그때마다 그리스도의 피의 공로를 의지해야 가능합니다.[223] 예수 그리스도는 한번 죽으심으로 그리스도인들을 온전히 회복케 하실 수 있는 모든 일들을 완수하셨지만, 그 과정을 거치는 그리스도인들은 세상을 위해 가장 큰 사랑을 보여주신 십자가 앞으로 지속적으로 나아가 그리스도의 보혈을 의지해야 하는 것입니다. 그러므로 성화의 과정은 십자가 앞에 나아가며 그리스도의 사랑을 더 깊게 경험하는 과정이라고도 할 수 있습니다.

　성령 하나님은 성화의 과정에서 주도적인 역할을 감당하십니다. 성화의 과정은 죄와 싸우며 거룩해지는 과정인데, 성령께서 죄를 깨닫게 하시고 그 죄와 싸워 이길 수 있도록 도와주시기 때문입니다. 웨슬리는 이 성화의 과정에서 성령은 우리가 하나님의 자녀임을 지속적으로 증거 해주며 하나님의 자녀답게 살아야 함을 일깨워주십니다.[224] 마치 사랑이 많은 부모처럼, 그리스도인들의 삶에 개입하시어 방향을 제시하고 결단하게 만드시는 분이 성령이신 것입니다. 또한 온전한 성화를 경험하였을 때에는 성령의 열매를 맺게 하심으로 그 증표를 친절히 보여 주시는 분도 성령이십니다.

웨슬리가 실천한 사랑을 통한 복음전도의 과정

　웨슬리는 86세의 나이에도 1년에 3-4천마일 다니며 복음을 전하였고[225], 87세에도 지칠 줄 모르는 정력과 열심히 선교 사업을 펼쳐나갔습니다.[226] 그렇다면 웨슬리의 이러한 불타는 복음전도의 활동은 어떤 힘으로 실천할 수 있었을까요?[227] 앞에서는 그의 사상을 통하여 이론적인 고찰을 하였다면, 이제부터는 실천적인 부분에 초점을 맞춰 이야기하려고 합니다.

하나님 사랑을 통한 복음전도의 내적준비

능력 있는 복음전도를 위해서는 무엇보다도 하나님과의 관계가 밀접하고 그 사랑의 풍요로움을 누릴 수 있어야 합니다. 복음을 전한다고 하는 것은, 세상을 향한 하나님의 메신저로서 세상을 구원하고자 하는 하나님의 사랑이 담긴 메시지를 전달하는 것이기 때문입니다. 하나님과의 관계가 원활하지 못하고, 그 사랑을 풍성히 누릴 수 없다면 복음전도를 하는데 한계를 느낄 수밖에 없습니다. 이와 마찬가지로 웨슬리 역시 능력 있는 전도자로 서기 위해 하나님의 사랑을 경험하며 그것을 통하여 자신을 준비하는 시간들이 있었습니다. 먼저는 가정에서 부모의 영향을 통하여 하나님의 사랑을 경험하는 훈련을 받았으며, 청교도의 신학, 신비주의, 그리고 경건주의 운동을 통하여 하나님과 교제하고 영적인 풍요로운 생활을 하는 방법과 사상적 내용을 준비할 수 있었습니다.[228]

웨슬리는 어머니를 통하여 영적인 생활을 체계화하며 그것이 삶의 모습이 되도록 훈련받았습니다. 웨슬리의 어머니 수잔나(Susanna Wesley)는 자녀들과 일정한 시간을 정하여 그들의 영적인 상태를 점검해 주었으며, 엄격한 규칙을 정하여 하나님 앞에서 묵상하며 자신을 점검할 수 있도록 해주었습니다.[229] 또한 아버지로부터는 성경의 중요성을 깨달아 성경 중심의 삶을 살아가는 모습을 배웠으며, 선교적 세계관을 전수받았습니다. 그리고 나중에 그리스도인의 공동체의 조직으로 집대성한 소그룹 모임 역시 아버지께로부터 영향을 받은 것이었습니다.[230] 웨슬리는 부모로부터 이렇게 엄격하지만 체계적인 영성의 훈련을 어려서부터 받았기에 일찍이 하나님의 사랑을 경험하며 깊이 있게 교제할 수 있는 영적 터전을 마련할 수 있었습니다.

웨슬리가 영향을 받았던 청교도신학은 하나님 중심의 신학이며, 하나님 중심의 생활을 강조합니다.[231] 웨슬리의 부모가 청교도였기에 웨슬리는 부모로부터 청교도의 핵심적인 사상들을 쉽게 전수받을 수 있었습니다. 그러나 무엇보다도 웨슬리가 하나님의 사랑을 경험하며 그 하나님과의 관계를 깊게 이끌어 가는데 도움을 주었던 것은 신비주의라고 할 수 있습니다. 여기서 신비주의란 기독교적 신비주의를 뜻하는 것으로, 그 특징은 경건의 생활을 통하여 하나님과 하나가 되는 것을 목적으로 삼았습니다. 그렇기에 웨슬리는 신비주의자들의 영향을 통하여 기독교자의 완전의 사상을 확장해 나아갈 수 있었고, 하나님과의 교제를 깊게 가질 수 있었습니다.[232] 제레미 테일러(Jeremy Taylor), 토마스 아 켐피스(Thomas A Kempis), 윌리엄 로(William Law), 드 렌티(De Renty) 등으로부터 하나님과 어떻게 하면 더 가까워 질 수 있는가를 배웠습니다.

경건주의로부터는 그의 생애에 있어서 위대한 복음적 회심을 경험하는 계기를 마련하게 됩니다. 독일의 경건주의자들인 모라비안들을 만나며 자신이 진정으로 회심하였는가를 돌아보게 되었고, 급기야는 올더스게이트에서 복음적 회심을 체험하였기 때문입니다.[233] 이는 웨슬리가 능력 있는 복음전도자로서 더 활발하게 사역할 수 있는 직접적인 계기가 되었습니다. 이렇게 보자면, 웨슬리는 다양한 기독교 사상가들과 운동들을 통하여 하나님과 교제를 깊게 나누며 그 사랑을 더 풍성히 누려 복음전도자로서 착실하게 준비되었다고 볼 수 있습니다.

서로 사랑을 통한 복음전도의 공동체적 준비

웨슬리는 하나님과의 친밀한 관계를 통하여 하나님의 깊은 사랑을 경험하며 위대한 전도자로 준비될 수 있었지만 이것으로 충분하지 않았습니다. 자신이 경험한 하나님의 사랑을 나눔으로 더 풍성해지며 그 은혜를 더 깊이 누릴 수 있는 건강한 공동체가 필요했습니다. 왜냐하면 그리스도인들은 건강한 공동체를 통하여 하나님과의 관계가 더 풍성해지고 성장해 갈 수 있는 초석이 마련될 수 있기 때문입니다. 웨슬리는 이것이 소그룹을 통해서 가능하다는 것을 알았습니다. 그리스도인의 공동체로써의 소그룹이 얼마나 중요한가에 대해서는 이미 아버지와 경건주의 운동을 통하여 깊게 영향을 받았기 때문입니다. 웨슬리가 소그룹을 조직하고 운영하는 거장(巨匠)이 될 수 있었던 것도 이러한 인식 때문이었을 것입니다.

웨슬리가 조직하고 운영하였던 소그룹은 그가 능력 있는 전도자로 세워져 가는 과정 속에서 시작되었습니다. 가장 먼저 몸담고 지도하기 시작하였던 소그룹은 '신성클럽(Holy Club)'이었습니다. 이 소그룹은 웨슬리가 시작한 것은 아니고 동생이 시작한 것이었지만 들어가서 지도자가 되었습니다. 웨슬리는 이들을 지도하면서 영적인 훈련을 통하여 하나님과 깊은 교제를 갖게 하였으며, 세상에 대한 책임을 가지고 힘들고 어려운 사람들을 찾아가도록 하였습니다.[234] 다른 각도에서 보자면, 하나님의 사랑을 경험한 웨슬리가 공동체를 통하여 그 사랑을 나누며 그 사랑을 극대화해 나간 과정이라고 할 수 있을 것입니다.

그런데 공동체를 통하여 신앙이 훈련되고 하나님의 사랑을 더 깊게 경험하는 과정은 웨슬리에게도 유익하였다고 할 수 있습니다. 자신이 경험한 하나님의 사랑을 일방적으로 나눠주는 데에만 그치는 것이 아니라, 서로 다양한 사람들이 다양한 방법으로 하나님의 사랑을 나눔으로 깊이가 있고 온전해질 수 있으며, 신앙적인 경험들이 하나로 모아질 때 더 큰 영향력이 나타날 수 있기 때문입니다.[235] 웨슬리는 스스로도 '선택자회'라는 소그룹의 구성원으로 들어가 나눔과 교제를 통해 하나님이 원하시는 일들을 준비하고 발전시켜 나갔습니다. 여기에서 웨슬리는 소그룹의 구성원으로 진솔하게 자신의 삶을 나누고 도움을 받으며 자신의 영적인 경험들을 확대시키고 유지시켜 나갈 수 있었습니다. 그러므로 웨슬리에게 소그룹은 예수님께서 제자들에게 말씀하신 '서로 사랑'을 실천하는 방법이었습니다.

웨슬리는 이러한 경험을 바탕으로 감리교 운동(Methodism)을 이끌었습니다. 그리스도인 공동체를 통하여 하나님의 사랑을 나누고 실천할 수 있도록 소그룹을 구성한 것입니다. 감리교 운동은 연합 신도회의 성격을 가지고 있는 것으로, '조모임(Band Meeting)', '선택자회(Select Society)', '속회(Class Meeting)', '회개회(Penitent)'로 구성되어 각 그룹마다 성격을 달리하여 신앙적인 성장을 돕도록 하였습니다. 이제 웨슬리는 그리스도인의 건강한 공동체를 통하여 능력 있게 세상으로 나아갈 준비가 된 것입니다. 물론 웨슬리는 이러한 소그룹을 조직하기 이전에도 지속적으로 복음전도를 실천하고 있었지만 이러한 소그룹을 통해 더욱 효율적이고 능력 있는 복음전도를 실천할 수 있는 계기와 방법을 마련하였던 것입니다.

사랑의 실천을 통한 복음전도의 내연확대

그리스도인의 건강한 공동체를 통하여 하나님의 사랑을 확대하고 결집시켜 하나됨으로 준비해 놓은 웨슬리는 그 결집된 힘을 세상에 능력 있게 펼쳐 보이기 시작하였습니다.[236] 웨슬리는 예수께서 말씀하신 성경적인 복음전도의 모형을 그대로 따라 실천한 사람이었으며, 초대교회의 능력 있는 복음전도의 모형을 그대로 계승한 자였습니다. 즉, 하나님의 사랑을 경험하여 그 사랑을 공동체 속에서 나누며 더 깊고 풍성히 누리게 하여 세상이 볼 수 있는 가시(可視)적인 하나님을 만들 수 있었기에 능력 있는 복음전도가 가능했던 것입니다. 웨슬리는 '내적성결은 외적인 성결로 나타나야 한다!'[237]고 외치며 내적 성결을 외적으로 표현하기 위해 선행을 실천하였습니다. 그러나 웨슬리에게 내적인 성결의 경험이 외적으로 표현하기 위한 가장 중요한 방식은 '복음전도'였습니다.[238] 그가 얼마나 위대한 복음전도를 실천하였는지, 허버트 케인(H. Kane)은 웨슬리가 행한 복음전도의 위대함을 지칭하며, "선교사역에 있어서 아마 가장 위대한 사역을 한 인물"[239]이라고 평가하였습니다. 실제로 웨슬리는 죽을 때까지 말을 타고 225,000여 마일을 여행하면서 40,000여 회의 설교를 통하여 복음을 열정적으로 전하였습니다.[240] 그렇다면 웨슬리가 어떻게 사랑의 실천을 통해 복음전도를 확대해 나갔는지 구체적으로 살펴보도록 하겠습니다.

선행을 통한 사랑의 실천으로 복음전도의 접촉점을 확대

웨슬리가 위대한 전도자로 세워질 수 있었던 것은 효율적으로 복음을 전할 수 있는 세상과의 접촉점을 준비하였기 때문입니다. 웨슬리가 세상을 향하여 선행을 베풀며 사랑을 실천한 일은 복음을 효율적으로 전할 수 있는 접촉점과 관계를 만들어 준 것입니다. 아무리 신앙적인 훈련을 받고 복음에 준비된 전도자라도, 세상을 알지 못하고 세상과 하나가 되려는 노력이 없이는 세상에 능력 있게 전도하는데 한계가 있습니다.[241] 그는 이러한 내용을 신성클럽을 지도할 때부터 실천하였습니다. 한편으로는 내적인 성결을 추구하며 훈련하였지만, 다른 한편으로는 일주일에 한두 번씩 감옥을 방문하였으며 굶주린 자에게 먹을 것을 주었고 추운 자들에게 옷을 주었으며 병든 자들을 찾아다녔습니다.[242]

또한 웨슬리는 하나님의 사랑이 그리스도인들로 하여금 선행으로 인도하며 시간과 기회가 있는 대로 선을 행하도록 격려하면서, "당신은 당신의 사랑을 행위로 보여주고 있습니까? 시간이 허락되는 한, 기회가 있는 한, 당신은 모든 사람들에게…선을 베풀고 계십니까?"[243]라고 물으며 세상에 사랑을 표현하고 실천할 것을 주장하였습니다.[244] 웨슬리가 선행의 실천을 통하여 복음전도의 내연을 확대해간 사실은 초기 감리교인들의 생활규칙에서도 찾아볼 수 있습니다. 초기 감리교회의 생활규칙은 "이웃에게 해로운 모든 악을 피하고 이웃의 몸을 구원하며 이웃의 영혼을 구원하기 위하여 모든 선을 행하되 힘을 다해 행하는 것"[245]이었습니다. 감리교의 초기부터 사랑의 실천과 영혼구원의 조화를 강조하며 균형 잡힌 영성을 추구하였음을 알 수 있습니다.

소외된 자들을 향한 사랑의 실천으로 수용적 복음전도

능력 있는 복음전도는 곧 효율적인 복음전도이기도 합니다. 그런데 효율적인 복음전도를 위해서는 피전도자를 분석하여 수용적인 부류에게 복음을 전할 때 가능합니다. 여기에서 복음에 수용적인 부류란, 앞에서 살펴본 것처럼 일반적으로 삶에서 한계상황을 경험했거나 어려운 삶을 살고 있는 사람들로서 복음을 전했을 때 받아들일 확률이 높은 사람을 말합니다.[246] 웨슬리 당시에는 이러한 통계나 이론들이 있지 않았겠지만, 그는 하나님의 사랑을 세상에 실천하고자 소외된 사람들을 찾아다니며 복음을 전하였고, 결과적으로 그러한 복음전도의 행위는 수용적 복음전도였기에 풍성한 열매와 복음의 능력을 풍성히 맛보게 되었습니다.

웨슬리는 자신이 대학시절에 '규칙주의자(Methodist)'라고 불리는 별명에 대해서, "... 빈민구제, 병자와 재소자들을 방문하는 것, 학식이 없는 자를 교육하는 것... 등 그들의 구원을 위해서 지나치게 했을 뿐이다"[247]라고 변명하였는데, 여기서도 나타나듯 웨슬리는 대학시절부터 사회에서 소외된 자들을 특별히 관심을 가지고 돌보며 그들의 구원을 위하여 노력하였습니다. 이때부터 시작된 구제운동은 지속적으로 이어졌는데, 1777년 한 편지에서는, "병자나 가난한 자들을 방문하는 시간을 잊지 않고 있습니다."[248]라고 밝혀 대학시절부터 실천한 구제활동을 멈추지 않고 지속적으로 해왔음을 알 수 있습니다.

또한 노예의 인권문제에 대해서 관심을 가지고 노예해방을 위하여 노력하였으며, 감리교인들이 감옥을 방문하는 것을 원칙으로 삼고 지속적으로 재소자들을 돌보았습니다.[249] 여기서 주목할 부분은, 세상에서 소외된 자들을 지속적으로 찾아가 사랑을 나누었다는 점이고, 또한 사랑만 실천한 것이 아니라 복음을 전하여 궁극적으로 구원을 위하여 노력하였다는 부분입니다. 웨슬리의 이러한 모습들은 예수께서 공생애를 시작하시며 과부와 창녀와 죄인들을 찾아가셔서 그들에게 먼저 친분을 가져주시고 복음을 전하시던 모습을 연상케 합니다. 예수께서도 그 당시 사회 안에 소외된 자들이 수용적이라는 것을 아시고 먼저 찾아가신 것입니다. 세상 모두에게 하나님이 보내신 구원자가 필요하지만, 가장 먼저 필요한 자들이 그들이었기 때문입니다.

야외설교를 통한 사랑의 실천으로 복음전도의 장(場) 확대

웨슬리는 교회의 제도권 안에 있는 여러 방식을 가지고 복음전도에 활용하였는데, 그 가운데에서 가장 특이한 방식이 야외설교였습니다. 웨슬리가 야외설교를 통하여 복음전도를 실천하였다는 사실은 어떠한 환경이나 여건 속에서도 복음전도는 행해질 수 있으며, 복음을 전하는데 장소가 방해할 수 없다는 것을 보여준 것입니다. 그리고 그러한 모습은 후대에도 시사하는 바가 크다고 할 수 있습니다. 먼저, 복음전도의 장(場)은 여건이 갖춰지고 준비되어진 장소가 아니더라도, 또한 교회의 제도권 안이 아니라고 할지라도 가능할뿐더러 열매 맺을 수 있다는 점에서 복음전도의 장(場)을 확대해 놓은 것이라고 할 수 있습니다. 또한 이러한 웨슬리의 모습은 신약시대의 예수께서 종교의 기득권자들이 차지하고 있던 자리와 떨어진 야외에서 말씀을 전하시던 모습과 흡사합니다. 비록 장소는 야외였지만, 그 자리는 하나님의 은혜를 경험할 수 있는 자리였고 도전과 반응이 교차하던 자리였던 것입니다. 그런데 그러한 예수님의 시대를 1700여년이나 지나왔지만, 여전히 준비된 전도자에게는 야외도 복음전도의 장이 될 수 있다는 것을 확인시켜주었습니다. 복음전도의 장이 확장된 것입니다.[250]

웨슬리는 그 당시의 상황으로는 다소 생소했던 이 방법이 그동안 교회로부터 소외당하고 멸시 받던 많은 사람들에게 도전을 주고 소망으로 변화시키는 모습을 보고 자신도 성령의 능력에 사로잡히게 되었습니다. 그렇기에 야외설교를 포기한다는 것은 복음전도를 포기하는 것과 마찬가지라고 하였습니다.[251] 1세기, 예수님의 최초의 야외설교인 산상설교를 듣고 많은 사람들이 도전과 변화를 경험한 것과 같이, 예수님의 방법과 정신을 계승한 웨슬리를 통하여 동일한 역사가 영국에서 재현된 것입니다. 예수 시대 성경적인 복음전도의 모형이 그것을 계승한 한 사람을 통하여 1700년대 영국에서 다시 재현된 것입니다.

이와 같이 예수께서 '서로 사랑'을 통해 가르쳐주신 복음전도의 모형이 시대를 지나도 복음전도의 가장 중요한 기준과 방식이 된다는 것을 확인할 수 있습니다. 그리고 이러한 원리는 오늘날에도 그대로 적용될 수 있습니다. 현대 교회들도 예수께서 가르쳐주신 복음전도의 원리와 모형을 계승하여 따를 수 있다면 초대교회처럼, 그리고 웨슬리처럼, 위대한 복음전도를 실천할 수 있다는 사실을 가르쳐주는 것입니다. 하나님의 사랑을 먼저 경험하는 것, 그것이 그리스도인들을 회복하고 성장케 하는 근원적인 힘이었으며, 그 하나님의 사랑이 교회 공동체로 흘러 초대교회와 같이 이상적인 사랑을 나누며 하나가 될 수 있다면, 세상은 그 안에서 하나님을 보게 될 것입니다. 그리고 그 힘을 바탕으로 세상에 사랑을 실천하며 복음전도를 할 수 있다면, 세상은 반응하게 될 것이고 변화될 수 있습니다. 이와 같이 '사랑'은 예수님께서 직접 가르쳐 주신 복음전도의 실천원리이며, 본질적인 복음전도를 가능케하여 강력한 복음전도의 열매를 맺게 될 것입니다.

제3부

복음전도의 실제

Chapter 9

복음전도의 기본적인 방법
- 전도는 어떻게 해야 하는가?

 요한복음 4장에 보면 예수님께서는 사마리아 여인을 전도하는 장면이 나옵니다. 예수님께서는 사마리아 여인을 전도하시면서 처음부터 자신이 메시야이신 것을 밝히지 않으셨습니다. 예수님은 먼저 그 여인에게 물을 달라고 하시면서 관계를 형성해 나가셨습니다. 그리고 그 물을 접촉점을 삼아 영생하도록 솟아나는 샘물에 대해 이야기를 하셨습니다. 그 여인은 자신의 필요를 따라 영생수를 요청하게 되었고, 예수님은 그 여인의 감춰진 죄와 허물을 드러내셨습니다. 자신의 죄와 허물을 마주하게 된 여인은 메시야를 만나야 함을 깨닫게 되었고 예수님은 자신이 메시야이심을 증거 하셨습니다. 메시야를 만난 기쁨에 그 여인은 마을로 돌아가 전도하기 시작했고, 예수님은 기꺼이 사마리아 마을에 머무시면서 그들을 전도하시고 양육하셨습니다. 이러한 예수님의 사마리아 전도에는 전도의 중요한 요소들이 아주 잘 나타나고 있습니다. 예수님의 사마리아 전도 안에 나타난 요소들을 하나씩 살펴보면서 기본적인 전도의 방법을 알아보도록 하겠습니다.

관계형성의 중요성

1. 복음전도와 관계형성의 연관성

　복음전도에 있어서 관계형성은 무척 중요한 요소입니다. 왜냐하면, 어느 정도 관계가 형성되어 있는 상태에서 복음을 전할 때 더 큰 역사와 결실을 기대할 수 있기 때문입니다. 또한 피전도자들도 인격적으로 준비된 자세 안에서 예수 그리스도를 구주와 주님으로 영접할 수 있기 때문입니다. 오늘날 복음전도에 관한 많은 책들이 관계의 중요성을 강조하고 있습니다. 오이코스 전도법의 이상만은 "하나님께서는 인간이 서로 관계를 맺으면서 살아가도록 설계하셨다"[252]고 이야기 하고 있으며, 전도폭발의 제임스 케네디는 "하나님은 관계 안에서 전도할 수 있는 모든 것을 준비하셨다"[253]고 주장합니다. 교회 성장 이론을 세운 맥가브란은 사람들이 교회로 들어오게 된 계기는 기존 신자와의 관계 때문이었다는 대답이 80%이상이라는 사실[254]을 발견하였습니다. 평상시에 관계 속에서 쌓아 올린 신뢰는 내가 전하는 복음에 대한 신뢰로 이어지고, 나와의 인격적인 만남은 내가 전하는 예수 그리스도와의 인격적인 만남으로 이어질 수 있기 때문입니다.

　평상시에 어떻게 사람들과 관계를 맺었는지에 따라 사람들로 하여금 복음에 마음을 열 수 있도록 하는 좋은 다리[255]가 되고, 결정적인 순간에 복음을 전할 수 있는 기회를 얻게 되기 때문입니다. 비록 복음에 대해 마음 문이 열려 있지 않는 사람이라도 지속적으로 좋은 관계 가운데 사랑으로 섬길 때 복음에 대해, 그리고 복음 전도자에게 마음의 문을 조심씩 열 수 있게 될 것입니다. 여기에 대해서는 11장에서 좀 더 자세히 살펴보도록 하겠습니다.

2. 복음전도를 위한 관계형성

관계라는 것이 복음 전도에 미치는 영향이 이처럼 크지만, 평상시에 관계가 잘 형성되어 있는 사람이라도 복음을 전해야 하는 순간, 복음을 전하기 위한 관계 형성의 중요성을 알아야 합니다. 복음을 전하기 위한 관계 형성에 대한 이해가 있을 때 전도를 위해 처음 만난 사람일지라도 그 시간에 적절한 관계를 만들어 복음을 효율적으로 전할 수 있도록 도와줍니다. 즉, 오랜 시간 관계를 형성한 사람이 아니라도, 처음 만남을 통해 복음을 전할 수 있는 관계가 형성될 수 있다면 효율적인 전도는 가능하다는 것입니다. 그렇기 때문에 전도자는 평상시에 복음을 전할 수 있는 관계망을 잘 만들어 나가는 것뿐만 아니라, 복음을 전해야 하는 순간, 복음을 전하기 위한 관계 형성법을 익혀야 합니다. 짧은 시간이지만 전도자가 피전도자에게 신뢰를 줄 수 있고 전도자에게서 진실성을 느낄 수 있다면 피전도자는 전도자가 들려주는 이야기에 귀를 기울일 것입니다. 뿐만 아니라 관계를 형성해 나가는 대화 가운데 전도자는 피전도자와 복음의 접촉점을 찾아 낼 수 있게 되고 이를 통해 피전도자에게 적절한 방법으로 복음을 전할 수 있게 됩니다. 복음을 전달하기 위한 관계 형성이란 예수님처럼 사마리아 여인을 처음 만났을지라도 짧은 대화 속에서 인생의 한계와 문제를 드러내며 공감하게 만들어 주고 그 해결점으로 복음을 전달할 수 있는 기회를 만들어 냄을 의미합니다. 아무리 일반적인 관계가 잘 형성된 사람이라도 복음을 전할 때, 복음을 전달할 수 있는 관계를 예리하게 형성하지 못하면 실패할 수 있음을 알아야 합니다.

전도의 접촉점 만들기

전도자는 피전도자와 관계를 형성해 나가면서 피전도자의 마음을 준비시키는 일 뿐만 아니라 피전도자가 복음과 연결될 수 있는 접촉점을 찾아야 합니다.[256] 예수님께서 물을 길러 나온 사마리아 여인과의 대화 가운데 여인의 갈급함을 영생수를 통해 찾아내신 것처럼, 전도자는 피전도자와의 대화를 통해서 지금 피전도자가 갈급해 하는 것이 무엇인지를 찾아내는 것이 중요합니다. 사람은 자신의 삶에서 한계와 문제들을 만나게 될 때 자신이 구원이 필요한 존재임을 깨닫게 되고, 겸손한 마음으로 복음을 받아들일 수 있게 될 가능성이 높기 때문입니다. 뿐만 아니라 우리 인생의 한계와 문제들을 죄로 연결시킬 때 죄의 문제 앞에 바로 서도록 도와 줄 수도 있기 때문입니다. 그렇다면 어떻게 관계 형성을 해 나가면서 피전도자의 한계와 문제점을 발견할 수 있는지 실질적인 방법들을 알아보도록 하겠습니다.

1. 관찰을 통해 질문을 만듭니다.

전도자가 피전도자와 대화를 시작하기 위해 먼저 전도자는 피전도자를 잘 관찰해야 합니다. 전도자는 관찰을 통해 피전도자에게서 특별해 보이는 것을 찾아내고, 그 부분을 가지고 질문을 함으로써 대화를 시작할 수 있게 됩니다. 평상시 잘 알고 있는 관계라 하더라도 달라진 것이나 새로워 보이는 것을 가지고 질문을 던짐으로써 피전도자의 변화를 알게 되고 그 변화 안에서 복음의 접촉점을 만들어 갈 수 있습니다. 특별히 복음 전도를 위해 처음 만난 사람이라면 더욱 관찰이 중요합니다. 피전도자에게서 발견할 수 있는 그 사람만의 독특한 특징을 찾아내거나 아니면 그 주변의 것을 통하여 질문과 대화를 이어갈 수 있습니다. 예를 들면 피전도자가 아이나 강아지를 데리고 있다면 아이와 강아지는 좋은 질문과 대화의 소재가 될 수 있습니다. 만약에 복음전도를 위해 가정을 방문한다고 한다면 대문에서부터 잘 관찰하며 들어가야 합니다. 거실에 상장이 많이 걸려 있는 집이라든지 아니면 좀 특별한 카펫이 깔려 있는 집이라면 상장과 카펫 등을 질문의 소재로 삼을 수 있습니다.

2. 질문을 통해 피전도자의 삶의 이야기를 이끌어 냅니다.

관찰을 통해 특징적인 것을 찾아내서 질문을 던졌다면 그 질문이 계속 이어질 수 있도록 해야 합니다. 질문을 던져 놓고 끝나는 것이 아니라 피전도자의 대답을 들으며 질문을 계속 이어나가야 하는 것입니다. 그 질문들을 통하여 피전도자가 자신의 이야기를 나눌 수 있도록 만드는 것이 이 과정의 핵심입니다. 윌리엄 맥케이는 "상대방을 이해할 수 있는 한 가지 훌륭한 방법은 질문을 하는 것"인데, 개방적인 질문과 명확한 질문을 통해 유용한 질문을 해야 한다고 이야기합니다.[257] 예를 들어 카펫을 가지고 질문을 던졌다고 합시다. "선생님, 카펫이 참 특별해 보입니다. 이 카펫은 어디에서 사신 거예요?", "어머! 카펫을 보시는 눈이 있으시네요. 그 카펫 물 건너온 거랍니다." 여기서 전도자가 "아, 그러시군요. 외국에서 물 건너 온 거라 좋아 보이는군요!"라는 식으로 이야기를 끝내서는 안 됩니다. 계속 질문을 던지셔야 합니다. "아, 그래요? 어디서 온 건데요?" "네, 우리 남편이 파리에서 사 온 거예요. 우리 남편이 모파상이라 외국을 많이 다니거든요." 이렇게 계속 질문을 던지면서 피전도자와 대화를 이어가고, 피전도자가 자신의 이야기를 할 수 있도록 이끌어야 합니다.

윌 메거츠는 예수님은 질문의 대가이셨던 것을 상기시키며 "예수님은 질문을 통해 상대방의 본심을 드러나게 하셨고, 때로는 중요한 진리나 새로운 사실을 깨닫게 하셨다."[258]고 이야기합니다. 전도에 있어서 질문은 매우 중요한 역할을 합니다. 대화를 시작하게 하는 매개체가 되기도 하며, 대화를 지속시키는 매개체가 되기도 합니다. 뿐만 아니라 질문을 통해 피전도자의 진심을 드러낼 수 있으며 피전도자 스스로가 자신의 문제를 직면하고 진리를 발견해 갈 수 있도록 돕기 때문입니다.

3. 피전도자의 이야기를 경청함으로 마음의 문을 엽니다.

이렇게 계속 되는 질문을 통해서 피전도자가 자신의 이야기를 시작했다면 전도자는 피전도자의 이야기를 경청해야 합니다.[259] 전도자가 자신의 이야기에 귀를 기울이고 있다는 것을 피전도자가 느낄 수 있을 때 피전도자는 전도자를 향해 점점 마음의 문을 열게 됩니다. 뿐만 아니라 전도자가 자신의 이야기를 잘 들어주게 되면 피전도자는 자신도 전도자의 이야기를 들어줘야 한다는 의무감을 느끼게 되기도 합니다. 그렇기 때문에 전도자가 피전도자의 이야기를 경청하는 것은 전도를 위한 발판을 마련하는 것이 됩니다. 전도자가 피전도자의 이야기에 깊은 공감을 표하며 때로는 칭찬을 하는 것이 중요합니다. 이 때 공감과 칭찬은 충분히 동의할 수 있는 것이어야 합니다. 오히려 과장된 공감과 칭찬은 피전도자로 하여금 불신을 낳게 할 수 있기 때문입니다.

4. 피전도자의 이야기에서 인생의 한계와 문제를 찾아냅니다.

전도자가 피전도자의 이야기를 들으면서 또 한 가지해야 할 것이 있습니다. 그것은 피전도자의 이야기에서 인생의 한계와 문제를 찾아내는 것입니다. 앞의 예에서 카펫을 통해 전도자는 피전도자의 남편이 해외를 자주 나갔다 온다는 사실을 알게 되었습니다. 그 때 전도자는 피전도자가 혼자 지내는 시간이 많을 수 있다는 사실을 발견할 수 있습니다. 그리고 이어지는 대화를 통해 피전도자가 정말 혼자 지내는 시간 때문에 마음이 어려운지를 확인할 수 있을 것입니다. 그렇다면 전도자는 외로움이라는 문제를 가지고 복음의 접촉점을 만들 수 있는 것입니다. 그러나 이 때 전도자가 피해야 할 것이 있습니다. 그것은 피전도자의 문제를 해결하려고 한다거나 평가하려고 하는 일입니다.[260] 전도자는 지금 복음을 전하러 간 것이지 피전도자의 문제만을 당장 해결해 주러 간 것이 아니라는 것을 명심해야 합니다. 피전도자의 문제는 복음을 듣고 예수 그리스도를 영접함으로 해결할 수 있도록 하는 것이 바로 전도자가 하려고 하는 일이고, 해야만 하는 일입니다.

복음 스토리 나누기 (Gospel Story Sharing)

피전도자와 관계 형성을 하고 복음을 전할 수 있는 접촉점을 만들었다면 이제 전도자는 구체적으로 복음을 전하는 단계로 넘어가야 합니다. 오늘날 전도의 현장에서는 다양한 전도의 방법들이 사용되고 있습니다. 여기서 제안하고자 하는 Gospel Story Sharing 방법은 스토리텔링의 기법을 사용한 전도의 방법입니다. 오늘날 의사소통의 방법으로 스토리텔링 기법이 많이 활용되고 있습니다. 스토리는 사람들에게 친근감을 가지고 편안한 마음으로 들을 수 있게 해 줄뿐 아니라 이야기의 상상력을 자극하며 지적인 면과 정서적인 면을 모두 충족시켜 줄 수 있기 때문입니다. 또한 성경에는 하나님께서 이 세상을 얼마나 사랑하시는지에 대한 이야기로 가득 차 있습니다. 예수님의 십자가와 부활의 복음은 하나님의 완전한 창조의 이야기와 그 창조로부터 타락한 인류의 이야기, 그리고 타락한 인류를 구원하시기 위해 오신 예수 그리스도와 예수 그리스도를 통한 완전한 회복에 대해 이야기 안에서 더욱 잘 이해될 수 있을 것입니다.[261]

1. 발단 - 하나님의 창조

하나님의 창조는 모든 것의 시작이 됩니다. 사람들이 마스터플랜을 가지고 일을 시작하시듯이 하나님께서도 창조의 마스터플랜을 가지고 계셨습니다. 이 마스터플랜의 하이라이트는 하나님의 형상과 모양을 꼭 닮은 사람에게 있었습니다. 하나님은 사람을 위해 이 세상을 선하고 아름답게 창조하신 후 사람에게 이 세상을 다스릴 권리를 위임하셨습니다. 그 모든 것이 하나님이 보시기에 심히 아름다웠다(창 1:31)고 성경은 기록하고 있습니다. 이 마스터플랜을 아는 것이 중요합니다. 왜냐하면 이 마스터플랜으로부터 벗어난 것이 타락이고 이것을 다시 회복하는 것이 하나님의 구속의 역사이기 때문입니다. 여기서의 핵심은 창조론과 진화론과의 대결이 아니라, 하나님이 창조하신 이 세상이 얼마나 아름답고 완벽했으며, 사람이 얼마나 귀한 존재인지를 부각시키는 것이며, 그에게 맡기신 사명에 대한 이해를 돕는 것입니다.

> 어느 날 하나님께서는 멋진 계획을 세우셨어요. 하늘과 땅을 만드시고 해와 달과 별들도 만드셨지요. 그리고 하늘과 땅과 바다에 나무와 꽃들 그리고 여러 가지 동물들 채우셨어요. 그러나 주인공은 따로 있었죠. 바로 하나님의 형상과 모양대로 지은 사람이었어요. 하나님은 자신의 형상과 모양을 꼭 닮은 사람을 만드시고 그에게 하나님이 만드신 모든 자연 만물을 다스리도록 하셨지요. 이 모든 것들이 하나님이 보시기에 참 아름다웠어요. 하나님은 자신의 꼭 닮은 사람에게 이 세상을 다스릴 권리를 위임해 주시면서 단 한 가지 금지 명령을 내리셨어요. 동산 중앙에 있는 선악을 알게 하는 나무의 열매는 따 먹지 말라는 것이었어요. 왜냐하면 그것을 먹는 날에는 죽기 때문이었죠. 사람은 하나님과 사랑의 교제를 나누며 하나님이 주신 지혜와 사랑으로 자연 만물을 아름답게 다스렸답니다.

2. 전개 - 인간의 타락

하나님의 선하시고 완전하셨던 마스터플랜은 인간의 타락으로 말미암아 다 무너져 내렸습니다. 인간을 타락 시킨 죄는 단순히 나무 열매 하나를 따 먹은 것이 아닙니다. 죄란 창조주 하나님의 자리에 피조물인 인간 자신을 가져다 놓은 반역임과 동시에 하나님을 대신해서 피조물을 섬기는 헛된 일입니다. 뿐만 아니라 인간의 타락은 하나님이 창조하신 모든 세계에 악한 영향을 미치게 되었습니다. 타락의 결과는 끔찍할 뿐 아니라 너무 고통스러운 것이었습니다. 여기서 핵심은 피전도자로 하여금 성경이 말하는 스스로 하나님이 자리에 오르려고 한 죄를 깨닫게 하는 것이며 그 죄로 인해 파생된 죄의 열매들과 결과에 직면하게 하는 것입니다. 여기서 피전도자는 관계 형성의 시간을 통해 직면하게 된 자신의 한계와 문제들을 죄와 연결시키며 이야기의 주인공과 자신을 동일시하기 시작할 수 있을 것입니다.

> 그러던 어느 날, 뱀이 사람을 찾아 왔어요. 뱀은 선악을 알게 하는 나무 열매를 따먹으면 하나님처럼 될 것이라고 말했어요. 사람이 뱀의 말을 듣고 나무의 열매를 바라보았을 때 그 열매는 정말 지혜롭게 할 만큼 탐스러웠어요. 결국 사람은 그 나무 열매를 따먹고 말았어요. 그 때부터 모든 것이 잘못되기 시작했어요. 사람이 하나님의 자리에 오르고자 했기 때문에 하나님과의 관계가 깨어진 것은 물론이고 자신과의 관계와 이웃과의 관계, 그리고 자연과의 관계까지 모두 깨어졌어요. 땅은 엉겅퀴를 내고, 사람은 땀을 흘려야 먹고 살 수 있게 되었을 뿐만 아니라 고통을 알게 되었지요. 하나님의 말씀대로 사람이 죄를 짓자 죽음이 찾아 왔고 죽음은 슬픔, 분노, 수치, 두려움, 외로움과 같은 자신의 열매들로 이 세상을 가득 채우기 시작했습니다.

3. 위기 - 하나님과 인간의 평행선

스스로 하나님의 자리에 오른 사람은 죽음의 고통 가운데서도 하나님께 돌아오지 않았습니다. 그러나 하나님은 하나님께서 하나님의 형상과 모양대로 창조한 사람을 포기할 수 없었습니다. 여기서의 목적은 스스로 하나님의 자리에 오른 사람의 한계와 고통을 보여주는 것이고, 그런 사람을 포기하시지 않는 하나님의 기다림을 보여주는 것입니다. 하나님의 기다림과 인간의 죄가 평행선을 그리며 달려가는 모습을 대비해서 보여줌으로써 기다리시는 하나님의 모습과 고통스러운 인간의 삶을 부각시키고자 하는 것입니다. 이 부분에서 피전도자는 자신을 주인공에 투영시킬 수 있을 것이며, 기다리시는 하나님의 모습에 마음을 열 수 있을 것입니다.

> 스스로 하나님의 자리에 오른 사람은 열심히 일을 했어요. 도시도 세우고 문명도 발전 시켰어요. 그러나 살마은 죽음의 그늘에서 벗어 날수 없었어요. 미래를 향한 희망은 늘 죽음앞에 굴복 당할뿐이었어요. 두려움가운데 우상을 섬기기도 하고 외로움을 채워줄 술이나 쾌락을 탐닉하기도 했어요. 미래를 위해 과학도 발전시켰어요. 그러나 아무것도 그 자리를 대신할수 없었어요. 사람이 자신의 방법으로 하나님의 자리를 채우고자 할 때 하나님은 계속 사람을 기다리셨어요. 비록 하나님을 배신하고 떠나버린 사람이었지만 하나님께 돌아와 용서를 구하기 원하셨어요. 그러나 사람은 끝내 하나님께 돌아올 수 없었어요. 죄가 하나님과 사람사이를 가로막고 있었기에 사람은 하나님께 돌아갈 수 없었어요. 그러나 하나님은 자신의 형상과 모습대로 만들어진 사람이 이대로 죽음의 고통가운데 심판을 받아 영원히 멸망당하는 것을 지켜보실 수 만은 없었습니다.

4. 절정 - 예수 그리스도의 죽음과 부활

하나님은 이 세상의 창조주로서 이 세상을 사랑하시지만 또한 세상의 통치자로서 죄와 악을 심판하셔야만 합니다. 그래서 하나님께서는 독생자이신 예수 그리스도를 통하여 죄를 심판하시고, 인류를 구원하실 수 있는 방법을 마련하셨습니다. 하나님은 예수님의 십자가의 죽으심과 부활을 통해 하나님 나라가를 회복하기 시작하셨으며 예수님께서 다시 오실 때 완성시키실 것입니다. 여기서는 하나님께서 온 세상을 구원하시기 위한 유일한 방법인 예수님의 십자가와 부활을 증거 하는데 목적이 있습니다. 뿐만 아니라 예수님의 십자가와 부활을 통해 시작된 하나님 나라와 그 완성을 보여줄 것입니다. 피전도자는 이 부분을 들으면서 하나님께서 마스터플랜이 어떻게 예수님의 십자가와 부활 안에서 회복되어지고 완성되어지는 그려볼 수 있을 것이며, 그 나라에 동참하기를 소원할 수 있을 것입니다.

> 하나님은 사람들을 죽음에서 구원하고자 독생자이신 예수님을 이 땅으로 보내주셨어요. 사람이 되신 예수님은 하나님께서 부탁하신 대로 하나님 나라의 이야기를 사람들에게 들려주시며 사람들을 고치셨어요. 그러나 사람들은 그 예수님을 십자가에 못 박았어요. 예수님은 아무 죄도 없으셨지만 사람들의 완악함에 의해 십자가에서 죽으셔야만 했던 것이에요. 그러나 그것이 하나님의 계획이셨어요. 사람들이 자신들의 죄 때문에 받아야만 할 심판을 예수님께서 대신 받게 하신 것이에요. 예수님께서 죄의 값을 대신 치러주셨기에 사람들은 하나님께 돌아가 회복될 수 있는 기회를 얻게 되었어요. 뿐만 아니라 예수님은 죄 없이 죽으셨기에 죽음이 그를 가두지 못하고 삼일 만에 다시 살아나셨어요. 부활하신 예수님은 다시 오실 것을 약속하시고 하나님 우편으로 올라가셨어요. 예수님께서 다시 오시면 예수님을 통해 회복된 사람들은 예수님과 함께 영원한 하나님의 나라에서 살게 될 것입니다.

결신을 통한 영적 출산

이미 앞 장에서 살펴보았듯이 전도는 영적인 출산으로 이해되어질 수 있습니다. 이러한 영적인 출산이 이루어지는 순간이 바로 결신의 순간입니다. 결신의 순간은 영적인 주인을 바꾸는 순간이며, 영적인 출산이 이루어지는 순간입니다. 그렇기 때문에 어느 때보다 영적인 전쟁이 더욱 치열할 수 있습니다. 전도자는 복음을 전하는 동안에도 물론이거니와 결신하는 순간에 인간적인 마음으로 조급해 하지 말고 더욱 성령을 의지하며 피전도자가 인격적으로 결단할 수 있도록 도와야 합니다.[262] 여기서는 복음 스토리를 들은 피전도자가 그 이야기의 주인공이 되어 예수 그리스도를 영접할 수 있도록 도와 줄 것입니다.

1. 복음의 스토리로 초대하기

피전도자를 복음스토리의 주인공이 될 수 있도록 초대합니다.

저는 이 이야기를 들으면서 어디선가 많이 들어 본 이야기 같다고 생각했습니다. 뿐만 아니라 이야기의 주인공이 바로 나라는 사실을 깨닫게 되었습니다. 저는 이 이야기의 주인공처럼 제가 스스로 잘 살아보려고 노력했지만 죽음이라는 한계 앞에 늘 가로막히는 것을 경험할 수 있었습니다. 저는 하나님께서 예수님을 통해 마련해 놓으신 회복의 길을 걷기로 결단하였습니다. 이 이야기를 들은 선생님의 생각은 어떠십니까?(피전도자의 느낌을 듣습니다.) **그렇다면 선생님도 저와 같이 이 이야기의 주인공이 되셔서 회복의 길을 걸어보시지 않으시겠습니까?**

2. 초대에 응답하기

피전도자가 복음의 스토리의 주인공이 되어 하나님의 초대에 응답하기로 선택을 하게 되면 전도자는 피전도자가 인격적으로 예수 그리스도를 영접할 수 있도록 도와야 합니다. 복음을 받아들이는 과정에서 피전도자는 믿음과 회개로 반응해야 합니다.[263] 여기서는 믿음과 회개를 크게 3가지로 구분해서 진리를 믿는 것, 죄로부터 돌이키는 것, 예수 그리스도를 구주와 주님으로 영접하는 것으로 제시하고 있습니다. 이 전도 방법은 이야기로 복음을 전하기 때문에 성경 말씀을 직접적으로 나눌 수 있는 기회가 없습니다. 그래서 피전도자가 예수님을 영접하는 이 과정에서 직접 성경 말씀들을 나누도록 구성되어 있습니다.[264]

> **가.** 이 초대에 응답하기 위해서는 먼저 이 복음의 스토리가 성경이 말하는 진리라는 사실을 믿으셔야 합니다. 제가 말씀드린 이 복음의 스토리는 사실이며 진리입니다. 성경 요한복음 14장 6절에는 "예수께서 이르시되 내가 곧 길이요 진리요 생명이니 나로 말미암지 않고는 아버지께로 올 자가 없느니라"라고 기록되어 있습니다. 이 복음이 진리라는 사실을 믿으시겠습니까?

> **나.** 이 복음의 스토리가 진리임을 믿으신다면 죄에 대해서도 인정할 수 있을 것입니다. 죄를 인정하는 것을 회개라고 합니다. 성경 요한1서 1장 9절에는 "만일 우리가 우리 죄를 자백하면 그는 미쁘시고 의로우사 우리 죄를 사하시며 우리를 모든 불의에서 깨끗하게 하실 것이요"라고 기록하고 있습니다. 당신 스스로 인생의 주인이 되어 살아온 모든 잘못을 인정하고 그 죄로부터 돌이키기 원하십니까?

다. 마지막으로 하나님께서 회복의 통로로 마련하신 예수님을 나의 구주와 주님으로 영접해야 합니다. 먼저 예수님을 구주로 영접한다는 것은 나의 죄의 값을 예수님께서 대신 치러주셨다는 것을 믿겠다는 것입니다. 성경 로마서 4장 25절에는 "예수는 우리가 범죄한 것 때문에 내줌이 되고 또한 우리를 의롭다 하시기 위하여 살아나셨느니라"라고 기록하고 있습니다. 예수님을 당신의 구주로 영접하시겠습니까?

라. 예수님을 주인으로 영접한다는 것은 이제는 내가 내 인생의 주인이 아니라 예수님이 내 인생의 주인이 되심으로 예수님의 인도하심을 따라 살겠다는 결단을 의미합니다. 성경 로마서 10장 9절에서는 "네가 만일 네 입으로 예수를 주로 시인하며 또 하나님께서 그를 죽은 자 가운데서 살리신 것을 네 마음에 믿으면 구원을 받으리라"고 말씀하고 있습니다. 예수님을 당신의 주님으로 영접하시겠습니까?

3. 영접기도

이제 전도자는 피전도자가 기도를 통해 예수님을 구주와 주님으로 영접할 수 있도록 도와야 합니다. 전도자는 서둘러 영접 기도를 끝마치려는 유혹에서 벗어나야 합니다. 전도자는 피전도자가 복음의 내용을 이해하고 인격적으로 결단하는 가운데 영접 기도를 따라할 수 있도록 도와야 합니다. 뿐만 아니라 영접 기도가 끝이라는 생각에서도 벗어나야 합니다. 예수님을 영접하는 것은 구원의 여정의 시작일 뿐입니다. 다음에 설명하겠지만 반드시 잠깐이라도 양육의 시간을 가져야 합니다. 전도자는 피전도자에게 다음의 영접 기도를 함께 따라할 것을 요청할 수 있습니다. 피전도자가 영접기도를 마치면 피전도자를 위해 기도해 주는 것이 좋습니다.

> "예수님 저는 지금까지 죄 가운데 살았습니다. 그러나 예수님께서 내 죄를 대신해서 십자가에서 죽으시고 부활하신 것을 믿습니다. 그 예수님을 이 시간 나의 구주와 주님으로 영접합니다. 내 안에 오셔서 나를 새롭게 하시고 나의 삶을 인도하여 주소서. 예수님의 이름으로 기도합니다."

4. 영접하지 않는 사람들을 위한 대처 방안

한 사람이 예수님을 영접하기까지는 평균 6,7번 복음 전도자를 만나 복음을 전해 들었다는 통계가 있습니다.[265] 물론 이것은 통계에 관한 이야기이긴 하지만 이를 통해 전도자가 취해야 하는 한가지의 자세를 알 수 있습니다. 그것은 피전도자가 복음을 거절할 때 더욱 인격적으로 마무리를 해야 한다는 것입니다. 비록 복음을 거절하는 자신이지만 더욱 인격적으로 피전도자를 대하는 전도자의 모습에서 복음을 향한 마음의 끈을 이어갈 수 있기 때문입니다. 그러나 결신할 때 영적전쟁이 치열하기 때문에 한 번 거절한다고 바로 마무리 하는 것도 좋지 않습니다. 전도자는 다시 정중하게 예수 그리스도를 영접할 수 있도록 권유해야만 합니다.

> **가. 혹시 예수님을 영접할 수 없는 이유를 물어봐도 되겠습니까?** (피전도자의 이야기를 경청하고 호응합니다.) 네 그렇게 생각하실 수도 있습니다. 그렇지만 선생님도 처음에 말씀하셨듯이 인생에서 우리는 많은 한계와 문제들을 만납니다. 그 이유와 해결 방법에 대해 성경이 말하고 있는 진리는 받아들일 때 제가 누렸던 이 기쁨과 소망을 선생님께서도 꼭 누리실 수 있기를 바랍니다. 저를 따라 기도함으

로 예수님을 영접할 수 있습니다. 기도하시겠습니까?

나. (피전도자가 끝까지 영접하기를 거절한다면 웃으면서 잘 마무리 하고, 피전도자를 위해 기도로 마무리하는 것이 좋습니다.) **선생님께서 언젠가 예수님을 영접하기 원하신다면 언제라도 저에게 연락하실 수 있습니다. 선생님을 위해 기도해 드려도 되겠습니까?**

양육을 통한 영적 성장과 재생산

양육을 통한 영적 성장과 재생산은 전도의 마지막 단계라고 할 수 있습니다. 일반적으로 사람들은 전도라고 하면 한 사람이 예수 그리스도를 구주와 주님으로 영접하는 것까지만 생각합니다. 그러나 이것은 전도의 소극적인 의미입니다. 전도의 적극적인 의미에서 보면 한 영혼이 새로 태어나 영적으로 잘 성장하여 자신과 같은 제자를 재생산하는 것까지를 포함하고 있습니다.[266] 결신을 통하여 이제 막 태어난 새 신자가 영적으로 잘 자랄 수 있도록 해 주는 양육 단계의 중요성은 성경적인 근거뿐만 아니라 실질적으로도 간과될 수 없는 일입니다. 새로 태어난 아기가 부모들의 돌봄을 받지 못한다면 그 아기는 생명을 유지할 수 없게 되는 것처럼 영적으로 태어난 새신자도 양육을 받지 못한다면 새로 얻은 생명을 유지하기 힘들게 됩니다. 그렇기 때문에 전도자는 새 신자를 양육하는 일까지 책임져야 하며 반드시 교회 공동체에 소속될 수 있도록 섬겨야 합니다.

여기서는 전도의 현장에서 이루어질 수 있는 양육에 대한 설명을 드리고자 합니다. 예수 그리스도를 영접한 새신자의 마음은 백지와 같이 깨끗하다고 할 수 있을 것입니다. 그러한 새신자의 마음에 가장 중요한 영적인 원리를 처음부터 새겨준다면 새 신자는 그러한 원리를 처음부터 잘 붙잡고 세워질 수 있을 것입니다. 뿐만 아니라 새신자의 관계망 안에는 믿지 않는 사람들이 더 많이 있을 수 있기 때문에 복음 전도를 할 수 있는 기회를 더 많이 가질 수 있고, 자신이 받은 구원의 은혜를 나눔으로 인해 더욱 풍성히 구원의 은혜를 누려갈 수 있기 때문입니다.

가. 영접한 사람을 축하해 드리고, 하나님의 자녀로서의 특권에 대해 설명합니다.
- 축하드립니다. 이제 당신은 하나님의 자녀가 되었습니다. "요한복음 1:12에서는 영접하는 자 곧 그 이름을 믿는 자들에게는 하나님의 자녀가 되는 권세를 주셨으니"라고 기록하고 있습니다.
    (1) 당신의 모든 죄는 사함을 받았습니다.(에베소서 1:7)
    (2) 성령께서 당신 안에 거하시면서 당신을 새롭게 하시고 인도하십니다.(디도서 3:5)
    (3) 당신은 영원한 생명을 얻었습니다.(요한복음 6:47)
    (4) 당신은 하나님 나라의 기업을 받게 되었습니다.(베드로전서 1:4)

나. 하나님은 당신이 하나님의 자녀로서의 특권을 누리기 원하십니다. 그 특권을 누리기 위해서는,
    (1) 교회 공동체에 속하여 하나님의 자녀들과 교제하며 하나님 아버지를 예배합니다.
    (2) 하나님 아버지를 알아가기 위해 매일 성경말씀을 읽습니다.
    (3) 성령 안에서 항상 기도하며 하나님 아버지와 대화합니다.
    (4) 사랑하는 사람들에게 Gospel Story Sharing을 나눔으로써 예수님을 영접할 수 있도록 돕습니다.

헤어지기 전에 전도자의 연락처를 먼저 피전도자에게 알려주는 것이 좋습니다. 예수님을 영접한 피전도자와 함께 스마트 폰으로 사진을 찍어 피전도

자의 핸드폰으로 전송하면서 자연스럽게 연락처를 주고받을 수 있습니다. 예배 참석을 위하여 만날 시간과 장소를 정하고 인사하고 헤어집니다.

Chapter 10

복음전도를 위한 피전도자 이해
- 누구에게 전도해야 하는가?

효과적인 복음전도를 위해서는 반드시 복음을 들어야 할 피전도자에 대한 바른 이해와 철저한 준비가 필요합니다. 옛 사자성어에 적을 알고 나를 알면 백번을 싸워도 이긴다는 뜻의 '지피지기면 백전백승'이라는 말이 있습니다. 우리가 세상과 복음을 들어야 할 피전도자에 대해서 지혜롭게 이해하고 파악할 수 있다면, 우리의 복음전도는 더욱 큰 열매를 가져올 것입니다. 그렇다면 누구에게 전할 때 효율적인 열매를 맺을 수 있습니까? 물론 세상 모든 이들이 복음을 들어야 할 사람들입니다. 그러나 자세히 살펴보면 우리의 주변에는 유달리 복음에 대하여 열려진 자세를 가진 사람들이 있습니다. 이처럼 복음에 대하여 열린 자세를 가진 사람에 대하여 전도자가 미리 알고 그에게 복음을 전한다면 더욱 효과적인 열매를 얻을 수 있습니다. 이번 장은 전도자가 복음에 대하여 열린 자세를 가진 피전도자가 어떠한 부류인지를 알아 효율적으로 전도하는데 도움을 주고자 합니다.

복음의 수용성에 따른 피전도자들의 분류

1. 맥가브란(Donald A. McGavran)의 피전도자 분류

전도자로부터 복음을 들은 피전도자들을 복음에 대하여 매우 다양한 반응을 보입니다. 사람들이 각각의 개성이 다르고 외모가 다르고 성격이 다르듯이 말입니다. 이와 같이 복음에 대하여 피전도자들이 보이는 반응을 수용성이라고 합니다. 피전도자의 수용성에 대하여 학문적으로 처음으로 연구한 사람은 교회성장학의 대가인 맥가브란(Donald A. McGavran)입니다. 그가 주장한 수용성 원리는 전도의 우선권에 관계된 원리입니다. 즉 누구를 먼저 전도할 것인가에 관한 것으로서 맥가브란은 복음에 대해 수용성이 높은 개인이나 그룹을 우선적으로 전도해야 한다고 주장하였습니다.[267]

그는 수년의 현장 연구를 토대로 어떠한 부류의 사람들이 복음에 대하여 훨씬 열린 마음을 갖게 되는 지를 발견하였습니다.[268] 이러한 맥가브란의 수용성의 원리는 그가 주장한 교회성장 원리 가운데서 비교적 성경적 타당성을 지닌 원리로 받아들여지고 있으며, 조지 헌터는 이 원리를 오늘날의 세계 선교에 있어서 가장 위대한 공헌으로 평가하기도 하였습니다.[269] 그는 복음에 대한 수용성에 따라서 피전도자들을 크게 다섯 가지의 부류로 분류하였습니다. 첫째, 적대감(hostile)을 가진 자들입니다. 이들은 전도자가 복음을 전하는 것에 대하여 극도로 적대적이어서 말도 붙이지 못하게 만드는 사람들입니다. 둘째는 반항적(resistant)인 자들입니다. 이들은 전도자가 복음을 전할 때 그것을 들어주기는 하지만 계속하여 반대의견을 제시하는 사람들입니다. 셋째는 무관심(indifferent)한 자들입니다. 이들은 복음을 듣는 것 같으나 전혀 신경 쓰지 않는 사람들입니다. 넷째는 관심적(interested)인 자들입니다. 이들은 전도자가 전하는 복음에 대하여 호응을 보이고, 긍정적인 질문들을 하는 사람들입니다. 마지막으로 다섯째는 수용적(receptive)인 자들입니다.

이들은 복음에 대하여 마음이 활짝 열린 준비된 영혼들입니다. 이러한 부류의 사람들은 복음에 대하여 적극적으로 반응하는 사람들입니다. 지금까지의 분류를 그림으로 표현하면 다음과 같습니다.

그 림 1

2. 와그너(C. Peter Wagner)의 피전도자 분류

또 한명의 뛰어난 교회성장학 학자인 와그너는 피전도자의 복음에 대한 수용성에 따라서 피전도자를 '복음에 대하여 극도로 저항적'(Highly Resistant to the Gospel)인 부류에서 '복음에 매우 수용적'(Highly Receptive the Gospel)인 부류에 이르기까지 총 다섯 가지의 단계로 최저 -5에서 +5의 점수로 구분하고 있습니다.[270] 이것은 맥가브란의 원리를 조금 더 보충한 것으로 크게 다를 것은 없습니다. 이 또한 그림으로 보면 좀 더 쉽게 이해할 수 있습니다.

저항 및 수용성 척도 (Resistance/Receptivity Scale)

복음에 대해 극도로 저항적 (Highly Resistant to the Gospel)				복음에 매우 수용적 (Highly Receptive the Gospel)
-5 -4	-3 -2	-1 0 +1	+2 +3	+4 +5
매우 적대적 (Strongly Opposed)	다소 적대적 (Somewhat Opposed)	무관심 (Indifferent)	다소 호의적 (Somewhat Favorable)	매우 호의적 (Strongly Favorable)

그 림 2

3. 라이너(Thom S. Rainer)의 피전도자 분류

　라이너(Thom S. Rainer)는 불신자들이 교회와 기독교에 대하여 가지고 있는 수용성의 정도에 따라서 다섯 가지의 부류로 구분하였습니다. 첫째는 기독교에 대해서 가장 적대적인 태도를 보이는 사람(U5-Highly antagonistic), 둘째는 기독교에 대해서 저항적일 뿐 적대적이지 않은 사람(U4-Resistant), 셋째는 기독교를 분명하게 수용하지는 않지만 대화에 대해서는 문을 열어 놓은 중립적인 사람(U3-Leaner & Apathetics), 넷째는 교회와 복음에 대해서 약간 수용적인 사람(U2-Seekers), 다섯째는 복음에 대해서 매우 수용적인 사람(U1-Waiting on you)입니다.[271] 레이너는 복음을 전하는 전도자가 더욱 효과적인 전도를 하기 위해서는 불신자의 이러한 입장들에 따라 다른 방법으로 접근해야 함을 말하고 있습니다. 이것을 우리는 라이너 척도(Rainer Scale)라고 합니다.[272] 그는 이것을 열리는 문에 비유하였습니다.

라이너 척도 (Rainer Scale)

U5	U4	U3	U2	U1
복음을 극도로 거부하며 적대적인 태도를 보임	복음을 거부하지만 적대적이지는 않음	뚜렷한 수용성을 보이지 않는 중립적인 태도를 보이며, 대화에 열려 있는 경우도 있음	복음과 교회에 열린 태도를 보임	복음에 매우 열려 있는 빌립보의 간수와 같은

그림 3

지금까지 우리는 피전도자들의 분류라고 하는 선구적인 업적을 이룬 학자 세 사람을 통해서 복음에 대한 피전도자들의 수용도에 따라 그들을 크게 다섯 가지의 부류로 나누어 볼 수 있다는 것을 알게 되었습니다. 그리고 그들 사이에 조금의 차이는 있으나, 그 피전도자들의 분류에 대한 의미는 매우 유사하다는 것도 알 수 있습니다. 또한 이 부류들이 결국 크게는 두 부류로 나뉠 수 있다는 것도 알 수 있습니다. 다음은 바로 이 부분에 대해서 살펴보도록 하겠습니다.

복음에 수용적인 부류와 비수용적인 부류들

1. 수용적 부류와 비수용적 부류의 구분

피전도자의 수용성에 따라서 다섯 가지의 유형으로 분류를 한 것은 어떠한 피전도자가 복음에 더욱 수용적인지를 파악하기 위함이 그 목적입니다. 더욱 수용적인 사람을 찾아서 복음을 전할 때에 분명한 열매를 얻을 수 있기 때문입니다. 그렇다면 위에서 얻은 다섯 가지의 피전도자의 부류 가운데 어떠한 사람들이 복음에 대해서 수용적인 부류이고 또한 비수용적인 부류이겠습니까. 일반적으로 생각할 때에 복음에 대해서 수용적인 사람이라고 한다면, 적어도 복음에 대해서 관심을 가져야 할 것입니다. 복음에 대해서 관심도 가지지 않는다면, 그 사람은 복음에 대해서 듣기를 원하지 않을 것이며 또한 복음을 전해도 크게 신경을 쓰지 않을 것입니다.

즉, 전도자가 만나는 비기독교인들이 여러 형태일 수 있으나 크게 두 범주로 (1) 관심이 없는 사람 (2) 관심이 있는 사람으로 나누어 생각해 볼 수 있는 것입니다.[273] 이것을 기준으로 우리는 복음의 수용성에 따른 다섯 가지 피전도자의 자세를 복음에 대한 비수용적인 부류와 수용적인 부류로 나눌 수 있습니다. 복음에 대한 비수용적인 부류는 복음에 대하여 적대감을 가진 자,

반항적인 자, 그리고 무관심한 자로 구분할 수 있습니다. 그리고 복음에 대한 수용적인 부류는 복음에 대하여 관심적인 자와 수용적인 자로 말할 수 있습니다. 그 구분을 그림으로 보면 아래와 같습니다.

복음에 비수용적인 부류			복음에 수용적인 부류	
적대감을 가진 자	반항적인 자	무관심한 자	관심적인 자	수용적인 자

그 림 4

2. 효율적인 복음전도를 위한 선택

우리가 앞에서 살펴보았던 라이너 척도의 경우, 복음에 대하여 매우 수용적인 사람(U1-Waiting on you)은 교회 공동체로 들어오기 직전의 불신자로 보았습니다. 한 조사에 따르면 '추후에 교회에 나갈 의향이 있는가?'라는 질문에 긍정적으로 답한 46.2%가 그런 사람들이라고 합니다. 불신자라도 기독교에 대해 덜 부정적인 사람들은 더 부정적인 입장의 사람들보다 교회에 나올 확률이 높으며 복음을 받아들이고 교회에 나올 준비가 더 된 사람들이라고 할 수 있습니다.[274] 즉, 전도자가 복음을 전했을 때에 수용적인 부류의 사람들에게 복음을 전하는 것이 더욱 효과적인 방법이며, 그 열매를 풍성히 가져올 수 있다는 것입니다.

전도자는 복음을 전함에 있어서 누구에게나 복음을 전해야 합니다. 그러나 전쟁을 함에 있어서 뛰어난 전략과 전술을 세우는 사람이 전쟁에서 승리하듯, 영적인 전쟁의 최전방이라고 할 수 있는 복음전도의 현장에서 전도자가 그 전략과 전술을 세우는 데 있어서 집중하는 것은 당연한 일일 것입니다. 전도자는 어떠한 사람들이 복음에 대해서 준비된 영혼, 마음이 열려진 영혼, 즉 복음에 수용적인 부류인지를 앎으로서 그들에게 집중할 수 있습니다. 그러한 전도자의 전도가 더욱 효과적인 방법으로서 분명한 열매를 얻을 것이라는 것은 자명한 일입니다. 그러므로 전도자는 복음에 있어서 수용적인 부류의 피전도자들이 누구인지를 잘 구분하는 능력을 길러야 합니다. 그렇다면, 복음에 수용적인 부류에 속한 사람들은 어떠한 사람들이겠습니까? 어떠한 사람들이 복음에 대해서 관심을 갖고, 그 복음을 필요로 하는 사람일까요? 전도자는 무엇을 보고 그 사람이 복음에 대하여 수용적인 사람이라고 생각할 수 있습니까?

복음에 수용적인 부류에 속한 사람들

이 부류에 속한 사람들은 '수용적인 사람들(Receptive)'과 '관심을 가지고 있는 사람들(Interested)'입니다. 기독교에 대해 수용적인 사람들은 복음에 대하여 적극적으로 반응하고 적극적으로 받아들이는 사람들을 말합니다. 드물기는 하지만 전도자를 기다리는 사람들이 분명히 있다는 것입니다. 또한 기독교에 관심을 가지고 있는 사람들은 적어도 복음을 전했을 때에 귀 기울여 들어줄 수 있는 사람들입니다. 이들은 때로 전도자에게 진정어린 질문을 하기도 하면서 복음에 대하여 진지하게 고민하고 생각하는 사람들입니다. 그러면 구체적으로 어떠한 처지에 놓인 사람들이 이러한 수용적인 부류에 들어가는 사람들일까요? 이것은 분명히 하여야 전도에 도움이 됩니다. 추상적인 이론은 실천에 적용할 수 없기 때문입니다.

1. 수용적인 부류의 사람들

복음에 수용적인 사람들은 다음과 같은 삶의 처지에 놓여 있는 사람들이라고 할 수 있습니다. 즉, 사고를 겪고 병원에 입원한 사람들, 군에 갓 입대한 초년 군 생활자들, 문제가 있어 수감 생활을 하는 재소자들, 새로운 곳으로 이사를 온 사람들, 갑작스럽게 사업에 실패를 경험한 사람들, 이혼이나 자녀들의 문제로 불화를 겪고 있는 사람들, 큰 시험을 앞에 두고 있는 사람들, 출산을 앞두고 있는 임산부들, 삶의 상처로 인해서 두려움을 가지고 있는 자들, 사별을 경험하여 간접적인 죽음을 경험한 사람들과 같은 사람들이 복음에 대해서 수용적일 가능성이 매우 높다는 것입니다. 물론 이 외에도 여러 가지의 상황에 있는 수용적인 사람들이 있을 것입니다. 중요한 것은 앞에 열거한 사람들에게서 공통점이 있다는 것이지요. 그것이 과연 무엇일까요? 그것은 이들은 모두 삶을 살다가 인생의 한계를 경험했거나 그 한계에 부딪힌 사람들이라는 것입니다. 또는 새로운 환경을 경험하여 그 가운데서 불안과 두려움을 경험하는 사람들입니다. 종교 심리학자들에 따르면, 이사 온 사람들도 새로운 곳으로 가게 되면 막연한 두려움과 낯설음이 있게 마련이라고 합니다.

2. 수용적 부류인 사람들의 특징

이상에서 언급한대로, 복음에 수용적인 사람들은 삶에서 한계를 경험하거나 대면한 사람들이라고 할 수 있습니다. 또한 인간의 연약함을 경험한 사람들이지요. 왜 그럴까요? 아무리 강인한 정신력을 가진 사람들이라 해도 삶 속에서 자신의 능력으로는 어찌할 수 없는 환경을 만난다면 불안하고 두려울 것입니다. 이것이 바로 인간의 연약함이고 한계입니다. 인간은 한계 상황 속에서 자신의 연약함과 나약함을 인정하게 되고, 의지할 곳을 찾고자 합니다. 즉, 한계 있는 세상에서 눈을 들어 초월적인 힘과 초월적인 나라를 바라볼 수 있는 시간이지요. 한계를 경험한 사람들은 자신의 강한 자아가 무너지고, 또 비워진 사람들이기에 초월적인 힘과 존재를 의지하고자 하는 것입니다. 그러므로 우리가 주변에서 이러한 상황에 처한 사람들을 본다면, '주님께서 나에게 주신 전도의 대상자들이다.'라고 생각하고 최선을 다하여 그들과 관계를 형성하여, 복음을 전하도록 해야 합니다. 바로 이들이 수용적인 부류이기 때문입니다. 그들은 이미 마음이 열려진 사람들이고 복음이 능력 있게 전달되어 질 수 있다면 결신할 수 있는 사람들이기도 합니다. 이들의 비워진 자아 속에, 그리고 그들의 의지할 곳을 찾는 마음에 복음이 그 대답이 되어줄 수 있기 때문입니다.

복음에 수용적인 사람들을 위한 전도

1. 수용적인 사람들에 대한 전도자의 자세

그렇다면 기독교에 대하여 수용적인 부류의 사람들과는 어떻게 관계를 형성하고 복음을 전할 수 있을까요? 그런데 사실 이러한 부류의 사람들은 이미 기독교에 대하여 수용적 자세를 가지고 있거나 관심을 가지고 있는 사람들이기 때문에 복음에 대하여 기본적인 관계형성은 되어 있는 상태라고 볼 수 있습니다. 때문에 관계형성을 하는데 있어서 어려움은 적을 것입니다. 다만 몇 가지의 일반적인 관심사를 전도자가 잘 찾아 편하게 대화할 수 있다면, 그것으로도 좋은 관계를 형성할 수 있습니다.

예를 들면 매우 대중적인 전도방법 가운데 하나인 전도폭발에서 사용하고 있는 서론만을 가지고도 충분히 관계형성이 될 수 있는 사람들이라는 것입니다. 그러나 전도자가 잊지 말아야 할 것은 이들이 수용적인 자세를 가지고 있다고 하여서 너무 자신만만하게 접근을 한다거나, 무례하게 행동해서는 안 됩니다. 이럴 경우 오히려 역반응을 보이며, 복음을 거부할 수도 있다는 것을 전도자는 명심해야 합니다. 전도자는 언제나 피전도자와의 관계형성과 복음을 전함에 있어서 겸손함과 자신을 낮추는 자세를 유지해야 합니다.

2. 수용적인 사람들의 대한 접근방법

　이제 이들과 같은 복음에 수용적인 사람들에 대해서는 어떻게 접근하고 전도해야 하겠습니까? 우리는 위에서 복음에 수용적인 사람들은 삶에 한계를 경험한 사람들이며, 그 예로서 몇 가지의 유형들을 살펴보았습니다. 하지만 아직 우리에게는 그들에 대한 보다 구체적인 이해는 없습니다. 우리가 그들에 대하여 좀 더 구체적인 이해를 가지고 있다면, 더욱 효율적인 전도가 일어날 것은 자명한 일입니다. 다음은 수용적인 부류의 피전도자들의 유형에 대한 보다 구체적인 이해를 제시하였습니다. 우리가 이러한 부분을 미리 견지한다면 그들을 이해하고 또 그들과 관계를 형성하는데 있어서 좋은 기준이 되어줄 것입니다.

　첫째, 기독교인들에게 어떠한 도움을 받은 경험이 있는 사람들입니다. 이들은 기독교인들에게 도움을 받은 경험이 있기 때문에 기독교에 대해서 적어도 관심이 있거나 수용적인 자들일 수 있습니다. 이때 전도자는 피전도자가 고마워하는 부분을 가지고 기독교의 본질을 설명하며 복음을 전할 기회를 얻을 수 있습니다.
　둘째, 멀리서 이사를 온 사람들입니다. 이 사람들은 갑자기 삶의 환경이 바뀐 사람들이기 때문에 도움이나 사람을 사귀는 것을 필요로 하는 사람들입니다. 아무리 좋은 집으로 이사를 왔다고 할지라고 낯선 환경이기에 불안함 마음도 있을 수 있고 편지 않은 마음도 있을 수 있습니다. 이들은 먼저 그곳에서 오래 살았던 전도자의 경험을 무기로 도움을 주며 일정 시간동안 관계를 형성해야 합니다. 좋은 정보를 나누며 좋은 시간을 가질 때 복음을 전할 기회를 얻게 됩니다.
　셋째, 시한부 인생을 사는 사람들입니다. 이들은 이제 남아 있는 삶이 얼마 없기 때문에 이생 보다는 사후와 영생에 대하여 더 많이 생각하고 있는 사람들입니다. 물론 더 포악한 사람을 만날 수도 있지만 대부분은 영생의 종교인 기독교에 대해서 관심을 가진 부류라고 볼 수 있습니다. 이들에게는 이 땅의 삶이 인생의 모든 것이 아니라, 죽음 후에 영원한 세계가 있음을 가르쳐 주며 누구든지 그 곳에 갈 수 있음을 강조하며 복음을 전할 기회를 갖습니다.

넷째, 삶 속에서 실패를 경험한 사람들입니다. 어떤 것을 시도하다가 실패한 사람들은 이제 자신의 힘과 능력에 한계를 느낀 사람들이기 때문에, 자아가 죽어있는 사람들일 수 있습니다. 그러므로 이들에게 찾아가 관계를 형성하고 복음을 전하였을 때에는 복음의 능력으로 그들이 되살아 날 수 있으며, 복음의 큰 결실을 볼 수 있습니다. 그러나 동시에 이들은 매우 자존감이 낮아진 상태이므로 무례하거나 무모한 접근은 오히려 역반응을 가져올 수 있습니다. 이들에게는 인간을 사랑하시고 도우시는 하나님을 강조하며 관계를 형성해 나가는 것이 좋습니다.

다섯 번째, 어려운 환경 속에 있는 사람들입니다. 이 사람들은 우리가 돕기 위해 찾아가거나, 따뜻한 위로와 사랑을 가지고 찾아가면 쉽게 관계가 형성되어질 수 있고, 복음을 전할 수 있는 사람들입니다. 이들은 지금 어려운 상황 속에 있기 때문에 그 상황을 헤쳐 나오기 위하여 주변 사람들의 사랑 어린 충고와 말을 들을 준비가 되어 있기 때문입니다. 먼저 도우려 하십시오. 그들에게 도움을 줄 수 있다면 그들은 가장 먼저 주님께로 달려올 수 있는 자들입니다.

여섯 번째, 삶의 허무를 느낀 사람들입니다. 가까운 사람의 죽음을 경험하거나 천재지변과 같은 일을 겪었을 때에 사람들은 삶의 허무를 느끼게 됩니다. 자신들이 열심을 다하며 추구하던 모든 것들의 실제를 깨달은 사람들입니다. 이들에게는 이 땅의 삶이 모든 것이 아님을 설명하며 인생의 허무함과 헛됨을 강조해 주십시오. 그러나 하나님은 우리를 위하여 영원한 세상을 준비하고 계시며 그곳은 누구나 갈 수 있는 곳임을 가르쳐 주십시오. 그리고 주님을 의지할 때 그분은 나를 도우시는 분임도 깨닫게 해주면 효과적입니다.

일곱 번째, 입대를 앞둔 사람들과 군 초년병들입니다. 이들 역시 환경이 급격히 바뀔 사람들, 혹은 바뀐 사람들이기 때문에 관계형성을 하기가 쉬운 사람들입니다. 많은 사람들이 군대에 가서 교회를 한 두 번이라도 다녀본 경험이 있는 것은 바로 이러한 이유 때문입니다. 이들은 무엇이라고 의지하고 싶은 마음을 소유하고 있는 자들이기에 하나님께서 그들의 위로 자가 되시고 절대 포기하지 않으시며 사랑하고 계심을 가르쳐 주십시오. 또한 하나님이 전능자이시기에 어떠한 상황과 처지에서도 그들을 도울 수 있는 분임을 강조해 주십시오.

여덟 번째, 현재 불안한 상황에 있는 사람들입니다. 세상을 살아가다 보면 불안한 상황을 만나게 됩니다. 이들은 평안을 향한 갈급함이 있는 사람들입니다. 그 갈급함을 통해 예수 그리스도를 만날 수 있는 사람들입니다. 이들에게는 예수께서 십자가에서 이뤄놓으신 평안을 설명해 주세요. 그 평안은 이 땅에서 살 수 없는 것이며 오직 하나님께 내 삶을 의탁할 때 가능한 것임을 강조하십시오. 이때 나의 간증이나, 다른 사람의 간증을 사용하면 더 효율적입니다.

아홉 번째, 좋은 기독교인을 곁에 두고 있는 사람들입니다. 이들은 기독교인들이 삶을 통해서 하나님의 살아계심과 예수 그리스도의 사랑을 나타냈기 때문에 기독교에 대한 좋은 감정들이 있는 사람들입니다. 따라서 이들에게 복음을 전할 때 거부감이 없이 받아들일 수 있는 사람들입니다. 라이너는 350명의 새신자들을 대상으로 수행한 연구에서 새신자들이 교회를 선택하는데 결정적인 역할을 하는 것이 기존신자들과의 관계성(relationship)에 있다고 주장했습니다.[275] 그러므로 여러분의 주변에 참으로 본이 되는 그리스도인이 있는지 찾아보십시오. 또한 그 사람의 주변을 주의 깊게 살펴보십시오. 준비되어진 영혼이 있을 것입니다.

복음에 비수용적인 사람들을 위한 전도

그러면 비수용적인 사람들은 어떻게 해야 합니까? 그들에게도 복음은 전해져야 합니다. 우리는 수용적인 사람이든 비수용적인 사람이든, 때를 얻든지 못 얻든지 복음을 전해야 하기 때문입니다. 그러나 수용적인 사람들에게 복음을 전할 때에 그들의 열려진 마음으로 인하여 좀 더 효과적인 복음전도의 결과를 얻을 수 있다는 것이지요. 비수용적인 사람들에게 복음을 전할 때에는 전략이 필요합니다.

1. 비수용적인 사람들에 대한 복음전도의 이유

우리는 지금까지 복음에 대하여 수용적인 부류의 사람들에 대한 복음전도에 대하여 살펴보았습니다. 그러나 우리가 가지고 있는 이 복음은 단지 수용적인 사람들에게만 능력이 나타나는 것은 아닙니다. 전도자는 복음을 거부하고, 또한 복음에 대하여 반대하고 무관심한 자라고 할지라도 그들에게도 복음을 전해야 합니다. 물론 평생을 살며 수용적인 부류들에게만 복음을 전하며 산다고 할지라도 그 사람은 훌륭한 전도자 일 것입니다. 그렇게 평생을 전도하여도 세상을 다 구원할 수 없기 때문입니다.

그러나 한 번 주변을 살펴보십시오. 내가 포기할 수 없는 사람들 가운데 복음에 대하여 비수용적인 사람들이 있지 않으십니까? 어떠한 경우에는 나의 가족들과 부모가 복음에 비수용적일 수 있습니다. 또는 친척들이나 사랑하는 사람과 같은 나와 밀접한 관계를 가진 사람들이 복음에 대하여 비수용적일 수 있습니다. 만일 전도자가 이러한 사람들이 복음에 대하여 비수용적인 사람이라고 복음을 전하지 않는다면, 아마도 그 사람은 복음의 중요성을 아직 깨닫지 못하였거나, 혹은 자신과 밀접한 관계가 있는 사람들을 진정으로 사랑하지 않는 사람일 수 있습니다. 왜냐하면 복음을 듣고 예수 그리스도를 영접하여 구원 받지 못한 사람의 최후가 어떠한지를 안다면, 결코 그들에게 복음을 전하지 않을 수가 없을 것이기 때문입니다.

　복음전도자에게 있어서 복음을 전해야 중요한 동기는 상실된 자들에 대한 사랑입니다.[276] 전도자가 복음에 대하여 깊은 경험이 있고, 성경이 말하는바 구원 받은 자와 구원 받지 못한 자가 받는 심판이 결국을 반드시 확신한다면, 그는 자신의 사랑하는 사람들이 아무리 복음에 대하여 극도로 반대하는 비수용적인 사람이라 할지라도 그에게 복음을 전하는 것을 멈추지 않을 것입니다. 가족이라면 더 그렇게 해야합니다. 또 사랑하는 사람들이라면 더 그렇게 노력해야합니다. 그렇다면 그들을 위해서는 어떠한 전략을 가지고 복음을 전하는 것이 효율적일까요?

2. 비수용적인 부류의 사람들에 대한 복음전도의 전략

　첫째, 가장 먼저 그들을 위하여 기도하라. 너무 기본적인 사항이라고 생각하셔서 의아해하시는 사람들이 있을 것입니다. 그러나 전도자가 반드시 잊지 말아야 할 것이 있습니다. 그것은 기도 외에는 우리에게서 어떠한 권능도 나아갈 수 없다는 것입니다. 전도자는 자신에게 비수용적인 사람을 구원시킬 능력이 없음을 시인하고, 하나님께서 주시는 권능으로 덧입어야할 필요가 반드시 있습니다. 그러므로 기도는 비수용적인 사람들에게 나아가는 가장 기본적이며 첫걸음이 되는 일입니다.

　그렇다면 비수용적인 사람들을 위하여 어떻게 기도해야 하겠습니까? 사실 이러한 질문에 대해서 답을 제대로 하지 못하는 전도자들이 예상 외로 많습니다. 기도해야한다는 사실은 알지만 어떻게, 또한 무엇을 위해서 기도해야 하는지 모르는 것입니다. 전도자는 전도에 있어서 기도의 내용이 구체적일 때 하나님으로부터 매우 세밀하고도 구체적인 응답을 받을 수 있다는 것을 기억해야 합니다. 그러면 어떻게 기도의 내용을 구체화 할까요? 우리는 앞에서 수용적인 부류의 사람들이 복음에 대하여 더욱 열린 자세를 가지고 있다는 것을 배웠습니다. 그리고 그들은 대부분 삶에서 한계를 경험한 사람들이라는 것 또한 배웠습니다. 우리는 바로 이 부분에서 비수용적인 사람들을 위하여 어떻게 기도할 것인지에 대한 힌트를 얻을 수 있습니다.

그렇기에 먼저 복음전도자는 복음에 대하여 비수용적인 사람들을 둘러싸고 있는 환경이 바뀌어 질 수 있도록 기도해야 합니다. 그들의 환경이 만일 수용적인 부류의 사람들과 같이 변한다면, 그것은 그들의 태도 또한 변화시킬 것이기 때문입니다. 사람은 환경에 굉장히 많은 영향을 받습니다. 환경이 괜찮을 때에는 결코 흔들리지 않습니다. 그러나 환경이 변하고, 자신이 어찌할 수 없는 상황을 만나게 되면, 자신이 매우 연약한 인간이라는 사실을 직면하게 됩니다. 그 때에 비로소 그들의 자아가 무너지고, 복음이 들어갈 수 있는 통로가 생기는 것입니다.

그 다음으로 비수용적인 사람들이 변하여진 환경 속에서 자신들이 가지고 있는 비수용적인 자세가 변경되어질 수 있는 사건을 경험하고, 그 가운데 자신의 실체를 올바르게 직시할 수 있도록 기도해야 합니다. 하나의 사건이 그들의 입장을 바꾸어 놓을 수 있기 때문입니다. 비수용적인 대상자에게 이러한 구체적인 기도제목을 놓고 기도할 때에 그들의 입장이 변하여 관계가 형성되는 방향으로 바뀌어 질 수 있습니다. 한 사람에게 사건이 생긴다는 것을 전도자는 복음전도에 대한 기회로 생각해야 합니다. 통계적으로 볼 때에도 미국에 이민을 가서 환경이 바뀐 70%의 사람들이 기독교의 신앙을 가졌으며, 군대로 말미암아 환경이 바뀐 사람들의 50%가 기독교의 신앙을 가지고 있다고 합니다. 환경은 비수용적인 사람을 수용적인 사람으로 만드는 복음전도의 좋은 기회가 됨을 전도자가 인지해야 할 부분이라고 할 수 있는 대목이겠습니다.

둘째, 그들에게 관심을 갖고, 시간을 나누어주라. 복음에 비수용적인 사람들과의 관계에 다리를 놓기 위해서는 관심과 접촉이 필요합니다. 어떤 이들을 보면 전도에 있어서 오로지 하나님의 능력과 그분의 역사하심에만 의지하는 경향이 있습니다. 그리고 정작 전도자인 자신은 아무런 노력 없이 하나님의 초월적인 힘에만 기대려고 합니다. 그러나 그렇지 않습니다. 하나님께서는 전도자의 영혼과 복음에 대한 노력 위에 그분의 능력을 덧입혀 주시는 것입니다. 우리가 그 영혼을 위하여 눈물 흘리며, 나의 물질과 시간, 사랑을 쏟을 때에 거기에서 새로운 영혼이 탄생하는 것을 목격하게 될 것입니다. 하나님께서 약속하신 대로 우리는 심은 대로 거두게 될 것입니다.

그러나 여기에도 전도자가 주의해야 할 부분이 있습니다. 그것은 바로 목적과 방향성에 대한 것입니다. 만일 전도자가 비수용적인 사람에게 시간을 나누어 주는 그 목적이 자신의 목표를 달성하기 위한 수단이라면, 그것은 피전도자에게 큰 의미로 다가오지 않을 것입니다. 더욱 큰 문제는 전도자 자신에게도 큰 의미가 없을 것이라는 사실입니다. 단지 복음을 전하기 위하여 관계를 형성하자는 목표를 가지고 우리의 시간을 나누어 주는 것은 어긋난 목표의 설정입니다. 전도자의 전도에 대한 기본 목적은 한 영혼을 사랑하는 마음으로, 그리고 그 사랑을 전제로 어떠한 대가를 바라지 않고 헌신적으로 우리의 시간을 나누어 줌으로써 그 영혼이 새로운 생명을 얻는 것에 있습니다. 전도자가 이러한 자세로 나아갈 때에 비로소 그 진심이 피전도자에게 전달되어질 수 있는 것이고, 거기에서 비로소 선한 관계가 형성되어질 수 있는 것입니다.

셋째, 그들의 필요를 기회로 알고 채우라. 앞에서도 말하였지만, 우리는 비수용적인 사람들이 삶의 변화를 경험케 되기를 기도해야 한다고 배웠습니다. 그들의 삶 속에서 조그마한 필요라도 생긴다면 그것은 전도자에게는 매우 큰 기회가 될 수 있음도 배웠습니다. 사람은 자신의 필요를 채워주는 사람을 결코 그냥 지나치거나 쉽게 잊지 않습니다. 그러므로 전도자는 사실 피전도자의 이러한 필요에 매우 민감한 사람이어야 합니다. 기회가 왔을 때 기회를 잡지 못한다면 언제 또 그 기회가 다시 올지 모르기 때문에 복음전도자는 피전도자의 삶에 대해서 항상 깊은 관심을 가지고 있어야 합니다. 그리고 피전도자의 삶에 필요가 생겼을 때에 그 필요에 대하여 기꺼이 그것을 채워줄 수 있는 마음과 자세를 가져야 합니다. 한번 베푼 은혜는 그들의 마음을 사로잡아 평생 주님의 일꾼으로 살아가게 하는 좋은 기회가 될 수 있습니다.

넷째, 낙심치 말고, 계속하여 씨를 뿌리라. 복음전도자는 씨를 뿌릴 때에 그것이 나지 아니할까 염려하며 뿌리는 자가 아닙니다. 자라게 하시고, 열매를 맺게 하시는 것은 하나님께서 하실 것입니다. 전도자는 그 하나님을 신뢰하며, 낙심치 않고 씨를 뿌리는 사람이어야 합니다. 비수용적인 사람들이라고 할지라도 그들의 영혼을 주관하시고 그들의 마음을 움직이시는 분은 하나님이십니다. 비록 그들이 당장은 우리가 뿌린 복음의 씨앗에 대하여 거부하고, 저항할 수 있을지 모르지만, 내가 뿌려 놓은 씨앗을 하나님께서는 결코 그 영혼에게 아무런 영향을 주지 못하도록 하시지 않으실 것입니다. 기본적으로 비수용적인 사람들은 일회적으로, 혹은 단시간에 전도할 수 있다기보다는 관계를 갖고 기도하면서 환경의 변화가 왔을 때 복음을 들고 찾아가 전한다는 기본적인 전략을 숙지해야 합니다.

우리는 지금까지 어떻게 하면 피전도자를 더욱 효과적으로 전도할 수 있을지에 대하여 나누었습니다. 그리고 그 과정에서 복음에 대한 피전도자들의 수용도에 따라서 구분을 하고, 보다 수용적인 사람에게 복음을 전하는 것이 그 결과 면에서는 효과적이라는 결론을 얻었습니다. 그러나 동시에 복음전도자가 잊지 말아야 할 것은 이러한 구분에 근거하여 수용적인 부류의 사람들에게만 전도해서는 안 된다는 것입니다. 복음전도자는 그 사람이 비수용적인 부류이든 또는 수용적인 부류이든 누구에게나 복음을 전해야 합니다. 다만 준비된 영혼들이 있음에도 불구하고 전도자가 쉽사리 놓치는 우를 범치 않기 위하여 우리는 복음의 수용적인 사람들을 구별하기 위하여 항상 관심을 갖고, 그들에게 다가가 관계를 형성하고, 종국에는 복음을 전하여 그 영혼을 예수 그리스도에게로 인도해야 할 것입니다.

Chapter 11

복음전도를 위한 기본적인 반대질문 처리법
- 효율적인 처리법

    전도자들이 현장의 전도를 떠 올릴 때, 가장 어려워하는 부분 중에 하나가 반대질문 입니다. 전도자들은 복음을 전하여 영혼을 살리기 위해 현장으로 나아가지만, 피전도자들의 입장에서는 기독교 구원의 진리가 어려울 수도 있고 또한 평소 궁금했던 질문도 가지고 있기 때문입니다. 또한 이미 '복음전도의 정의'에서 다루었지만, 복음전도를 한다는 것은 영적인 전투의 최전방의 싸움을 의미하기에 상대편인 사단의 세력이 침묵할리 만무합니다. 피전도자들에게 생겨날 수 있는 질문이라는 형식을 빌려 충분히 전도자들을 공격할 수 있습니다. 그렇기에 전도자에게 반대질문은 굉장한 두려움의 요소이고 또한 현장으로 전도하러 나가는데 방해 요소가 되기도 합니다. 하지만 반대질문을 잘 처리할 수만 있다면 그날 현장에서 이루어지는 복음전도는 성공적일 수 있습니다. 그렇다면 반대질문을 잘 처리 한다는 것은 무엇을 의미할까요? 일방적으로 답변만을 잘하는 것을 의미할까요? 꼭 그렇지만은 않습니다! 오히려 질문을 던진 피전도자들도 전도자들의 일방적이고도 논리적인 답변에 수긍은 하면서도 영혼의 구원에 까지는 이르지 못하는 경우들이 있습니다. 전도자들이 너무 말을 잘해서 영혼을 잃어버리는 경우들도 종종 있다는 것입니다. 그러면 어떻게 반대질문을 처리해야 하는 것일까요?

반대질문이 들어오지 않도록 준비하라 - 전도자의 확신

반대질문 처리법에 있어서 가장 중요한 것은 전도자에게 어려움을 가져다 주는 반대를 위한 반대질문이 들어오지 않도록 전도자가 준비하는 일입니다. 전도자가 복음을 전하는 중에 피전도자로부터 반대질문을 받는 순간부터 복음이 전달되어지는 일은 중단됩니다. 바로 여기에 복음전도의 어려움이 있습니다. 한 사람의 인생을 바꾸고 변화시키는 힘은 다른 어떤 것에 있지 않고 복음에 있기에 그 복음의 전달이 중단되었다고 하는 것은 중대한 문제입니다. 그렇기에 반대질문은 그것이 순수한 동기에서 비롯되었든지, 아니면 반대를 위한 반대질문이든지 불문하고 복음을 전하는 중에 들어오지 않는 것이 가장 좋습니다. 그러나 순수한 동기에서 비롯된 반대질문이 제기되었을 때에는 간단히 답변하고 빨리 복음제시로 돌아가면 되는데, 불순한 의도를 가진 반대를 위한 질문이 들러오면 전도자는 난처하게 됩니다. 그렇다면 전도자가 어떻게 준비하면 반대를 위한 반대질문이 들어오지 않을 수 있을까요?

1. 복음의 능력을 확신하라

전도자는 복음을 전하여 영혼을 살리기 위해 전도의 현장으로 나간 사람입니다. 그러므로 자신이 전할 복음의 능력을 확신하는 것이 중요합니다. 복음은 영적으로 죽은 모든 사람과 또한 죽어가는 모든 것들을 살릴 수 있는 힘과 능력이 있음을 확신해야 한다는 것입니다. "...이 복음은 모든 믿는 자에게 구원을 주시는 하나님의 능력이 됨이라..."(롬 1:16). 즉, 전도자는 기독교의 모든 내용을 가르쳐 주기 위해 현장에 나간 사람도 아니고, 또한 기독교에 관한 모든 것을 알고 있기에 현장으로 나간 사람도 아닙니다. 단지 확신하고 있는 것은 예수께서 성취하신 복음의 내용이 이 세상의 영적으로 죽은 모든 사람을 살릴 수 있다는 것입니다. 그렇기에 이 부분에 관한 확신이 미약하다면 전도자는 언제든지 현장에서 흔들릴 수 있습니다.[277]

　사단도 이러한 사실을 너무 잘 알고 있습니다. 사단에게 전도자는 너무나 골치 아픈 가장 큰 방해 인물일 것입니다. 그렇기에 될 수만 있다면 전도자들의 의지를 꺾어 전도의 현장으로 나가지 못하도록 방해 합니다. 그 중에 하나의 전략이 있다면, 반대질문의 형식을 빌려서 전도자들을 당황하게 만들며 기를 꺾어 '할 수 없다'는 생각을 가지게끔 만들지요. 물론 피전도자에게서 나오는 모든 반대질문이 사단의 계략이라는 것은 아닙니다. 그러나 많은 부분 사단이 활용하고 있습니다. 반대를 위한 반대질문이 많다는 것입니다.

　그러므로 전도자는 먼저 이러한 사실을 인지하고 있어야 합니다. 그리고 어떠한 반대질문이 제기된다고 할지라도, 혹 내가 답변할 수 없는 질문들이 제기된다고 할지라도, 또한 기독교에 관한 지식이 많은 부족하다고 할지라도, 전도자는 지금 만나고 있는 피전도자를 구원할 수 있는 방법을 정확히 알고 있다는 확신을 가져야 합니다. 그것이 복음의 확신입니다. '복음만이 인간을 구원할 수 있다'는 생각에 사로잡혀야 합니다. 이것을 달리 표현하자면, 전도자의 목표의식이 명확해야 한다는 것이지요. 절대로 기독교에 관한 토론을 하거나 답변을 주거나 또는 논쟁을 하기 위하여 나간 것이 아니라, 내가 예수 그리스도를 통하여 구원 받은 방법을 전하기 위해 나아간 사람이라는 목표를 분명히 하고, 그것에 대한 확신이 명확하면 된다는 것입니다.

　어떤 사람이 제약회사에 입사하여 교육을 받은 후 외판 업에 뛰어들었습니다. 그 제약회사에서 뛰어나다고 소문난 약들에 대하여 많은 지식을 전수받는 훈련을 받았습니다. 그래서 현장에서 약을 팔면서 그 약의 성분이 어떻고 어디에 좋으며 또한 어떻게 효과를 낼 수 있는지 잘 설명했습니다. 그런데 그 설명을 듣고 있던 사람들 가운데 제약에 대하여 관심이 있고, 또한 많은 지식이 있는 사람이 날카로운 질문을 던졌습니다. 질문은 받은 외판원은 답변을 하지 못했습니다. 교육받아 알고 있는 것만 답변할 수 있기 때문입니다. 실제로 그 사람은 그 약을 먹고 그 효과를 경험하지 못해본 사람일수도 있습니다. 그 상황이 되자, 거의 약을 팔 수 있었는데 당황하여 쩔쩔 맬 수밖에 없었습니다. 그때 한 사람이 뛰어들었습니다. 그리고는 외쳤습니다. "나는 이 약에 대해서 의학적인 지식은 가지고 있지 않아 자세히 설명할 수는 없지만, 오래전 지인을 통하여 이 약을 소개 받았고 먹어서 효과를 보았습니다. 나의 지병이 나았습니다. 이 약은 분명히 효과가 있습니다." 그때 그 설명을 듣고 있던 사람들 중 약이 필요했던 사람이 나와서 약을 구입하였습니다.

결국 이 약을 팔 수 있었던 것은 누구 덕택입니까? 그것은 그 약을 먹고 나아본 사람의 외침 때문이었습니다. 그 약에 관한 많은 지식을 교육받아 알고 있었어도 그 약을 먹고 나아본 사람을 당할 수 없었습니다. 복음전도도 이와 마찬가지입니다. 지식도 필요하지만, 더 중요한 것은 복음을 통하여 먼저 구원 받고 그 복음만이 세상의 모든 사람들을 구원할 수 있다는 확신을 가진 사람이라면 통할 수 있습니다. 그리고 이 확신이 분명할 때 반대를 위한 반대질문이 줄어들 수 있습니다. 확신에 따라서 아예 제기되지 않을 수도 있습니다.

사단은 알고 있습니다. 전도자가 어떠한 부분에 취약한지를 말입니다. 그렇기에 그 취약한 부분을 집중적으로 공격하는 것이 사단입니다. 그런데 전도자가 어떠한 반대질문이 제기 될지라도 자신이 확신하고 있는 바를 정확하게 견지하고 있으며 전달할 준비가 되어 있다면 반대질문을 통하여 전도자를 방해할 수 없다는 사실을 인지하게 됩니다. 당연히 사단의 전략이라고 할 수 있는 반대를 위한 반대질문이 줄어들 수밖에 없습니다. 그러므로 전도자는 어떠한 반대질문이 제기된다고 할지라도, 또 자신이 답변할 수 없는 상황에 몰리게 된다고 할지라도 그 질문과 상관없이 피전도자를 살릴 수 있는 분명한 방법을 자신이 알고 있으며 살릴 수 있다는 확신을 가질 수 있다면 거기서부터 반대의견을 성공적으로 처리할 수 있는 출발이 됩니다.

2. 영혼을 살리는데 초점을 두라

　이 부분은 복음의 확신을 갖는 훈련과 연결되어 지는 내용입니다. 일단 전도자가 복음이 모든 죽어가는 사람을 살리는 유일한 방법이 된다고 확신을 갖게 될 때, 전도자는 피전도자의 영혼에 초점을 맞추게 됩니다. 즉, 피전도자의 사회적인 지위나 권력 그리고 교육정도와 직업 등 피전도자가 가지고 있는 외적인 모습 때문에 위축되거나 또는 만만히 보지 않고 그 영혼의 문제에 집중하게 됩니다. 실제로 전도자들은 영혼을 구원하기 위해 현장으로 나가진 사람입니다. 그런데 여러 사람을 만나다 보면, 전도자도 인간인지라 피전도자의 외적인 모습 때문에 위축되거나 또는 얕잡아 볼 수도 있습니다. 그때부터 복음전도가 풀려지지 않을 수 있습니다.

　그러나 아무리 훌륭한 사람이라도, 또 아무리 많은 재산을 가지고 있더라도, 아무리 높은 권력을 가지고 있다고 할지라도 영혼이 구원받지 못하면 소용이 없다는 사실에 전도자는 늘 주목을 해야 합니다. 그 영혼은 죽어 있기 때문입니다.[278] 전도자는 영혼을 구원하는 자입니다. 그리고 그 영혼을 구원할 수 있는 방법에 훈련되어진 사람입니다. 그러므로 자신이 감당해야할 영혼에만 초점이 맞추어질 때, 전도자가 가질 수 있는 두려움이 사라지게 됩니다. 왜냐하면 대부분의 두려움은 피전도자를 알지 못하는 데에서 오며, 또한 알고 있다고 하더라도 나보다 더 좋은 환경을 가지고 있는 사람의 외적인 모습 때문에 위축되어 두려움을 갖기도 합니다. 이 부분에서는, 전도자보다 열악한 환경을 가진 피전도자에게는 얕잡아 보다가 복음전도를 실패할 수도 있음이 전제되어 있습니다. 이 모든 것이 전도의 방해물입니다.

　그런데 피전도자의 외적인 모습에 상관없이 그들의 영혼에 초점이 맞추어지기 시작하면 담대해 지기 시작합니다. 죽은 영혼을 살릴 수 있는 방법을 내가 알고 있기 때문입니다. 복음전도의 어떠한 방해요소가 발견된다고 할지라도 내가 이 사람을 살릴 수 있다고 생각되어지면 그 모든 방해 요소들은 문제가 되지 않는 것입니다. 바로 이때 반대를 위한 반대질문도 제기될 확률이 낮아지게 마련입니다. 사단이 어떠한 질문을 가지고 흔든다고 할지라도 전도자는 이미 자신이 해야 할 일과 할 수 있는 일에 중심이 잡혀 있기 때문입니다. 이때 두려움이 사라지고 담대하게 복음을 전할 수 있는 상황이 되어집니다. "... 사람들에게는 영원을 사모하는 마음을 주셨느니라..."(전 3:11). 그렇습니다. 모든 사람들은 육신적인 것이 채워졌다고 만족할 수 없습니다. 하나님께서 영원을 사모하는 마음을 주셨기 때문입니다. 영원이 채워지고 만족되지 않으면 인간은 행복할 수 없습니다. 전도자가 피전도자에게서 집중하고 보아야 할 것은 바로 이것입니다.

반대질문을 분류하라

복음전도의 현장에서 반대의견이 제시될 때 전도자들이 먼저 알아야 될 부분이 있습니다. 그것은 그 질문이 어떠한 의도로 제기되었느냐 하는 것입니다. 즉, 크게 둘로 나누자면, 궁금해서 던지는 진지한 질문이 있을 수 있고, 반대를 위한 반대질문이 있을 수 있습니다.[279] 이것을 전도자가 먼저 인지할 수 있어야 처리하기가 쉬워집니다. 적을 알고 나를 알면 백전백승이라고 했습니다. 그러므로 피전도자가 던지는 반대의견이 어떠한 이유에서 비롯되었는지를 알고 대처할 수 있다면 반대질문처리는 훨씬 쉬워질 수 있습니다.

1. 반대질문을 제시하는 중요한 이유들

피전도자들이 반대질문을 제시할 때에는 다음과 같은 이유가 있습니다. 첫째, 복음전도를 방해하는 사단의 방해입니다. 사단이 복음전도를 방해하기 위하여 즐겨 사용하는 무기 중에 하나가 전도자들을 위축시킬 수 있는 반대질문입니다. 일단 반대질문이 제시되면 복음의 전달은 중단되어지고 전도자는 위축될 수 있기 때문입니다. 사단은 피전도자들의 마음을 혼미케 하여 영광의 복음의 광채가 비춰지지 않도록 혼신을 기울입니다(고후 4:4). 그러나 사단은 자신을 드러내지 않고 교묘하게 질문의 형식을 빌어 전도자를 공격해 옵니다. 그러므로 전도자가 이것을 발견할 수 있어야 복음전도를 효율적으로 행할 수 있습니다. 사단이 모든 것은 포기할 수 있다고 할지라도 절대 포기할 수 없는 것이 영혼입니다. 한 영혼을 잃어버리면 그들의 지경이 위축되고 좁아지는 것이기 때문입니다. 그러므로 될 수만 있다면 복음전도를 방해하려 합니다. 전도자는 이 사실을 분명히 인지하여 적극적으로 대처할 준비가 되어 있어야 합니다.

둘째는 정말로 몰라서 묻는 진지한 질문이 있을 수 있습니다. 성경은 세계인들에게 있어서 최고의 베스트셀러입니다. 그리고 기독교에 대해서 많은 이야기를 들어본 피전도자들도 있을 것입니다. 그러므로 피전도자들은 기독교에 대해서 정말로 궁금한 부분들이 있을 수 있습니다. 단지 그 질문을 물어볼 대상을 만나지 못하였기에 묻어 둔 것입니다. 그러므로 전도자가 기독교의 진리에 대해서 말을 전달하기 시작할 때 그 궁금한 질문들이 떠올라 질문할 수 있는 것입니다. 이 경우에는 전도자가 그 질문에 대해서 진지하게 답변하고 피전도자를 공감시킬 수 있다면 복음전도는 한층 수월해 질 수 있습니다. 그러나 이러한 경우라도 질문은 항상 전도자의 복음전달의 맥을 끊어 놓는다는 사실을 인지하고 있어야 합니다. 그러므로 지혜롭게 대처해야 합니다.

셋째, 그리스도인들에 관한 상처가 있어서 질문을 던지는 피전도자들이 있습니다. 이것은 기독교가 싫다거나, 예수가 싫다기보다는 먼저 그리스도인들에게 받은 상처가 있기에 전도자를 만나 그 상처를 표현하는 경우입니다. 이러한 경우 복음전도는 큰 난관에 부딪칠 수 있지만, 피전도자의 입장에서 그들의 이야기를 경청하고 그리스도인들이 세상을 향하여 덕을 세우는데 미약했던 모습들을 인정하면 피전도자의 자세가 한층 수그러들 수 있습니다. 그리고 그들이 받은 상처에 깊게 공감하고 같이 아파할 수 있다면 오히려 이러한 질문들은 전도를 하는데 도움을 줄 수 있습니다. 이러한 질문으로 전도자와 피전도자는 같이 아파하는 마음으로 하나가 될 수 있기 때문입니다.

넷째, 자신의 죄가 드러나지 않도록 하기 위하여 반대질문을 제시하는 사람들도 있습니다.[280] 그들은 자신들의 마음속에 그들이 사랑하는 죄의 깊은 목록들을 소유한 자들입니다. 그것을 너무 사랑한 나머지 그것을 포기하거나 내려놓기 싫어서 반대의견을 내놓고 있는 것이지요. 물론 이러한 유형은 반대를 위한 반대질문을 내놓은 유형이라고도 볼 수 있지만, 이러한 사람들이 가지고 있는 깊은 뿌리의 죄를 전도자가 인지하여야 효율적으로 대처할 수 있다는 점에서 특수하다고 볼 수 있습니다. 만약 피전도자가 사랑하고 있는 죄의 부분을 전도자가 알 수 있다면, 그것 때문에 반대질문을 던지고 있다는 것을 알 수 있다면, 그 죄로 인한 결과와 영향들을 설명하며 효율적으로 접근하고 도와줄 수 있기 때문입니다. 성경도 "**...빛이 세상에 왔으되 사람들이 자기 행위가 악하므로 빛보다 어두움을 더 사랑한 것이니라 악을 행하는 자마다 빛을 미워하여 빛으로 오지 아니하나니 이는 그 행위가 드러날까 함이요**"(요 3:19-20)라고 기록하고 있습니다.

다섯째는 기질이 논리적이고 이성적이어서 질문을 좋아하는 사람들이 있습니다. 이 사람들은 전도자의 말이 아무리 논리적이고 이해할만 하더라도 자신의 질문을 통하여 한 번 더 확답을 받고 싶어 하는 사람들입니다. 그러므로 전도자는 이러한 사람들의 질문에 위축된다거나 어려워하지 말고 이러한 스타일의 사람이 던지는 질문에는 공감하며 그들의 관심과 질문에 칭찬하면서 그들의 입장에서 질문하는 답변을 한 번 더 설명해 주면 좋은 결과를 얻을 수 있습니다. 복음의 내용을 한 번 더 설명해 준다고 하는 것은 더 효과적인 일이기에 이러한 유형의 질문자를 만나면 전도자가 더 효율적으로 전도할 수 있습니다. 단지 전도자가 이러한 질문 유형의 스타일을 인지하고 있어야 합니다.

2. 반대질문 처리 시 기본자세

어떠한 전도자라고 할지라도 반대질문이 제시되었을 때 그 의견이 어떠한 상황에서 제기된 것인지를 알기 위해서는 끝까지 듣고 피전도자와의 대화를 통하여 분류할 수 있습니다. 그런데 바로 이때가 중요합니다. 왜냐하면 반대질문이 제기 되었을 때 전도자가 너무 당황한 나머지 그 질문을 잘 처리하지 못한다면 전도는 무산될 수 있기 때문입니다. 그렇다면 피전도자로부터 반대질문이 제기되었을 때 그 의견을 분류하기 위하여 어떠한 자세로 임하여야 할까요?

첫째, 전도자가 겸손해야 합니다. 겸손은 사람의 마음을 살 수 있습니다. 그러나 겸손하지 못하면 마음을 잃을 수 있습니다. 전도자가 전도하기 위하여 현장으로 나갔다는 것은 피전도자들의 마음을 얻어 그리스도께로 회심시키기 위함이 아니겠습니까? 그렇기에 처음부터 끝까지 겸손해야 합니다. 이것은 반대질문이 제시되었을 때도 마찬가지 입니다. 어떠한 질문이 나온다고 할지라도 침착하고 겸손하게 대응한다면 일단 피전도자의 마음을 얻는데 성공의 문을 연 것이라 할 수 있습니다. 반대질문이 너무 초보적인 질문이라도, 또는 너무 당돌한 질문과 엉뚱한 질문이 제기된다고 할지라도 겸손히 그 질문을 받아 준다면 피전도자의 마음이 열릴 수 있는 것입니다. 모든 사람들은 자신이 존중받고 싶어 하는 마음을 가지고 있습니다. 그 부분을 전도자가 활용할 수만 있다면 성공적으로 전도할 수 있는 것입니다. 그러므로 어떠한 질문 속에서도 전도자는 침착하게 겸손함으로 피전도자들을 대해야 반대질문을 효율적으로 처리할 수 있는 기회가 주어집니다. 겸손함은 전도자가 기본적으로 가져야할 덕목이기도 합니다.[281]

둘째, 전도자는 상대방을 존중해주어야 합니다. 이것은 반대질문을 분류할 때에도 중요한 자세이지만, 복음전도가 끝나는 동안 전도자가 취해야할 자세이기도 합니다. 전도자가 상대방을 사랑하고 존중하는 마음이 없다면 전도는 형식만 남게 되기 때문입니다. 그렇다면 무엇 때문에, 어떠한 성서적인 근거로 상대방을 존중해야 할까요? 그것은 이 세상의 모든 사람들이 하나님의 형상과 모습대로 지음 받은 사람이기 때문입니다. 즉 하나님의 자녀들이고, 또 어떠한 사람이든지 그 사람 안에서 하나님의 형상과 모습을 발견할 수 있기 때문입니다. 죄 때문에 깨어졌다고 할지라도, 하나님의 자녀들입니다. 그렇기에 하나님은 지금도 그 사람들, 당신의 자녀들을 구원하시기 위해 눈물 흘리며 일하고 계신 것입니다.

사회가 규정한 피전도자의 상황만을 보지 마십시오! 내가 생각하고 판단하는 피전도자의 모습만 보지 마십시오! 하나님의 입장에서 하나님의 형상과 모습대로 지음 받은 사람의 모습을 보십시오. 그리고 존중하십시오! 그때 구원의 실마리가 풀어질 수 있습니다! 이러한 상대방을 향한 존중의 자세는 반대의견을 분류할 때 더 필요한 자세입니다. 전도자가 당황할 수 있기 때문입니다. 그리고 전도자를 공격하는 것으로 생각들 수 있는 질문이 제기 될 수도 있기 때문입니다. 그러나 이때 피전도자를 향한 존중하는 마음을 잃지 않는다면, 전도자는 침착하게 피전도자의 질문을 들으며 대처할 수 있을 것입니다.

반대질문 처리의 과정과 기본적인 태도

1. 반대질문 처리의 과정

반대질문을 효율적으로 처리하기 위해서는 다음과 같은 과정을 거쳐야 합니다.[282] **첫째, 반대질문 제기 되었을 때 그 질문에 관한 이해가 있어야 합니다.** 즉, 피전도자가 무엇을 질문하였는지를 파악해야 합니다. 이것이 명료해지지 않으면 서로의 대화가 모호해 질 수 있습니다. 이때 그 질문이 반대를 위한 반대 질문인지, 아니면 진솔한 답을 원하는 질문인지도 파악하면 좋습니다.

둘째, 질문을 받은 뒤, 그 질문에 대해서 공감해야 합니다. 어떠한 종류의 질문이라고 전도자에게 파악되었다고 할지라도, 일단은 피전도자가 던진 질문에 공감하여야 합니다. 그래야 서로 좋은 분위기에서 대화를 이어갈 수 있습니다.

셋째, 피전도자가 던진 질문을 분명히 해주어야 합니다. 반대 질문은 공감하며 진지하게 받아 주지만, 그 질문을 정확히 전도자의 입으로 반복해서 말해 줌으로 서로 명료화하는 시간을 갖는 것입니다. 이것이 중요한 것은 이 과정을 거치지 않으면 나중에 피전도자가 자신의 질문을 슬며시 바꿀 수도 있는 여지는 남겨주기 때문입니다. 물론 이러한 경우는 반대를 위한 반대질문의 경우 그렇습니다.

넷째, 처방과 답변을 하십시오. 이 과정에서는, 답을 잘 알지 못할 때에는 뒤로 미룰 수도 있고 나중에 연구하고 돌아와 답할 것을 약속할 수도 있습니다. 그러나 답을 안다면 가급적 간단하고 빨리 답변을 하는 것이 좋습니다. 왜냐하면 답변이 길어질수록 그 질문과 답변이 주된 대화로 바뀌어 질 수 있기 때문입니다. 전도자는 복음을 전하여 영혼을 살리려 피전도자를 만난 사람이라는 본분을 절대로 잊어서는 안 됩니다. 그러므로 답변을 가급적 간단하고 빨리 끝내고 본질로 돌아가는 것이 가장 좋습니다.

다섯째, 복음제시로 돌아가십시오. 전도자의 답변이 충분하지 않았더라도, 혹은 답을 알지 못하여 잘 답변하지 못하여 뒤로 미루거나 나중에 답변할 것을 약속하였다고 할지라도 그곳에 신경을 쓰지 마십시오. 전도자가 신속히 복음제시로 돌아가 복음을 충실히 전달할 수 있다면 피전도자의 궁금증도 그 안에서 해결될 수 있는 여지가 많습니다. 그리고 어차피 복음제시를 잘 받아들이지 않는 피전도자라면, 반대질문을 잘 처리한다고 할지라도 그것으로 영혼을 구원할 수 없는 일임을 알아야 합니다.

이상의 과정을 한 예를 가지고 설명해보겠습니다. 피전도자가 **"왜 교회 다**

니는 사람들도 정직하지 못하고 사회적인 문제를 일으킵니까?"라는 질문을 했다고 가정해 봅시다. 첫째, 질문에 대한 이해를 해야 합니다. 이러한 질문을 던진 피전도자들은 기독교인들에게 상처가 있는 사람이거나 굉장히 정직을 중요한 가치로 생각하고 있는 사람일 수 있습니다. 그러므로 진솔하게 잘 처리하면 복음제시로 신속히 돌아갈 수 있지만, 그렇지 않으면 반대를 위한 질문으로 바뀌어 질 수 있음을 알아야 합니다. 둘째, "아! 선생님 좋은 질문이십니다! 저는 그와 같은 말을 들을 때마다 먼저 믿는 사람으로 참 부끄럽게 생각합니다. 그리고 세상이 분명히 그것에 대해서 질문을 가지고 있을 것 같다는 생각을 했습니다"라고 공감하십시오. 셋째, "그러니까 선생님은 왜 예수를 믿는 사람들이 세상 사람들보다 더 정직하게 살지 못하고 오히려 사회적으로 문제를 일으키는 사람들이 생겨나느냐는 말씀이시지요?"라고 언급하며 질문을 분명히 합니다. 넷째, 처방과 답변을 하십시오. 다음과 같은 답변이 도움이 될 것입니다. "선생님! 교회 안에는 형편없는 사람이 선생님 생각보다 더 많습니다. 그런데 하나님께서는 그 형편없는 사람들을 끝까지 포기 하지 않으시고 구원하시고자 하시지요. 그래서 그 사랑 안에서 조금씩 변화되어 가는 것 같아요. 저 역시 그들과 다를 바가 없는 죄인이지만 믿음 안에서 변화되어 가고 있지요" 다섯째, "하나님은 선생님도 무척사랑하십니다. 이것을 알려드리기 위하여 제가 기쁜 소식을 전해드려도 되겠습니까?"라고 말하며 복음제시로 돌아갑니다

2. 반대질문 처리의 기본적인 태도

반대질문을 처리하는 기본적인 태도는 역지사지(易地思之)의 태도입니다. 즉 상대방의 사람이 처한 입장에서 시작하라는 것입니다.[283] 전도자가 피전도자의 입장에 서 있을 때 상대방의 질문의 의도가 보이기 시작하고 또한 어떻게 처리해야 할까가 생각나기 시작합니다. 이것은 전도에 있어서 가장 기

본적인 태도이기도 합니다. 바로 이때 전도자는 겸손해 질 수 있습니다. 그리고 사랑의 마음을 가질 수 있습니다. 전도는 싸워서 이기는 것이 아니라, 아버지의 마음으로, 사랑으로 상대방에게 다가가 예수님을 믿도록 하는 일이기 때문입니다.[284] 예수님을 믿기 이전에 나의 모습도 그 속에서 발견되어 질 수 있고, 또한 피전도자가 던질 질문을 통하여 피전도자의 영혼의 소리를 들을 수도 있습니다.

일단 전도자가 피전도자의 입장에서 질문을 이해하려 하고 겸손할 수 있다면 서로 대화를 하는데 문제가 될 것은 없습니다. 상대방의 질문의 태도가 어떠하든지, 또한 얼마나 길게 질문하든지, 또 몇 가지를 질문하든지 충분히 이해할 수 있는 힘이 여기서 발견됩니다. 그러나 전도자가 자신의 입장에서 복음만 피전도자에게 전달하려 한다면 서로의 대화의 문은 닫혀 복음을 끝까지 전할 수 없음을 알아야 합니다. 특별히 반대질문이 제기가 된 시점은 예민하고 까다로운 시점이기에 더 겸손하게 낮추어 피전도자로 하여금 자신의 이야기를 충분히 할 수 있도록 해주어야 하며 자신의 입장이 꺾이지 않았다는, 그리고 존중받았다는 느낌을 주어야 합니다. 그때 전도자도 자신이 전하려는 내용을 전할 수 있는 기회를 얻을 수 있습니다.

다음으로, 반대질문 처리의 기본적인 태도는 경청입니다. 질문이 제기 되었으니 이제는 전도자가 말해야 할 차례라고 생각할 수 있겠지만, 대부분의 질문이 내포하고 있는 의미 중에 하나는 자신에게 관심을 가져달라는 것입니다. '나'라는 존재 자체를 인정받고 싶은 것이지요. 그렇기에 전도자는 이것을 파악하여 피전도자로 충분히 말할 수 있도록 하고 경청하는 것이 중요합니다.[285] 그런데 이때 피전도자로 하여금 자신이 생각한 것을 충분히 말하도록 할 수 있는 방법이 있습니다. 그것은 "왜?"라고 하는 질문입니다. 피전도자가 던진 질문에 "왜 그렇게 생각하시지요?"라는 전도자의 대꾸는 피전도자로 하여금 자신이 생각하는 진짜 문제를 토로하게 하는 유일한 방법이 됩니다.[286] 그리고 나서는 피전도자가 하는 말에 주의를 기울여 경청하여야 합니다. 경청한다는 것은 상대방을 인정한다는 의미가 포함되어 있고, 또한 내가 배울 자세가 되어 있다는 무언의 표시입니다. 그렇기에 그러한 태도에 상대방의 태도가 누그러지고 마음이 열려 자연스레 좋은 대화로 연결되어 질 수 있는 것이지요.

또한 경청시 도움이 되는 태도가 있습니다. 그것은 공감입니다. 들어주는 것도 중요하지만, 중간 중간 상대방의 말에 공감을 해 준다면 듣는 경청하는 시간은 서로에게 재미있고 의미 있는 시간이 될 것입니다. 상대방의 말에 공감한다는 것은 마치 판소리에서 중간 중간 "얼씨구"하고 흥을 돋우는 추임새와 같기 때문입니다.[287] 이렇게 볼 때 들어주는 것만으로도 상대방의 마음을 열게 할 수 있지만, 공감을 하며 듣는다면 벌써 상대방의 마음을 얻은 것과 같다고 할 수 있을 것입니다.

반대질문을 처리하는 기본적인 방법

반대질문이 제기 되었을 때, 답변만 잘한다고 훌륭한 전도자가 아닙니다. 그렇다고 답변이 필요 없다는 것도 아니지만, 그 질문을 잘 처리해 주어 복음을 끝까지 듣게 해주는 것이 중요합니다. 복음을 들어야 인생이 변화될 가능성이 있기 때문입니다. 그렇다면 어떻게 처리하는 것이 가장 효율적일까요? 다음의 네 가지 방법에만 능숙하더라도 대부분의 반대질문을 처리할 수 있습니다.[288]

1. 미리 막으라

반대질문을 처리하는 첫 번째 방법은 미리 막으라는 것입니다. 이것은 반대질문이 제기되기 전에 피전도자에게 예상되는 반대질문에 대한 답을 줌으로써 질문을 차단하라는 의미입니다. 전도자가 피전도자에게 예상되는 반대질문을 어떻게 알 수 있을까요? 그것은 관계가 있는 사람이라면, 피전도자가 처한 상황과 삶의 모습을 통해서 예측할 수 있습니다. 또 관계가 없었던 사람이라고 할지라도, 복음을 전하기 위해 서로의 대화를 통해 상대방이 진리에 관한 어떤 영역에 관심이 있거나 어려움을 가지고 있는지 파악되는 부분이 있다면 이렇게 처리할 수 있다는 것이지요. 물론, 상대방이 던질 수 있는 모든 질문을 예측하며 질문이 제기 되지도 않았는데 미리 막으려고 전도자가 내용의 대화를 끌어간다면 오히려 역효과를 가져올 수 있습니다. 여기서는 분명히 피전도자에게 예측이 가능한, 그리고 분명히 그럴 수 있다고 느껴졌을 때 처리하는 방법입니다. 이러한 처리 방법이 중요한 것은, 일단 질문이 제기되면 대화가 끊어지고 복음을 전할 수 있는 기회를 잃을 수도 있기 때문입니다. 반대질문은 제기되어서 잘 답변하는 것보다도 제기되지 않는 것이 더 좋은 것임을 알아야 합니다.

2. 뒤로 미루라

피전도자가 반대질문을 제기하였는데 그 질문이 복음제시에 크게 방해가 될 것 같다고 생각된다면 그 질문의 답을 뒤로 미루는 방법이 있습니다. "아! 선생님께서는 그것이 궁금하시군요! 너무 중요한 질문을 해 주셨습니다. 그런데 그 질문에 대한 답변은 제가 전해드리고자 하는 내용을 다 들어보시면 그 안에서 찾을 수도 있고, 또 부족하시다면 제 이야기가 끝난 뒤 더 보충해 드릴테니 먼저 제 이야기를 끝까지 들어보시면 어떻겠어요?"라는 식으로 자연스레 뒤로 미루면 됩니다. 실제로 이렇게 미루어진 질문이 복음제시가 끝난 후에도 피전도자에게서 다시 제시되어 문제가 되는 경우는 흔치 않습니다.

많은 경우 피전도자들에게 복음제시가 제대로만 되어 졌다면, 그 복음의 내용 안에서 인생의 문제에 대한 궁극적인 답을 찾을 수 있기에 자신이 제기하려고 했던 질문을 다시 제기하지 않는 것이지요. 그러므로 전도자는 뒤로 미룬다는 방식을 적극적인 방법이 아니라고 터부시 할 것이 아니라 적극적으로 활용하여야 할 것입니다. 또한 전도자가 반대질문의 답변을 뒤로 미루어야 할 상황은 그 답변이 긴 시간을 요구하는 것일 때 뒤로 미루어야 합니다. 왜냐하면 그 긴 시간의 답변 때문에 복음전달의 맥이 끊어질 수 있기 때문입니다.

3. 빨리 대답하라

반대질문을 효율적으로 처리하는 또 하나의 방법은 전도자가 알고 있는 답변을 신속히 말해주는 것입니다. 반대질문 가운데에는 가끔은 처리하고 넘어가야할 답변들이 있습니다. 그때에는 뒤로 미루는 것만으로는 해결되지 않습니다. 오히려 그 문제에 대하여 신속하지만 간략히 답변을 해주므로 우리의 대화를 계속 진행할 수 있습니다. 그러므로 전도자는 간혹 장애물과 같은 반대질문을 처리하지 않고는 복음제시를 계속하기 어렵겠다고 생각되어질 때 빨리 대답하고 중단된 복음의 내용으로 신속히 돌아가는 것이 중요합니다. 이때에도 전도자는 '왜 이러한 질문을 던지지?'라고 불쾌하게 생각할 필요가 없습니다. 침착하고 당황하지 말아야 합니다.

프랑스의 유명한 수학자요, 철학자요, 신학자인 파스칼(Blaise Pascal)은 이 부분에 적요될 수 있는 중요한 말을 하였다. "본질적인 요소들에 있어서는 일치를, 비본질적인 요소들에 있어서는 자유를, 그리고 모든 요소들에 있어서는 자비(사랑)을!"이라고 말하였습니다. 그렇습니다! 사랑을 가지고 본질적인 진리에 일치를 보이기 위해 노력할 수 있다면 훌륭한 전도자가 될 것입니다.

4. 연구하고 대답해 줄 것을 약속하라

전도자가 기독교에 관한 모든 지식을 알고 있는 사람이 아닙니다. 그러므로 피전도자의 질문에 모든 것을 답변할 수 있는 입장도 아닙니다. 전도자가 생각하기에 피전도자의 질문은 중요하기도 하고, 또 진솔한 질문이기도 한데 답변을 할 수 없을 때에는 그 질문에 대한 답변을 연구하고 다음에 만나서 답해 줄 것을 약속하십시오. 당황해할 필요가 없습니다. 그리고 이렇게 정중히 표현할 때 오히려 피전도자가 우쭐할 수도 있습니다. 누군가가 나의 질문에 답변을 하지 못했을 때 느낄 수 있는 만족감과 같은 것입니다.

그러나 이때에도 전도자는 정중하고도 겸손하게 처리해야 합니다. "선생님 너무 중요한 질문을 해 주셨네요. 저도 그것에 대해서는 미처 생각하지 못한 부분이기도 합니다. 제가 돌아가서 연구하고, 또는 신앙의 선배들에게 여쭙고 꼭 답변을 드리겠습니다. 저도 많이 배우겠는 걸요! 그러면 우리가 지금 대화를 하고 있는 본론으로 돌아가실까요?" 이러한 식의 처리는 상대방을 존중하면서도 전도자가 전하려는 복음의 맥을 놓치지 않는 방식이라고 할 수 있습니다. 여기서 중요한 것은 반드시 복음을 전하던 맥락으로 돌아가야 한다는 것입니다. 답변은 나중에 연구하고 다시 만나서 드릴 것을 약속하였으니 전도자는 빨리 복음을 전하던 맥락으로 피전도자를 이끌고 가야 한다는 것입니다. 전도자의 임무는 복음을 전하여 영혼을 구원하는 일임을 잊지 말아야 합니다.

반대질문 처리 시 주의해야할 점

반대질문을 처리할 때 전도자는 다음과 같은 부분에 주의해야 합니다. 주의를 놓친다면, 영혼을 놓칠 수 있기 때문입니다. 전도자의 가장 중요한 임무는 영혼을 구원하는 일입니다.

1. 논쟁하지 마라

　반대질문을 처리할 때 가장 중요한 부분이 논쟁하지 말라는 것입니다. 전도자는 복음을 전하여 영혼을 구원하기 위하여 현장에 나간 사람이지 말로 싸워서 이기기 위해 현장에 나간 사람이 아닙니다. 그러나 전도자가 반대질문을 받는 순간 그 질문에 능숙하게 답변을 해야 한다는 압박감 때문에, 또는 기독교에 대해서는 내가 더 오래 몸담고 있었다는 생각들이, 전도자로 하여금 말로써 피전도자에게 권위를 세워 보여야 한다는 모습으로 나타날 수 있습니다. 하지만 전도자가 잊어서는 안 될 것은 말로써 피전도자에게 권위를 세워 보였어도 그것으로써 피전도자의 영혼을 구원할 수 있는 것은 아니라는 것입니다. 오히려 말로써 상대방을 억누르는 논쟁에서는 이길 수 있어도 피전도자의 마음에는 적대감을 불러 일으켜 영혼을 구원하는 일에는 실패할 수 있음을 알아야 합니다.[289]

　이러한 원칙들을 숙지하고서 현장에 나간 전도자라고 할지라도, 교회에 대한 비판적인 질문이나 혹은 예민한 부분들을 질문하며 싸우려하는 피전도자를 만날 때 자신도 모르게 논쟁을 할 수 있습니다. 꼭 명심하십시오! 전도자는 말을 잘해서 상대방을 제압하거나 굴복을 받아내기 위하여 나아간 사람이 아니라, 죽은 영혼을 살리기 위하여 나간 사람입니다! 어떠한 말로써 싸움을 걸어온다고 할지라도 피전도자의 영혼을 살리는데 초점을 맞추십시오! 예수께서도 이 땅에 오셨을 때 수많은 모욕과 굴욕을 당하셨어도, 또는 말도 안 되는 소리로 예수님을 모함했을 때에도 일일이 말로써 그것들에 대항하지 않으셨습니다. "주님, 저들을 용서하여 주옵소서! 저들을 자신들이 하는 일을 알지 못함이니이다." 바로 이러한 자세가 세상을 구원한 자세입니다. 전도자들은 바로 이러한 예수님의 모습을 닮아야 하지 않겠습니까? 전도를 할 때 논리 있는 설득은 필요하지만, 피전도자와 말싸움을 피하라는 것은 철칙임을 알아야 합니다.

2. 솔직하라

　예수 그리스도의 복음은 인생의 극히 중요한 문제들, 삶과 죽음의 문제들을 다루고 있습니다. 따라서 전도자들은 그 복음을 전함에 있어서 난폭해 지거나, 가감을 하거나, 애매한 답을 하거나, 혹은 수많은 조건들을 붙여서 복음의 내용에 제한을 갖게 해서는 안 됩니다. 전도자가 솔직할 때 전달하려고 하는 복음의 내용이 진솔하게 다가갈 수 있고, 또한 간단할지라도 명료하게 피전도자에게 인식될 수 있습니다. 전도자들은 겸손하게, 그러나 분명하게 있는 그대로를 말해야 합니다.[290]

　그렇다면 이러한 솔직함은 어떻게 구비할 수 있을까요? 그것은 사랑함으로 구비할 수 있습니다. 누군가를 진심으로 사랑한다면 솔직할 수 있습니다. 사랑하면서도 거짓을 말할 수 없고, 또 과장을 하여 상대방을 당황스럽게 하지 않을 것입니다. 그러므로 전도자가 진정으로 피전도자를 사랑하는 마음이 생겨난다면 그 안에서 솔직함이 구비될 수 있습니다. 혹시 전도자가 끝없이 실수 할 수 있을지라도, 솔직함은 전도자가 하던 일을 계속 진행할 수 있는 힘을 가져다줍니다.[291]

　복음을 전하는데 솔직함은 바로 초대교회가 복음을 전할 때 사용하는 표현이기도 하였습니다. 신약의 헬라어로 복음전도를 나타내는 말이 여러 개 있는데, 그 중에 하나가 '증거하다'라는 의미를 가지고 있는 '마르투레오($\mu\alpha\rho\tau\upsilon\rho\epsilon\omega$)'라는 단어였습니다. 이 단어가 가지고 있는 기본적인 의미는 '보고 들은 것을 그대로 말하는 것'을 뜻합니다. 법정에서 증인이 위증하면 처벌을 받듯이 자신이 보고 들은 것만을 말하는 것을 의미합니다. 그러므로 이 안에 '솔직함'이라는 의미가 전제되어 있다고 할 수 있지요. 그렇습니다! 복음전도는 '보고 들은 것' '내가 경험하고 누린 것'을 가감 없이 전하는 것입니다. 전도자가 이것에 충실할 수 있다면 반대질문을 처리하는데 굉장히 큰 도움을 받을 수 있습니다. 그리고 전도자는 항상 자신을 이 단어, '마르투레오'($\mu\alpha\rho\tau\upsilon$

ρεω)에 비추어보아 진리를 기준으로 가감이 있는 부분을 바로잡아 나아가야 합니다. 같은 말을 오래 동안 하면 자신도 모르는 사이에 진리가 아닌 것이 진리로 둔갑하여 자리 잡을 수도 있기 때문입니다.

Chapter 12

복음전도를 위한 교회 공동체성의 회복
- 교회는 무엇을 준비해야 하는가?[292]

교회 공동체는 복음의 내용을 담고 있는 그릇이며, 구성원들이 복음의 내용을 경험하는 주된 장이 되기에 복음전도를 가능하게 하는 기관입니다. 그러므로 교회 공동체가 건강하지 못하면 전도의 본질은 사라진 채 사람을 모으고 교회를 채우는 것에만 초점을 두게 됩니다. 그렇기에 교회를 교회되게 만드는 가장 큰 특징인 교회 공동체성의 회복은 교회의 본질을 회복하는 것이며, 복음전도의 기초를 놓는 일이라고 할 수 있습니다. 교회의 공동체성을 규정하는 가장 중요한 요소는 '코이노니아(koinonia, 교제)'입니다. 코이노니아는 기독교가 어떠한 단체인지를 가장 명확하게 규정해 주는 요소이기에 이것이 실천될 때, 교회는 세워진 목적대로 교회다워지고 영원을 알지 못하는 세상을 향하여 영원을 전하며 영향을 끼칠 수 있습니다. 이번 장에서는 코이노니아를 중심으로 한 교회 공동체성의 회복과 복음전도의 상관관계를 살펴보고자 합니다.

교회의 본질적 구성 요소로서의 공동체성

1. 교회 공동체성의 특징과 핵심적 요소

교회 공동체는 일반 공동체와는 다른 독특성을 가지고 있습니다. 그 독특성이 교회를 교회되게 만드는 중요한 요소입니다. 그 독특성은 교회의 의미와 목적 자체가 이 세상에 있지 않고 이 세상을 초월한 영원한 것에 초점이 맞추어져 있기 때문에 갖게 된 것입니다. 교회를 어떻게 정의할 것인가라는 질문에 그 본질을 한마디로 정의하기는 어렵지만, 적어도 초대교회 구성원들은 자신들의 모임을 '하나님의 백성', 또는 '성도'로서 이해하였습니다.[293] 특히, 신약 최초의 교회 구성원이라고 할 수 있는 제자들은 자신들의 공동체를 '종말적 구원의 공동체'로 이해하였습니다.[294] 즉, 교회라는 공동체는 세상에 존재하는 사람들이 모인 단체이지만, 이 세상에 궁극적인 목적을 두지 않고, 자신들을 영원한 하나님을 따르는 거룩한 무리로 인식하고 이해하였습니다.[295] 그렇기에 교회는 이 세상이 평가할 수 없는 독특성을 가지게 되는 것입니다. 그런데 교회 공동체가 세상에 존재하면서도 세상과 구별된 영원이라는 가치에 초점을 두고 달려갈 수 있었던 원동력은 그들이 바라보는 영원이라는 가치가 허상이 아니라, 분명한 실제로 경험되었기 때문입니다.

그렇다면, 어떠한 요소들이 교회라는 독특한 공동체를 형성하고 유지해 가는데 도움을 준 공동체성의 핵심적인 요소일까요? 론 니콜라스(Ron Nicholas)는 성경 사도행전 2장 42,47장을 중심으로 교회 안에 건강한 소그룹을 이루는 네 가지 본질적인 요소인 양육, 예배, 교제, 선교를 제시하였습니다.[296] 이 네 가지의 요소들은 소그룹을 이루는 본질적인 요소이지만, 교회 공동체를 형성하고 건강하게 유지해 가는 본질적인 요소이기도 합니다. 소그룹은 교회안의 작은 교회로서 교회의 정체성을 유지해 가는데 필수적인 요소인데, 초대교회는 이러한 소그룹의 형태로 건물 없이 시작되었기 때문입니다.[297] 그렇다면 이 네 가지 요소들은 어떻게 유기적으로 연관성을 가지며 어떻게 공동체를 활성화해 나갈까요? 니콜라스는 이에 대하여 다음과 같이 주장합니다.

> **예배는 우리들로 하여금 하나님께 집중하도록 하면서 우리의 공동체적 교제를 강화시킨다...또한 예배는 양육에 대한 하나의 반응이며 진정한 예배는 선교의식을 불러일으킨다...교제는 예배 의식을 고양시켜 주며 교제가 강력해야 커다란 선교 과업을 성취할 수 있다... 양육은 선교에 힘을 불어넣어 준다...선교는 교제를 강화시켜준다.**[298]

이상에서 보자면, 양육과 예배와 교제, 그리고 선교라는 네 가지 요소들은 서로 유기적인 관계를 가지고 서로를 활성화시키고 있기에 어느 하나의 요소라도 힘을 잃어버린다면 그것은 곧 다른 요소들마저도 동반하여 힘을 잃어버리게 할 수 있다는 것을 알 수 있습니다. 또한 이 네 가지 요소가 유기적인 관계 안에서 서로 건강한 역할을 감당할 때, 교회 공동체는 그 정체성을 확립할 수 있으며 존재의 목적을 부각시키며 유지해 나갈 수 있다는 것도 알 수 있습니다.

2. 교회 공동체의 지향성

교회가 세워진 목적에 걸맞게 공동체를 형성하여 정체성을 가지고 이 땅에 존재해 갈 때, 본질적으로 다음과 같은 속성들을 가지는데, 이를 공동체의 지향성이라고 말할 수 있습니다. 그것은 '철저성', '가시성', '갱신 지향성'입니다.[299] 공동체가 이러한 속성을 지향하는 것은 공동체 본질의 목적을 유지하기 위한 자구의 몸부림이라고 할 수 있습니다. 이것은 공동체 안에 있는 자연적인 속성이라기보다는, 공동체를 형성하고 유지하며 그 공동체성을 잃지 않으려는 기독교 공동체 운동가들에 의해서 지향되어왔던 속성입니다.

먼저 '철저성'이라고 하는 것은 공동체가 복음의 본질을 나타내고, 형제를 사랑하는 교제를 실천하는데 있어서 철저해야 한다는 것입니다.[300] 교회사를 통해서 보면, 기독교 공동체 운동을 펼쳐왔던 사람들은 모두 예수께서 행하신 바와 그가 가르치신 바를 그대로 따르겠다는 철저한 순종과 헌신의 삶을 살았습니다. 여기서 말하는 '철저성(radicalism)'은 흔히 '급진주의'이라는 말로 번역되곤 하지만, 성경과 공동체 운동에서 이 용어는 성경의 말씀을 그대로 실천하는 '철저함'을 의미합니다.[301]

다음으로 '가시성(visuality)'은 기독교 공동체가 막연히 그리스도 안에서 하나라는 관념적인 단체가 아니라 전 생활을 통하여 영적, 정신적, 물질적 교제가 구체적으로 나타나는 실제적인 공동체적인 삶을 이루어 가야 한다는 점에서 지향해 왔던 속성입니다.[302] 기독교 공동체가 지향하고자 하는 바가 개념에서 그쳐지는 것이 아니라 실제적이고 가시적으로 나타나 질 때 공동체가 건강해지고 더 공고히 묶이게 될 것이기 때문입니다. 실제로 공동체를 지향하는 대부분의 단체들은 말로만 서로를 사랑하고 공동체의 결속을 외치지 않고, 자신들의 재산의 20%에서 100%까지를 서로를 위해 공유한다고 합니다.[303]

마지막으로 '갱신지향성(reformability)'은 시간이 흘러가며 희석될 수 있는 교회의 공동체성을 건강하게 유지하고자 공동체 운동가들이 지향해 왔던 속성입니다. 즉, 교회 공동체는 한 순간이라도 자신을 갱신하고자 하는 의지를 놓쳐 버리게 된다면 공동체성을 잃어버리게 될 위험에 처할 수 있다는 것을 직시해야 한다는 것입니다. 그렇기에 교회사에 새롭게 등장한 대부분의 공동체들이 교회가 세속화 될 때마다 교회의 본질을 회복하고자 나타났던 갱신 단체였다는 사실도 이것을 증명합니다.

교회 공동체성과 복음전도와의 관계

1. 교회의 정체성과 복음전도의 관계

교회 공동체를 구성하는 본질적인 요소들, 즉 교회 정체성의 핵심 요소들과 전도는 어떠한 관계가 있을까요? 교회가 본질적 요소에 충실하여 건강해지면 왜 효율적인 복음전도를 할 수 있을까요? 결론적으로 말하자면, 복음전도 역시 교회의 본질을 이루는 요소 가운데 하나이기 때문입니다. 본질적인 요소들이 유기적으로 건강하게 활동할 때 그 공동체의 목적을 이루어 갈 수 있습니다. 이러한 사실은 또 다른 신학적 이론에서도 증명할 수 있습니다. 은준관은 『실천적 교회론』에서 교회는 본질상 역사-종말론적인 공동체였고 이러한 본질적인 요소를 유지하며 세워진 목적을 효율적으로 성취하기 위해서 여러 본질적인 요소들이 제 역할을 감당해야 하는데, 그 중에 하나가 선포(Kerygma)라고 하였습니다.[304] 은준관이 강조한 것은 먼저, 교회의 존재양식은 공동체라는 형식이라는 것입니다. 그것이 깨어지면 교회의 실천은 서로 유기적인 관계없이 각각 기능별로만 움직일 수 있다는 것입니다. 다음으로, 교회가 공동체라는 형식 안에서 그 공동체성이 유지되며 본질적인 기능을 감당할 수 있기 위해서는 여러 요소들이 충족되어야 하는데 그 가운데 하나가 선포, 즉 전도라는 것입니다. 교회가 이것을 놓쳐버리거나, 등한시하게 된다면 교회는 공동체성이 희석되거나 그 존재의 의미를 상실해 갈 수 있다는 것입니다.

이렇게 본다면 교회의 정체성과 전도는 불가분의 관계를 가지고 있다고 할 것입니다. 이러한 내용을 전도의 관점에서 보자면, 전도의 실천을 통하여 교회의 정체성이 공고해지면 교회 존재의 목적이 부각되기도 하지만, 거꾸로 전도가 효율적으로 진행되기 위해서는 교회 공동체가 그 정체성이 분명하고 그 본질에 충실해야 할 것입니다. 왜냐하면 전도와 교회 정체성은 상호 유기적인 관계 안에 있기 때문입니다.

2. 교회의 공동체성에 내포된 복음전도

교회가 본질적 요소에 충실할 때 건강해 질 수 있고, 그것은 효율적인 복음전도와 깊은 관계가 있음을 위에서 살펴보았습니다. 그것은 교회의 공동체성과 전도의 관계에서도 그대로 적용됩니다. 왜냐하면 교회 공동체성은 교회 공동체를 특성화하고 규정하는 본질적인 요소이기 때문입니다. 그렇다면 교회 공동체성과 전도는 어떠한 구체적인 관계를 가지고 있을까요? 먼저 공동체성을 규정하고 공동체를 활성화 시키는 요소들 안에서 찾아볼 수 있습니다. 교회 공동체성을 규정화하는 요소인 예배, 양육, 교제, 선교가 제대로 기능을 감당 할 때, 교회의 공동체성이 확고히 다져지고 공동체는 활성화됨을 앞에서 서술하였습니다. 여기서는 네 가지 요소 중에 선교라는 요소를 중심으로 그 특성을 살펴보아 전도와 공동체성의 유기적인 관계를 설명하고자 합니다.

선교라는 요소는 공동체가 자신을 구성하고 유지해가는 복음의 생명력을 세상에 전하여 생명을 구하고 세상을 변화시키는 일을 지칭합니다. 이렇게 볼 때, 선교라는 요소는 '전도'라는 활동을 핵심적으로 포함한다고 할 수 있습니다.[305] 그런데 복음전도는 예배를 통하여 예배의 대상이 되는 하나님과 친밀한 관계가 지속되고, 양육을 통하여 하나님을 알아가며, 교제를 통해서 그 하나님의 사랑과 능력이 구성원 서로에게 확증될 때 세상을 향하여 힘 있게 나갈 수 있는 동력이 생깁니다. 물론 이 세 가지 요소들이 활성화 된다고 하더라도, 전도를 통하여 그 영향력을 세상에 끼치지 못한다면 공동체는 힘을 잃어버리거나 정체성을 유지하기 어려울 수 있습니다. 왜냐하면 교회가 존재하는 중요한 이유 자체가 종말론적인 공동체로서 하나님 나라를 선포하며 예수의 십자가와 부활을 전하여 세상을 바꾸는 일에 있기 때문입니다.

또한 교회의 모든 구조와 시설, 인적자원은 전도를 위하여 열리고 헌신 될 수 있어야하기 때문입니다.[306] 결국 네 가지 요소들은 유기적인 관계 안에서 서로를 활성화 시켜주며, 공고히 해주는 역할을 감당하고 있다고 할 수 있습니다.

이와 같이 교회는 공동체성을 규정해 주는 요소들이 서로 유기적인 역할을 감당하고 있지만 그 가운데에서도 '교제'가 중요한 역할을 감당하고 있다고 할 수 있습니다. 즉, 교회 공동체를 진정한 공동체로 만들어주는 핵심적인 역할을 '코이노니아'가 감당한다는 것입니다. 많은 신학자들이 이것을 주장하고 있고, 심지어 성경 저자들도 코이노니아의 중요성을 강조하며 그 안에서 형성된 교회 공동체의 중요성을 언급하기도 합니다. 또한 진정한 코이노니아가 있는 곳에 효율적인 전도가 가능함도 주장하고 있습니다. 이에 대해서는 다음 장에서 구체적으로 살펴볼 것입니다.

공동체성의 핵심 요소로서의 코이노니아

1. 코이노니아와 공동체성과의 관계

'코이노니아'는 이미 공동체성을 활성화시키는 요소라고 언급한바 있습니다. 그런데 코이노니아는 공동체성을 활성화시키는 요소일뿐더러, 교회 공동체성의 중심요소이기도 합니다. 본회퍼(Dietrich Bonhoeffer)에 따르면, 하나님은 그리스도 안에서 인간을 사랑하고 자신의 마음을 선사하고 자신을 죄인에게 줌으로써 인간을 새롭게 하며, 따라서 새로운 교제를 실현한다고 하였습니다. 즉, 하나님의 사랑은 교제를 원하며, 교제를 위한 헌신임과 동시에 교제를 향한 의지라고 주장하였습니다.[307] 교회 공동체는 이러한 하나님의 사랑을 실현하는 공동체가 되어야 하기에 다분히 코이노니아가 그 본질의 핵심적 요소라고 할 수 있습니다. 이것은 삼위 하나님께서 인간을 창조하실 때 인간 역시 아담과 하와가 하나가 되고 그 둘이 하나님과 하나가 되도록 만드신 창조의 시작 자체가 코이노니아적이라는 데에서도 찾아볼 수 있습니다.308)

또한 이것은 16세기 종교 개혁자들이 개혁의 기치로 들고 나온 구호 안에서도 증명됩니다. 종교 개혁자들이 가톨릭교회를 대항하여 내건 교회 개혁의 구호는 라틴어로 'Communio Sanctorum(코뮤니오 상토룸)' 즉 '성도의 교통(communion of the saint)'이었습니다. 이것은 종교 개혁가들이 독창적으로 내세운 구호가 아니라, 이미 초대 교부들이 교회의 본질에 대해서 고백하였던 용어였습니다.309) 그런데 여기서 '교통'이란 말인 'Communion'은 헬라어 '코이노니아(koinonia)'에서 나온 것이며 '코이노니아'는 공동체(community)의 어원입니다.310) 이렇게 보자면, 코이노니아는 교회의 본질적인 요소이면서 교회를 공동체 되게 만드는 핵심요소라고 할 수 있습니다.

실제로 종교 개혁자들이 '성도의 교통'을 가톨릭교회에 대항하여 가지고 나오게 된 계기는 다음과 같습니다. '성도의 교통'을 초대 교부들은 크게 두 가지로 해석하였는데, 첫째는 인격적으로 해석되어 '거룩한 사람'의 사귐을 의미했고, 둘째는 성례전적으로 해석되어 '거룩한 사물들의 사귐'을 뜻하기도 했습니다.311) 그런데 중세 로마 가톨릭교회는 '성도의 교통'을 '성례전에 참여'하는 것으로 우선적인 비중을 두었으며, 더 나아가 죽은 성인들의 숭배 및 신비적인 연합과 결합시키기도 하였습니다.312) 즉, 성도들의 현재의 삶에서 서로의 사귐을 강조하기보다는, 공로의 활용을 통해 이 땅의 성도들이 하늘의 성도들, 연옥의 성도들과 교제를 나눈다는 해석을 덧붙임으로 그 의미를 오용시키기도 하였던 것입니다.313) 이렇게 볼 때 가톨릭교회는 이 땅의 교회 안에서 이루어지는 코이노니아를 철저히 무시하였다고 볼 수 있습니다. 그러나 종교개혁자들은 그 어구 안에 있는 중요한 해석을 다시 강조함으로써 현재 성도들의 사귐과 동시에 성례전을 통하여 임재하시는 그리스도와의 사귐을 중요시하고 다른 지체들과 하나의 그리스도의 몸에 참예하는 사권을 강조하였습니다. 즉, 종교개혁자들은 다분히 교회를 구성하는 성도들의 현재적인 사귐, 즉 코이노니아에 초점을 맞추고 있던 것입니다.

루터는 교회에 대하여, "나는 한 거룩한 교회, 즉 성도들의 교통을 믿으며 또 죄의 용서를 믿는다..."[314]라고 주장하며 성도의 교통을 강조하였습니다. 루터에게 성도의 교통은 '복음적 설교'와 '세례'와 '성만찬'을 표지로 가지면서 그리스도 안에 있는 신앙과 그 신앙에서 생겨나는 영적 교제 안에 맺어지는 코이노니아를 의미했습니다. 그의 만인 제사직론도 이신칭의 사상과 성도들의 교통과 깊은 연관 속에서 나온 것이었습니다.[315] 칼빈도 '성도의 교통'을 교회의 핵심적인 요소로 다루고 있는데, '성도의 교통'은 믿는 무리가 한마음과 한 뜻이 되어 모든 물건을 서로 통용한 초대교회의 공동체 상태를 가리키며, 성도들은 믿음의 고백과 성령의 열매를 통하여 서로 교통하는 자라고 하였습니다.[316] 더욱이 칼빈은 성례전을 통하여 성도의 교통의 의미를 더 깊이 있게 다루고 있는데, 성도들은 성만찬을 통하여 그리스도와 한 몸을 이루어 성장하게 되며 동시에 모든 성도들이 한 몸이 됨을 말하고 있습니다.[317]

이상의 내용으로 볼 때, 교회 공동체를 이루는 본질적인 요소 중의 하나인 코이노니아가 공동체성의 핵심적인 요소라는 사실을 인지할 수 있습니다. 그리고 그것은 종교개혁의 핵심적인 전통임도 알 수 있습니다.

2. 성령이 주체가 되는 코이노니아의 이해

교회 공동체가 이상적인 교제를 실천할 수 있는 힘은 사람에게 있지 않고 성령 안에서 가능합니다. 그것은 신약 교회 공동체가 성령의 강림 이후 탄생되어 교회 역사에 있어서 가장 모델적인 코이노니아를 실천한 교회로 평가받는 이유에서도 찾아볼 수 있습니다. 그렇다면 왜 성령이 코이노니아의 주체가 된다고 할 수 있을까요? 성령은 우리로 하여금 성숙한 공동체를 이루도록 하기 이전에, 먼저 각 개인이 성령의 능력 안에서 옛 사람이 변화되어 예수 그리스도와 확고한 관계를 이루게 하십니다. 예수를 믿고 하나님을 알아가는 것은 성령의 능력으로 되기 때문입니다. 이러한 변화를 통하여 성도들은 자신의 능력이 아닌, 성령의 도우심으로 서로 교제할 수 있게 되는 것입니다.

바울은 고린도후서 13장 13절에서, **"주 예수 그리스도의 은혜와 하나님의 사랑과 성령의 교통하심이 너희 무리와 함께 있을 지어다"**라고 언급하며 성삼위 하나님의 사역적 특성을 말하였습니다. 그런데 성령의 사역적 특성을 교통, 즉 '코이노니아'라고 선언하였습니다. 이렇게 볼 때, 코이노니아의 주체는 성령이라고 할 수 있습니다. 그렇다면 성령은 성도들로 하여금 구체적으로 어떻게 교제하게 하실까요?

성령의 코이노니아 사역과 복음전도

1. 수직적 코이노니아 - 개인적 하나님과의 관계

성령이 성도들로 하여금 교제케 하시는 첫 번째 영역은 수직적인 영역이라고 할 수 있습니다. 교회 공동체의 특성상, 하나님과의 교제가 선행될 때 성도들과의 교제가 효율적이게 됩니다. 성도들의 교제를 가능케 하는 분이 성령이며, 또한 이것이 교회 공동체의 특성입니다. 물론, 실제로 수직적인 코이노니아가 가능하게 된 것은 성자 예수의 구속사역으로 하나님과의 관계를 회복할 수 있는 길이 열려졌기 때문입니다. 성령의 수직적인 코이노니아가 중요한 것은, 이미 구약 선지자들이 예언한 내용이(렘 31:31-34, 겔 37:15 등) 실현된 사건으로, 하나님의 영인 성령이 우리 안에 오심으로 '그가 내 안에, 내가 그 안에' 들어가서 온전한 '하나'가 되는 사건이기 때문입니다. 성령이 오심으로 교회 공동체의 마음과 정신이 통일되었고, 모든 언어의 마음의 장벽을 극복하는 소통의 기적이 일어난 것입니다.[318]

이미 바울은 고린도 교인들을 향하여 성령의 수직적인 코이노니아를 언급하며 강조한 바 있습니다. **"너희를 불러 그의 아들 예수 그리스도 우리 주와 교제케 하시는 하나님은 미쁘시다"**(고전 1:9). 베드로는 성령의 수직적인 코이노니아가 궁극적으로는 하나님의 품성을 닮아가게 한다고 하였습니다. **"이로써 그 보배롭고 지극히 큰 약속을 우리에게 주사 이 약속으로 말미암아 너희를 신의 성품에 참여하는 자(koinosos)가 되게 하셨으니"**(벧후 1:4). 이뿐만 아니라, 성령은 성찬을 통하여도 수직적인 코이노니아를 가능하게 하십니다. 성찬 자체가 기독교 예식의 핵심적인 부분이지만, 그것을 통하여 예수 그리스도와 수직적인 코이노니아를 가능케 하시는 분은 성령인 것입니다. 바울은 "우리의 축복하는바 축복의 잔은 그리스도의 피에 참예함(koinonia)이 아니며 우리가 떼는 떡은 그리스도의 몸에 참예함(koinonia)이 아니냐"(고전 10:16-17)라고 하면서 성찬을 그리스도의 피와 몸과 교제하는 사건으로 설명하였습니다. 그런데 그것을 가능케 하시는 분이 성령인 것입니다. 이처럼 성령의 수직적인 코이노니아 사건은 성도들로 하여금 하나님과 수직적인 관계를 갖게 하여 교회 공동체를 형성하는 기초를 제공합니다.

2. 수평적 코이노니아 - 공동체적 하나님 백성들과의 관계

수직적인 코이노니아를 통하여 하나님과의 관계를 맺고 하나님을 닮아가게 만드신 성령은 수평적으로 성도들과의 코이노니아를 가능케 하십니다. 이것은 사람의 힘으로만 행하는 교제와는 달리 성령, 즉 하나님의 힘으로 서로를 사랑하고 하나 되게 하는 교제입니다. 이것이 세상적인 교제와 차이가 있는 교회 공동체 교제의 특성입니다. 이 수평적인 코이노니아는 크게 세 영역에서 이루어지는데[319] 그 첫 번째가 영적인 영역이며, 이것 또한 세상적인 교제와 다른 교회 공동체의 교제의 특성이라 할 수 있습니다. 영적인 영역에서 이루어지는 성도들의 수평적인 코이노니아는 하나님과 수직적인 교제를 나눈 성도들이 자신들의 체험을 나누고 영적인 힘이 약한 자들을 도우며 함께 말씀을 읽고 서로를 위해 기도하는 것이 주된 실천내용입니다. 이때 성령이 도우셔서 공동체 구성원들의 문제가 해결되고 영적인 회복을 경험할 수 있습니다. 바울은 빌립보 교회의 성도들을 위하여 늘 기도하였는데 이것은 그리스도 안에서 서로 복음의 교제를 했기 때문이라고 언급하였습니다(빌 1:4-5). 이것이 영적인 영역에서 이루어지는 수평적 코이노니아의 실제입니다.

둘째는 정신적인 영역에서 이루어지는 수평적인 교제입니다. 이것은 공동체의 구성원들이 어려움에 처해 있을 때 서로를 위로, 격려하고 긍휼히 여기는 것으로서 지체를 세워주는 것을 의미합니다. 이러한 정신적인 교제는 그리스도와의 교제가 먼저 있었기에 그리스도인들이 그리스도의 삶에 세부적인 모습까지 동참함을 의미합니다.[320] 물론 사회에서 일반적인 교제를 할 때에도 강조되는 부분이기도 하지만, 성령이 도우실 때 지속성을 가질 수 있으며 하나님의 마음으로 실천할 수 있는 특성이 있습니다.

셋째는 물질적인 영역에서 이루어지는 수평적인 교제입니다. 이것은 공동체 구성원들이 자신들이 소유한 것을 가난하거나 필요한 구성원들에게 나누어 주어 함께하는 것을 의미합니다. 이러한 모습은 사회 속에서도 찾아볼 수 있지만, 그리스도인들은 주님의 말씀대로 공동체 구성원 서로간의 필요를 지속적으로 채워줘야 할 의무가 있으며 그것을 가능케 하시는 분이 성령인 것입니다. 베푸는 일은 그리스도인의 본질적인 특성이요, 의무라고 할 수 있습니다.[321] 누가는 사도행전 2장에서, 성령의 강림으로 말미암아 수직적인 교제가 가능케 되었으며 궁극적으로 그것은 교회 구성원들끼리 서로의 필요를 채우면서 유무상통하는 수평적 코이노니아로 확대되고 있음을 보여줍니다. 성도들은 성령을 통하여 영적, 정신적인 교제에만 머물지 않고, 더 나아가 실제적으로 자신들의 재산을 나누면서 세상이 흉내 낼 수 없는 온전한 공동체성을 발휘한 것입니다.

3. 사회적 코이노니아 - 세상과의 관계와 복음전도

성령을 통한 수평적인 코이노니아는 교회 공동체 안에만 머물지 않았습니다. 공동체를 넘어서 하나님의 형상과 모습대로 지음 받은 세상의 형제들에게로 향한 것입니다. 바울은 디모데에게 부자들이 재물에 소망을 두지 말고 하나님께 두며 선행과 나눠주기와 너그러운 자가 되게할 것을 부탁하였습니다(딤전 6:17-18). 초대교회가 사회적인 코이노니아의 실천을 중요시 여긴 것입니다. 이것은 다분히 사회봉사 차원에서만 머무는 것이 아니라, 그들 자신이 경험한 예수의 생명을 나누어 주는 전도의 기틀을 만들기도 하였습니다. 사회적인 코이노니아는 전도를 위한 세상과의 관계형성이며, 또한 기회가 될 때 복음을 전해주는 것도 사회적인 코이노니아에 포함된다고 할 수 있습니다.

이렇게 본다면 초대교회에서 실천되었던 '성도의 교제'는 개념적인 것이 아니라, 삶속에서 실제적으로 보여줄 수 있었던 것임을 알 수 있습니다. 초대교회는 "참된 공동체는 상호 의존성과 상호 귀속성을 그 특징으로 가진다"[322]는 이론을 실제로 보여주었던 공동체였습니다. 이때 세상은 교회 공동체를 칭송하며 그것은 복음전도의 큰 동력이 됨을 초대교회의 예를 통해 알 수 있습니다.

코이노니아의 회복을 통한 복음전도 활성화

이상에서 복음전도는 공동체성의 회복을 통해 건강한 공동체가 만들어질 때 더 효율적으로 실천될 수 있음을 알 수 있었습니다. 특히, 공동체를 회복시키는 요소 가운데 코이노니아라는 요소가 건강한 공동체를 만드는데 핵심적인 요소이며, 또한 효율적인 복음전도와 직접적인 관계가 있음도 알았습니다. 그렇다면 어떻게 코이노니아의 회복을 통해 복음전도를 효율적으로 실천할 수 있을까요?

1. 수직적 코이노니아의 회복을 통해 복음전도의 내용을 확고히 하라.

먼저는 영적인 차원의 교제, 즉 수직적인 차원의 교제가 강화되어야 합니다. 수직적 코이노니아의 경험은 복음 전도자들에게 있어서 전도의 내용이 됩니다. 이미 앞에서 서술했듯이, 기독교 공동체가 다른 일반 공동체와 차이점을 갖는 것은 그 자체가 영적인 공동체라는데 가장 큰 특징이 있습니다. 그러므로 영적인 주체가 되는 하나님을 알아가고 예수와 하나가 되는 일들이 경험되어지고 누려질 때 세상에 그 내용을 전할 수 있는 확신이 생기고 자신 있게 전할 수 있게 됩니다. 이러한 내용을 사도 요한은 하나님과 예수 안에 있는 생명을 경험하는 일이라고 하였습니다(요일 1:1). 생명을 알고 누려야 능력 있게 세상에 전하지 않을까요?

초대교회가 수많은 순교자들을 배출하면서도 복음전도를 중단하지 않았던 가장 큰 힘이 바로 여기에 있다고 볼 수 있습니다. 예루살렘 교회에 큰 핍박이 일어나 교회는 세계 각 곳으로 흩어졌어도, 또 순교자들이 생겨났어도, 흩어진 곳에서 작은 공동체를 형성하였고 코이노니아의 실천을 통하여 공동체를 공고히 하며 지속적으로 세상을 향하여 전도하는 일을 쉬지 않았습니다. 이 작은 단위의 공동체들은 후에 바울 선교의 거점이 되었으며, 바울이 사용하였던 브리스길라와 아굴라의 '집에 있는 교회'(고전 16:19)도 그 한 예입니다. 이렇게 본다면 체계적인 복음전도의 방법이 없어도 그 내용을 확실히 경험하고 누릴 수만 있다면 전도는 효율적으로 실천되어질 수 있는 것입니다. 전도는 방법으로만 하는 것이 아니라, 그 내용의 경험이 중요하며 거기에 좋은 방법이 구비될 때에는 날개와 같은 역할을 한다고 볼 수 있습니다.

2. 수평적 코이노니아의 회복을 통해 복음전도의 동력을 확고히 하라

수직적 코이노니아의 경험은 수평적 코이노니아의 경험으로 이어집니다. 그리고 수평적 코이노니아를 가능하게 하는 힘이 되어 공동체를 공고히 세워갑니다. 그런데 이러한 수평적 코이노니아의 경험은 복음전도의 동력이 됩니다. 먼저, 영적인 교제를 통하여 공동체 구성원을 하나님의 시각으로 바라보며 그들을 사랑하고 긍휼히 여기는 마음으로 기도하고 세워 변화를 경험케 해 줍니다. 그리고 자신이 먼저 경험한 수직적인 교제가 공동체의 또 다른 구성원들의 삶을 변화시키는 모습을 보면서, 세상의 어떤 누구도 변화시킬 수 있는 힘이 여기에 있다는 것을 깨달을 수 있습니다. 이것이 복음전도의 동력이 되는 것입니다. 복음의 능력을 공동체 안에서 확인하였기 때문입니다.

수평적 교제의 또 다른 영역인 정신적인 영역과 물질적인 영역의 교제를 가능하게 해주는 힘은 영적 영역 안에서 실천되어지는 교제에 있다고 할 수 있습니다. 하나님이 주시는 마음 안에서 사람을 바라보며 사랑하고 기도하며 세워나가는 것이 가능해진다면, 그 마음으로 공동체 구성원들을 긍휼히 여기고 위로하며 세울 수 있는 정신적 영역의 교제가 가능해 지며, 자신이 가진 것을 기꺼이 줄 수 있는 마음도 여기서 나올 수 있기 때문입니다. 물론, 나 스스로 결단하여 인간적인 힘만으로도 정서적 교제가 가능하고 물질적인 교제가 가능할 수 있지만, 그것에는 한계가 있습니다. 왜냐하면 '나'라는 사람에게 한계가 있기 때문입니다. 사도요한도 이것을 알았기에, 교회 공동체의 교제는 그것이 수평적인 교제라 할지라도 영적인 교제가 그 원동력이 됨을 강조하고 있습니다. 또한 이러한 교제의 실천을 통해 결속된 공동체의 모습은 세상과 차이가 있는 삶의 방식을 보여줌으로써 세상의 관심을 얻어 전도의 문을 여는 작업을 하게 되기도 합니다.

3. 사회적 코이노니아의 회복을 통해 복음전도의 문을 열고 증거 하라

교회 공동체의 교제는 내부 공동체 구성원들만 결속시키는 것으로 끝내서는 안 됩니다. 내부의 결속된 힘을 세상을 향하여 흘러 내보내야 합니다. 교회의 존재 목적 자체가 하나님 사랑과 이웃 사랑을 증가시키는 것이 아니면 그 어느 것도 있을 수 없기 때문입니다.[323] 교회 공동체가 고통당하는 이웃의 도움이 되며 그들을 내 몸과 같이 사랑하고 정성을 다하여 섬긴다면 그러한 행위자체가 세상을 향하여 복음전도의 문을 여는 행위가 될 수 있을 것입니다. 세상은 교회 공동체에 호감을 갖고 고마워하며 그들의 삶에 관심을 갖게 될 것이기 때문입니다. 그러나 사회적 교제의 실천의 모습이 고통당하는 이웃을 섬기고 사랑하며 세상의 필요를 채우는 일로서만 끝나서는 안 됩니다. 그것을 통하여 자신들이 공동체를 통해서 경험한 영생의 실제를 세상에 증거 하는 증인된 삶을 살아가야 합니다.[324]

이렇게 보자면, 사회적인 교제의 회복은 복음전도를 실천할 수 있는 토대를 만들며 기회가 되는대로 복음을 전하는 전도의 실제의 모습을 담고 있다고 할 수 있습니다. 즉, 교제의 회복을 통한 공동체의 결속력은 세상에도 영향을 끼칠 수 있는 힘을 부여하며, 실제적인 사회적 교제는 세상으로부터 복음전도의 문을 열고 증인의 삶을 살아갈 수 있도록 해줌을 알 수 있습니다. 실제로 사도요한은 수직적인 교제를 통해 경험한 복음전도의 내용을 수평적인 교제를 통하여 동력화 하였고 그것을 사회적인 교제를 통해 증거 하였다고 기록하였습니다. 이것이 건강한 교회 공동체의 삶의 모습이라 할 수 있을 것입니다. 그렇기에 본질적인 복음전도, 능력 있는 복음전도, 열매 맺는 복음전도가 가능하기 위해서는 건강한 교회 공동체성을 회복하고, 그 생명력을 유지하는 것이 가장 기본적이고 본질적인 준비라고 할 수 있을 것입니다.

제 4부

시대를 관통하는 복음전도의 본질

Chapter 13

교회 갱신과 복음전도
- 교회의 본질 회복을 통한 복음전도[325]

　오늘날 한국 교회는 성장이 주춤하며 그 영향력도 위축되고 있는 것이 사실입니다. 주요 교단의 교세 통계표에서 개신교 인구가 줄어들면서 교회의 위기론이 대두되었을 뿐만 아니라 사회 전반에서 들려오는 우려와 비판의 목소리는 점점 더 거세어지고 있습니다. 교회가 세상에서 빛과 소금의 역할을 감당해야 하지만, 오히려 세상 사람들로부터 걱정과 비판의 목소리를 들어야 하는 처지에 놓여 있는 것입니다. 이러한 상황에 처해 있는 교회는 자연스레 복음 전도가 어렵고 힘든 것이 사실입니다. 일각에서는 오늘날에도 효율적이고 능력 있는 복음전도가 가능하냐고 묻고 있을 정도입니다. 그러나 분명한 것은 오늘날에도 복음전도는 가능하고 능력 있게 실천할 수 있다는 것입니다. 그것이 어떻게 가능합니까?

　여러 가지 점검해보고 준비해야 할 부분들이 있지만, 이번 장에서는 교회의 갱신을 통한 교회의 본질 회복이 효율적인 복음전도에 깊은 연관이 있음을 밝히고, 위대한 전도자 존 웨슬리를 통해 교회 갱신의 방법을 찾아보고자 합니다. 조종남은 웨슬리의 메소디스트 운동을 평가하며, 웨슬리의 메소디스트 운동은 성서적 기독교의 긍정으로 시작한 신학운동(Orthodox)일 뿐만 아니라 뜨거운 신앙체험에서 시작한 전도운동(Orthopathy)인 동시에 복음 선포와 행동으로 교회와 사회를 갱신시키는 운동(Orthopraxy)이었다고 평가하였습니다.[326] 이미 앞 장에서 건강한 교회 공동체성을 회복하는 것이 복음전도에 있어서 얼마나 중요한지 서술하였습니다. 효율적인 복음전도를 가능하게 하는 것은 단지 프로그램의 문제가 아니라 교회가 중요한 본질을 되찾고 건강을 회복하는 것이기 때문입니다.

교회갱신과 복음전도의 상관성

1. 교회갱신의 필요성과 갱신의 요소들

교회의 본질적 특성으로서 공동체의 이해

구약에서 교회를 의미하는 대표적인 용어는 '카할(קהל)'과 '에다(עצה)'이다. 카할은 주로 '모임'이라는 의미로 번역되며, 에다는 '모인 사람들'과 관련 있는 용어입니다. 그런데 70인 역에서는 카할과 에다를 주로 '에클레시아(ἐκκλεσία)'로 번역하였습니다.[327] 에클레시아는 신약에서 교회를 대표하는 용어로 '하나님의 부름을 받은 사람들의 모임'이라고 번역될 수 있으며, 이를 통해 구약과 신약의 교회가 연속선상에 있다는 사실을 알 수 있습니다. 예수님은 전혀 새로운 교회를 세우기 위해 오신 것이 아니라, 참되고 본래적인 카할을 다시 세우기 위해 오셨고, 이렇게 볼 때 구약의 교회와 신약의 교회가 발전적 진행 과정에 있다고 말할 수 있습니다.[328] 그러나 오순절 성령 강림과 함께 신약의 교회는 이전의 교회와 구별되는 한 가지 특성을 가지게 되었는데 그것은 '성령의 코이노니아로서 존재하는 에클레시아'라는 것입니다.[329] 따라서 성령 강림 후에 교회는 에클레시아에서 코이노니아로 그 강조점이 이동하게 되었고, 따라서 성령의 교제를 통한 공동체로서의 교회를 강조하게 되었습니다.[330]

위와 같은 내용은 사도 바울을 통해서도 나타납니다. 바울은 교회를 '그리스도의 몸(엡 1:23)'이라고 하였으며, 성만찬에서 떡을 떼고 잔을 나누는 것은 모든 성도들이 그리스도의 한 몸에 참여하는 것임을 강조하였습니다(고전 17:17-34). 이러한 표현은 교회가 그리스도의 몸이라는 유기적인 공동체로서 존재한다는 것입니다.[331] 즉 교회는 성령을 통하여 그리스도를 머리로 삼은 공동체이기에, 유기적인 공동체라는 본질을 잃어버리면 교회는 그 기능을 감당할 수 없다고 말할 수 있을 것입니다. 또한 그 유기적인 관계는 성령의 역사를 통한 코이노니아가 활발하게 일어날 때 가능하다고 할 수 있습니다. 이렇게 본다면, 교회는 여러 가지 중요한 본질적 특성을 가지고 있지만, 교회가 가지고 있는 가장 중요한 본질적 특성 중 하나로서 '유기적인 공동체'라는 특성을 가진다고 할 수 있습니다.[332]

교회의 유기적 공동체성 회복을 위한 갱신의 필요성

교회 공동체는 일반 공동체와는 다른 특성을 가지고 있는데, 그 독특한 성격이 교회를 교회되게 만드는 중요한 요소라 할 수 있습니다. 이미 교회는 유기적인 공동체라고 언급하였지만, 유기적이라는 것은 교회가 가지고 있는 특성, 즉 특별히 자기 존재의 정체성을 유지하기 위한 목적을 향하여 각각의 구성원들이 활발하게 작용하고 일할 때 가능하다고 말할 수 있습니다. 그렇다면 일반 공동체와는 달리, 교회 공동체가 가지고 있는 특성은 무엇이라고 말할 수 있을까요?

초대 교회는 자신들을 세상 속에 존재하지만 영원하신 하나님을 믿고 따르는 구별된 공동체로 인식했습니다. 이렇게 교회 공동체가 영원이라는 가치를 추구할 수 있었던 것은 오순절 날 성령께서 강림하셔서 하나님 아버지와의 교제를 실제적으로 경험할 수 있도록 만들어 주셨기 때문입니다.[333] 따라서 초대 교회 교부들은 교회의 본질을 나타내는 용어로 '콤뮤니오 상토룸(Communio Sanctorum, 성도의 교통)'이란 말을 사용했습니다. 성도의 교통에서

'성도'는 그리스도를 주로 고백하는 사람들이며 '교통'은 '공동체'를 가리키는 말입니다.[334] 즉, 성도의 교통이란 '그리스도인들의 공동체'라는 뜻으로 초대 교회는 교회의 본질이 공동체 됨에 있다고 생각한 것입니다.

그러나 초대 교부들이 교회의 본질로 인식했던 '성도의 교통'은 중세 시대 로마 가톨릭에 의해 변질되었습니다. 초대 교부들은 '성도의 교통'에 대하여, 첫째로는 인격적으로 해석하여 '거룩한 사람(sancti)들의 사귐'으로 이해했고, 둘째로는 성례전적으로 해석하여 '거룩한 사물(sancta)들의 사귐'으로 이해하였습니다.[335] 그런데 중세 로마 가톨릭 교회는 성도의 교통을 '성례전에 참여'하는 것으로 강조하였으며, 더 나아가서는 죽은 성인들을 숭배하고 그들과 신비적으로 연합하는 것으로 오용하였던 것입니다.[336] 그렇기에 종교 개혁자들은 성례전을 통하여 임재하시는 그리스도와의 사귐과 더불어 다른 지체들과 하나 된 그리스도의 몸에 참예하는 그리스도인들 사이의 사귐을 강조하며 교회의 본질을 회복하기 위한 갱신 운동을 펼쳐 나갔습니다. 종교 개혁자들이 펼친 운동의 핵심 중에 하나가 교제를 통한 교회의 공동체성의 회복에 있었다고 할 수 있는 것입니다.

당시의 로마 가톨릭 교회가 유형적인 조직체로서 교회를 강조했다면, 종교 개혁자들은 비가시적이며 유기체적인 성도들의 교제를 강조하며 교회의 공동체성을 회복하고자 했습니다. 따라서 교회가 유기적인 공동체로서 회복되는 것은 교회 갱신운동이 추구하는 핵심 내용이라고 할 수 있습니다. 오순절 성령의 강림과 함께 신약의 교회는 시작되었습니다. 성령은 교회 안에서 성도의 교통, 즉 교제를 가능케 하며 유기적인 공동체가 될 수 있는 힘의 근원이었습니다. 그렇기에 교회의 본질을 회복하고자 하는 갱신의 근원적인 동력도 성령 안에 있다고 말할 수 있습니다. 즉, 성령의 역사를 통한 성도들의 교제가 회복되어야 갱신이 가능하며, 교회 구성원들의 진정한 교제의 회복을 통하여 교회가 이 땅에 존재해야할 정체성을 확고히 하며 살아 있는 공동체로서 유기적인 활동이 가능할 때 갱신은 완성되었다고 말할 수 있을 것입니다.

교회 갱신의 중요 요소들

교회의 본질과 정체성을 회복하기 위한 갱신의 요소들은 여러 가지가 있을 수 있습니다. 그러나 위에서 언급하였듯이, 교회갱신의 가장 중요한 결과는 교회의 본질의 회복이고, 그 본질의 중요한 내용 중에 하나가 유기적인 공동체가 되는 것입니다. 그렇다면 교회가 유기적인 공동체로서 존재하기 위해서는 어떠한 노력이 있어야 하겠습니까? 어떠한 기준을 가지고 유기적인 교회의 정체성을 점검 할 수 있을까요? 적어도 교회가 유기적인 공동체를 지향하기 위해서는 다음의 세 가지 요소들이 중요합니다. 그것은 '철저성', '가시성', '갱신지향성'입니다.[337] 이 세 가지 요소들은 교회 공동체가 자신의 특성을 지켜나기기 위한 지향성이라고 할 수 있으며, 교회사를 통하여 볼 때, 그리스도 공동체는 자신의 정체성을 유지하기 위하여 이 세 가지 요소들을 지키려 노력해 왔습니다. 그렇기에 이 요소들은 교회 갱신을 위한 요소들이라고 바꾸어 말할 수 있을 것입니다. 교회 갱신은 교회 본질을 회복하는 운동으로서, 교회가 본질을 지키기 위한 기준은 동일하게 교회 갱신의 기준으로서 사용할 수 있기 때문입니다.

먼저 '철저성'이라고 하는 것은 교회 공동체가 복음의 본질을 나타내고 교제를 실천하는데 있어서 철저해야 한다는 것입니다.[338] 교회의 역사를 통해서 볼 때 기독교 공동체 운동을 펼쳐왔던 사람들은 한결같이 예수님께서 가르치신 것과 행하신 것을 그대로 따르는 철저한 순종과 헌신의 삶으로 나타났습니다. 웨슬리의 경우에도 '규칙주의자(Methodist)'이라는 별명이 붙여질 정도로 철저하게 말씀대로 살려고 노력하며 실천했던 것을 볼 수 있습니다. 다시 말해서 철저하게 말씀을 따라 순종하고 희생할 때 교회의 본질이 회복되는 역사가 나타난 것입니다.

두 번째 '가시성'은 교회 공동체가 막연한 관념적인 단체가 아니라 전 생활을 통하여 영적, 정신적, 물질적 교제가 구체적으로 실천되는 공동체적 삶을 이루어 가기 위해 지향해 왔던 속성입니다.[339] 교회 공동체가 추구하는 모습이 실제적이고 가시적으로 나타날 때 교회 공동체는 더욱 건강하고 공고하게 연합될 수 있습니다. 사도행전 2장에 나타난 초대교회를 보면 초대 교인들은 말로만 사랑을 전한 것이 아니라 실제적으로 자신들의 재산을 나누고 유무상통하는 모습들이 나타났으며 이를 통하여 세상에 그 영향력을 나타내었습니다. 분명한 것은, 그리스도 공동체는 영적인 것만을 함께 나누고 소유하는 영적인 공동체만이 아니라, 삶을 함께 나누고 물질적인 것도 가시적으로 나누는 유기적인 공동체라는 사실입니다.[340]

마지막으로 '갱신지향성'은 시간이 흘러가면서 약해질 수 있는 교회의 공동체성을 확고히 하기 위하여 늘 갱신을 지향하는 성격을 가져왔다는 것입니다. 교회가 갱신될 수 있다면, 그리고 갱신을 위하여 필요하다면 언제든지, 무엇이든지 그것들을 긍정적으로 생각하고 접목하려는 노력을 말합니다. 교회 공동체가 이렇게 스스로를 갱신하고자 하는 의지를 놓쳐 버리면 유기적인 공동체는 깨어지고 위험에 처할 수 있습니다. 그렇기에 교회가 세속화될 때마다 교회사에 새롭게 등장한 대부분의 공동체들은 교회의 본질을 회복하기 위한 갱신 단체였다는 사실이 이것을 증명합니다.[341] 개신교회의 시작은 교회의 본질을 회복하고자 하는 갱신운동의 결과였습니다. 그렇기에 교회는 갱신지향성을 통해서 유지되고 발전된다는 사실을 잊지 말아야 할 것입니다.

2. 교회갱신을 통한 효율적인 복음전도

교제의 회복을 통한 복음전도

　교회가 갱신되면서 나타나는 모습으로서 가장 중요한 것은 교회 구성원들의 교제가 활발해지며 유기적인 공동체로 활성화된다는 것입니다. 교회가 유기적인 공동체로서 회복되는 것은 성도들의 교제가 활성화 되는 것이 가장 중요한 것입니다. 그런데 오늘날 교회가 가지고 있는 문제 중의 하나는 철저하게 개인화된 신앙을 가진 성도들이 주류를 이루고 있다는 것입니다. 하지만 예수님을 따르려는 결단은, 곧 예수님을 따르는 자들의 공동체의 한 구성원이 되려는 결단이어야 합니다. 미로슬라브 볼프(Miroslav Volf)는 기독교와 같은 예언자적 종교는 '상승'과 '회귀'라는 기능을 가지고 있는데, 예언자가 신과 만나 메시지를 받는 상승 작용이 제대로 일어나지 않으면 신앙의 기능 축소가 나타나거나 우상으로 대체하는 현상이 나타난다고 하였습니다.[342] 그리고 이러한 상승의 기능 장애는 회귀의 기능 장애로 이어지는데 회귀의 기능 장애가 신앙의 나태와 신앙의 강요로 나타난다고 보았습니다.[343] 신앙의 교제는 하나님과의 교제, 그리고 성도들과의 교제, 또한 대사회적인 교제로 나눌 수 있는데, 하나님과의 교제가 온전히 이루어지지 않으면 기독교는 기독교로서의 정체성을 잃어버리게 되고, 성도들과의 교제와 대사회적인 교제가 불가능함을 지적하고 있는 것입니다.[344] 그렇다면 어떻게 교제의 회복이 가능하며, 또한 이것을 통해 정말로 복음전도가 가능할까요? 물론 성령의 역사가 필연적이기는 하지만, 그렇다면 성령께서는 어떻게 그 교제를 가능하게 할까요?

　앞에서 살펴본 바와 같이, 사도요한은 교제를 통한 공동체의 형성과 그 생명력 있는 공동체를 통한 효율적인 복음전도에 대해 요한일서 1장에서 자세히 언급하였습니다. 신약의 교회는 생명의 말씀되신 예수 그리스도를 사귀는 경험을 통해 탄생하였고, 그들이 모여 교제하며 공동체를 유지하며, 그 생명 있는 공동체를 통하여 세상에 그리스도를 알지 못하는 자들에게 생명을 전하여 교회 공동체가 성장해 왔음을 보여주고 있습니다. 즉, 성령께서는 사람들에게 생명의 근원되신 예수를 경험할 수 있도록 도우시며, 그 생명을 경험한 자들이 모여 교회라는 공동체를 형성하게 하시고, 그 안에서 생명을 공유하고 풍성히 하도록 돕는 것입니다. 또한 교회 공동체가 세상을 향하여 복음을 전하여 세상의 사람들을 새로운 생명의 공동체로 들어올 수 있도록 돕는 것입니다. 결국은 성령께서 하나님과의 수직적인 교제와 성도들 간의 수평적인 교제, 그리고 세상을 향한 대사회적인 교제를 돕는 것입니다.[345] 이와 같이 성령께서 역사하시는 성경적인 교제가 이루어지면 교회는 유기적인 공동체로 회복될 수 있으며, 유기적인 공동체로 회복된 교회는 효율적인 복음전도가 가능하게 되는 것입니다.

제자도의 회복을 통한 복음전도

교회가 갱신을 통하여 유기적인 공동체로서 그 모습이 회복되어지면, 자연히 그 공동체 안에는 교회의 머리가 되시는 예수 그리스도를 따르는 제자도가 회복될 것입니다. 예수를 믿는다는 것은 곧 예수를 따르는 것입니다. 그런데 예수의 모습을 볼 수도 없고 만질 수도 없는 현 시대에서 예수를 따르기 위해서는 교회가 건강하고 그 정체성과 기능을 잘 감당하게 되면, 그 안에서 예수를 볼 수 있고 만날 수 있게 되면서 가능해집니다. 교회의 머리가 예수 그리스도시고, 교회는 그분의 몸이기 때문에 유기적인 관계가 활발해진다면 다분히 그 안에서 예수 그리스도를 발견하고 경험할 수 있기 때문입니다. 또한 이때 영적인 성장도 함께 이루어집니다.

그리스도인의 신앙적인 성장은 그리스도인들의 상호 작용을 토대로 이루어지는 결과입니다. 그렇기에 교제가 살아 있는 교회는 공동체 안에서 서로 친밀해져서 돌보고, 삶을 공유하며, 용서하고 용서받으며 함께 성장합니다. 그러나 교제를 상실한 교회 공동체는 인격적인 관계 속에서 서로 성장하는 경험을 하지 못하고 예수님을 따르는 일에 실패할 수 있는 것입니다. 바로 이것이 교회가 공동체성을 상실하고 교회의 생명력을 잃어가는 모습인 것입니다. 그렇다면 제자도의 회복은 효율적인 복음전도와 어떠한 관련이 있을까요?

먼저는 예수님께서 제자들을 불러주셨을 때, "나를 따라 오너라 내가 너희로 사람 낚는 어부가 되게 하리라"(마 4:19)라고 말씀하였습니다. 즉, 예수님을 따르는 일은 궁극적으로 사람을 낚는 어부가 되는 일임을 가르쳐 주신 것입니다.[346] 이것은 예수님을 잘 따라가지 못하면 사람 낚는 어부가 되는 일에도 실패할 수 있음을 암시하고 있습니다. 그러나 예수님을 잘 따라간다면, 사람 낚는 어부로서 잘 성장하고 있음을 가르쳐 주고 있는 구절입니다. 로버트 콜먼(Robert E. Coleman, 1928~)은 주님의 전도 계획의 8가지 원리를 설명하면서 두 번째 원리로 '동거(Association)'에 대해 이야기합니다. 예수님은 자기 사람들, 제자를 부르신 후에 그들과 함께 지내시면서 예수님을 알아갈 수 있도록 하셨다는 것입니다.[347] 능력 있는 전도자로 제자들을 세우시기 위하여 예수님은 제자들과 함께 있어 주심으로 예수님을 잘 따를 수 있도록 배려하신 것입니다. 이처럼 제자도와 복음전도의 관계를 깊이 있게 설명할 수 있는 구절은 없을 것입니다.

다음으로, 예수님은 그리스도인들이 서로 사랑할 때, 세상이 그 사랑을 통해 그들은 제자가 되고 세상은 예수 그리스도를 알 수 있다고 하셨습니다(요 13:35).[348] 사랑의 근원이신 하나님과 교제하면서 그 사랑을 깊이 경험한 사람들은 다른 사람들도 사랑하게 됩니다(요일 4:19). 그리고 이렇게 서로 사랑하는 것이 진정한 예수 그리스도를 따르는 방법이며 예수님의 제자가 되는 방법이라고 하셨습니다. 따라서 복음전도의 가장 기본 원리는 '사랑'이라고 할 수 있는데, 진정한 교제를 통해 그리스도인들이 서로 사랑하게 되면 그 사랑은 공동체를 더욱 강화시킵니다. 단단하게 묶여진 공동체는 세상의 공격을 막아내고 세상을 사랑으로 섬길 수 있도록 준비되는 것입니다. 이렇게 보자면, 교회 갱신을 통한 제자도의 회복은 교회가 본연의 임무를 충실히 감당하게 해주며, 세상에 영향력을 나타내어 효율적으로 복음전도를 가능하게 해주는 통로가 된다고 할 수 있습니다.

효율적인 재생산(전도)의 활성화

교회갱신을 통하여 건강한 교회로 변화된 공동체의 특징 중에 하나는 영적인 재생산이 활발하게 이뤄진다는 것입니다. 즉, 생명의 열매를 지속적으로 맺어 간다는 것이다. 건강한 교회는 교회의 머리되신 예수님이 이끌어 가시는 교회이며, 그렇기에 생명의 근원이 되시는 예수님의 생명을 교회에서 늘 경험할 수 있습니다. 그리고 그 생명력은 세상을 향해 영향력을 발휘하여 생명을 낳는 일을 가능하게 합니다. 초대 교회로부터 지금까지 교회는 놀라운 영적인 재생산을 통해서 확장될 수 있었습니다. 오늘날 교회는 교제가 죽어가며 예수의 생명력을 잃어가고 있기에, 생명을 전하여 생명을 낳는 복음전도에 어려움을 경험하고 있는 것입니다. 진정한 생명은 주님께 있기에, 그 주님과의 교제가 끊어지면, 자연히 그리스도인들도 생명을 잃어가게 되는 것입니다. 그 결과 공동체 안에 있는 구성원의 생명도 힘을 잃고 영적 재생산은 점차 어려워지는 것입니다. 그렇기에 교회 공동체의 건강을 점검하며 공공연하게 회자되고 있는 말 중에 하나 '건강한 공동체는 영적인 재생산이 있는 공동체'라는 사실입니다. 특별히 선교단체는 이 어구를 중시여기며 복음전도에 힘써 왔습니다.

이렇게 볼 때, 건강한 교회 공동체는 교제, 제자화, 재생산이라는 요소들이 자연스럽게 연결되면서 공동체를 건강하게 만들며 그 영향력을 세상으로 확대해 왔다고 할 수 있습니다. 결국, 예수 그리스도와의 사귐을 기초로 성도들과 세상을 향한 사랑의 섬김을 나타내는 "교제"와 예수 그리스도의 삶을 재현해 내는 "제자화(제자훈련)", 그리고 이것을 통한 "재생산(전도)"이라는 순환적 구조가 활성화 될 때 교회 공동체는 건강한 공동체가 될 수 있을 것입니다.

18세기 영국국교회의 문제점과 웨슬리의 갱신운동

18세기 영국국교회가 당면한 문제들

18세기 웨슬리의 신앙생활의 터전이었던 영국국교회는 갱신의 대상이었습니다. 웨슬리는 영국국교회를 신랄히 비난하는 입장에 서 있었는데, 그는 "영국에는 하나님의 형상을 따라 영혼 깊숙한 곳으로부터 다시 태어난 사람들이 과연 몇 명이며 한 몸이 된 그리스도인들의 집단 또는 눈에 보이는 기독교 교회를 어디서 찾아 볼 수 있는가?"[349]라고 기술할 정도였습니다. 영국국교회가 이렇게 갱신의 대상이 되었던 이유 중에 하나는 그 시작에서부터 찾아볼 수 있습니다. 영국국교회는 헨리 8세가 자신의 정치적인 목적을 위하여 만든 작품이었습니다. 원래 영국교회는 로마 카톨릭 교회에 속해 있었지만, 헨리 8세는 왕위를 계승할 아들이 없었기에 재혼을 하려 하였습니다. 하지만 교황은 이를 허락하지 않았고, 헨리 왕은 자신의 목적을 성취하기 위하여 영국교회를 로마교회로부터 분리시키고 영국의 종교개혁을 단행한 것입니다.[350] 이후 영국은 더 많은 개혁을 요구하는 비국교도(청교도)들과 개혁된 교회를 옹호하는 국교도들 간의 종교적 갈등이 첨예한 대립으로 나타나게 되었습니다.[351]

영국국교회가 갱신의 대상이 되어갔던 중요한 이유 중의 하나는 그 시대의 사조와도 관련이 깊습니다. 웨슬리가 살았던 18세기는 계몽주의의 시대였습니다. 계몽주의 철학자들은 제도적 종교에 대해 비판을 가하면서 사람들로 하여금 종교적 관심에서 멀어지게 만들었습니다.[352] 또한 이신론은 성경의 특수 계시를 부정하며 종교의 보편성을 주장하여 사람들로 하여금 종교적 열정이 사라지게 만들었으며, 설교자들은 교회 밖의 사람들에 대한 무관심 속에 도덕적이고 이론적인 설교로 일관하였습니다.[353] 뿐만 아니라 영국국교회의 성직자들은 영적인 영향력을 상실한 채 권력과 재물의 탐욕에 빠져 있었으며, 성만찬은 극히 드물게 시행되었고 교회활동은 게토화되어 교회 안에 제한되었습니다. 빈민들과 노동자들은 교회에서 조차 버림받았고, 심지어 성직이 뇌물에 의해 좌우되기도 하였습니다. 이러한 상황에서 교회는 명목상의 신자들을 양산해 내고 있었습니다. 교회의 갱신이 절실히 필요한 상황이었던 것입니다.

영국국교회 안에서 웨슬리의 교회갱신 운동

웨슬리는 영국국교회 목사의 아들로 태어나 영국국교회의 영향 아래서 자랐습니다. 그는 자신의 신앙의 터전인 영국국교회의 부패한 모습을 바라보며 갱신이 필요함을 절실히 느꼈으며, 교회 안에서 작은 교회 운동을 통하여 교회를 갱신하는 운동을 펼쳐 나갔습니다.[354] 실제로 웨슬리는 마지막 일기에서 '단 한 가지 필요한 것'은 '산 신앙'이었다고 기록하고 있습니다.[355] 웨슬리가 말하는 '산 신앙'은 당시 영국국교회 안에 만연해 있던 명목상의 신자와 활기 없는 신앙인 '죽은 신앙'에 대비되는 것으로, 진정한 신앙과 상관없이 단지 윤리적인 삶을 추구하며 말로는 하나님을 믿는다고는 하지만 삶 속에서는 하나님을 실제적으로 부인하는 죽은 신앙을 배격하고자 한 것입니다.[356]

먼저 웨슬리의 교회 갱신운동에 있어서 가장 중요한 것은 신도회(societies)[357]를 조직하여 교회를 갱신시켜 나간 점입니다. 신도회(societies)는 교회 안에서 소그룹 조직을 체계화한 것으로 웨슬리의 창의적인 작품은 아니었지만, 18세기라는 특수한 상황과 이에 따른 적응과 변화를 감안하여 새로운 모습으로 만들어진 것입니다. 웨슬리는 신도회(societies)를 통하여 영국국교회를 변화시키고 생명력을 불어넣으려 하였습니다. 신도회(societies)는 교회 안의 작은 교회로서 매우 엄격한 규율을 가지고 생활에 적용하며 생명력 있는 교제(koinonia)를 누리는 통로가 되었습니다.[358] 웨슬리는 이러한 신도회(societies) 조직을 통해서 서로의 신앙을 서로 점검하게 하였으며 평신도과 여자들로 하여금 설교와 교육, 전도, 기도를 담당하게 함으로서 기존의 제도를 개혁하여 성직자 중심의 신앙이 아니라 실제적인 삶의 증거로서의 신앙을 갖도록 하였습니다.[359] 실제로 신도회(societies)에 참여한 자들의 고백에 따르면, "신도회(societies)에서 모임을 갖기 전에는 그리스도인이 아니었으며, 대부분 말 그대로 이교도였다"[360]라고 언급할 정도였습니다. 웨슬리는 신도회(societies)를 통하여 철저한 훈련과 나눔, 자기부정을 통해 새로운 공동체를 선보일 수 있었습니다.[361] 바로 여기에서 교회 갱신의 요소로서의 '철저성', '가시성', '갱신지향성'을 엿볼 수 있습니다.

또한 웨슬리는 구령의 열정을 잃은 영국국교회를 갱신하기 위해 야외로 나가 설교하기 시작하였습니다.[362] 교회가 힘을 잃어갈수록 나타나는 현상 중에 하나가 세상에 영향력을 끼치지 못하고 교회 안에서만 제한된 활동을 하는 게토화가 급속히 진행됩니다. 영국국교회 역시 그러한 모습을 보이고 있었지만 그러한 영국국교회에 도전을 주고 영국국교회를 갱신하기 위하여 웨슬리는 교회가 감당하여야 할 본연의 모습으로서 세상을 찾아다니며 복음을 전하는 일에 주력한 것입니다.

웨슬리의 교회 갱신의 특징

교회 갱신의 요소들을 중심으로

교회 갱신의 중요 요소로서 '철저성', '가시성', '갱신 지향성'이 있다고 언급하였습니다. 대부분의 교회 갱신 운동가들은 이러한 요소들을 통하여 교회를 갱신시키려 하였기 때문입니다. 웨슬리 역시 교회 갱신 운동가 중에 한 사람으로 그의 사상과 펼쳐 나아간 활동에서 이 요소들을 중시하였음을 엿볼 수 있습니다. 먼저 '철저성'에 대해서 살펴보자면, 아마도 이 부분에 대해서는 웨슬리만큼 철저성을 강조한 사람은 많지 않을 것입니다. '메소디스트'라는 명칭은 "규칙주의자"라는 뜻으로서, 웨슬리와 감리교인들을 조롱하고자 하는 사람들에 의해 붙여진 이름입니다. 그는 신앙의 규칙과 그가 세워놓은 자기 훈련에 너무 철저한 나머지 사람들로부터 규칙주의자란 명칭을 얻게 되었습니다. 웨슬리는 그만큼 철저하게 신앙의 본질과 훈련을 강조하였습니다. 실제로 웨슬리의 삶을 보면, 초기 신성클럽(Holy club)으로 모일 때부터 그는 일주일에 3-4일 정도는 헬라어 성경 읽기와 고전 신학 서적을 탐구했고, 규칙적으로 기도하며 주일마다 성만찬에 참여했습니다. 뿐만 아니라 매주 수요일과 금요일에는 금식을 했으며 기회가 닿는 대로 가난한 자와 감옥을 방문하며 전도하며 구제 활동을 펼쳐나갔습니다. 또한 자신과 함께한 동역자들에게 새벽 4시에 기상하여 2시간 정도 기도하고 묵상하며 성경을 읽을 것을 강조하였고, 한 순간도 게으르지 않고 부지런해야 하며 시간의 낭비는 금물이라고 가르쳤습니다.[363] 그 당시 영국국교회와 비교해 본다면, 웨슬리가 기독교의 본질을 추구하고 실천하기 위하여 얼마나 철저하였는지 짐작하게 하는 내용입니다.

또한 '가시성'에 대해서도, 웨슬리는 자신이 만든 작은 공동체 안에서 누구든지 눈으로 보고 도전받을 수 있는 행동을 하며 구성원 모두가 그렇게 같이 실천할 수 있도록 격려하였습니다. 삶으로 보여주고 나타나야 한다는 것입니다. 실제로 '가시성'은 소그룹을 통한 교제와 전도, 사회봉사 활동을 통해 나타났습니다. 그 한 예로 웨슬리는 1주일에 1페니씩 속회(class) 헌금을 내고 3달에 한 번씩은 1실링을 내도록 하였는데, 이 헌금이 적당한 액수가 되면 가난한 자들과 순회전도자를 후원하는 데 사용하였습니다.[364] 또한 주 1회 속회 모임을 통하여 신앙을 점검하고 독려하였으며, 주 3회 병자 방문을 하였습니다. 웨슬리는 신자들의 가시적인 삶을 강조하여 효과적인 신앙의 성장을 시키려 하였고, 이러한 신자들이 모인 공동체를 통하여 타락한 사회를 향한 대안 공동체가 되기를 희망하였습니다.[365] 이 또한 영국국교회 안에서 살펴보자면, 모범과 가시적인 신앙의 모델이 희박한 상황에서 기독교란 이러한 공동체라는 것을 보여주는 혁신적인 활동이었다고 할 수 있습니다.

마지막으로 '갱신 지향성'이라는 요소도 웨슬리가 굳건하게 붙잡고 있던 부분이었습니다. 아무리 모범적인 공동체를 형성하였어도 그 공동체가 지속적으로 갱신을 지향하지 않으면 또 다시 갱신의 대상이 되기 때문입니다. 이러한 갱신 지향성은 웨슬리가 중시한 신도회(societies)에서 쉽게 찾아 볼 수 있습니다. 웨슬리는 '선택자회(the Selected Society)'를 만들었는데, 이것은 감리교 운동(Methodist movement)의 신도회(societies) 중에서 가장 깊은 내부조직이었습니다. 선택자회는 가장 헌신 된 사람들을 중심으로 구성되었으며, 웨슬리 자신도 포함시켜 기꺼이 그들과 교제하며 삶을 나누었습니다. 웨슬리가 선택자회를 만든 목적은 완전의 추구가 강조되는 교제권을 제공하기 위함과 자신도 여기서 삶을 나누고 조언과 격려를 얻기 위함이었습니다.[366] 그는 교회의 갱신 운동을 지휘해 가는 핵심 인물이었지만, 다른 지도자들과 함께 시간을 나누며 자신의 삶을 기꺼이 오픈하고 조언을 들으며, 또한 격려를 받아 갱신 운동의 방향을 점검하기도 하며 헌신된 지도자들과 힘을 합쳐 나갔습니다. 바로 이러한 부분들이 웨슬리에게 위대한 점이 아닐까 생각합니다. 갱신 지향성이라고 하는 것은 기꺼이 자신을 내려놓을 수 있어야 가능한 것인데, 웨슬리는 자신을 내려놓고 동일하게 교제하며 자신을 점검받았기 때문입니다.

또한 웨슬리는 '회개회(the Penitent Society)'를 만들어 신도회(societies)의 조직 안에서도 지속적인 갱신이 가능할 수 있도록 기회를 주었습니다. 비록 신도회(societies)가 영국국교회 안에서 교회를 갱신하는 중요한 조직이었고 생명력 있는 방법이었지만, 그 안에서도 잘못하여 갱신의 대상이 되어버린 사람들에게 기회를 주어 다시 온전히 설 수 있도록 한 것입니다. 실제로 웨슬리는 회개회 때문에 한번 실패한 사람들의 신앙이 그 이전보다 더 높이 성장했으며, 믿음 안에서 더 강해졌다고 합니다.[367]

교회 공동체성 회복을 중심으로

이미 앞에서 언급하였지만, 교회의 유기적인 공동체성이 회복되어지면서 나타나는 교회의 건강한 요소들 가운데 '교제', '제자화', '재생산'의 활성화가 있습니다. 실제로 웨슬리의 갱신 운동에서도 이러한 모습들을 분명히 찾아볼 수 있습니다. 웨슬리의 갱신 운동의 핵심인 신도회(societies)는 성도들의 교제를 위하여 만들어진 조직이기 때문입니다. 웨슬리에게 진정한 교회의 모습은 본질적으로 성도들의 교제를 통하여 기독교 공동체로 함께 모이는 데 있었습니다. 그는 신앙생활이란 공동체를 떠나서 다른 사람들과 교제 없이 존립할 수 없다는 것을 분명히 지적하였습니다. 특히 웨슬리는 그리스도교를 고독한 종교로, 또 세상으로부터 벗어나려는 종교로 삼으려는 사악한 노력은 너무나도 강력하여 관계적이며 개방적이고 활동적인 그리스도인이 되는 것을 반대한다고 하면서 교제를 강조하였습니다.[368] 교제에 관한 웨슬리의 강조점이 뚜렷하였기에 웨슬리의 갱신 운동은 유기적인 공동체를 형성하는 데 큰 도움이 되었다고 할 수 있습니다.

또한 웨슬리의 갱신 운동의 특징 중에 하나가 예수의 제자를 만드는 데 있다고 할 수 있습니다. 신앙의 성장을 통하여 성결한 그리스도인, 즉 그리스도인의 완전을 경험한다는 것은 작은 예수를 만드는 일이기 때문입니다. 하워드 스나이더(Howard Snyder, 1940~)는 웨슬리가 신도회(societies)를 조직한 이유는 무엇보다도 "공동체 내에서의 제자 훈련 체제(a system of discipline-in-community)"를 구축하는 것이었고, 이러한 훈련의 결과로 신자들의 수가 급격히 늘어났다고 하였습니다.[369] 1738년에 조직한 이 체제 안에서 30년 후인 1768년에는 40구역에서 27,341명이 모였고, 20년 후인 1788년에는 99구역에 66,375명이 모였으며, 웨슬리가 세상을 떠난 지 7년째 되던 해인 1798년에는 149구역에 101,712명의 메소디스트가 모이게 되었습니다.[370] 영적인 재생산이 자동적으로 성취된 것입니다. 이렇게 본다면, 결국 웨슬리는 신도회(societies)라는 조직을 통하여 교제와 제자화와 재생산을 가능하게 하였고, 이상적인 교회의 모습을 제시하였다고 볼 수 있습니다.

웨슬리의 교회 갱신과 복음전도의 실제

신도회의 교제를 통한 복음전도의 내적 준비

앞에서 언급하였듯이, 교회가 갱신되면 효율적인 복음전도의 실천이 가능하다는 것은 자명합니다. 왜냐하면 건강한 교회는 항상 세상을 향하여 영향을 미치고 나눠 줄 수 있는 영적인 힘과 생명이 존재해 있기 때문이며, 복음전도에 관한 효과적인 동력을 공동체를 통하여 지속적으로 공급받을 수 있기 때문입니다. 그렇다면 웨슬리의 갱신 운동은 복음전도를 어떻게 효율적으로 가능하게 하였을까요? 웨슬리에게 신도회(societies)는 교회 갱신의 중요한 방법이기도 하였지만, 효율적인 복음전도를 위한 동력의 근원지였습니다. 신도회(societies)는 많은 그리스도인들에게 일차적인 은총의 수단이 되었으며 복음전도의 훌륭한 기능을 감당하였습니다. "설교를 통해서보다는 신도회(societies)의 모임을 통해서 개종하는 사람들이 더 많았다"[371]라고 표현할 정도였기 때문입니다.

복음전도를 위해서는 세상에 전할 하늘의 메시지가 필요합니다. 즉, 세상의 사람들을 교회로 인도해 오는 것으로 전도가 끝나는 것이 아니라, 세상이 경험하지 못한 하늘의 은총을 경험하게 만들어 주어야 합니다. 그런데 이렇게 하늘의 은총을 경험할 때 세상을 향하여 선포할 수 있는 메시지의 내용이 준비됩니다. 실제로 신도회(societies)를 통하여 그리스도인들은 거룩한 은혜를 체험하였으며, 그 은혜를 바탕으로 서로 결속하였고, 진정한 교제를 통하여 그 은혜들을 나눔으로 그들의 공동체를 결속시켜 나아갔습니다. 만약 신도회(societies)가 없었더라면 여기저기서 흩어져 있던 부흥의 불꽃이 미처 한 나라에 큰 영향을 줄 수 있는 운동으로 발전해 나가기도 전에 꺼져버렸을지도 모릅니다.[372]

웨슬리는 이렇게 중요한 신도회(societies)를 관리하기 위하여 주기적으로 방문하여 교제하였고, 신실하지 못한 사람들에게는 규칙을 자세히 설명해 주고 제명처분을 내렸습니다.[373] 신도회(societies)가 하늘로부터 내려오는 은혜를 경험하는 주된 통로가 되는데 방해되는 요소들을 제거한 것입니다. 위로부터 오는 하나님의 은혜를 경험하고 그 은혜를 서로 나누며, 또 서로 사랑하고 격려하면서 세상을 향하여 그들이 경험한 기쁜 소식을 전해줄 모든 준비가 마쳐질 수 있었습니다. 반복된 은혜의 경험을 통한 확신이 자연스럽게 그리스도인들을 세상으로 인도하여 능력 있는 복음전도를 가능하게 하는 것입니다.

대사회적 교제를 통한 복음전도의 실천

웨슬리는 "내적 성결은 외적 성결로 나타나야 한다!"[374]고 외치며 내적으로 준비된 은혜의 체험과 성장의 결과를 외적으로 표현하기 위하여 노력하였습니다. 즉, 건강한 공동체를 통해 내적으로 갱신된 신앙은 외적인 삶의 실천을 통하여 표현되어져야 한다는 것입니다.[375] 그렇게 될 때 신앙의 균형도 잡혀질뿐더러, 공동체의 건강함을 지속적으로 유지할 수 있기 때문입니다. 이를 위하여 웨슬리가 선택한 가장 효율적인 방법은 복음전도였습니다. 실제로 웨슬리는 신도회(societies)의 생활규칙에서 이를 잘 표현하였는데, 메소디스트들은 이웃에게 해로운 모든 악을 피하고 이웃의 몸을 구원하며 이웃의 영혼을 구원하기 위하여 모든 선을 행하되 힘을 다하여 하라고 하였습니다.[376]

실제로 내적인 힘을 비축한 웨슬리의 공동체를 통하여 많은 사람들을 구원을 경험하였고, 혼탁했던 영국 사회에 대안 공동체로서의 기능도 감당하였습니다. 건강한 공동체를 기반으로 펼쳐진 활발한 복음전도의 결과, 이미 언급한 바와 같이 1768년에는 40구역에서 27,341명의 신자들이 모였고, 웨슬리가 죽은 후인 1798년에는 149개의 교구와 101,712명의 신도로 늘어나게 되었습니다. 그리고 그로부터 한 세기가 지났을 무렵에는 성인 영국인 30명 중 1명꼴로 메소디스트의 거룩한 모임에 속하게 되었다고 합니다.[377] 또한 웨슬리 임종 후, 신도회(societies)는 300명의 설교자와 7만 명의 회원을 가진 단체로 성장하여 영국 사회에서 일정한 기여를 할 수 있었습니다.[378]

메소디스트들은 웨슬리를 닮아 소외된 자들을 돌보고 그들을 찾아가 전도하였으며, 노예의 인권 문제에도 힘을 썼고 감옥의 재소자들을 지속적으로 돌보았습니다. 이러한 전도가 더 효율적이라 할 수 있는 것은 이들이 복음에 수용적인 부류들이기 때문에 복음을 받아들일 가능성이 높기 때문입니다. 또한 복음의 장(場)을 야외로 확대시켜 복음을 전할 수 있는 곳이라면 어디든지 달려가 전하였습니다. 이러한 모습은 내부적으로 복음전도를 위해 준비된 은혜가 있었기에 가능할 수 있었고 지속적일 수 있었습니다.

웨슬리의 교회 갱신 운동의 적용

교제, 제자화, 재생산의 활성화와 복음전도

이미 언급한 바와 같이 유기적인 교회 공동체를 회복할 수 있는 것은 '교제', '제자화', '재생산'이라는 중요 요소가 활성화 되는 것입니다. 그런데 이러한 요소들은 교회의 공동체성을 회복하기 위한 요소도 되지만, 교회가 건강할 때 자연스럽게 나타나는 모습들이기도 합니다. 즉, 교회 안에서 교제를 회복하고, 제자화를 위하여 구체적으로 노력하며, 자연스럽게 영적인 재생산을 이루어 낼 수 있을 때, 교회는 건강한 교회가 되며 유기적인 공동체로 발전해 나갈 수 있는 기반이 완성되었다고 할 수 있습니다. 이것을 거꾸로 적용하자면, 건강한 교회, 본질이 회복된 교회는 자연스럽게 교제와 제자화와 재생산이 실천되는 교회입니다. 이렇게 볼 때, 교회 갱신을 위한 유기적인 교회 공동체의 회복은 자연스럽게 효율적인 복음전도를 가능하게 하며, 이 둘을 뗄 수 없는 밀접한 관계가 있음을 알 수 있습니다. 그렇기에 기존 교회에서 효율적이고 능력 있는 전도를 위해서 방법을 찾기보다는 교회의 구조를 갱신적인 구조로 바꾸어 교회 안에서 '교제', '제자화', '재생산'이라는 요소가 정착될 수 있도록 해야 할 것입니다. 또한 그 구조가 지속적으로 정착되기 위해서 '철저성', '가시성', '갱신 지향성'이라는 요소들이 지속적으로 추구될 수 있도록 해주어야 할 것입니다.

웨슬리가 영국국교회를 갱신하기 위하여 가장 먼저 고민한 것은 성도들의 교제를 통한 성경적 공동체의 회복이었습니다. 진정한 성경적인 교제가 가능할 때 그 안에서 제자를 만드는 것이 가능하고, 또한 영적인 재생산이 가능하기 때문입니다. 이미 살펴본 대로 웨슬리의 갱신의 방법은 교회 안의 작은 교회를 만들어 그 안에서 생명력 있는 공동체의 모습을 만들어 가려 했던 것입니다. 이러한 웨슬리의 교회 갱신의 모습을 통한 효율적인 복음전도의 모습이 오늘날 교회에서도 충분히 적용이 가능하고, 실천할 수 있지 않을까 생각합니다. 더욱이 교회의 갱신의 목소리가 높아져가는 시대적인 요청이 웨슬리의 교회갱신 방법과 효율적인 복음전도에 더 관심을 갖게 합니다.

소그룹 활성화를 통한 효율적인 복음전도

웨슬리가 교회를 갱신하기 위하여 선택한 방법은 소그룹이었습니다. 왜 소그룹을 선택한 것일까요? 웨슬리는 이미 경건주의의 소그룹 운동, 모라비안들의 소그룹 모임 등을 통하여 역동성 있는 신앙 훈련과 실천이 소그룹을 통해서 가능하다는 것을 깨달았기 때문입니다. 또한 기성 교회가 무시하기 쉬운 진정한 교제와 훈련은 소그룹을 통해서만 가능하다는 것도 알았습니다.[379] 웨슬리는 이미 자신이 설립한 신성 클럽을 통하여, 개인의 극기와 성결을 위한 막강한 수단이 소그룹임을 깨달았고, 교제의 능력, 그리고 사회적 성결과 개인적 성결의 균형도 소그룹을 통하여 맞출 수 있음을 깨달았기 때문입니다.

실제로 웨슬리는 신도회(societies)를 만들어 그 안에서 삶을 나누고 신앙을 점검하여 밀접한 교제가 있도록 만들었는데, 그 교제는 영적인 것만이 아니라 일상적인 삶까지도 나눌 수 있도록 하여 구성원들의 삶이 변화될 수 있는 기반을 마련하였습니다. 교제가 활성화되면서 살아 있는 유기체적인 공동체를 구성원들이 경험할 수 있었고, 그 안에서 복음전도와 교회 활동의 모든 영역에 동력이 제공될 수 있었습니다. 또한 웨슬리의 창의적인 소그룹 조직으로 말미암아 각 신도회(societies)의 특징들을 살려 진정한 제자화를 성취할 수 있었습니다. 교제와 제자화가 활성화되면 영적인 재생산은 자연스레 실천될 수 있습니다. 이 셋은 서로 유기적인 관계를 가지고 있기 때문입니다.[380]

오늘날에도 교회는 소그룹이 중요하다는 것을 알고는 있지만, 소그룹이

제대로 활성화되지 못합니다. 소그룹 안에서 어떠한 내용들이 실천되어지고 훈련되어져야 할지, 그리고 소그룹을 통해서 어떻게 교제와 제자화가 활성화 되어질 수 있는지를 배울 수 있다면, 교회가 갱신될 수 있는 기반이 놓이고, 교회 갱신을 통해 효율적인 복음전도가 가능할 것입니다. 이와 같이 교회 갱신과 복음전도는 떼려야 뗄 수 없는 관계에 있습니다. 아무리 어려운 상황 속에서도 교회가 지속적으로 갱신될 수 있다면 오늘날에도 분명히 능력 있는 전도, 효율적인 복음전도가 가능하다고 할 수 있습니다.

Chapter 14

사회적 책임과 복음전도
- 교회의 공공성 회복을 통한 복음전도[381]

오늘날 세상의 지탄을 받는 있는 교회의 문제들은 교회가 세상을 잘 모르고 교회 안에만 갇혀 있기에 발생한 문제들일 수 있습니다. 실제 일부 그리스도인들은 영적인 일에만 신경을 쓰며 노심초사한 나머지 현대 사회가 던져 주는 문제들을 무시하고 자기 안의 세상(ghetto)에서 살다가 세상으로부터 지탄을 받기도 합니다. 또 다른 일부의 그리스도인들은 세상의 문제에만 열심을 낸 나머지 하나님의 영적인 일들과 계시를 외면해 버리고 왜곡하기도 합니다. 이 두 가지 모습이 다 균형을 갖추지 못한 모습들입니다. 코로나 시기를 겪으면서 교회의 공공성 회복에 대한 목소리는 더욱 높아지고 있습니다. 교회가 사회를 외면하지 않고 사회의 문제들에 나름대로 대처하고 있다고 말할 수 있는 부분들이 있지만, 세상이 교회를 향해 던진 질문 앞에 겸허히 돌아보는 지혜가 필요한 때라고 할 수 있습니다.

1989년에 발표된 마닐라선언에서는 "복음과 선행은 분리할 수 없다"[382]고 선포하며 복음전도와 사회적 책임의 관계를 매우 중요하게 다루었습니다. 이것은 복음전도와 사회운동이 서로를 배제하고는 결코 이루어질 수 없다는 표명이 아니라, 서로 밀접한 관계 안에서 실천되어져야 하며, 그렇게 되어 질 때 균형 잡힌 온전한 복음의 실천이 가능하다는 의미입니다. 복음전도와 사회적 책임이라는 주제를 통전적으로 취급하지 않고 따로 떼어서 실천하는 행위는 자기의 필요에 의해서 실천하는 행위가 될 수 있습니다. 그래서 더 이기적(利己的)인 기독교를 만들어 낼 수도 있는 것입니다. 이번 장에서는 복음전도와 사회적 책임이라는 주제의 기독교적 유산을 연구하고, 오늘날 한국 교회를 향한 세상의 물음에 대답하는 시간을 가져 보고자 합니다.

복음전도와 사회적 책임의 유산

1. 통전적 복음실천[383]의 방법으로서 복음전도와 사회적 책임

예수는 굳이 복음전도와 사회적 책임을 구분하지 않고 통전적인 하나의 주제로 생각하고 사역하셨습니다.[384] 이 둘의 관계를 간단하게 표현하자면 "복음전도는 본질적으로 사회적 목적을 가지고 있지 않더라도 사회적 차원을 가지고 있으며, 동시에 사회적 책임은 그것이 본질적으로 복음전도의 목적을 가지고 있지 않더라도, 그럼에도 불구하고 복음전도의 차원을 갖는다"[385]는 존 스토트의 말이 가장 적절한 표현일 것입니다. 복음서에 나타난 예수의 사역의 핵심이 바로 이러한 모습이었습니다. 예수님의 이러한 모습은 '하나님을 사랑하는 것이 크고 첫째 되는 계명이고, 이웃을 사랑하는 것이 둘째되는 계명으로 이 두 계명이 온 율법과 선지자의 강령'이라는 말씀에도 잘 나타납니다(마 22:34-40).[386] 하나님에 대한 사랑이 이웃에 대한 사랑과 분리될 수 없음을 가르쳐 주신 것입니다.

기독교 역사상 위대한 신앙의 거장들이 달려간 자취는 예수님을 그대로 닮은 삶이었습니다. 그렇기에 이들 역시 예수께서 공생애 기간 동안 보여주셨던 복음전도와 사회적 책임의 주제를 균형 있고 자연스럽게 실천한 사람들이었습니다. 그 대표적인 예로 19세기 미국의 부흥운동가였던 찰스 피니(Charles G. Finney)가 있습니다. 그는 누구보다도 세상의 변화와 개혁에 관심을 가졌습니다. 그래서 교회가 사회 개혁을 소홀히 하면 성령을 근심하게 하는 동시에 부흥에 방해가 된다고 확신하였으며, 교회의 중요한 임무가 세상을 개혁하는 것인데, 기독교 신앙에 대한 고백 자체가 세상의 개혁을 위한 노력의 고백이라고 주장하였습니다.[387] 그 결과 피니의 복음전도로 회심한 자들이 미국의 노예폐지 운동에 앞장서 일하였습니다.[388] 이처럼 복음주의 부흥운동가들은 단순히 복음을 선포하고 부흥을 일으킨 것에 국한되지 않고, 노예제도 폐지, 도시의 빈곤, 알콜 중독 등과 같은 사회적 문제까지도 포함하는 사역을 감당했습니다. 수많은 한국교회가 미국의 복음주의 부흥운동의 영향을 많이 받았다는 점을 상기할 때에 한국교회 역시 충분히 그러할 수 있는 저력을 가지고 있다고 할 수 있을 것입니다.

기독교 역사에서 복음전도와 사회적 책임을 균형 있게 실천한 많은 부흥운동가들이 있습니다. 그 가운데 존 웨슬리가 일으킨 부흥운동은 영국으로 하여금 프랑스처럼 시민 혁명의 공포를 겪지 않고 사회를 변화시킨 주역으로 평가받고 있습니다.[389] 웨슬리가 일으킨 부흥운동의 결과로 노예제도가 폐지되었고, 공장과 광산의 환경이 개선되었으며, 가난한 사람들이 교육을 받게 되었고, 노동조합이 생겨나게 되면서, 자연스럽게 사회가 변혁을 맞이하게 되었기 때문입니다.[390] 기독교의 복음주의 부흥운동이 자연스럽게 사회변혁의 원동력이 되는 것을 보여주는 단적인 예라고 할 수 있을 것입니다. 그렇기에 웨슬리의 부흥운동을 통해 복음전도와 사회적 책임의 관계를 살펴보는 것은 오늘날 한국 교회의 공공성 회복을 위한 좋은 단초를 제공해 줄 것입니다.

2. 기독교 역사에서 복음전도와 사회적 책임이 이원화되어진 원인

안타깝게도 지난 세기, 복음 전도와 사회적 책임은 서로 양분화 되어 대립관계에 있었습니다. 한쪽 그룹에서는 개인의 영혼 구원을 강조하며 복음 전도에 초점을 맞추었고, 다른 한쪽에서는 하나님의 선교(Missio Dei)를 바탕으로 사회적 책임에 주력하며 끊임없이 갈등하고 대립해 왔습니다. 그 이유가 무엇입니까? 먼저, 라우쉔부쉬(Walter Rauschenbusch)와 같은 신학적 자유주의라는 새로운 신학사조가 성행하였기 때문입니다. 이들은 기존에 신론 중심으로 사고하던 틀을 벗어나 인간과 세상에 중심을 두고 신학을 접근하였습니다. 그리고 인간의 해방과 회복, 그리고 세상의 구조적인 변화와 개혁에 신학내용의 초점을 맞추었습니다. 왜냐하면 이들은 이 땅에서 인간의 힘으로 하나님 나라가 완성될 수 있음을 믿었기 때문입니다. 이러한 신학 사조가 유행을 하면서, 개인의 구원에 대한 관심이 홀대를 받았습니다. 이를 우려한 기존의 신학자들은 하나님의 나라는 구조화된 사회가 아니라, 그리스도인의 삶 속에서 경험되는 하나님의 통치 즉, 개인의 주관적 체험 역시 중요함을 상대적으로 강조하였습니다.[391] 두 집단 사이의 갈등이 심화 되면서, 서로가 주장하던 사회적 구원과 개인 구원의 가르침 역시 이원화되었습니다.

또 다른 이유로는 복음 전도를 선포하는 것, 그리고 교회성장을 위한 방편으로 삼는 것으로 그 의미를 축소시켰기 때문입니다. 그 결과 교회는 공적 책임의 의무를 상실하게 되었습니다.[392] 20세기 중반 빌리 그래함(Billy Graham)은 20세기를 대표하는 복음주의 전도 운동가로써, 전도의 선포적인 측면을 더욱 강조하며 전 세계 기독교의 외적인 부흥에 커다란 영향을 끼쳤습니다. 그리고 맥가브란(Donald A. Mcgavran)에 의한 교회 성장의 개념 또한 맥가브란의 본래 목적과는 방향을 달리하며 외적인 성장에 초점을 맞추어 전 세계 기독교에 영향을 끼쳤습니다. 이러한 전도 운동과 교회 성장을 통한 복음 전도는 외적인 부흥을 불러일으키는 데에는 큰 영향을 끼쳤습니다. 하지만 사회적인 문제에는 비교적 소홀했고, 그 결과 내적인 성장이 따라가지 못하며 불균형을 가져오게 되었던 것입니다.

이렇게 복음주의자들이 사회적 책임을 소홀하게 여기게 된 원인 중에는 그 시대에 만연했던 재림 사상도 한 몫을 감당했습니다. 이 시기 복음주의자들에게는 전천년설이 만연되어 있었습니다. 전천년설의 핵심 내용 중에 하나는, 이 땅은 점점 더 더 나빠질 것이고 부패될 것이기에 이 땅에서 하나님의 나라가 이루어질 수 없으며, 예수께서 재림하신 후 천년 왕국을 세우실 것이라는 이론입니다. 이 이론이 강조되면 신앙인들은 사회가 부패되고 나빠지는 것을 고치고 개혁하려하기보다는, 말세의 징조로 받아들이며 재림을 통한 세상의 변화를 기대하게 됩니다.[393] 물론 나름대로 사회의 변화를 위해 노력하는 부류가 있기는 하겠지만, 그것이 하나님 나라의 완성을 위한 행위라기보다는 하나의 선행 정도로 생각하는 행위로 그치게 된 것입니다.

3. 복음주의의 새로운 각성

시간이 흐르면서 복음주의 진영 안에서 복음주의자들도 사회적 책임을 다해야 한다는 자성의 목소리가 나왔습니다.[394] 이들은 개신교의 갱신을 통하여 원시 기독교로의 회복을 중요한 모토로 내세우며 시작하였던 복음주의 후손들이기에[395] 사회적 책임을 강조하지 않고는 교회의 진정한 갱신과 원시 기독교의 참된 모습을 회복할 수 없음을 깨달은 것입니다. 이들은 곧 1966년 휘튼 대회를 통해 사회 문제에 무관심해 온 사실들을 인정하였습니다. 그리고 "온 땅이 그분의 음성을 듣게 하라(Let the Earth Hear His Voice)"는 표어로 모인 1974년 로잔 대회에서는 로잔 선언문을 발표하였습니다. 이 선언문에는 크게 '하나님의 목적', '성경의 권위', '그리스도의 유일성', '복음전도의 본질'을 다루었고, 마지막으로 '그리스도인의 사회적 책임'[396]이라는 항목을 다루었습니다. 이는 사랑에서 나온 예수의 사역은 복음 전도와 사회봉사를 이분화 할 수 없고, 따라서 그리스도인의 의무의 두 부분임을 인정한 것이고, 세계를 복음화하기 위하여 복음전도와 더불어 사회적 책임을 감당해야함을 천명하며 복음주의가 나아갈 방향의 전환을 명시한 것입니다.

로잔대회 이후, 복음주의자들은 그들이 천명한 내용을 어떻게 효율적으로 실천할 수 있을지에 관하여 고민하고 연구하던 중, 1982년 6월 로잔 위원회와 세계 복음주의 협의회(WEF)는 공동으로 그랜드래피즈에서 복음전도와 사회적 책임에 대한 협의회를 개최하고 "복음전파와 사회적 책임: 복음주의적 참여"라는 보고서를 발표하였습니다.[397] 이 보고서에서 주목할 부분은, 먼저 복음 전도가 논리적 우선권을 가짐을 명시하면서도[398] 복음 전도와 사회적 책임과의 관계를 다음의 세 차원을 가진 "동반자"로 규정한 것입니다. "첫째, 사회 활동은 복음 전도의 자연스러운 결과이다. 둘째, 사회 활동은 복음 전도를 위한 다리가 될 수 있다. 셋째, 사회 활동은 복음 전도의 동반자이며, 새의 두 날개와 같다."

또 주목할 수 있는 부분은 하나님 나라의 복음과 종말론에 관한 내용입니다. 미래적 하나님 나라와 현재적 하나님 나라의 관계 속에서 복음 전도와 사회적 책임과의 관계를 보여 주며, 미래의 하나님 나라는 이 땅에 세워질 유토피아가 아님을 분명히 하고 있는 것입니다. 그리고 마지막으로 주목할 부분은, 행동을 위한 지침을 제시하며 사회적 책임의 형태를 "사회봉사"와 "사회활동" 두 가지로 나눈 것입니다. "사회봉사"는 인간의 필요를 경감시킬 수 있는 자선 활동과 자비의 행위로 설명될 수 있는 활동이고, "사회활동"은 정치적 경제적 활동을 통해 사회 구조를 변혁시키려는 활동으로 구별하여 지침을 제시하였습니다.

웨슬리의 유산으로서 복음전도와 사회적 책임

1. 웨슬리가 이해한 기독교 공동체

구원의 방주 역할을 감당해야 할 공동체로서의 기독교

웨슬리는 교회 공동체가 이 세상에서 행하여야 할 가장 중요한 사명은 복음전도라고 보았습니다. 웨슬리는 자신의 일기에, "복음전파가 나에게 맡겨졌으며, 세계를 나의 교구로 여긴다."[399]라고 기록하고 있습니다. 또한 그는 복음전도의 일, 이 한 가지 일만 힘쓰며 선한 일을 위해 달려 나가게 하시려고 자신을 다른 모든 일에서 해방시키셨다고 고백하기도 하였습니다.[400] 실제로 그는 위대한 전도자로서 86세의 나이에도 1년에 3-4천 마일을 여행하며 복음을 전하였고,[401] 87세에도 거의 매일 한 두 차례 전도설교를 하였습니다.[402] 복음전도를 교회의 가장 중요한 사명이라고 생각한 웨슬리의 사상은 감리회 지도자들이 모이는 연회에서 행한 웨슬리의 연설에서 더욱 분명히 확인해 볼 수 있습니다.

웨슬리는 제 1차 연회에서 감리회의 존재 목적이 복음전도에 있음을 분명히 밝히고 있습니다. "말씀을 듣는 모든 사람들을 구원 하는 것 외에 다른 것은 원치 않는다"[403]라고 선포한 것입니다. 이것은 감리회가 이 땅에 존재해야 할 목적을 선포한 것으로서, 교회 공동체가 이 세상에서 가장 우선적으로 감당해야할 사명이 무엇인가를 보여주는 대목이라고 할 수 있습니다. 웨슬리는 감리회가 영국의 국교회로부터 분리되기를 원치 않았지만, 복음전파와 구령을 위해서라면 비난도 감수하고라도 국교회와도 분리될 수 있다고 보았습니다. 이러한 그의 마음은 "평신도 설교를 그만두지 않고서는 분리가 불가피하다면 문제는 분명합니다. 우리는 그것을 도저히 포기할 수 없습니다."[404]라고 사무엘 워커에게 쓴 편지에서도 잘 나타나고 있습니다.

이처럼 웨슬리에게 복음전도는 교회의 가장 중요한 사명이었습니다. 복음전도를 할 수 없거나, 방해된다면 교회는 그 존재를 잃어버리는 것으로 보았기 때문입니다. 그는 제 4차 연회에서도, "우리의 사명은 잃은 자를 찾아 구원함이다. 우리는 하나님을 떠난 방황하는 자들이 우리를 찾아오기를 기대할 수 없다. 그 대신 우리가 찾아가야 한다."[405]고 선포하였습니다. 웨슬리는 감리교회의 대표자들이 모이는 연회 때마다 감리교회의 정체성 중에 가장 중요한 것이 복음전도임을 선포하며 그들의 정체성을 교육한 것이었습니다.

사회적 책임을 가진 종교로서의 기독교

웨슬리는 기독교 공동체의 가장 큰 사명이 복음전도라고 생각하였으나, 동시에 기독교가 본질적으로 사회적인 종교라고 이해하였습니다.[406] 그렇기에 기독교가 사회 속에 들어가 어울리지 못하고 고립된다면 죽을 수밖에 없다고 보았습니다. 그는, "이 종교는 본래적으로 사회적 종교이므로 사회를 떠나서는, 즉 다른 사람과 같이 살고 대화함 없이는 잘 유지되지 못할 뿐 아니라 전혀 존재할 수 없다"[407]라고 주장하였습니다. 그는 종교가 사회적이지 못하고 은둔생활을 한다면 그 생명을 유지할 수 없기에 이것은 사탄의 흉계라고까지 표현하였습니다.[408]

웨슬리가 사회성을 강조한 이유는 그리스도인의 정체성과 연결되어 있기 때문입니다. 세상과 단절된 그리스도인은 진정한 그리스도인으로 설 수 없기 때문입니다.[409] 그리스도인들이 세상으로 들어가 빛과 소금의 역할을 감당하지 못한다면 주님의 명령과 부탁을 감당할 수 없으며 정체성과 목적을 상실한 그리스도인이 되어버리기 때문입니다. 세상은 그리스도인의 존재해야 할 장(場)이며, 빛과 소금의 역할을 감당하며 복음전도를 실천해야할 장(場)인 것입니다.

실제로 웨슬리는 18세기 영국 사회가 산업화로 발전하여 저임금 노동의 문제, 실직의 문제, 종교적인 타락과 부패의 문제로 헤매고 있을 때, 설교를 통하여 그 죄악을 드러내고 회개케 함으로, 죄인이 변화되어 거룩한 습관을 가진 사람으로 만드는 운동을 전개하였습니다.[410] 감리회의 이름이 만들어지게 된 전신인 'Methodist' 운동 당시부터 사회적 책임을 감당하기 위한 활동이 전개되었습니다. 웨슬리는 'Methodist'라는 명칭에 대해서, "우리의 할 일은 독서와 금식, 기도와 자신을 부인하는 것… 빈민구제와 병자와 수인의 방문과 무학자의 교육… 이것을 지나치게 했다는 것 뿐이다"[411]라고 주장하였습니다. 그렇기에 나중에 탄생된 감리회 역시 이 사회적인 책임을 위한 활동을 철칙으로 생각하고 생활화한 것은 당연한 일이었습니다. 웨슬리는 "병자와 가난한 이들을 방문하는 시간을 잊지 않고 있다… 마지막 날 이스라엘 목자가 자기 양을 알아 볼 수 있는 유일한 표지"[412]라고 생각하기도 하였습니다.

2. 복음전도와 사회적 책임의 이론적 근간이 되는 웨슬리 신학

'창조'와 '선행은총'에 나타나는 복음전도의 당위성과 사회참여

이와 같이 웨슬리가 강조한 복음전도와 사회적 책임이라는 주제는 웨슬리의 어떠한 신학적 이론에 잘 나타나 있을까요? 어떠한 신학적인 이론의 배경이 웨슬리로 하여금 복음전도와 사회적 책임을 감당하도록 동력을 부여하였을까요? 그것은 하워드 스나이더(Howard A. Snyder)가 말하였듯이,[413] '창조'의 신학에서 찾아볼 수가 있을 것입니다. 하나님께서 창조하신 세상은 전적으로 선하며 완전한 세계였습니다. 하나님은 그 안에 인간을 창조하셨는데, 인간은 하나님의 형상을 따라서 창조되었습니다. 웨슬리에게 있어서 하나님의 형상은 자연적인 형상과 정치적인 형상, 그리고 도덕적인 형상으로 나타납니다.[414]

이 세 가지의 형상이 모두 중요하지만, 특별히 복음전도와 사회적 책임이라는 주제와 연관시켜 볼 때, 인간은 정치적 형상으로 지음 받은 존재라는 사실이 중요합니다. 인간은 하나님으로부터 문화적인 명령을 직접 받았지만, 그것을 감당할 수 있는 근원은 하나님의 정치적인 형상대로 지음을 받았기 때문에 그리스도인들은 종속적인 관계에서 피조 세계를 다스리는 것이 아니라, 피조 세계를 이해하고 보호하며 관리해야 한다는 것입니다.[415] 그리고 이러한 하나님의 청지기적 봉사의 완수는 구원을 통하여 정치적인 형상이 회복될 때 가능한 것입니다.[416] 즉, 복음전도를 통해 구원을 얻은 인간이 하나님의 형상이 회복되어져 가며 창조 시 주어진 하나님의 명령을 수행할 수 있으며, 또한 자신에게 부어주신 하나님의 형상을 따라 세상의 청지기로서의 삶을 살아낼 수 있는 것입니다. 바로 여기에서 복음전도와 사회적 책임의 신학적인 근거를 발견할 수 있습니다.

또한 '선행 은총'의 신학적 입장에서도 찾아볼 수 있습니다. 하나님의 선행적인 은총으로 말미암아 어느 정도 회복된 인간이 스스로 옳은 것을 결정하고 선택하고 실천할 수 있게 되었습니다. 그러므로 인간의 비윤리적인 태도와 비사회적인 모습은 결코 정당화 될 수 없으며, 선행 은총은 인간이 더 윤리적이고 사회적인 존재로서 살아갈 힘의 근원이 되는 것입니다. 이러한 웨슬리의 선행 은총은 복음적 신인협동설로 이어집니다. 인간은 자기 구원의 문제에 있어서 전적으로 하나님의 은총에 의존하면서도 인간이 (어느 정도 회복된 자유의지로 구사하는) 책임지고 담당해야 하는 부분이 있다는 것입니다.[417] 이는 복음전도가 필요한 이유를 설명해 주는 신학적인 근거가 되며, 인간의 책임과 행동이 강조되는 사회 윤리의 신학적 근거가 됩니다.

'칭의'와 '중생'에 나타나는 복음전도의 당위성과 사회참여

하나님이 주신 선행은총만으로는 하나님이 주신 문화명령을 수행하며 살아가기에 부족합니다. 이 선행은총을 기반으로 인간이 복음에 반응하기 시작할 때, 하나님께서 인간을 의롭다하시는 칭의와 변화된 삶을 가능케 하는 중생을 경험하게 됩니다. 그런데 우리를 의롭게 하는 믿음은 사랑과 밀접한 관계를 가집니다. 이 믿음은 하나님의 사랑에 눈을 뜨게 만들며, 그것을 바탕으로 이웃을 향한 사랑도 눈뜨게 하기 때문입니다. 웨슬리에게 하나님 사랑은 이웃 사랑으로 연결되는 것이 필연적이었습니다.[418] 바로 여기에서 복음전도와 사회적 책임의 신학적 당위성을 발견할 수 있습니다. 또한, 중생은 새 생명을 가져오는 변화입니다. 그렇기에 중생한 자는 삶의 변화가 나타나야 하며, 그 변화 안에는 사회적인 관계의 변화도 포함되어 있습니다. 중생을 경험한 자는 그 안에 내주하시는 성령의 도움으로 하나님을 사랑하며 이웃을 사랑하게 됩니다. 중생한 이후의 삶은 선한 열매를 맺는 증거가 뒤따르는데, 바로 이것이 변화된 삶을 증거하는 증표가 됩니다.

스나이더는 이러한 칭의와 중생을 통한 변화를 죄의 질병에서 치유되는 것으로 보았습니다.[419] 그런데 죄의 질병에서의 치유는 사람들과 연장선상에 있는 사회들과 문화들과 환경들까지 치유되는 것임을 강조하였습니다. 왜냐하면 죄에서의 치유는 개인적인 것만이 아니라, 관계적인 성격까지 가지고 있기 때문입니다. 그렇기에 영적, 육적, 사회적, 환경적, 우주적 건강을 치유할 잠재력을 가지고 있다는 것입니다.[420] 바로 여기에서도 복음전도의 신학적 당위성과 사회적 책임의 근거를 찾을 수 있습니다.

'성결'과 '회복'에 나타나는 복음전도의 당위성과 사회참여

웨슬리에게 성결은 그리스도인의 완전을 의미합니다. 그런데 그리스도인의 완전은 달리 표현하자면, 오직 성령에 의한 사랑으로 온전케 되는 은총을 의미합니다.[421] 즉, 웨슬리에게 성결한 사람은 온전한 사랑의 삶을 살아가는 사람이라고 할 수 있는 것입니다. 이 사람은 마음에 하나님의 사랑으로 채워져 그 사랑을 바탕으로 이웃을 사랑하는 사람입니다. 웨슬리 역시『기독자의 완전』에서 그리스도인의 완전의 본질은 완전한 사랑이라고 하였습니다.[422] 그러므로 성결을 경험한 자는 그리스도를 닮아 이 세상에서 하나님과 세상을 사랑하는 사람이고, 사회 속에서도 거룩한 삶을 살아내는 사람입니다. 바로 여기에 복음전도와 사회적 책임의 신학적 근거를 찾을 수 있습니다. 물론 여기서 복음전도를 다시 한 번 정의할 필요가 있습니다. 복음전도를 중생에만 초점을 두고 생각하는 사람이 있을 수 있기 때문입니다.

복음전도는 복음을 전하는 실천으로서, 복음을 전하는 행위를 통하여 피전도인은 중생을 경험기도 하지만, 그 복음을 통하여 성결을 경험하게 됩니다. 성결의 복음의 내용을 선포할 때, 이것은 이차적인 의미에서 복음전도가 되며, 중생을 경험한 자가 성결을 경험할 수 있는 바탕이 되는 것입니다. 실제로 하나님은 우리가 이 땅에서 그리스도인으로서 완전해 지기를 원하십니다. 중생에서 끝나기를 원치 않으시는 것입니다. 그렇기에 여기서 복음전도의 당위성을 찾을 수 있습니다. 그리고 그렇게 사랑으로 온전해진 그리스도인은 자연히 세상과 이웃을 사랑하며 사회적 책임을 완수해 갈 수 있는 것입니다.

사랑으로 온전해진 성결한 사람을, 온전한 회복이란 용어로 사용할 수 있을 것입니다. 이러한 용어로서 다시 풀어서 사용하는 이유는, 성결이라는 용어가 인간에게 국한되어 설명되기 때문입니다. 그런데 하나님은 성결한 하나님의 사람을 통하여 피조 세계가 역시 온전히 회복되기를 원하십니다. 그래서 피조물도 하나님의 아들들이 나타나기를 기다립니다(롬 8:21-22). 웨슬리는 이에 대하여, "… 불쌍하고 죄 없고 저항하지도 못하는 동료 피조물들을 갈기갈기 찢고 집어 삼키는 피조물들이 얼마나 많이 있습니까?… 그들도 모두 한분의 아버지, 똑같은 사랑의 하나님의 피조물입니다"[423]라고 언급하며 피조물의 회복을 언급하였습니다. 스나이더는 웨슬리가 모든 피조물들이 회복되리라는 기대 속에서, 하나님 나라가 완전히 도래될 그 날을 바라보며 살았다고 이야기합니다.[424]

3. 통전적 복음의 실천으로서 웨슬리의 복음전도와 사회적 책임

효율적인 소그룹 운동을 통한 원시기독교의 회복

웨슬리의 부흥운동의 중요한 특징 중에 하나는, 런던의 시티 로드 채플 (Wesley's City Road Chapel) 앞에 세워진 웨슬리의 동상에 "원시교회의 순수하고, 사도적 교리와 실천들을 재생하고 갱신하며 변호할 것입니다…"[425]라는 문구가 새겨질 만큼 원시기독교(primitive christianity)의 모습을 회복하고자 한 것이었습니다. 그렇다면 웨슬리는 어떻게 원시기독교의 신앙의 본질적인 모습들을 회복하고자 하였을까요? 무엇보다도 웨슬리가 이것을 위하여 중요하게 생각한 것은 소그룹이었습니다.[426] 웨슬리는 대학 시절 처음으로 홀리 클럽(Holy Club)이라는 소그룹을 만들었는데, 이 곳에서 성찬과 금식을 했으며, 사도행전 2장에 나오는 원시기독교의 진정한 교제와 더불어 가난한 자들을 위한 선행도 실천하였습니다. 이를 보아 그가 소그룹을 통하여 초대교회의 모형을 지향했음을 알 수 있습니다.

이는 웨슬리의 '신도회'에서 보다 분명하게 나타납니다. 신도회 구성원들의 주요 대상은 대부분은 이교도들이었습니다.[427] 그렇기에 신도회에서 하는 가장 중요하고도 기본적인 일들은 "다가올 징벌로부터 벗어나 죄로부터 구원을 얻는 것"[428]으로서, 개개인의 구원을 점검하고 구원을 받을 수 있도록 만들어 주는 일이었습니다.[429] 그렇게 구원을 경험한 이들은, 자신과 같은 불신자들을 향해 눈을 돌렸고, 그들을 돌보기에 힘썼습니다.[430] 자연스럽게 구원과 전도가 이어지는 바로 이것이 원시기독교의 전도의 방법이었습니다. 이렇게 보자면, 신도회는 전도 소그룹이라고 해도 과언이 아닐 것입니다.

뿐만 아니라 신도회의 가장 기본적인 소그룹 공동체인 속회에서는 복음전도와 더불어서 가난한 이를 위하여 구제헌금을 내는 훈련을 받아야 했고, 병을 앓고 있는 자들을 주기적으로 주3회 방문하는 훈련을 한 것으로 보아,[431] 신도회는 분명히 사회적 책임을 실천하게 만드는 기관이기도 하였습니다. 한발 더 나가서 신도회는 다양한 사회적 활동을 통하여 실제적으로 그들과 하나가 되려고 노력하였습니다. 진정한 사회적 사랑의 실천은 행위로 끝나는 것이 아니라, 그들과 하나가 되는 일치에서 완성되기 때문입니다. 그렇기에 신도회의 구성원들은 단순히 가난한 사람을 돕기 위한 사회적 활동으로 만족하지 않고, 실제로 "가난한 사람처럼"(as another poor man)되어 깊은 영적 위로를 얻으려 하였습니다.[432]

웨슬리가 이렇게 훈련을 시킨 이유는, 신자가 하루의 시간을 어떻게 효과적으로 보내느냐에 따라 영성의 훈련의 결과가 달라진다고 보았기 때문이며, 또한 신도회가 결국은 생활 공동체가 되어 타락한 세상을 향한 대안의 공동체가 되기를 희망하였기 때문이었습니다.[433] 웨슬리는 신도회가 영국 사회와 동떨어진 기독교 공동체가 아니라, 영국 사회를 반영한, 그 사회와 밀접한 관계를 가지고 있는 공동체이며, 그렇기에 그 시기의 사회적 빈곤과 약자들을 섬기는 공동체가 되기를 희망했습니다. 그렇게 되어야 세상을 알고 세상에 영향을 끼칠 수 있는 공동체가 될 수 있기 때문입니다.

사회참여를 통한 그리스도인의 사회적 책임 실천

존 스토트는 진정한 기독교의 사회적 관심은 사회봉사와 사회행동을 모두 포함하는 것이라고 주장하면서, 그랜드래피즈 보고서에서 말하는 어려운 상황에 처한 사람이나 곤경에 처한 사람들을 돕는 자선 행위인 사회봉사와 곤경을 발생시키는 원인을 제거하거나 사회 구조를 변혁하려는 사회 행동의 구분을 인용하고 있습니다.[434] 웨슬리는 평생을 사회적 약자들을 배려하며 선행을 베풀었고, 사회의 구조적인 변혁을 위하여 노력하였는데, 이러한 웨슬리의 대 사회적인 활동 역시 '사회봉사'(social service)와 '사회행동'(social action)으로 구분하여 살펴볼 수 있을 것입니다. 웨슬리의 대표적인 사회봉사활동은 다음과 같습니다.

먼저는 빈민을 위한 인도주의적 사회봉사 활동으로서, 가난한 사람을 돕기 위하여 양털을 고르고 실을 뽑는 편물공장을 운영하였으며, 그들을 위하여 정기적으로 모금을 하여 구제기금을 설립하였는데 구제기금을 통한 사회봉사는 메소디스트의 전통이 되었습니다.[435] 또한 브리스톨에 의료원을 설립하여 가난한 자들 위한 의료봉사를 하였습니다. 1780년에는 의사와 약사를 데리고 순회전도를 하였으며, 6개월 동안 600여명의 환자를 돌보아 주였습니다.[436] 고아와 버려진 아이들을 위해서 뉴캐슬에 고아원을 설립하여 운영하기도 하였으며,[437] 올드 파운더리에는 가난한 노년 과부들을 위한 집(the poorhouse)를 세워 과부들을 돌보았고, 홀로 된 남자 노인들을 돌보는 '노인들을 위한 메소디스트 집'을 만들기도 하였습니다.[438]

빈민을 위한 교육사업도 하였는데, 산업혁명으로 인하여 대부분의 빈민들은 배울 엄두조차 내지 못하였기 때문입니다. 그는 먼저 주일학교를 운영하여 빈민 자녀들이 신앙과 도덕심이 있는 자녀들로 성장할 수 있도록 도왔으며, 킹스우드학교를 설립하여 재정적인 능력이 없는 아이들에게 무상으로 교육을 받을 수 있도록 하였습니다. 또한 궁핍한 아이들에게는 의복과 음식이 제공되었으며 학교 운영에 필요한 모든 비용은 헌금으로 충당되었습니다.[439]

두 번째는 사회 구조적 변화를 위한 사회 행동으로 웨슬리는 사회개혁을 위하여서도 많은 활동을 하였습니다. 먼저는 노동인권 운동을 펼쳤는데, 인류의 최초의 노동조합이 메소디스트에 의하여 세워지게 되었습니다. 메소디스트 설교가들은 노동인권 운동에 앞장 서 일하였습니다.[440] 또한 웨슬리는 인권의 문제까지도 관심을 가지고 노예 폐지 운동에 앞장섰는데, 1774년에는 "노예제도에 대한 반박문"이라는 글을 출판하여 노예제도를 공격하였습니다.[441] 웨슬리는 하나님께서 창조하셨을 때 모든 사람들을 하나님의 형상과 모습으로 창조하셨기에 동일하게 모든 사람들을 사랑해야한다고 생각하였고, 메소디스트들은 이 일에 적극 동참하였습니다. 그 결과 영국에서는 1833년에 노예제도가 폐지되었습니다.

또한 웨슬리는 정기적으로 교도소를 방문하여 복음을 전하였으며, 재소자들의 감옥 환경과 제도의 개선을 위하여서도 노력하였습니다. 웨슬리는 재소자들도 한 인간이며 소중한 영혼이기에 부당한 대우를 받아서는 안 된다고 생각하였습니다.[442] 그리고 여성 활동의 장을 넓혀주며 적극적으로 지원하였는데, 그 시대에는 여성들에게 활동의 기회를 제공한다고 하는 자체가 매우 특별한 일이었습니다. 특히 종교적인 영역에서는 더 보수적이었지만, 웨슬리가 이렇게 활동하게 된 배경에는 어머니 수잔나의 역할이 크게 작용하였습니다.[443]

통전적인 복음전도의 신학 재정립과 전도 교육

통전적인 복음전도의 신학 재정립

웨슬리는 신학적 지식을 바탕으로 복음전도와 사회적 책임이라는 주제를 하나의 틀 안에서 이해하고 실천하였습니다. 즉, 웨슬리는 창조와 선행은총, 칭의와 중생, 성결과 회복 등 구원과 연관된 중요한 신학적인 주제 안에서, 왜 복음전도를 통한 구원이 중요한지를 깊게 확신하였고, 그 일은 인간이 살고 있는 사회와 분리해서 생각할 수 없는 것이기에 사회적 책임을 감당하며 나가야 함을 인지하였던 것입니다. 사람의 행동을 바꾸는 것은 자신이 확신하고 있는 지식으로부터 나옵니다. 지식이 머릿속에만 있지 않고 마음으로 경험되어 확신의 단계까지 이르렀다면, 삶으로 나타나게 되는 것입니다.

웨슬리가 평생을 복음전도와 사회적 활동을 균형 있게 실천하며 매진 할 수 있었던 이유는, 한쪽으로 치우친 복음의 내용이 아닌, 통전적인 혹은 종합적인 복음의 내용을 신학적으로 체계화하여 정립하였기 때문입니다. 적어도 복음이, 먼저는 인간을 위한 것이라고 한다면,[444] 그것은 개개인만을 위한 것이 아니라, 인간이 살고 있는 사회와도 밀접한 복음이어야 한다는 것입니다. 그래야 인간을 온전히 구원할 수 있는 방편이 될 것이기 때문입니다.

오늘날 한국교회가 온전한, 통전적인 복음전도를 통하여 세상에 영향을 끼치고 변화시키고자 한다면, 구원에 관한 통전적인 신학의 지식이 재정립 되어야 합니다. 단지 교회의 부흥과 성장만을 위한 복음전도가 아닌, 인간이 온전히 회복하기 위해서 그들이 살고 있는 세상에 깊은 관심을 갖고 모든 인류의 온전한 회복을 위하여 동일하게 노력해야 진정한 복음의 내용을 실천하는 것일 수 있습니다. 또한 그 복음은 인간만이 아닌 피조의 모든 세계를 회복하고자 하시는 하나님의 마음이 담겨져 있음을 알고, 이에 대한 신학적 이론의 재정립이 필요한 것입니다.

통전적인 복음전도를 위한 전도 교육

통전적인 복음전도를 위한 전도 신학을 재정립하였다면 정립한 내용을 가르치고 교육하여야 합니다. 이러한 교육을 통해 복음전도와 사회적 책임이라는 주제를 특별히 강조하지 않아도 자연스럽게 함께 실천해야 할 내용으로 각인될 수 있습니다. 배우고 익힌 것이 가슴으로 경험될 때, 생활이 바뀌고 습관이 바뀌어 질 수 있기 때문입니다. 이러한 주장은 새로운 것도 아니고, 새롭게 개혁하자는 것도 아닙니다. 이것은 이미 기독교가 가지고 있는 성경적인 중요한 유산입니다. 단지 그것을 잠시 잊었거나, 변형되었기에 원형으로 돌아가자는 주장일 뿐입니다. 그것이 오늘날 한국교회를 살리고 갱신시킬 수 있는 궁극적인 동력이 될 수 있기 때문입니다. 이미 언급한 바와 같이 그동안 복음주의자들은 복음전도와 사회적 책임을 분리해서 생각하는 경향이 강했기 때문에 이런 의식을 불식시키기 위한 교육이 꾸준히 이루어져야 할 것입니다. 따라서 목회자가 먼저 통전적인 복음전도의 신학을 정립하고 그러한 내용을 수시로 나눌 수 있어야 할 것입니다. 신현광은 기독교 교육은 복음전도를 위한 교육이 되어야 하며, 복음전도 교육은 세상에 참여하는 것을 반드시 포함해야 한다고 이야기합니다.[445] 교회에서 이루어지는 여러 가지 교육 속에서 복음전도와 함께 사회적 참여에 대한 교육을 동일하게 강조한 것입니다.

또한 전문적인 전도 교육에 있어서 통전적인 복음전도에 대한 훈련이 이루어져야 할 것입니다. 그동안 한국 교회는 사영리나 전도폭발과 같은 복음

제시 훈련 프로그램이나 총동원 전도나 태신자 전도와 같은 전도 프로그램 중심으로 전도 훈련을 실천해 왔습니다.[446] 그러나 이러한 전도 훈련들은 개인의 영혼 구원에 치우쳐져 있는데, 사회적 책임에 대한 교육을 포함시켜 균형을 이룰 필요가 있습니다. 그렇기에 만약 이런 훈련들을 시행하고 있는 교회에서는 사회적 책임에 관련된 교육을 추가할 필요가 있습니다. 전도 프로그램과 사회적 책임에 관한 훈련들이 분리되어 시행될 경우 계속해서 복음 전도와 사회적 책임을 이분법적으로 이해할 가능성이 크기 때문에 전문 전도 프로그램 내에 사회적 책임에 대한 내용이 포함되는 것이 더욱 효과적이라고 할 수 있을 것입니다. 사영리나 전도 폭발의 마지막 양육 단계에서 사회적 책임에 대한 내용을 포함시킨다거나 총동원 전도나 태신자 전도 프로그램을 진행하고 있다면 사회적 봉사 프로그램과 연계되어 총동원 전도와 태신자 초청이 이루어지는 것이 보다 더 균형잡힌 복음 전도의 실천이라고 할 수 있을 것입니다.

통전적 복음실천을 위한 교회의 구조 확립과 제도

통전적 복음실천을 위한 교회의 구조 확립

복음의 내용을 통전적으로 접근하여 신학적인 이론으로 정립하였다면, 그것이 고착되고 자연스럽게 실천되기 위해서는 거쳐야할 과정이 있습니다. 먼저는, 교회가 구조적으로 통전적인 복음을 실천할 수 있는 터전으로 바꾸어야 할 것입니다. 복음적이지 않은 교회들이 없겠지만, 통전적인 복음의 시각으로 훈련되지 않는다면, 결정적일 때 세상 사람들처럼 이기적으로 결정을 내리고 자기교회 중심적인 모습으로 흘러가게 됩니다. 내가 신앙생활을 하는 교회를 사랑하는 것은 문제가 되지 않지만, 내 교회 중심적으로만 생각하고 판단하는 것은 문제가 큽니다. 그것이 바로 게토(ghetto)화되는 지름길이기 때문입니다. 그때부터 교회는 세상에 영향을 끼치기 힘들어지고 전도의 효율은 낮아지면서 오히려 교회의 생명력을 잃어버릴 수 있는 것입니다.

따라서 교회가 적극적으로 사회봉사 활동을 펼칠 수 있도록 교회 구조의 변화를 꾀해야 할 것입니다. 만약 교회의 구조적인 변화 없이 사회적 활동을 강조하게 된다면 그것은 구호로만 그칠 가능성이 클 것이기 때문입니다. 교회의 구조적인 변화를 위해 먼저 생각해 볼 수 있는 것은 사회봉사를 위한 예산을 세우고 재정을 마련하는 일일 것입니다. 교회 재정에 사회봉사를 위한 예산이 마련되었다는 것은 교회가 사회봉사에 우선순위를 두고 실천하고자 하는 의지를 보여주는 것이라 할 수 있기 때문입니다. 또한 사회봉사 활동을 할 수 있는 사람들을 세우고 기관을 설치할 수도 있을 것입니다. 규모가 작은 교회의 경우 사회봉사에 관심이 있는 성도들을 중심으로 실천 가능한 일부터 시작하는 것이 좋을 것입니다. 그러나 어느 정도 규모가 있는 교회라면 사회봉사뿐만 아니라 사회 활동까지 영역을 확장할 수 있어야 할 것입니다. 전문적인 사역자를 마련하여 지역 주민들이 교회를 통해 사회적인 어려움을 해소할 수 있도록 도울 수 있다면 교회와 지역이 함께 성장할 수 있는 좋은 계기를 마련할 수 있을 것이기 때문입니다.

통전적 복음실천을 위한 제도화

이렇게 통전적 복음실천을 위해 교회의 구조를 변화하기 시작했다면 실제적인 프로그램과 활동을 펼칠 수 있는 제도들을 마련할 필요가 있을 것입니다. 복음전도를 강조하는 것만큼, 우리가 사랑해야 할 세상의 또 다른 사람들을 위한 사회봉사와 사회행동들에 대해서도 강조하고 동일하게 실천할 수 있는 프로그램들과 장(場)이 마련되어야 하는 것입니다. 마치 웨슬리가 만든 신도회에서 가장 신앙의 초보적인 단계의 사람들이 모인 속회에서 사회봉사를 강조하고 주기적으로 병자들을 돌보며 구제헌금을 하도록 훈련시켰듯이 말입니다.

한국기독교목회자협의회에서 조사한 자료에 따르면 비개신교인들을 대상으로 주변 교회에서 지역 주민을 위해 해 주었으면 하는 활동들로는 "독거노인 돕기" 43.9%, "고아원이나 양로원 봉사" 31.9%, "장애인 돕기" 30.7%, "환경 운동" 19.8%, "주차장 개방" 18.6%, "장학금 기부" 17.8%, "노숙인 돕기" 15.9% 등으로 나타나고 있습니다.[447] 한국 사회도 점차 고령화 사회가 되어가고 있기 때문에 독거노인이나 양로원 봉사와 같은 봉사 활동의 필요성이 커지고 있는 것입니다. 이러한 봉사 활동들은 큰 부담 없이 교회에서 바로 실천할 수 있는 부분들이라 할 수 있을 것입니다. 또한 환경 운동과 같은 사회적 활동에 대한 요구가 있는데 작은 규모의 교회는 실천하기 어렵다고 하더라도 어느 정도 규모가 있는 교회에서는 이러한 지역 사회의 필요를 위해 교회가 다각적으로 방법을 모색해 볼 수 있어야 할 것입니다.

이러한 사회적 활동을 실천함에 있어서 중요한 것은 정기적이고 지속적으로 실천되어야 한다는 것입니다. 일회적인 프로그램이 아니라 지속적으로 실천할 수 있는 제도가 마련될 수 있어야 할 것입니다. 이렇게 지속적으로 실천할 수 있는 제도적인 장치가 마련된다고 한다면 원시 기독교와 신앙의 거장들처럼 복음전도와 사회적 책임을 균형 있게 실천하며 복음의 영향력을 세상에 더욱 깊게 끼칠 수 있게 될 것입니다.

복음전도와 사회적 책임을 다하라는 가르침은 새로운 것이 아닙니다. 단지 우리가 잊고 있었거나 중요하게 취급하지 않았을 뿐입니다. 세상을 구원하려는 목적을 가지고 이 땅에 오신 예수님은 높고 존귀한 형상 대신 인간의 몸을 입고 세상의 눈높이에 맞춰 오셨습니다. 그것이 바로 성육신의 정신입니다. 오늘날 한국 교회가 이 성육신의 자세로 균형 있는 신앙의 모습을 되찾을 수 있다면, 교회의 공공성이 회복될 것이며 복음이 왜곡되지 않고 전해질 수 있을 것입니다. 사회적 책임은 복음전도를 통해 구원받은 사람이 자신의 구원을 완성하기 위한 과정에서도 필요하며 세상을 변화시키기 위해서도 필요한 것입니다. 예수를 닮아가는 그리스도인들이라면, 기독교는 이기적(利己的)인 종교가 아니라 이타적(利他的)인 종교임이 자명하기 때문입니다.

Chapter 15

다문화 교회와 복음전도
- 교회 구성원의 회복을 통한 복음전도[448]

    오늘날 '다문화'는 한국 사회뿐만 아니라 한국 교회 안에서도 많이 회자되는 담론의 주제 중에 하나입니다. 오랫동안 한국은 단일 민족이라는 사상 속에 고유의 문화를 자랑하며 살아왔지만, 이제는 외국 이주민 노동자들을 비롯하여 결혼 이주 여성 등 다양한 민족과 국적의 사람들과 함께 생활하게 되었기 때문입니다. 그 결과 한국 사회도 점차 다문화 사회로 바뀌어 가고 있기 때문입니다. 실제로 전체 인구 대비 체류외국인 비율은 2017년 4.21%에서 2019년 4.87%로 매년 증가하다 코로나19의 영향으로 2021년에는 3.79%로 감소한 것으로 나타나고 있습니다.[449] 비록 코로나로 인해 살짝 감소했지만 국내 체류외국인은 계속 늘어나고 있으며, 오랜 시간 동안 단일민족 국가로 고유문화 속에서 살아왔던 한국 국민이 경험하게 된 사회의 변화와 문화의 변동, 그리고 이제는 무엇을 고수하고 살아야 하는가에 대한 가치관의 혼란은 이루 말할 수 없이 크다고 할 수 있습니다. 그러나 무엇보다도 세계화를 외치며 세계와 함께 살아가야 한다는 절대 절명의 과제 앞에서 한국이 경험하고 있는 다문화의 현상은 필연적으로 극복하고 잘 정착해야할 과제이기도 합니다.

    이에 본 장에서는 다문화 사회로 발전해 가는 상황 속에서 어떻게 효율적인 복음 전도가 가능한지를 고민해 보고 한국 교회가 다문화 사회에서 효율적으로 정착하는 방법을 찾아보고자 합니다. 이러한 일은 변화하는 사회 속에서 교회가 풀어가야 할 당연한 과제이기도 하지만, 그 이전에 교회는 원래부터 열방을 품고 열방 속에 존재하는 다문화적 교회이기에 그 본질적 모습을 회복하는 것임을 자각할 필요가 있습니다. 이를 위하여 이미 다문화교회로 성공적으로 정착한 호주 연합교회의 사례를 살펴보고 주요한 원리들을 한국적 상황에로 적용하고 접목해 보려고 합니다.

다문화 사회의 이해와 한국적 다문화 사회의 특징

1. 다문화 사회의 이해

'다문화 사회'를 이해하기 위해서는 그 기초가 되는 '다문화'와 '다문화주의'라는 핵심 단어에 관한 이해가 선행되어야 합니다. 이 단어들은 다문화 사회에서 흔히 나타나는 기존 사회의 구성원과 이주민 사이의 갈등과 대립의 문제를 해결하기 위한 시도로 먼저 출현한 사상적 단어들이기 때문입니다.[450] 그렇다면 '다문화'와 '다문화주의'라는 단어는 어떠한 의미를 지니고 있으며 어떠한 차이가 있을까요? '다문화'라는 단어는 너무 유동적이어서 사람들, 학파, 분야에 따라 그 의미가 차이날 수 있지만, 일반적으로는 '사람들이 경험되고 습득되어 떼어 놓을 수 없는 문화 속에서 살다가 다른 문화 속에 들어가 살면서 나타나는 현상적 모습'[451]이라 정의할 수 있습니다. 즉, 익숙했던 하나의 문화 속에 낯선 다른 문화들이 들어가 합쳐지면서 경험하게 되는 현상적 모습인 것입니다. 이렇게 볼 때, '다문화'라는 단어는 그 안에 긍정적인 면과 부정적인 면을 모두 가지고 있다고 볼 수 있습니다. 긍정적인 면에서, '다문화'라는 단어는 다양한 문화와 사회에 거주하는 개인이나 집단이 보편적 가치를 통해서 상호 존중하고 공존할 수 있다는 의미를 함축하고 있습니다. 반면 부정적인 면에서는, 다양한 인종과 언어와 문화를 가진 사람들이 각자의 전통과 관습을 통합해 가는 과정에서 경험하였던 갈등이나 위기를 봉합하고자 하는 의도와 목적인 담겨있다고 할 수 있습니다.

'다문화 주의'라는 단어 역시 매우 다양한 의미로 사용되어지기에 쉽게 한 마디로 정의할 수 없는 단어입니다. 그러나 문자적으로는, 위에서 언급한 '다문화'라는 의미에 사상, 이념, 철학이 가미된 단어라고 할 수 있습니다. 즉, '다문화주의는 문화 다원주의를 표방하는 정치적 이데올로기적 입장을 말할 뿐만 아니라 그것을 위해 정부가 시행하는 정책, 국민통합의 이데올로기, 또는 운동의 목표를 지향하는 단어'[452]라고 할 수 있습니다. 이 단어는 캐나다가 다원화주의 정책을 시행하면서 처음으로 사용하였지만, 1980년대 이후로는 북아메리카와 호주, 그리고 유럽에서도 사용되었습니다.[453] 다문화주의는 다문화사회를 견인해 가는 지배이념이라고 할 수 있습니다.

이렇게 본다면, '다문화'는 여러 문화가 섞여지면서 경험하게 되는 개별적 현상의 모습이라고 할 수 있고, '다문화주의'는 한 단체나 국가가 그 현상을 조화롭게 끌어가기 위한 사상과 이념, 철학이 첨가된 이데올로기, 혹은 정책 등을 지칭한다고 할 수 있습니다. 그렇다면 다문화사회는 '다문화'라는 현상에 단체나 국가적인 이념과 사상이 첨가된 '다문화주의'가 바탕이 되어 나타난 사회적 모습이라고 할 수 있을 것입니다. 그렇기에 '다문화'와 '다문화주의'의 조화로운 융합이 이상적인 다문화사회를 건설하는 바탕이 됨을 알 수 있습니다.

2. 한국적 다문화 사회의 특징들

한 나라가 다문화 현상 속에서 이상적인 다문화사회로 정착하려면 어떠한 조건들이 충족되어져야 할까요? 캐나다의 다문화사회를 분석한 해롤드 트로퍼(Harold Troper, 1942-)에 의하면, 다음의 세 가지 기본 조건이 갖추어져야 한다고 합니다. 첫째, 인종적, 민족적, 문화적으로 다원화된 인구학적인 현상이 나타나야 합니다. 둘째, 사회 문화적 다양성을 긍정적으로 인식하고 존중하는 사회적인 이념과 가치관이 마련되어야 합니다. 셋째, 사회 문화적 다양성을 보호하고 인종, 민족, 국적에 따른 차별 없이 모든 개인에게 공평하게 기회를 부여하는 정부 정책과 사회 프로그램이 가동되어야 합니다.[454]

이상의 기준들을 한국사회에 적용해 보자면, 한국사회는 아직 본격적인 다문화사회가 시작된 것도 아니고, 그렇기에 이상적인 다문화사회의 정착을 위한 노력도 빈약해 보입니다. 이제 막 다문화적 인구의 현상이 증가하고는 있지만,[455] 본격적이라고 말할 수는 없습니다. 그렇기에 아직까지는 다문화사회에 관한 사회적인 이념과 가치관이 형성되어 있지 못하며, 정부의 체계적인 정책과 사회프로그램도 갖추어진 것도 아닙니다. 바로 이러한 부분들이 한국이 처한 다문화사회의 대략적인 현실입니다. 이쯤에서, 한국적 다문화사회의 특징을 살펴보기 위해 던져야 할 중요한 질문이 있습니다. '한국은 어떻게 다문화사회로 변화하게 되었는가?'라는 질문입니다. 이 질문이 중요한 이유는, 나라마다 다문화사회로 변화하게 된 과정들이 그 나라의 다문화사회 특징을 만들어 가듯이, 한국사회가 다문화사회로 변화하게 된 이유는 곧 한국적 다문화사회의 특징이 되기 때문입니다.

한국사회가 다문화 사회로 변화하게 된 중요한 요인들은 다음과 같습니다. 첫째, 외국인 노동자들의 급증 때문입니다. 한국은 1992년부터 자본 수출이 수입을 초과하기 시작하면서 노동력의 송출국가에서 수입국으로 전환하게 되어 자연스럽게 다문화사회로 변화되게 되었습니다. 둘째, 국제결혼을 통한 이주민의 급증 때문입니다. 그 이유는 농촌을 중심으로 결혼하지 못하는 남성들이 동남아시아의 여성들을 만나 결혼하는 사례가 늘어났기 때문입니다.[456] 통일교의 합동 결혼을 통해서 유입된 외국인의 숫자도 무시할 수 없습니다. 셋째, 유학생들의 급증 때문입니다. 특히 중국 유학생들이 한국의 IT분야나 신학 분야에서 공부하는 숫자가 늘어가고 있으며, 한류의 영향으로 한국어를 배우기 위한 유학생들도 급증하는 경향이 있습니다. 넷째,

2세대의 다문화 자녀들이 급증하고 있습니다. 이는 한국에 이주민이 급증하기 시작한 시간이 20년이 넘어서면서 나타나는 현상으로 2세대 다문화자녀들이 지속적으로 늘어나는 추세입니다.

　이상의 요인들이 단일문화를 고수하며 달려온 한국사회가 다문화사회로 변화될 수 있도록 만든 중요한 이유가 되고 있습니다. 이 과정에서 나타난 한국적 다문화사회의 특징들을 말한다면 다음과 같습니다. 첫째, 아직까지 다문화에 대한 순응이 잘 되지 못한 결과, 단일민족과 순수 혈통주의에 대한 신념이 강하다고 할 수 있습니다. 둘째, 필요에 의한 이주 노동자들과 국제결혼 자들의 숫자가 한국적 다문화사회에 큰 부분을 감당하고 있습니다. 셋째, 한국은 구체적인 이민정책의 부재 속에 이루어진 다문화사회입니다.[457] 넷째, 한국의 가부장적인 구조의 성격이 이주민들을 존중하고 통합을 이루려하기보다, 한국에 적응하고 융화될 것을 강요하는 분위기입니다. 그렇기에 한국적 다문화사회에 대한 담론과 이론을 전개해 갈 때에는 해외의 사례들을 무비판적으로 수용하기보다는 반드시 한국적 다문화사회에 대한 특징들이 고려해야 할 것입니다.

　왜 이러한 특징들이 나타나는 것일까요? 가장 중요한 이유는, 한국적 다문화사회의 특징은 한국사회가 가지고 있는 단일민족의 독특한 역사와 동양적인 사고의 토대를 떼어서 생각할 수 없기 때문입니다. 즉, 서구적 세계관이 개인주의에 기반하고 있다면, 동양적인 세계관은 공동체주의에 기반 한 질서와 가족을 강조하는 온정주의(paternalism)의 세계관을 가지고 있기 때문입니다.[458]

3. 한국적 다문화 사회에 대한 주류 사회와 교회의 대응

　한국사회는 다문화사회로 급속히 변화되어 가고 있지만, 한국인들의 의식과 정부의 대책은 그 변화를 따라오지 못하는 듯 보입니다. 또한 주류 사회는 다문화를 포용하고 적응해 가려고 하기보다는, 다문화 이주민들에게 한국적인 것을 강요하고 한국적인 문화에 녹아들 것을 주문하고 있습니다. 실제로 신진호 기자는 이러한 현실을 다음과 같이 표현하였습니다.

> **변방으로 내몰리는 이방인들… 한국말 배워야 적응 빠르다며 다그쳐. 한국의 이주민들은 해마다 늘어나고 있지만, 여전히 차별 탓에 시달리고 사회적 위치도 낮다. 이는 우리 사회에 이들에 대한 배려가 거의 없는 탓이다… 우리 사회는 이주민들의 언어나 문화 등에 거의 관심이 없다.**[459]

이상의 기사는 한국의 주류 사회가 다문화사회에 어떻게 인식하고 반응하고 있는지를 나타내 주는 좋은 사례라고 할 수 있습니다. 이는 국가 정책도 마찬가지입니다. 다문화 이주민들을 위한 본격적인 정책과 프로그램을 내어놓아 사회적인 통합을 이루고 다문화를 수용해가기 보다는, 현실적 문제 때문에 풀어야할 과제들에 한해서 그 대책을 내놓고 있는 실정입니다. 특히 한국 정부의 다문화 정책은 여성가족부의 다문화 가족지원으로만 집중해 있어서 균형 있는 다문화정책에 걸림돌이 되고 있기도 합니다.[460] 또한 이주민 문제의 핵심이라고 할 수 있는 미등록 이주 노동자들의 문제는 배제되어 비판을 사고 있기도 합니다.[461] 또한, 코로나 시기 재난상황에서 중요한 방역 정보를 전달받지 못하거나 일부 자치단체의 재난지원금 대상에서 제외되는 등 제도적인 사각지대가 남아 있는 것이 여실히 드러나기도 했습니다.[462]

이러한 비슷한 대응은 교회 안에서도 찾아 볼 수 있는데, 이주민을 향한 한국교회의 대응은 크게 두 차원에서 이루어졌습니다. 보수적인 진영에서는, 이주민들을 선교의 대상으로 인식하고 접근하여 회심하려 노력하였지만, 그들의 문화를 이해한다든지, 그들이 사회 구성원의 한 사람으로 스스로를 인식하며 살아가게 하는 노력은 턱없이 부족합니다. 반면, 진보적인 진영에서는, 이주민들의 인권과 권리에 초점을 맞추어 투쟁하며 노력은 하였지만, 그들을 향한 선교적 혹은 신학적인 접근이 충분치 않았습니다. 그리고 양쪽 진영 모두, 자신들이 중요하다고 생각되어진 부분만을 강조하고 실천하여 이주민들을 마치 한국인들인 것처럼 살게 하려고 노력해왔다는 것을 부인할 수 없습니다.[463] 또한 한국 교회의 이주민들의 언어에 대한 배려 역시 무방비 상태라 할 수 있습니다. 물론 교회가 이주민들의 언어를 모두 준비하는 것이 어렵습니다. 그러나 상대방에 관한 이해는 언어에서부터 시작할 수 있는 것이기에, 교회는 서로의 차이를 인정하고 이해하기 위해 이중 언어 자를 양성하는 등 서로가 소통할 수 있는 길을 마련하는 것이 무엇보다도 중요할 것입니다.[464]

다문화사회에 관한 성경적 고찰과 교회의 책임

1. 다문화사회에 관한 성경적 고찰

다문화사회는 특별히 기독교와는 떼려야 뗄 수 없습니다. 왜냐하면 하나님은 자신의 백성들을 이 땅에 살아가는 이주민으로 취급을 하시며, 본향을 향해가는 순례자들로 이해하고 있기 때문입니다.[465] 또한 교회가 이 땅에 존재하는 이유 중에 하나도, 다문화 세상 속에서 그 세상을 품고 복음을 전하여 하나님 나라를 확장해 나가야 하기 때문입니다. 성경은 이미 다문화적인 배경 아래서 서술되었고, 이상적인 다문화사회에 대한 지침과 기준들을 제시하고 있으며, 하나님은 다양한 문화를 살아가는 하나님의 백성들이 하나 되기 원한다고 기록하고 있습니다.

성경에 나타난 다문화사회를 논함에 있어서 빼놓을 수 없는 단어가 '나그네', '객'이라는 단어입니다. 왜냐하면 그 단어 안에서 하나님이 자신의 백성들을 흩으셔 열방가운데 보내시고 그 흩어진 백성의 삶에 함께 하시는 모습을 끌어낼 수 있기 때문입니다. 이렇게 보자면, 그리스도인들은 세상 가운데 흩어진 나그네로 살지만, 하나님의 임재 속에서 하나님의 역사를 써나가는 자들이라고 할 수 있습니다.[466] 이 단어 안에서 성경의 핵심이 요약될 수 있는 것입니다. 그렇다면 '나그네'는 구약성경에 어떤 단어를 주로 사용되고 있습니까? 히브리어로 '게르(גר)'라는 단어가 주로 그 의미로 사용되었습니다. 이 단어는 자신들의 출신 사회를 떠나 다른 부족, 도시 혹은 나라로 간 사람들로서 사회적인 보호나 특혜를 받지 못하고 불가피하게 스스로를 다른 사람의 지배권 하에 둘 수밖에 없는 사람들을 표현합니다.[467] 이스라엘을 지칭하는 '히브리'라는 단어도 이와 비슷한 의미를 가지고 있습니다.[468] 이렇게 본다면, 이스라엘 스스로가 '게르'였던 것입니다.

그렇기에 하나님은 구약의 주류라고 할 수 있는 이스라엘을 향하여 중요한 지침을 주셨습니다. 즉 이스라엘 본토인들과 이방인들은 하나님의 절기는 지키는데 동일하다고 말씀하시며(출 12:49), 이방인들을 압제하거나 학대하지 말라고 경고하신 것입니다. 그렇게 함으로써 이스라엘 역시 나그네라는 정체성을 잃지 않아 세상에 안주 하지 않고 영원한 본향을 향하여 달려갈 수 있도록 해 준 것입니다. 이스라엘이 이주민들과 서로 다른 언어와 전통, 관습을 가지고 있으면서도 그나마 이주민들과 공존하고 소통할 수 있었던 것도 이와 같은 성경의 지침 때문이었습니다.[469]

신약성경은 나그네와 외국인이라는 단어를 더 본격적으로 사용하고 있습니다. 특히 이 단어는 소아시아에 흩어진 유대 기독교인들에게 핍박을 이겨내도록 격려할 때 사용되었습니다. 또한 신약성경은 복음이 어떻게 헬라세계에 영향을 끼치어 위대한 역할을 감당했는지 서술함으로 오늘날 다문화 사회가 그리스도인들에게는 결코 생소한 새로운 역사가 아님을 가르쳐 주고 있습니다. 이러한 사실은 사복음서가 다문화적 다양한 관점에서 기록되었다는 사실에서도 알 수 있습니다. 마태복음은 시리아 안디옥에 살고 있던 유대인의 입장에서, 마가복음은 고난당하는 팔레스틴의 농부의 관점에서,

그리고 누가복음은 이방인 엘리트 중 가난한 자들에게 헌신한 사람의 관점에서, 요한복음은 에베소에 거주하는 소외된 유대인들의 관점을 반영한 것입니다.[470] 이와 같이 복음서는 다문화사회의 사람들에 관한 배려로 다양한 관점에서 예수님을 소개하고 있습니다.

이러한 다문화적인 신약성경의 관점은 다음의 구절에서 절정에 이른다고 할 수 있습니다. 그것은 "너희는 유대인이나 헬라인이나, 종이나 자유인이나, 남자나 여자나 다 그리스도 예수 안에서 하나이니라"(갈 3:28)라는 구절입니다. 그러므로 오늘날 교회가 다문화사회를 접근하고 올바른 정착을 위한 선도적인 역할을 감당하기 위해서는 무엇보다도 성경적인 고찰을 통하여 성경이 말하고 있는 다문화사회에 관한 기본적인 입장을 다지는 것이 중요하다고 할 수 있습니다.

2. 다문화사회에 대처하는 교회의 철학

그리스도인들에게 다문화사회는 그 안에서 그리스도인들의 정체성이 각인되고 하나님의 뜻과 미션을 발견하여 펼쳐 나가야할 사회임을 살펴보았습니다. 그렇다면 교회는 다문화사회에 대하여 어떠한 신앙적인 철학을 가져야 할까요? 먼저, '모든 사람은 하나님의 형상과 모습대로 지음을 받은 동등한 사람'이라는 가장 기본이 되는 기독교적 인간관의 철학을 다져야 할 것입니다. 교회가 세상의 다른 어떠한 단체보다도 다문화사회를 주도적으로 선도할 수 있는 이유는 사람을 대하는 태도가 다르기 때문입니다. 그저 동정심이나 긍휼만으로 이주민을 선대하는 것이 아니라, 근본적으로 '너와 나는 같은 하나님의 형상과 모습대로 지음을 받은 피조물이다'라는 인식이 출발점이 되어져야 합니다.[471]

다음으로, '세상의 모든 사람들은 나그네'라는 신앙적 철학을 확고히 해야 합니다. 특히 무엇보다도 기득권을 가지고 있는 기존의 교회가 먼저 '나그네', 혹은 '순례자'라는 인식을 가져야 합니다. 세상에 있는 모든 사람들이 나와 같은 처지에 있는 사람이라고 인식되고 느껴질 때 그들을 향한 사랑하는 마음과 자발적인 도움의 의지가 생겨날 수 있기 때문입니다. 또한, '다문화사회라는 현상이 선교의 장'이라는 신앙적 철학이 확고해야 합니다. 지역교회는 그 지역에 있는 사람만 품고 가는 교회가 아닙니다. 그 지역을 출발점으로 지경을 넓혀 점차 열방을 품고 나가야 합니다. "예루살렘과 온 유대와 사마리아와 땅 끝까지"(행 1:8) 복음을 전하는 것이 교회의 사명이기 때문입니다.

'다문화사회는 사랑의 실천의 장'이라는 철학도 가져야 합니다. 이는 성경의 가르침이기도 합니다. 성경은 "고아와 과부와 나그네를 돌보라"(신 26:12)고 하셨기 때문입니다. 기독교의 신앙을 가지고 있으면서도 성장하지 못하는 가장 중요한 이유는 성경의 가르침대로 실천하지 못하기 때문입니다. 그러므로 성경이 반복해서 말하고 있는 사회적인 약자를 돌보는 사랑의 실천이 우리 앞에 펼쳐진 다문화의 장에서 먼저 있어야 합니다. 또한 교회가 '사회통합과 갈등의 완충역할을 선도적으로 감당'해야 한다는 철학을 가져야 합니다. 세상은 사랑이 부족해서도, 다문화사회에 대한 기준과 이해가 부족해서도, 사회통합의 주도적인 역할을 감당하기 어렵고, 갈등을 봉합할 수 있는 힘도 부족해 보입니다. 하지만 교회는 이 모든 것을 가지고 있고 감당해야할 주님의 거룩한 명령도 있기에, 스스로에 대해 다문화사회를 주도할 주체라는 입장을 지녀야 합니다. 성경의 가르침대로만 실천할 수 있다면 세상은 교회를 통하여 변화될 수 있을 것입니다.

3. 다문화사회를 위한 교회의 역할

교회가 다문화사회에 대해 정립한 신앙적 철학을 바탕으로 어떠한 구체적인 역할을 감당해야 할까요? 교회의 역할이 중요한 이유는 교회가 이민자들에게 민족적인 동질성에 바탕을 둔 보호처의 역할과 휴식처로서 작용할 수 있으며 사회적 인정 및 승인의 기회를 제공하는 중요한 사회제도의 역할을 감당할 수 있기 때문입니다.[472] 교육적인 차원에서 살펴보자면, 교회는 기독교적인 신앙관에 입각하여 다문화교육을 주도해야 합니다. 실제로 다문화사회에 관한 프로그램과 정책, 그리고 실천 이론들은 다문화교육 없이는 불가능합니다. 그 교육은 자국민과 이주민 모두에게 행해져야 합니다. 또한 교육의 중심 내용은 자기 문화에 대한 정체성을 가지면서도 다른 문화의 다양성을 인정하는 수용적이면서도 포용적인 관점에 관한 내용입니다.[473] 이러한 교육이 교회에서 더 적절한 이유는 교회는 이미 기독교교육에 관한 골격이 갖추어져 있고, 그 안에 다문화에 관한 성경적인 지침과 내용들만 담을 수 있으면 효과적이기 때문입니다.

인도적인 차원에서 살펴보자면, 교회는 다문화 가족에 대한 돌봄과 환대의 역할을 주도해야 합니다. 교회가 이 역할을 주도적으로 해야 하는 이유는, 그것이 하나님의 환영을 연습하는 일이며,[474] 그렇기에 은사가 있는 몇몇 사람에게만 맡길 일이 아니라 교회가 전적으로 해야 할 일이이기 때문입니다.[475] 러셀(Letty M. Russell, 1929-2007)은, 이 세상에서 정의와 평화와 환대의 사역을 실천하는 것은 증인으로서 하나님의 새로운 창조에 참여하는 일이라고 하였습니다.[476] 특히 러셀은 환대의 대상이 되는 사람들에게 '타자'라는 말을 사용하지 않았는데, 그 이유는 우리 모두가 하나님에 의해 창조된 사람들로서 아무도 타자일 수 없기 때문입니다.[477]

신앙교제의 차원에서 살펴보자면, 교회는 다문화권의 사람들과 삶을 나누고 교제하는 삶의 동반자의 역할을 감당해야 합니다. 넬슨(C. Ellis Nelson, 1907-2011)은 기독교 공동체가 삶을 함께(Life together) 나누는 독특한 공동체라고 하였습니다.[478] 그런데 이주민들은 자신들이 겪고 있는 어려움과 문제들을 마치 자신의 일들처럼 생각해주고 분담하여 함께 처리할 사람을 필요로 합니다. 그러므로 실제로 교회가 삶을 나누는 신앙적 교제의 모습을 이주민들과 함께 한다면, 그들과 하나가 될 수 있을 것이며 그들을 교회 안으로 안도할 수 있는 통로가 될 수 있을 것입니다.

선교적인 차원에서 살펴보자면, 교회는 다문화교회 안으로 들어온 모든 구성원들이 동질감을 가지고 함께 신앙의 순례의 길을 걸으며 증인의 삶을 살 수 있도록 역할을 하여야 합니다. 교회가 다문화사회 속에서 잘 정착하고 이상적인 다문화사회를 건설하기 위하여 여러 방면으로 노력한다고 하여도, 마지막은 그 노력의 결과로 구성원 모두가 동질감을 가지고 함께 공적인 신앙의 여정을 걸어야하기 때문입니다. 그리고 그 속에서 복음을 증거하는 삶을 살아갈 수 있도록 도와야 합니다. 교회 공동체는 그 모든 행위가 증인된 삶으로서 종결되어야하기 때문입니다.[479] 파울러는 신앙의 단계에 따른 순례의 여정을 제시하며, 신앙의 마지막은 교회의 다양한 구성원들이 하나가 되어 분명한 기독교의 정체성과 공적 소명에 헌신하도록 노력하는 것이라 하였습니다.[480]

성공적인 다문화교회로의 정착을 위한 노력

1. 성공적인 다문화교회 정착 사례로서 호주연합교회

세계 속에 모범적인 다문화교회의 사례를 가지고 있는 선진국들이 있지만, 여기서는 특별히 호주연합교회의 사례를 중심으로 성공적인 다문화교회의 정착에 대한 이론을 전개하려 합니다. 그 이유는 필자가 호주연합교회의 신학교인 UTC(United Theological collage)에서 교환교수(Visiting Scholar)로 1년간 연구하고 경험한 것들이 있기 때문입니다. 호주는 1960년대 후반부터 이민제한법이 단계적으로 무너져가다가 1973년 휘틀람 노동당 정부가 들어서자 백호주의가 폐기되고 '다문화정책'이 시작되었습니다. "다문화사회로서의 호주(Australia as a Multicultural Society)"라는 주브러키(Zubrzychi)의 보고서가 호주 소수민족위원회에서 채택되었기 때문입니다. 다문화 정책이란 여러 인종과 문화들이 함께 공존하고 존중하며 서로의 삶의 질을 높인다는 정책을 의미합니다.[481] 호주정부가 다문화정책을 내 놓으며 이민자들을 대폭 받아 들이게 된 이유는 2차 대전 이후 국가 안보와 경제적인 위기를 타파하기 위해서였습니다.

이러한 호주의 본격적인 다문화사회로의 전환기에 호주연합교회가 탄생하였습니다. 오랜 기간 숙고하고 통합의 과정을 거친 후, 1977년에 호주감리교회와 호주장로교회, 그리고 호주회중교회가 연합하여 호주연합교회를 출범시킨 것입니다. 호주에서는 가장 큰 개신교 교단이 탄생한 것입니다. 호주연합교회는 'United'라는 단어를 쓰지 않고 'Uniting'이라는 단어를 사용하며 "계속되는 연합의 노력과 보다 넓은 일치를 추구함"[482]이 목적임을 천명하고 있는 것입니다. 주요한 개신교단과의 연합을 이룬 호주연합교회는 1985년 4차 전국총회를 통하여 호주연합교회가 다문화교회라는 선언과 함께 실천방안을 총회에서 통과시켰습니다. 드디어 호주연합교회는 다문화사회 속에서 다문화교회로서의 성공적인 걸음을 시작한 것입니다.

호주연합교회가 많은 인종, 문화, 그리고 언어를 가진 사람들로 구성되었다는 것은 교회가 선교의 산물이자 도구임을 보여주며 여러 이유로 변두리로 밀려난 사람들에게 희망을 주고자 노력하는 교회임을 보여주는 것입니다. 다문화교회를 만들기 위한 호주연합교회의 실천은 추상적인 담론으로 끝나지 않고 시간이 흐를수록 수정을 가하며 더 깊은 뿌리를 내려가고 있습니다. 호주에서 다문화교회로서의 정체성을 교단적으로 선언하고 그 내용을 가르치고 있는 교회와 신학교는 호주연합교회와 호주연합신학대학이 유일합니다. 호주연합신학대학은 이 부분에 개척자라고 할 수 있는데, 신입생들은 다문화 오리엔테이션 주간을 필수적으로 참석해서 다문화를 체험하며 그 중요성을 인식하고 준비합니다.[483] 그렇기에 호주연합교회의 다문화교회를 위한 노력은 국가가 추구하는 다문화정책과 어우러져 다문화사회를 정착하는데 일조하였습니다.

2. 다문화교회 정착을 위한 호주연합교회의 중요 원칙들

　호주연합교회는 다문화교회로 정착하기 위하여 어떠한 원칙들을 가지고 있으며 실천하고 있을까요? 그 원칙들을 지면의 한계로 다 기술하지는 못하고, 중요하다고 생각되어지는 원칙들을 중심으로 그 내용을 제시해 보려고 합니다. 먼저, 호주연합교회는 다문화교회를 호주사회에 정착시키기 위해 호주의 원주민(Aborigin)과 이민자(ethnic)들의 여성과 남성이 교회 결정과정에 전적으로 참여하도록 하였습니다.[484] 이러한 제안은 획기적인 것으로 이미 기득권을 가지고 있는 교회 기성성도들이 기득권을 내려놓고 동등한 입장에서 함께 논의하고 함께 결정하겠다는 의지의 표현입니다. 원주민들과 이주민들의 도움과 관심 없이는 교회의 운영이 이루어질 수 없다는 의미이기도 합니다. 실제로 총회나 주총회 시, 이민자 대표들이 총대로 자동 선출되도록 하였습니다.

　다음으로, 호주연합교회는 원주민들과 이주민 성도들이 연합교회의 재산과 재정을 사용하는 동등된 권리를 가지고 있으며, 그들의 관심과 관점을 교회의 안건에 포함시키도록 하였습니다.[485] 실제로 교회가 연합하고 하나 되려할 때 가장 중요한 걸림돌이 재정, 곧 물질에 관한 부분들입니다. 그런데 호주연합교회는 연합교회의 재산과 재정을 원주민들과 이주민 교인들이 동등하게 사용할 수 있도록 함으로써 그 문제를 해결하였습니다. 한 예로서, 시드니에 있는 호주연합교회 건물들은 한 교회만 사용하는 교회가 드물고 다문화 교회들이 시간대를 달리하며 같이 사용하고 있습니다. 이때 교회 재산관리위원회에 이민자 대표도 들어올 수 있도록 하여 서로가 같이 운영해 나갈 수 있도록 하였습니다. 호주연합교회는 이를 효율적으로 정착하기 위해 1992년 총회에서 '다문화교회의 교회건물 사용 정책(Property Policy in a

Multicultural Church)'을 발표하였습니다. 이 문서의 결론에 보면, "우리의 모든 교회 건물은 하나님께 속해 있고, 우리는 그것을 관리하는 자들이다... 하나님이 주신 자원을 공평하고 파트너적인 방법으로 서로 나누어야 한다"[486]고 언급하고 있습니다.

그리고 호주연합교회는 이민자들이 편한 언어로 예배하게 하고 그들의 다양한 정체성과 문화 안에서 복음을 듣게 하며 목회적인 도움을 제공합니다.[487] 실제로 이주민들이 정착하며 가장 어려워하는 부분 중에 하나가 언어의 문제입니다. 만약 이 부분이 해결될 수 없다면 다문화 속에서 하나가 된다는 것은 어려울 것입니다. 그렇기에 호주연합교회는 이중 언어로 예배드리는 것을 권장하며 이민자들이 자신들의 언어로 예배할 수 있도록 배려하고 있습니다. 그 실천의 차원으로 총회나 주총회 주요 예배 때에는 영어 이외의 언어도 사용하고 있습니다.

또한, 호주연합교회는 이민자 안에 많은 다양성이 있음을 존중하여 그들의 교회를 이루는데 도움을 주고 있습니다. 즉, 총회는 이주민들이 이주민교회를 이룰 수 있도록 도우며, 필요에 따라서는 그들에게 맞는 예배당을 찾을 수 있도록 돕는 것입니다.[488] 이는 진정으로 다문화속에 있는 차이를 인정하는 것이며 이민자들로 하여금 호주라는 땅에서 위축되지 않고 떳떳하게 신앙생활을 하며 살아갈 수 있도록 돕는 중요한 제도적인 장치라고 할 수 있습니다. 또한 이주민교회들의 연합으로서 다문화교회가 존재할 수 있도록 한 장치이기도 합니다.

호주연합교회는 다문화교회와 이민자교회의 목회를 위하여 특별교육 프로그램으로 돕고 있습니다.[489] 이를 위하여 교단차원에서 프로그램을 마련하여 호주연합교회의 전통과 신학, 그리고 호주에 적합한 신학적인 성찰을 할 수 있는 기회를 제공하기도 합니다. 역으로, 연합신학대학교에서는 앞으로 호주연합교회의 목사가 될 모든 후보생들에게 다문화 오리엔테이션 주간을 필수적으로 참석케 하여 교육하며 학기 중에도 타 문화의 언어와 문화를 공부하여 이주민 교회를 이해할 수 있도록 돕습니다.

3. 한국적 상황에로의 적용

이제 막 다문화사회로 발걸음을 떼고 있는 한국사회를 호주와 비교하여 호주처럼 무엇을 해야 한다고 주장하는 것은 무리가 있어 보입니다. 그 이유는 앞에서 서술하였듯이, 한국적 다문화사회의 특징이 있기 때문이고, 또 과정을 밟아 가고 있는 한국과 시행착오를 거쳐 다문화를 뿌리내리고 있는 호주와의 차이가 있기 때문에 그렇습니다. 그러나 본격적인 다문화사회로 나아가고 있는 한국 교회가 먼저 그 길을 달려간 호주연합교회로부터 배울 수 있는 부분은 분명히 있습니다.

첫째, 현재 한국교회의 다문화 논의와 실천은 다분히 개교회 중심입니다. 특별히 이주민이 많이 살고 있는 지역교회 중심으로 실천운동이 펼쳐지고 있습니다. 그러나 다문화사회는 지역에 국한된 현상이 아니라, 나라 전체의 사회적인 현상임을 감안할 때 개 교회 위주의 다문화정착을 위한 실천보다는 교단차원의 다문화정책과 실천방안이 제시되어 나와야 한다는 것입니다. 그때, 한국교회는 한국사회의 다문화적 현상을 주도하여 이끌어 갈 수 있으며 이상적인 다문화교회를 만드는데 도움을 줄 수 있을 것입니다.

둘째, 다문화 이주민들과 하나가 되기 위해서 소수를 배려하는 제도적 방안이 필요합니다. 호주연합교회처럼, 이주민 소수자들이 그들 스스로 자신들을 교회의 주체자로 인식할 수 있도록 받아들일 수 있는 제도적 방안이 필요한 것입니다. 그 예로, 교회는 운영위원회를 구성할 때에도 이주민 소수자들을 배려할 수 있고, 교단적인 차원에서도 정기적으로 그들의 소리를 반영할 수 있는 여러 방안들을 채택할 수 있습니다. 물론 처음에는 작은 숫자로 시작하지만 점진적으로 그 수를 늘려 하나가 될 수 있는 길을 갈 수 있을 것입니다.

셋째, 호주연합교회에서는 가장 민감한 문제인 교회의 재산권을 행사하거나 건물을 사용하는 문제에도 이주민 성도들을 대표로 참석시켜 동등한 입장에서 재산권을 집행하지만, 아직 한국적인 상황에서는 시기상조일 수 있습니다. 그러나 한국에 적용할 수 있는 부분을 찾는다면, 그들만의 언어와 문화로서 하나님께 예배할 수 있도록 자국민 신앙커뮤니티를 구성해 주는 일을 할 수 있을 것입니다. 이는 같은 건물을 사용하면서도 예배 시간을 달리하면 얼마든지 가능하게 창출해 낼 수 있습니다.

넷째, 다문화 이주민들이 교회 안으로 들어왔을 때 가장 중요한 문제는 언어의 문제입니다. 그들이 이해할 수 있는 언어로 예배하는 일이 마련되지 않는다면, 이주민들이 교회 안으로 들어와 다문화교회를 형성하여도 교회로서의 정체성은 사라질 수 있습니다. 그렇기에 세계의 공용어나 한국에 많이 분포해 있는 다문화 이주민들을 언어만이라도 준비하여 이중 언어, 혹은 다중언어로 예배를 드릴 수 있는 준비를 해야 합니다. 교회는 다문화 속에 있는 이주민들을 위하여 이중 언어 자를 양성하며 내부적 차이를 인정하는 것이 무엇보다도 중요합니다.[490]

다섯째, 한국사회가 앞으로 다문화사회로 진행이 더 빠를 것을 예상한다면, 교회도 미래를 바라보며 신학대학교에서 본격적인 다문화교육과 다문화신학을 필수 과목으로 선정하여 가르쳐야 합니다. 신학대학교의 학생들은 한국교회의 미래이기 때문입니다. 신학교의 교육은 미래 교회교육의 기본적인 이론의 틀을 제공하기 때문입니다.

다문화 사회 속에서 효율적인 복음전도 전략

1. 목회자의 목회철학의 재정립

다문화 속에서 다문화교회가 정착하여 뿌리를 내리기 위해서는 교회도 건강해야 합니다. 교회가 힘을 잃고 형식만 남아 있다면, 이상적인 다문화교회를 위한 담론은 허상이 되어버리고 세상에 어떠한 기독교적 영향력을 끼칠 수도 없기 때문입니다. 교회가 세상을 향하여 전도를 하는데 한계가 있다면, 그것 역시 교회의 건강함과 깊은 관련이 있다. 교회는 종말론적인 공동체로서 복음을 선포하고 하나님 나라를 선포하며 세상을 변화시키는 일에 그 존재 의미가 있기 때문입니다.[491] 그렇기에 교회의 정체성과 관련이 있는 교회의 건강함, 그리고 그것을 바탕으로 한 효율적인 복음전도에 관한 고찰을 통하여 다문화사회 속에서 한국형 다문화교회가 효율적으로 정착하는데 도움을 주고자 합니다.

다문화 속에서 교회가 효율적으로 복음전도를 실천하기 위해서는 어떠한 요소가 가장 중요할까요? 필자는 목회자의 올바른 목회철학이 무엇보다도 중요하다고 생각합니다. 교회의 모든 프로그램과 목회 방향은 목회자의 목회철학에서 산출되기 때문입니다. 그러므로 다문화상황에 맞는 목회자의 목회철학, 그리고 복음전도에 관한 목회자의 목회철학이 올바르게 성경적으로 재정립되지 않는다면 교회가 펼쳐나가는 다문화교회를 위한 어떠한 노력도 일시적이고 부분적일 수밖에 없음을 알아야 합니다.

그렇다면 다문화상황에서 효율적인 복음전도를 위해 목회자는 어떠한 중심을 가지고 목회철학을 재정립하여야 할까요? 먼저는 성경은 항상 다문화적 배경에 있는 모든 민족과 모든 방언, 그리고 모든 족속에게 관심을 가지고 있고 그들을 복음화 하고자 한다는 사실을 확고히 해야 할 것입니다. 그러므로 다문화사회가 만들어 지는 상황이 교회의 선교적 정체성의 역량을 마음껏 발휘할 수 있는 장이 될 수 있음을 인식하여 적극적으로 목회철학에 반영하여야 합니다. 이러한 내용이 중심이 되어 목회철학이 재정립될 수 있다면 다문화사회 속에서 효율적으로 전도할 수 있는 기초가 놓여 질 수 있습니다.

또한 목회자가 복음전도에 관한 성경적으로 올바른 목회철학을 가지고 있어야 합니다. 복음전도는 교회를 부흥시키는 도구와 수단이 아닙니다. 목회자가 교회를 부흥시키는 데에만 목회의 목적을 두고 있다면, 복음전도 역시 교회를 부흥시키는 도구와 수단으로만 취급되어질 수 있습니다. 그러나 복음전도란 사람을 교회로 데려오는 것만을 의미하지 않고 복음을 전하여 영혼을 살리는 일입니다.[492] 여기에 대해 목회자가 분명한 목회철학이 있어야 교회가 성경적인 교회가 될 수 있고, 그 실천 역시 힘을 얻을 수 있습니다. 목회자는 교회의 정체성과도 연결되어 있는 이 부분에 대한 흔들리지 않는 목회철학이 필요합니다.

2. 본질적 차원에서의 접근 - 생명력 있는 교회 만들기

다문화사회 속에서 복음전도에 대한 성경적인 목회철학이 목회자에게 정립되었으면, 이제 본격적인 복음전도를 위해 무엇이 준비되어지고 실천되어져야 하겠습니까? 먼저는 교회가 생명력 있는 교회로 바뀌어져 갈 수 있는 노력이 필요합니다. 생명이 생명을 낳기 때문입니다. 그러나 교회가 생명력을 갖는 다는 것은 굉장히 추상적인 일입니다. 이것을 어떻게 구체화할 수 있을까요? 필자는 초대교회가 가지고 있었던 '교회의 공동체성'에 초점을 맞추고자 합니다. 기독교 역사를 보면, 교회가 힘을 잃어갈 때마다 교회를 갱신하기 위해 등장한 사람들이 공통적으로 들고 나온 슬로건(Slogan)이 '초대교회로 돌아가자!'라는 것이었습니다. 초대교회는 건물도 없었고, 정경화 된 성경도 없었으며, 체계화된 신학도 없었지만, 기독교의 핵심인 생명력 있는 유기체적 공동체가 있었습니다. 그렇기에 그 생명의 힘으로 교회다운 모습을 가질 수 있었고 복음전도의 열매를 탁월하게 거둘 수 있었습니다.

그렇다면 초대교회는 어떻게 유기체적인 공동체를 가질 수 있었습니까? 첫째, 초대교회 안에서는 수직적인(Koinonia)가 활발하게 일어났습니다. 교회를 생명력 있게 만드는 핵심 요소 중에 하나가 'Koinonia'입니다. 교회가 이것을 잃으면 형식만 남게 됩니다. 실제로 종교개혁이 일어났을 때 종교 개혁가들이 가톨릭교회를 대항하여 내건 교회 개혁의 구호가운데 'Communio Sanctorum'이 있습니다. 이것은 '성도의 교제(Communion of the Saint)'라는 말인데 초대교회 교부들이 교회의 본질에 대해서 고백하며 사용한 용어였습니다.[493] 그런데 여기서 'Communion'은 헬라어 'Koinonia'에서 나온 말이며, 이 말은 영어의 'Community'의 어원이 되었습니다.[494] 이렇게 볼 때, 종교개혁이 필요했던 이유 중에 하나는 교회가 'Koinonia'를 잃어버려 유기적인 공동체가 깨어졌기 때문이라고 할 수 있습니다. 그러나 초대교회는 'Koinonia'가 살아 있었고, 무엇보다도 하나님과 교제하는 수직적인 'Koinonia'가 활발하였습니다. 수직적인 'Koinonia'는 하나님과의 교제를 의미합니다. 신앙의 모든 힘은 여기서 출발합니다. 이것이 사라져버리면 모든 것이 형식화 되어질 수 있습니다.

둘째, 초대교회는 수평적인 'Koinonia'가 활발하였습니다. 이것은 수직적 'Koinonia'를 통해 하나님으로부터 얻은 힘과 경험을 바탕으로 같은 공동체 안에 있는 멤버들에게 그 경험을 나누고 그들의 필요를 채우는 일입니다. 실제로 초대교회의 수평적인 'Koinonia'는 교회 안의 같은 멤버들에게 자신의 재산을 아끼지 않고 나누는 '유무상통'의 단계에 까지 이르렀습니다. 유기체적인 공동체가 보여줄 수 있는 이상적인 'Koinonia'의 모습이었습니다. 실제로 베푸는 일은 그리스도인들의 의무이지만[495] 무조건 베풀라고 요청만 해서 되어 지지는 않습니다. 초대교회에서 '유무상통'이 가능하였던 이유는 수직적 'Koinonia'가 가능하였기에, 그 힘의 능력으로 수평적인 사랑을 펼쳐 나갈 수 있었기 때문입니다. 오늘날 교회들이 바로 이러한 부분을 점검하며 교회의 생명력을 점검해야 합니다.

셋째, 수직적인 'Koinonia'를 통한 회복과 수평적인 'Koinonia'를 통한 사랑의 나눔으로 유기체적인 공동체를 만든 초대교회는 거기에 머물지 않고 사회적인 'Koinonia'로 그 영역을 확장시켜 나아갔습니다. 이 부분이 바로 세상을 향한 복음전도의 행위라고 할 수 있습니다. 하나님에 관한 경험과 그리스도인 서로를 향한 사랑의 표현으로 하나가 된 교회는 그 힘을 바탕으로 세상을 향하여 그들이 경험하지 못한 하나님 나라의 특성들을 전하기 시작합니다. 그렇기에 진정한 'Koinonia'를 통한 교회의 생명력은 다문화사회 속에서도 복음전도를 위한 강력한 준비가 된다고 할 수 있습니다.

3. 방법적 차원에서의 접근 - 피전도자들에 대한 연구와 분석

효율적인 복음전도를 위하여 교회의 본질적인 부분들이 준비되었다면, 이제는 세상에 대한 준비가 필요할 것입니다. 즉, 다문화사회 속에 있는 사람들을 연구하고 분석해야 한다는 것입니다. 세상 사람들에 관한 연 없이 복음을 전한다는 것은 무모한 행동일 수 있습니다. 앞에서 살펴본 바와 같이 일반적으로 비그리스도인들은 복음의 수용성이라는 기준으로 볼 때, 크게 세 부류로 나눌 수 있습니다.[496] 첫째는 복음에 수용적인 부류입니다. 이들은 기독교에 열려 있는 자들로 전도자가 체계적인 복음제시만 할 수 있다면 전도의 열매를 기대할 수 있는 사람들입니다. 그러면 어떠한 사람들이 복음에 수용적입니까? 복음에 수용적인 부류의 특징은 '삶의 한계'를 경험한 사람들입니다.[497] 실제로 이 땅에 살고 있는 사람들은 모두 자신의 힘으로 극복할 수 없는 한계를 가지고 살아갑니다. 그런데 그 한계가 삶 속에서 표출된 사람들이 있는가 하면, 아직 삶 속에 그 한계의 모습을 경험하지 못한 사람들이 있습니다. 자신의 삶 속에서 한계를 경험하지 못한 사람들, 그리고 아직도 기대할 것들이 많이 있는 사람들은 아직 복음에 비수용적인 부류라고 할 수 있습니다. 그러나 삶의 한계를 경험한 사람들은 그 한계를 자신의 힘으로 해결 할 수 없기에 무척 힘들어하며 도움을 찾고 있습니다. 다문화권 사람들의 많은 경우가 여기에 속하는 부류라고 볼 수 있습니다. 예수께서 당신의 공생애를 갈릴리 지역에서 주로 행하신 이유도, 그리고 죄인과 세리와 창녀들을 주로 찾아다니신 이유도 여기에 있습니다.

둘째, 무관심한 부류가 있습니다. 이들은 복음에 수용적이거나 비수용적인 부류에 속하지 않은 자들로 특별히 기독교에 대해서 관심이 없는 사람들입니다.[498] 전도자들이 주의해야 할 점은 이들이 기독교에 대해서 부정적이지 않다고 수용적인 부류로 생각하지 말라는 것입니다. 톰 라이너(Tom S. Rainer)는 미국의 경우 이 부류에 속한 자들이 36%로 비신자들 가운데 가장 높은 비율을 차지하고 있다고 하였습니다.[499] 이는 한국에서도 마찬가지로, 무관심한 부류가 50.4%로 가장 높습니다.[500] 이들을 위한 복음전도의 전략은 교회 안에 흥미 있는 소그룹으로 인도는 것입니다. 즉, 교회 안에서 그들이 관심을 가지고 흥미로워할 만한 소그룹으로 먼저 인도한 뒤 교제를 통하여 친밀감을 형성한 뒤 적당한 기회에 복음을 전하라는 것입니다.

조지 헌터(George G. Hunter)는 아그네스 리우(Agnes Liu)의 '삼각스케일(Triangle Scale)'이라는 모델로 그 사례를 제시합니다.[501] 이 모델은 홍콩의 신학대학원 리우 교수가 16년 동안 기독교에 관심이 없었던 홍콩의 근로자들을 전도한 사례를 바탕으로 고안되었습니다. 기독교에 무관심 했던 그들이 흥미 있는 소그룹을 통하여 태도의 변화, 신앙적인 경험, 그리고 신앙의 지식을 아는 세 단계를 거쳐 그리스도인으로 변화되었다는 것입니다. 그러므로 다문화사회 안에서도 기독교에 대하여 무관심한 부류는 흥미 있는 소그룹으로 초대하여 시간을 가지며 친밀감을 쌓은 뒤 점진적인 회심을 추구해야 할 것입니다.

마지막으로 비수용적인 부류에게는 구체적인 전략이 필요합니다. 이들은 기독교에 대해서 적대감을 가지고 있는 자들이거나 반항적인 자들입니다.[502] 이들을 위한 전략으로는 첫째, 이들을 전도하기 위해서는 장기간의 시간이 필요한 부류라고 생각하고 접근해야 합니다. 이들을 단기간에 전도하기는 어렵습니다. 둘째, 그들의 상황과 환경이 복음을 필요로 하는 상황과 환경이 될 수 있도록 구체적으로 기도해야 합니다. 앞에서 언급하였지만, 이들 역시 살아가면서 인생의 한계를 경험할 수 있는 시간이 옵니다. 전도자들은 바로 이때가 복음을 들고 전할 기회임을 인지해야 하는 것입니다. 셋째, 전도자들은 복음을 전할 기회를 엿보며, 그 시간 동안 사랑의 섬김으로 피전도자들과 좋은 관계를 유지해야 합니다. 피전도자들에게 복음을 전할 기회가 왔을 때 좋은 관계를 바탕으로 복음을 전할 수 있습니다.

다문화사회를 선도하고 이끌어갈 수 있는 주체는 바로 교회입니다. 교회는 순례자의 집단이며 나그네와 같은 자들의 모임이라는 정체성을 가지고 있으며, 성경 속에 교회는 다문화사회의 한 가운데 있었기에 다문화사회에 관한 지침들이 성경에 가득 차 있기 때문입니다. 그렇기에 이미 성경이 제시한 원리를 실천해 나갈 때, 다문화상황 속에서 건강한 다문화교회로 뿌리를 내리는 일은 새로운 일이 아니라 이미 성경적인 목표를 가지고 달려가야 할 길입니다. 그렇기에 다문화교회로의 변화는 시대의 요구에 따른 것이 아니라 교회의 성경적인 정체성을 회복하며 교회가 시대를 불문하고 꾸준히 실천해야 할 사명인 것입니다.

Chapter 16

성결한 사랑과 복음전도
- 신앙의 본질의 회복을 통한 복음전도[503]

　놀라운 부흥의 시기를 달려온 한국교회는 21세기에 접어들면서 성장이 둔화되고 세상으로부터 지탄의 대상이 되고 있습니다. 더욱이 코로나 19라는 전 세계적인 팬데믹 속에서 예측할 수 없는 어려움 가운데 놓이게 되었습니다. 이러한 상황 속에서 한국 교회는 어떠한 영적인 자산을 기본으로 하여 이 시대에 맞는 효율적인 복음전도를 펼치며 한국 교회를 세워나갈 수 있을까요? 여러 가지 대책을 세울 수 있겠지만 필자는 성결한 사랑을 그 답으로 제시하고자 합니다. 성결과 전도를 억지로 연결시키려 하는 것이 아니라, 성결이 곧 효율적인 복음 전도의 내용이며 방법이 된다는 것입니다. 실제로 위대한 복음전도자 웨슬리는 성결을 경험할 때 효율적인 복음 전도가 가능하다고 하였기 때문입니다. 웨슬리는 복음 전도를 통하여 영국을 피로 혁명하지 않고 위대한 부흥의 시기로 이끈 장본이기도 합니다. 이에 웨슬리가 주장한 성결의 외적 표현으로서의 사랑을 '성결한 사랑'으로 표현하며, '성결한 사랑'이 시대를 관통하는 복음 전도의 위대한 방법이 될 수 있다는 사실을 밝히려고 합니다. 코로나 시기를 거치며, 기독교에 대한 불편한 감정 때문에 한국 사회가 교회에 대해 냉담해져 있는 상황이지만, 그러나 오히려 기독교의 사랑의 진리를 제대로 드러낼 수만 있다면 얼마든지 효율적인 복음전도가 이루어질 수 있기 때문입니다.

변화되는 사회 속에서 교회의 역할

1. 변화되는 사회 환경

하나님의 존재를 부정하는 리처드 도킨스의 『만들어진 신』과 같은 책이 유행하면서 전 세계적으로 무신론적 지성주의가 더 팽배하게 되었으며, 한국 교회 역시 이러한 무신론적 지성주의와 함께 코로나 이전부터 교회갱신에 대한 도전을 받아 오고 있습니다. 한국의 청년들을 이끌어 나가던 대형교회 목회자의 윤리적 일탈 문제가 사회적 이슈로 제기되고, 2015년에는 세계 최대의 교회라는 명칭을 단 교회 목회자의 횡령 사건, 2016년에는 지속적으로 보도된 각종 교회 세습 문제는 교회에 대한 부정적인 시각을 형성하는 발단이 되었고, 무신론적 지성주의가 더 확산 될 수 있는 계기를 만들어 주었습니다. 이에 덩달아 기독교에 대한 불신과 불만이 투영된 언론의 보도가 연이어 터져 나오면서, 교회에 대한 부정적인 인식은 더욱 커질 수밖에 없었습니다.

이런 분위기 속에서 위기를 느낀 한국 교회는, 2007년을 기점으로 1907년 평양 대부흥과 같은 부흥을 다시 기대하며 교회의 내적 갱신을 시도하기도 했습니다. 그러나 안타깝게도 교회의 내적 갱신이 진행되는 중에, 한국 교회는 코로나라는 검증을 받아야 했습니다. 소그룹과 예배가 제한되었고, 상황에 따라서는 교회의 문을 일정 기간 닫아야만 했던 것입니다. 교회 모임에 나가면 안 된다는 사회적 분위기가 형성되면서 교회를 이탈하는 신자들이 늘어나기 시작했고, 복음 전도는 전혀 시도조차 할 수 없게 되었습니다. 그리고 교회는 '신앙의 본질은 무엇인가?', '예배의 핵심은 무엇인가?' 라는 질문에 답해야만 했습니다. 예배와 신앙, 그리고 상대적으로 느끼는 신앙의 억압에 대한 표현으로서의 그리스도인들의 저항이, 사회 안에서 한국 교회가 차지하고 있는 위치를 점검하게 해주었기 때문입니다. 이로 인하여, 그동안 제대로 인지하지 못했던 한국 교회의 연약함이 무엇인지를 한꺼번에 고민하게 되었습니다.

이러한 고민과 검증은 복음 전도와 긴밀한 상관성이 있습니다. 기독교 신앙이 무엇인지, 그리고 어떻게 하는 것이 예수를 잘 믿게 하는 방법인지가 복음 전도의 핵심 내용이기 때문입니다. 또한 교회 공동체와 그리스도인 개인의 신앙의 건강함은 복음 전도의 실천과 긴밀한 관계를 가지고 있기 때문입니다. 이렇게 본다면, 효율적인 복음 전도의 회복을 위해서는 복음의 본질에 대한 점검과 신앙의 본질을 회복하는 것이 코로나 이후 한국 교회가 가장 필수적으로 거쳐야 하는 과정이 된 것입니다.

2. 신앙의 본질에 대한 문제 제기

그렇다면 위에서 제기한 문제를 살펴보기 위하여, 먼저 신앙에 관한 질문에 초점을 맞춰보면, '나는 잘 믿고 있는 것일까? 어떻게 믿는 것이 예수를 잘 믿는 것일까?'라는 질문을 제기할 수 있을 것입니다. 이러한 질문들은 매번 자유롭게 교회에 출석하여 예배를 드릴 수 있었던 일상에서 갑자기 모이는 것이 통제되고 거부되는 일상으로 변화되면서 혼돈을 경험하며 더욱 핵심적인 질문으로 부각되었습니다. '비대면 예배'라는 새로운 상황은 익숙함에 젖어 있던 신앙인들에게 두려움을 안겨주었고, 익숙함이 깨어진 상황 속에서 혼란이 야기되면서 자신들의 신앙의 본모습과 맞닥뜨리게 된 것입니다. 그리하여 우리가 젖어 있던 신앙의 익숙함이 본질적인 것인지, 아니면 형식에 치우쳐 있는 것인지 살펴보게 하였고, 신앙의 본질이 무엇인지를 진실하게 찾게 되었던 것입니다.

또한, 종교의 자유를 억압한다고 느끼던 한국 교인들의 주장이 심심찮게 언론을 통하여 보도되고, 또한 정부의 정책에 반하여 기준을 어기고 예배를 드리는 몇몇 교회의 모습이 사회에 노출되었을 때, 기독교는 사회적 비난에 직면하기도 하였습니다. 한쪽에서는 코로나로 힘들고 죽어가는 사람들이 넘쳐나는데, 교회는 자신들의 신앙 때문에 사회에 민폐를 끼치는 애물단지로 전락한 것입니다. 기독교 신앙은 개인적인 신앙의 차원만이 아니라 공적인 영역에 대한 책임도 있는데, 한국 교회는 사회적인 책임에 너무 부족한 모습을 드러내게 된 것입니다.[504] 이러한 비난 속에서 더욱 신앙의 본질이 무엇인지, 그리고 예배와 복음전도의 본질이 무엇인지를 고민하지 않을 수 없었던 것입니다.

3. 신앙의 본질은 '사랑'

이러한 문제제기에 어떤 답을 제시할 수 있을까요? 답변이 제대로 제시되지 않는다면, 복음 전도는 한계가 있을 수밖에 없습니다. 왜냐하면, 예수 믿는 것이 무엇인지 잘 설명할 수도 없을뿐더러, 개인만을 위한 종교는 사회로부터 배척받을 수밖에 없기 때문입니다. 그런데 위에서 제기한 문제의 답은 '사랑'으로 귀결될 수 있습니다. 신앙이 본질을 잃어버리고 형식에 치우치게 되는 이유는 사랑이 없기 때문입니다. 예수님은 구약의 율법을 '하나님 사랑'과 '이웃 사랑'으로 정리해 주셨습니다. 기독교 신앙의 핵심은 사랑입니다. 그렇기에 하나님에 대한 사랑이 약해지면, 신앙이 형식적으로 흐를 수밖에 없습니다. 사랑이 넘쳐날 때, 형식은 사랑을 담는 귀한 그릇이 되지만, 사랑이 없는 형식은 빈 그릇이 되어 소리만 요란할 뿐, 감동도 능력도 사라지게 되는 것입니다. 코로나는 한국 교회로 하여금 익숙함에서 벗어나 신앙의 본질이 무엇인지를 고민하면서, 익숙함과 형식만 남아 있는 모습을 점검할 수 있도록 만들어 준 것입니다. 하나님을 향한 뜨거운 사랑이 있다면, 대면 예배와 비대면 예배가 다르지 않을 뿐만 아니라 그 사랑이 이웃 사랑으로 흘러갈 수 있는 것입니다.

한국 교회가 주일마다 같은 공간에 모여서 예배를 드리는 것은 신앙의 본질을 지키기 위함이었습니다. 예배하는 백성으로서 다 같이 모여 함께 예배

드리는 것이 신앙의 본질이라고 믿었기 때문입니다. 그러나 진정한 하나님에 대한 사랑이 있다면, 하나님이 세상을 사랑하신 본질을 이해하고 있다면, 이웃을 위한 희생도 신앙이 될 수 있고, 예배가 될 수 있다는 것을 깨달았을 것입니다. 그렇기에 코로나를 지나면서 한국 교회에 제기된 문제는 '사랑'이라는 단어에서 그 대답을 얻을 수 있습니다. 하나님께서 아들을 내어주신 사랑의 눈으로 이 세상을 바라보면, 코로나로 인해 고통 받는 이웃이 보였을 것입니다. 무엇보다 코로나로 인한 비대면 상황 가운데 두려움과 우울을 느끼는 사람들이 많아졌습니다. 이렇게 코로나가 장기화 되면서, 우울과 두려움을 느끼는 '코로나 블루(Corona Blue)'를 넘어서, 좌절, 절망, 암담함 등을 느끼는 '코로나 블랙(Corona Black)'과 장기화 되는 감염병 상황에서 생겨난 우울이나 불안 등의 감정이 분노로 폭발하는 '코로나 레드(Corona Red)'까지 발생하게 된 것입니다.[505]

사람들은 언제 코로나에 걸릴지 모른다는 두려움과 이러한 두려움 속에서 아무것도 하지 못한다는 무기력증에 시달리게 되었습니다. 그런데 그 두려움과 무기력증을 함께 나누고 위로받을 수 있는 만남이 부족한 것이 사실입니다. 코로나 예방을 위한 비대면 상황은 불안과 우울한 사람들을 홀로 있게 만들면서 사태는 더욱 심각해 질수 밖에 없었습니다. 행정안전부 주민등록 인구 기타 현황(2022.5)[506]에 따르면, 1인 가구는 40.8%로 3인 가구 이상을 합친 비율 35.1%보다 높게 나타나고 있습니다. 1인 가구와 2인 가구를 합치면 64.8%로 이제 한국 사회는 1인 사회, 개인화된 사회로 완전히 접어들었습니다. 이렇게 1인 가구의 비율이 높다 보니, 코로나로 고독사한 경우도 많이 발생하고 있습니다. 비대면 상황에서 돌보는 사람이 없다 보니, 홀로 방치되어 죽는 경우도 생겨나고, 죽은 이후에도 많은 시간이 지난 다음에야 발견되는 경우도 늘어나고 있는 것입니다.

그렇기에 코로나는 한국 교회로 하여금 사랑을 실천할 수 있는 가장 좋은 환경을 만들어 주었다고 할 수 있습니다. 1인 가족이 늘어나는 상황 속에서 사회적 거리두기로 인해 사람들이 더욱 멀어지는 이 때, 이렇게 소외되는 이들을 돌아보고 섬겨야 하는 거룩한 책임이 한국 교회에 있는 것입니다. 그렇기에 한국 교회가 신앙의 본질인 사랑을 더 깊이 깨닫고 실천할 수 있다면 코로나는 한국 교회에 큰 기회가 될 수 있을 것입니다. 사랑의 실천은 한국 교회에 대한 불편한 시선과 신뢰를 회복할 수 있는 가장 확실한 통로가 될 것이기 때문입니다. 그런데 이러한 사랑의 실천은 바로 복음 전도와 밀접하게 연결됩니다. 사랑은 사람들의 마음의 벽을 무너뜨리는 가장 강력한 무기이기 때문입니다.

성결과 사랑의 관계

1. 완전한 구원으로서의 성결

성결이란 내적 부패성, 혹은 원죄, 죄성, 유전적인 죄 등으로 불리는 근원적인 죄로부터 완전한 구원을 의미합니다. 즉, 중생한 그리스도인이 성화라고 불리는 영적 성숙의 과정을 거쳐 완전한 성화에 도달하게 되는 것을 말합니다. 하지만 일반적으로 보자면, 두 부류의 신학자들이 성결의 논리를 부정합니다. 첫 번째 부류는, 인간 안에 있는 선한 본성을 부각함으로 성결의 전제를 부정합니다. 성결을 말하기 위해서는 먼저, 인간의 내부에 죄의 근원이 있거나, 인간의 본성이 악하다는 것을 전제해야 하는데, '인간의 본성이 정말 악한가?'를 문제 삼는 것입니다. 또 한 부류는, 근원적인 죄를 부각함으로 성결의 가능성을 부정합니다. 인간에게 있는 근원적 죄는 완전하게 제거될 수 없는 것으로서, 성결 역시 불가능하다고 보는 것입니다. 전자는 인간 안에 있는 선한 그 어떤 것을 강조한 결과이고, 후자는 근원적인 죄를 확대하여 해석한 결과입니다. 이처럼 성결에 대한 질문이 제기되는 이유, 성결을 증명할 이론적 기준이 뚜렷하지 않기 때문입니다. 또한 주관적인 성결의 체험을 객관적으로 증명하기 어렵기 때문입니다. 그런데 이러한 문제는 성결의 복음을 전하는 전도와 밀접하게 연결되어 있습니다. 복음 전도는 중생을 경험하는 일차적인 전도와, 성결을 경험하는 이차적인 전도로 나눌 수 있기 때문입니다.[507] 이차적 복음전도를 위해 성결의 복음을 전할 때 전도 대상자가 진심으로 성결을 경험했는지, 그렇지 않은지를 검증해야 하는데, 이 부분이 어렵다는 것입니다. 그런데 이 문제는 성결한 사랑 안에서 풀어질 수 있습니다.

2. 죄와 사랑과의 관계

성결과 사랑의 관계를 이해하기 위해서는 죄에 대한 논의가 필요합니다. 죄에 대한 보편적 정의 가운데 하나는, '(나를 향한 하나님의) 뜻에 도달하지 못한다'는 것입니다. 이는 죄에 대해 보편적으로 사용되는 단어, '하타'(חטא)와 '하마르티아(ἁμαρτία)'에 대한 언어적 해석입니다. 두 단어 모두 '빗나가다'라는 의미를 갖는데, 이는 화살이 과녁에 명중하지 못하고 빗겨나가듯이, 우리가 하나님의 뜻에 도달하지 못하고 빗겨나가는 것을 의미합니다. 그렇다면 인류를 향한 하나님의 보편적인 뜻은 무엇일까요? 이를 위하여 율법의 핵심에 관하여 살펴보겠습니다.

하나님께서 인류에게 주신 율법의 핵심은 무엇입니까? 누가복음 10장에 보면 율법 교사가 예수님을 시험하고자 나아왔을 때, 예수님은 "율법에 무엇이 기록되어있으며 네가 어떻게 읽느냐?"라고 물으십니다. 이에 대한 대답으로 율법 교사가 "네 마음을 다하며 목숨을 다하며 힘을 다하며 뜻을 다하여 주 너의 하나님을 사랑하고 또한 네 이웃을 네 자신 같이 사랑하라 하였나이다"(눅 10:27)라고 대답합니다. 율법 교사의 대답은 당시의 유대인들의 율법에 대한 이해를 보여주는데, 그들은 율법이 하나님 사랑과 이웃 사랑에 초점이 있는 것으로 이해하고 있었던 것입니다. 이에 대해 예수님은 옳다고 인정하시며, 이를 행할 것을 요구하셨습니다.

이와 유사한 사건은 마가복음 12장에서도 일어납니다. 서기관이 예수님께 나아와 "모든 계명 중에 첫째가 무엇이니이까?"(막 12:28)라고 묻자 예수님께서는 "첫째는 ... 네 마음을 다하고 목숨을 다하고 뜻을 다하고 힘을 다하여 주 너의 하나님을 사랑하라 하신 것이요, 둘째는 이것이니 네 이웃을 네 자신과 같이 사랑하라 하신 것이라"(막 12:29-31)라고 대답하셨습니다. 이를 통해 예수님과 당시 유대인들은 구약을 통해 주신 하나님의 핵심 계명이 사랑이라고 이해하고 있었음을 알 수 있습니다.[508] 이는 사도들 역시도 동일하게 생각하는 바였습니다. 사도 바울은 사랑은 모든 율법의 완성이라고 표현하였고(롬 13:10), 그 유명한 고린도전서 13장에서 사랑은 그 어떤 은사보다 우선순위가 높음을 말하였으며, 요한 사도 역시 사랑이 이 시대에 주신 계명임을 말하였습니다(요일 2:23). 그렇기에 인류를 향한 하나님의 뜻은 사랑에 있다고 할 수 있을 것입니다. 그런데 앞에서 말한 바와 같이 죄란 하나님의 뜻에서 벗어나는 것입니다. 그러므로 사랑하기를 실패하는 것은 하나님의 뜻에서 벗어나 있는 상태라고 볼 수 있는 것입니다.

요한복음[509] 13장에서 예수님께서 십자가에 달려 돌아가시기 전날 밤 가룟 유다가 예수님을 팔기로 작정하고 떠났을 때, 예수님은 제자들을 향하여 서로 사랑할 것을 새로운 계명으로 주셨습니다. 그리고 이렇게 서로 사랑하는 것이 모든 사람에게 예수님의 제자임을 증거하는 것이라 말씀하셨는데(요 13:35), 그 이유가 계명의 가시적인 표징이 사랑이었기 때문입니다. 그렇기에 가시적으로 관찰이 가능한 사랑을 통해 누군가가 예수님의 뜻대로 살고자 하는 사람인지, 아닌지를 판단하기 위한 기준을 삼을 수도 있습니다. 종합해보자면, 사랑이란 구원받고, 죄에서 벗어났으며, 예수를 따라 사는 사람이라는 가시적인 표징이라 할 수 있는 것입니다. 그리고 복음 전도란 전도 대상자로 죄에서 벗어나 구원에 이르게 하는 것임을 상기할 때, 효율적인 복음 전도를 위해서는 먼저 전도자가 대상자를 역동적으로 사랑해야 하며,[510] 전도 대상자로 하여금 하나님과 이웃을 사랑하도록 도와주는 것으로 볼 수 있습니다. 따라서 복음 전도를 논의하며 사랑을 강조하는 것은 마땅한 일이라고 할 수 있습니다.

3. 사랑과 성결의 관계

이와 같이 죄와 사랑의 관계를 살펴볼 때, 복음 전도에서 '사랑'이 강조될 수밖에 없다는 것을 알 수 있습니다. 그렇다면 사랑과 성결은 어떤 관계이며, 성결의 복음을 전하는 것과는 어떠한 관계가 있는 것일까요? 일반적으로 중생이란, 죄와 죄의 결과인 사망으로부터 해결 받는 것을 의미하는데, 아직 그 근원적인 죄에 대해서 완전한 해결을 받지는 못한 상태를 의미합니다. 그러나 성결은 모든 죄의 근원까지 해결 받는 것을 의미합니다.[511] 개념적으로 보자면, 성결은 구원의 완성이 되는 것입니다.

앞서 언급한 것처럼, 죄로부터 구원받은 표징이 사랑이란 점을 상기할 때, 구원과 성결을 연결 지어 보면 다음과 같이 생각해 볼 수 있습니다. 성경적 사랑은 크게 하나님 사랑과 이웃 사랑으로 나눌 수 있는데, 이를 바탕으로 중생은 부분적으로 하나님을 사랑하고, 부분적으로 이웃을 사랑하는 단계로 볼 수 있으며, 성결은 온전하게 하나님을 사랑하고 온전하게 이웃을 사랑하는 단계라고 볼 수 있습니다. 혹은 중생은 하나님을 사랑하는 단계이며, 성결은 체험된 하나님의 사랑을 바탕으로 이웃을 사랑하는 단계라고 볼 수도 있습니다. 어느 쪽이든, 성결이란 온전한 사랑을 세상에 표현하는 것이라고 할 수 있습니다. 이런 의미에서 성결의 가시적인 표징이 사랑이라고 할 수 있는 것입니다.

성결한 사랑과 복음 전도

1. 초대교회의 사랑을 통한 복음 전도

시대가 바뀌어도, 성경의 진리와 핵심 원리는 변하지 않습니다. 새로운 시대에 새로운 방법만이 복음 전도를 활성화 시키는 것이 아닙니다. 성경적 원리에 충실한 그리스도인들은 오히려 시대를 관통하는 복음 전도의 실천이 가능합니다. 아니, 오히려 새로운 시대에 그 본질의 내용을 어떻게 적용하고 전달할 수 있을지에 관한 적응을 가능하게 해 줍니다. 초대교회의 복음 전도가 그것을 증명합니다. 뿐만 아니라 기독교 역사에서 가장 뛰어난 복음 전도의 실천가들이 그것을 증명해 줍니다. 이렇게 보자면, 기독교의 본질이며 진리인 사랑을 가지고 복음 전도를 실천하는 것은 시대를 관통하는 가장 기본적인 원리라고 할 수 있습니다. 사랑하는 자는 이미 율법을 완성한 자와 다름이 없습니다. 사랑은 신앙의 본질이며, 복음 전도의 위대한 방법이기도 합니다. 왜냐하면 세상은 그리스도인의 사랑 안에서 하나님을 볼 수 있기 때문입니다. 그렇기에 예수께서도 "너희가 서로 사랑하면 이로써 모든 사람이 너희가 내 제자인 줄 알리라"(요 13:35)라고 말씀하신 것입니다. 세상에 예수님을 알리는 방법이 '서로 사랑하는 것'이라고 예수님이 말씀하신 것입니다.

마이클 그린(Michael Green)은 초대교회의 복음 전도에 대해 연구한 결과, 예루살렘 교회가 핍박 속에서도 영혼을 구원하기 위한 전도의 열정으로 불타오를 수 있었던 동기 중에 하나는 '하나님의 사랑' 때문이라고 말합니다.[512] 기독교 역사상 가장 복음 전도가 어려웠던 초대교회 시대는 강력한 유대교 사회 속에서 예수 그리스도를 믿는다는 이유로 사회로부터 소외당했을 뿐만 아니라 로마의 압제로 인하여 핍박받고 죽임을 당했던 시대였지만, 가장 전도하기가 어려웠던 시대임에도 불구하고 가장 뜨겁게 복음 전도를 실천하고 가장 풍성한 영혼의 열매를 거두었던 시대였습니다. 그 이유가 바로 사랑에 있었던 것입니다.

스코트 존스(Scott J. Jones) 또한 사랑으로 복음을 전하는 전도를 강조합니다. 그는 하나님이 세상을 사랑하고 세상 사람들을 구원하길 원하시지만, 세상 사람들이 구원받을 수 있는 방법은 하나님의 사랑을 경험한 그리스도인들이 세상을 사랑하면서 하나님의 사랑을 나타낼 때야 비로소 가능하다고 말합니다.[513] 그리스도인들이 하나님의 사랑으로 세상에 있는 비그리스도인들을 사랑하면서 하나님의 사랑을 보여줄 때 세상은 하나님께로 돌아올 수 있다는 것입니다. 실제로 사도행전을 보면 예루살렘 교회는 사랑의 공동체로서 세상에서 볼 수 없는 사랑을 보여주고 있습니다.

그런데 초대교회는 교회 안의 사람들만 사랑한 것이 아니라, 세상으로부터 소외당하고 핍박을 받고 있었음에도 불구하고 사랑의 마음을 오히려 세상을 향해 나타내었습니다. 252년 카르타고의 그리스도인들은 끔찍한 재앙으로 피해 입은 이교도들을 찾아가 살폈으며, 그들을 구제하고 사랑으로 섬겼던 것입니다.[514] 자신을 사랑하는 상대방은 사랑하기 쉽습니다. 또한 같은 공동체 안의 사람들을 사랑하는 것은 당연한 일일 것입니다. 그러나 자신을 미워하고 핍박하는 세상을 사랑할 때, 초대교회는 자신을 배반한 사람들을 죽기까지 사랑하신 그리스도의 사랑을 드러낼 수 있었던 것입니다. 결국 이러한 초대교회의 사랑의 모습은 전도의 열매로 나타났습니다. "**주께서 구원받는 사람을 날마다 더하게 하시니라.**"(행 2:47) 크기에 상관없이 순결한 사랑이란 어떤 것인지를 보여주는 그리스도의 공동체에 세상 사람들은 매력을 느끼고, 그 공동체를 통하여 하나님을 만나고 그 공동체의 일원이 되는 것입니다.[515]

2. 웨슬리의 사랑을 통한 전도

앞 장에서 살펴본 바와 같이, 웨슬리 신학의 핵심 주제 중에 하나도 '사랑'

이라 할 수 있습니다. 그 이유는 웨슬리가 가장 강조한 그리스도의 완전은 '성결'이자 '사랑'이기 때문이다. 웨슬리는 온전한 사랑을 온전한 구원이란 단어와 동의어로 사용하고, 그리스도인의 완전이란 진정으로 성결한 것과 같은 의미로 이야기합니다.[516] 웨슬리는 "사랑은 어느 때나 성결함이다"[517]라고 주장하였으며 "성결이란 본질적으로 하나님과 모든 인류에 대한 사랑"[518]이라고 하였습니다. 이렇게 보자면, 웨슬리가 위대한 전도자가 될 수 있었던 이유 중에 하나도, 하나님과 세상을 향한 사랑의 실천 때문이었다고 할 수 있습니다.[519] 웨슬리가 살았던 18세기의 영국도 복음을 전하기 어려웠던 시대였습니다. 그 시대에는 계몽주의로 인하여 지성적 엘리트들은 기존의 신학에 대한 회의를 느끼고 있었고, 그로 인해 이신론이 정통 기독교를 대체(代替)되어 가던 시기였기 때문입니다. 또한 농업 중심의 1차 사회에서 산업 중심의 2차 사회로 전환되어가며 신(神)보다는 인간과 세상에 더 관심을 쏟고 이성을 중시하던 시기였습니다. 그러나 웨슬리는 사랑의 실천과 그것을 위한 성결의 경험을 외치며, 강력한 복음 전도를 실천했고, 그로 인해 영국은 피의 혁명이 아닌 위대한 부흥을 경험할 수 있었습니다.

  사랑의 실천과 회복은 우리 그리스도인들의 신앙의 핵심이고, 또한 세상 속에서 하나님을 나타내어 그 영향력으로 효율적인 전도를 실천할 수 있도록 만들어 주는 핵심 요소라고 할 수 있습니다. 사랑은 성결의 또 다른 이름으로서, 그리스도인이 경험하는 내적인 성결의 모습을 외적으로 표현한 것이라 할 수 있습니다. 팬데믹에서 엔데믹 시대로 전환하며, 신앙과 교회의 회복을 위하여 많은 노력들이 필요하겠지만, 이 시기에 신앙의 본질적인 요소라고 할 수 있는 성결의 복음의 회복, 그리고 그것의 또 다른 표현으로서의 사랑의 회복과 실천은 너무 시기적절한 운동이며, 교회를 교회 되게 만들고 복음 전도를 활성화 시킬 수 있는 핵심 방안이라 여겨집니다. 사랑이 있는 그곳에 하나님이 계시며, 사랑이 있는 그곳에 성령의 역사가 있고, 사랑이 있는 그곳에 유기적인 교회 공동체가 존재합니다. 그리고 사랑이 있는 그

곳에 천국의 교제가 있습니다. 세상은 그리스도 공동체의 그 사랑을 보고 그들의 지치고 힘든 마음을 가지고 그 공동체로 들어와 함께 삶을 나누게 되는 것입니다.

성결한 사랑을 통한 복음 전도의 원리

1. 성결한 사랑으로 무장하기

지속적으로 성결한 사랑을 경험하기

그렇다면 성결한 사랑을 바탕으로 복음 전도를 실천하기 위한 주요 원리들은 무엇일까요? 가장 먼저는, 전도자가 하나님의 사랑을 지속적으로 체험하는 경험이 필요합니다. 웨슬리에게 있어서 하나님께서 미리 베풀어 주시는 선행은총은 하나님의 사랑을 지각할 수 있는 은혜였고,[520] 거듭남은 선행은총에 반응하여 사랑받을 자격 없는 자신의 무능을 깨닫는 한편, 그런 자신을 위해 십자가에 죽으실 정도로 사랑하시는 하나님의 사랑 속에서 의로움을 수여 받는 사건이었습니다.[521] 그리고 성결이란, 하나님의 사랑에 지속적으로 노출되고, 점차 그 사랑을 충만하게 채워가는 것이었습니다. 웨슬리가 이처럼 평생, 모든 세상의 연약한 사람들과 죽어가는 사람들을 사랑하며 지칠 줄 모르고 이들을 찾아다니고 사랑의 메시지를 선포할 수 있었던 이유와 원동력은, 하나님의 사랑을 지속적으로 경험하며 그 사랑의 모습으로 닮아갔기 때문이었습니다.[522]

웨슬리는 이러한 사랑의 경험에 관한 훈련을 가정에서부터 받았습니다.[523] 어머니 수잔나(Susanna Wesley)는 규칙적으로 하나님을 묵상하는 습관을 길러주었고,[524] 아버지로부터는 묵상하여 체험한 하나님을 함께 나눌 수 있는 소그룹 모임에 원리를 전수 받았던 것입니다.[525] 웨슬리는 그렇게 하나님의 사랑을 스스로 묵상하고, 체험하며, 나눌 수 있는 기초를 배울 수 있었습니다. 성장하여서는 제레미 테일러(Jeremy Taylor)와 토마스 아 켐피스(Thomas A Kempis) 등의 저서를 통해 하나님과 깊이 있는 교감을 하는 방법을 배웠는데, 이 또한 하나님의 사랑을 깊게 경험하는데 중요한 방편이 되었습니다.[526] 일부 학자들은 이를 두고 웨슬리가 신비주의자였음을 부정적으로 지적하지만, 그는 단순한 신비주의자가 아닌 하나님의 사랑을 깊게 체험함으로, 세상 사람들을 깊게 사랑하는 사람이라고 할 수 있습니다.[527] 웨슬리가 그리스도의 완전을 성결한 사랑이라고 말할 수 있었던 배경에는 이렇게 성결한 사랑을 지속적으로 경험할 수 있었기 때문입니다. 성결한 사랑을 실천하며 복음을 증거하기 위해서는 이와 같이 위로부터 부어지는 영혼에 대한 사랑으로 충만해야 합니다.

성결한 사랑의 실천 원리 배우기

래리 허타도(Larry Hurtado)는 초기 기독교가 로마로부터 엄청난 박해를 받으면서도 부흥할 수 있었던 이유를 분석하면서, 기독교는 그 당시 사회적인 통념을 바꾸는 공동체였기 때문이라고 이야기합니다.[528] 그 당시 사람들은 태어나면서 자기 민족의 종교를 섬겼는데, 기독교인은 민족과 배경을 초월해서 같은 신앙을 가지고 자기 종교의 사람들만 사랑한 것이 아니라 이교도도 사랑하고 섬겼으며, 심지어 자신을 박해하는 자를 위해 기도하는 공동체였다는 것입니다.[529] 이러한 모습이 그 당시 사람들에게 거부감을 느끼게 하면서도 매력적으로 다가갔다는 것입니다.[530] 이것이 진정한 기독교의 사랑의 모습입니다. 종교를 초월하여, 가난하고 소외된 사람들을 섬기며, 박해하는 사람들에게 복수하는 것이 아니라 용서하는 모습으로 로마 사람들을 감동시켰고, 복음을 받아들일 수 있도록 마음의 문을 열었던 것입니다.

미래학자 최윤식도 한국 교회가 사랑의 수고를 회복할 때 다시 부흥할 수 있을 것이라고 이야기하면서, 사랑의 수고를 하되 상대방이 원하는 사랑의 수고를 해야 한다는 쓴소리도 잊지 않았습니다.[531] 사실 한국 교회는 그 시작부터 사랑의 섬김으로 시작되었습니다. 그렇기 때문에 사랑의 수고를 해야 한다는 제안은 전혀 새롭지 않을 수 있습니다. 하지만 오늘날 한국 교회의 사랑의 수고는, 더 이상 사랑이 아니라 폭력처럼 세상 사람들이 느끼고 있습니다. 왜냐하면 세상이 필요로 하는 사랑이 아니라, 교회가 일방적으로 사랑을 표현하기 때문입니다. 핵심은 바로 여기에 있습니다. 한국 교회는 사회를 섬기고 봉사하는 일에 게으른 적이 없었습니다. 그럼에도 불구하고 오늘날 사회로부터 외면을 받는 이유는, 한국 교회가 일방적인 사랑의 수고를 하면서 고마워해야 한다는 강요의 느낌을 주고 있기 때문입니다.

코로나로 인해 한국 사회가 고통을 받고 있을 때에도 한국 교회는 예배를 드려야 한다는 자신들의 목적을 위해 이웃에게 두려움을 주는 행동도 주저하지 않는 모습으로 비쳐졌습니다. 이러한 한국 교회의 모습은 한국 교회의 사랑의 수고도 왜곡되게 비치도록 만든 것입니다. 그러므로 한국 교회가 진정한 사랑의 모습을 보여주기 위해서는 한국 교회를 향한 비난을 겸허히 받아들이는 모습을 보여야 할 것입니다. 물론 세상의 비난에는 도를 지나친 비난도 있고, 오해에서 비롯된 비난도 있고, 가치관의 차이에서 비롯된 비난도 있습니다. 그러나 예수님께서는 자신을 십자가에 못 박는 사람들을 위해 하늘의 아버지에게 그들의 죄를 그들에게 돌리지 말아 달라고 부탁하신 분이십니다. 우리가 연약할 때, 우리가 죄인 되었을 때, 우리가 원수되었을 때 우리를 사랑하신 분이 예수님이십니다. 그렇기에 한국 교회를 향해 돌을 던지는 세상을 향해 같이 대응하고 변명할 것이 아니라 잘못을 인정하는 겸손한 모습을 보여야 할 때라고 할 수 있습니다.

한국 교회가 다시 한 번 세상 사람들에게 다가가기 위해서, 한국 교회를 향해 닫힌 마음의 빗장을 열기 위해서는 인간의 몸을 입고 이 세상에 오셔서 우리와 함께 거하시면서 우리와 함께 먹고 자고 아픔을 나누신 그리스도의 사랑을 닮아가야 합니다. 내 눈높이가 아닌, 세상 사람들의 눈높이에서 그들을 섬기고 사랑할 수 있어야 합니다. 문화와 종교적 배경을 떠나 비난하는 사람들마저도 품는 사랑으로 다가가야 할 것입니다. 한국 교회가 이러한 성결한 사랑의 원리를 실천할 때 세상은 다시 예수 그리스도께로 나아올 수 있을 것입니다.

2. 성결한 사랑을 실천하기

소그룹 안에서 정서적 공감과 환대를 실천하기

복음전도에 있어서 소그룹의 중요성은 앞 장에서 계속해서 살펴보았습니다. 그런데 오늘날 이 소그룹에서 최우선적으로 실천되어야 할 것이 있습니다. 그것은 정서적 공감과 환대입니다. 박보경은 정서적 차원의 복음전도의 필요성을 피력하며, 전도대상자를 대할 때 정서적 친밀감을 만들어 나갈 수 있는 소그룹과 소그룹 안에서의 환대의 실천을 강조합니다.[532] 소그룹 안에서 진정으로 복음을 나누기 위해서는 그 소그룹이 안전하다고 느껴져야 자신을 드러내며 복음을 받아들이고 나눌 수 있다는 것입니다.[533] 또한 마이클 프로스트와 알란 허쉬의 "속삭임(whispering)으로서의 복음전도"의 개념을 소개하면서, 참된 우정을 쌓고 참여의 영성으로 다가가서 경청하고 존중하는 환대가 코로나 이후 복음 전도의 가장 핵심적인 언어라고 이야기합니다.[534] 환대는 성경의 기본 정신입니다. 아브라함은 부지중에 천사를 환대함으로 큰 축복을 받았습니다. 또한 구약과 신약 성경에서 일괄되게 접대를 강조하는 것을 볼 수 있습니다.

앞에서도 강조하였듯이 일방적인 사랑의 수고가 아닌 상대방이 원하는 사랑을 실천해야 합니다. 그러기 위해서 가장 필요한 것이 상대방으로 하여금 경계심을 풀고 자신이 존중받고 자신의 의견이 경청되고 있음을 느끼게 해

주는 것입니다. 일방적으로 끌려가는 것이 아니라 자발적으로 참여할 수 있는 분위기가 만들어질 때 복음의 진정한 의미를 발견하고 기꺼이 복음을 받아들일 수 있게 되는 것입니다. 더군다나 한국 사회가 1인 사회로 빠르게 변화되고 있는 상황 속에서 코로나 이후 더욱 정서적인 공감과 친밀감을 누릴 기회를 잃어버리고 있습니다. 이러한 때에 한국 교회가 존중하고 경청하며 환대하는 모습으로 다가갈 수 있다면 한국 사회를 끌어안을 수 있는 기회를 얻게 될 것입니다.

교회가 시작되는 이야기를 담고 있는 사도행전 2장을 보면, 매일 믿는 자가 생겨난 이유를, 모든 것들을 필요에 따라 통용하고 공유하는 행동을 통해 온 백성에게 칭송을 받았기 때문이라고 말합니다(행2:43-47). 여기서 주목해보아야 하는 표현은 "백성에게 칭송을 받았다"는 것입니다. 그들은 내적으로는, 자신이 가진 모든 것을 소속 공동체 사람들과 함께 나누었습니다. 그리고 외적으로는, 사람들을 환대하고 돌봐주었습니다. 특히 에디오피아에서 발병한 끔찍한 역병 속에서도 초대교회 교인들은 기꺼이 환대하고 돌보아주었습니다.[535] 이처럼 서로 사랑하기를 가시적으로 드러냈던 초대교회 공동체는 그 사랑을 바탕으로 수많은 박해 속에서도 순교하면서까지 사랑하기와 이를 바탕으로 복음 전하기를 쉬지 않을 수 있었기 때문에 복음이 힘있게 전파될 수 있었던 것입니다.

찾아가는 전도자로 사랑을 실천하기

마지막으로, 이제는 '오라'는 전도보다는 '찾아가는' 전도의 실천이 더욱 강조되어야 합니다. 예수님께서는 영혼들을 직접 찾아 다니셨습니다. 유월절을 맞이하여 예루살렘 양 문 곁에 많은 병자들이 모인 베데스다 연못으로 가셨습니다. 그리고 가장 중한 병을 가진 38년 된 병자를 찾아가셨습니다. 그날이 비록 안식일이라 할지라도 예수님은 그 사람을 기꺼이 치료해주셨고,

그에게 다시는 죄를 범하지 않을 것을 당부하셨습니다. 또한 유대인들은 상종도 하지 않던 사마리아 여인에게 찾아가셔서 구원의 복음을 전해주셨습니다. 사람들을 피해 한 낮에 물을 길러왔던 여인은 구원의 기쁨으로 사람들 속으로 들어가 예수를 증거하게 되었습니다.

이 외에도 예수님이 연약하고 병들고 귀신 들린 자를 찾아가 고쳐주시며 복음을 전하는 사건들이 성경에는 많이 기록되어 있습니다. 예수님의 연약한 자들에 대한 관심과 돌보심은 그분만의 독특한 사상은 아니었습니다. 하나님은 율법을 통해 고아와 과부, 나그네 등과 같은 연약한 자를 사랑해야 할 것에 대해 수차례 언급하셨는데(신10:18, 14:29, 24:17, 26:12, 27:19), 이는 구약의 하나님 역시 사회적 약자들에게 깊은 관심이 있으셨음을 알게 해 주는 장면입니다. 다만 구약과 다르게 예수님의 행보가 파격적이었던 것은, 사회적 약자의 개념에 세리와 죄인의 부류를 추가했기 때문입니다.

공생애 초기, 예수님은 당시에 부정한 자, 혹은 죄인이라는 인식이 강했던 세리와 죄인들과도 함께 식탁 교제를 나누셨습니다. 식탁 교제를 나눈다는 것은, 예수님 스스로 정체성이 이들과 크게 다르지 않다는 인식을 보여주는 사건이었습니다. 이때 바리새인과 서기관들이 예수님께 나아와 어찌하여 이들과 함께 식탁 교제를 나누는지 물었을 때, "의사는 병든 자에게 필요하며, 나는 의인을 부르러 온 것이 아니요 죄인을 부르러 왔노라"고 말씀하셨습니다(막2:17). 그 결과 알패오의 아들 레위는 예수님의 제자가 되었는데, 이 사람이 마태복음의 저자 세리 마태입니다. 이처럼 예수님은 연약한 자와 죄인들을 찾아가시고, 이들과 함께 교제하시며, 이들의 필요를 기꺼이 채우시는 사랑을 통해서 복음을 전하셨습니다. 이러한 원리는 오늘날에도 마찬가지입니다. 복음 전도의 훈련을 깊게 받았다고 해도, 세상을 사랑으로 이해하고, 그들의 눈높이에서 그들의 필요를 채우고자 하는 노력 없이는 복음전도의 열매를 기대하기 어려운 것입니다.[536]

코로나로 인한 어려움을 경험한 세상은 교회 공동체를 향하여 사랑의 돌봄과 공감을 요청하고 있습니다. 이것은 교회와 그리스도인들이 이 시대를 위해 새롭게 가져야 할 과제라기보다도, 기독교 정체성과 관련된 핵심 진리의 실천 문제이며, 다시 본질로의 회복에 관한 부분이라고 할 수 있습니다. 즉, 사랑을 세상에 보여주고 실천하지 않는다면, 그 자체가 기독교 공동체를 향한 시대적 과제를 수행하지 못하는 것일뿐더러, 기독교의 정체성과 본질을 회복하지 못하는 일임을 분명히 알아야 할 것입니다. 이 사랑을 제대로 실천할 수 있다면, 한국 교회는 어떠한 어려움 속에서도 생명 있는 복음 전도를 실천할 수 있을 것입니다.

5부

변화하는 시대의 복음전도 전략들

Chapter 17

세속화 시대의 복음전도
-세속화에 따른 대응 전략[537]

효과적인 복음 전도를 위해서는 복음 전도의 장(場)이 되는 세상에 대한 이해가 필요합니다. 복음 전도자는 우리가 살고 있는 이 세상이 정치, 경제, 사회, 문화적 차원에서 어떠한 특징을 가지고 있고, 또 어디를 향해서 가고 있는지에 대한 정확한 이해가 있어야 합니다. 세상에 대한 올바른 이해가 있어야 그 가운데 나타나는 복음전도의 방해 요소가 무엇인지 분별할 수 있습니다. 그리고 복음전도의 방해 요소를 분별할 때 복음 전도의 본질을 유지하면서 효과적으로 전도하기 위한 방법을 찾아낼 수 있습니다. 경이로울 정도로 놀라운 부흥을 이끌어 왔던 한국 교회는 이제 정체를 넘어 마이너스 성장을 보이고 있습니다. 대부분의 사람들이 더 이상 전도가 되지 않는다고 말합니다. 그 원인은 교회적, 신학적, 정치적, 문화적, 경제적 등 다양한 측면에서 설명할 수 있습니다. 그러나 본 장에서는 그 원인을 세속화라는 측면에서 살펴보고자 합니다. 왜냐하면 세속화는 오늘날 교회가 부딪히고 있는 가장 현실적이고 실제적인 문제일 뿐만 아니라, 우리가 살고 있는 세상의 모든 영역에 걸쳐 지속적으로 그 영향력을 확대해 오고 있기 때문입니다.

세속화란 무엇인가?

1. 세속화의 개념

세속화의 개념은 무엇보다도 기독교 전통과 깊은 관계가 있습니다. 세속이라는 말의 영어 단어 'secular'는 '특별한 시대에 속하는'이라는 뜻을 지닌 라틴어 'secularis' 혹은 '지금 이 시대'라는 의미를 가진 라틴어 'saeculum'란 단어에서 생겨났습니다. 세쿨룸(saeculum)은 두 가지 의미를 가지고 있습니다. 첫째로 '올 시대'와 대조되는 것으로 '현재의 이 시대'를 의미합니다. 그래서 세속적이라는 것은 영원한 것에 반대되는 시간 속에 있는 것, 이 세상의 삶에 속하는 것을 가리킵니다. 둘째로, 이 세상을 의미합니다. 세속이란 비시간적이며 불변적인 영원한 종교적인 세계에 대비되는 일시적이며 가변적인 세상을 말합니다.[538]

성공회 사제이자 저명한 신학자인 존 매쿼리(John Macquarrie)에 의하면 세속은 영원의 반대이며, 종교적인 것의 반대적인 것을 의미합니다. 또한 세속적 지식은 인간에 의해 획득된 지식이며, 세속적 인간은 모든 문제를 자신의 능력으로 해결하는 자율적 인간을 말합니다. 미국 애즈베리 신학교의 교수인 해롤드 쿤(Harold B. Kuhn)은 세속을 일반적 의미와 특별한 의미, 두 가지로 설명했습니다. 일반적인 의미의 세속은 영적인 것이나 신성한 것을 거부하고 현 세계에 속한 일이나 사건에 관심을 집중하는 것이고, 특별한 의미, 즉 기독교적인 의미로는 하나님과 관계없는 인간의 삶을 나타낸다고 말했습니다. 이상의 견해를 종합해 보면, 세속이란 시간적인 것, 이 세상적인 것, 인간적인 것을 의미한다고 말할 수 있습니다.[539]

세속화에 대한 처음 개념은 오늘날의 개념과는 다소 차이가 있습니다. 세속화란 말은 처음에는 성직자가 교구를 책임지게 되는 과정을 설명하는 개념이었습니다. 중세에는 교회적 권위와 질서에 따라 살았던 '종교적' 혹은

'정규' 성직자가 있었고, 동시에 이와 대조되는 것으로서의 '세속적' 성직자가 있었습니다. 수도원적 생활을 하는 '종교적' 성직자와 달리 세상에 속해 있고 그 안에서 활동하였던 성직자를 '세속적' 성직자라 불렀습니다.[540]

세속화라는 용어가 오늘날 사용되는 의미로 처음 사용된 것은 서방 기독교의 분열 이후, 1618년부터 30년 간 지속되었던 종교전쟁을 종결짓기 위해 1646년에 웨스트팔렌 평화(Pax Westphalica) 조약을 체결할 때부터였습니다. 당시 강력한 영향력을 행사하던 프랑스 대의원들은 세속화라는 용어를 재산에 대한 교회의 소유권을 민간에 이양하는 것을 지시하는데 사용했습니다.[541] 즉, 국가 공권력이 교회 자산들을 교회의 의지와 상관없이 몰수하여 그 소유권을 일반 사회에 이양하는 과정을 가리키는 의미로 사용되었던 것입니다.

근래에 세속화란 말은 문화적인 영역에서 종교적 결정권의 상실을 의미하게 되었습니다. 문화적 세속화 후에는 정치적, 사회적 세속화가 역사적 상황에 따라 일어나기도 합니다. 어쨌든 전문적인 용어로서의 세속화는 넓고 그리고 포괄적인 의미를 가지고 있습니다.[542] 결국, 오늘날 세속화는 정치, 경제, 사회, 문화 등 제반 현세 영역에 대한 종교의 지배권 또는 영향력이 사라지는 과정을 나타내는 의미로 광범위하게 사용되고 있습니다.

2. 세속화가 기독교에 미친 영향

세속화는 기독교에 가공할만한 부정적인 영향을 미쳤습니다. 많은 사람들이 세속화의 영향을 받고 반교회주의자들이 되거나, 명목상의 교인이 되거나, 물질주의자가 되었습니다. 또한 그들은 돈, 성, 물질, 성공, 권력, 사교적 인정 등 자신들만의 신들을 가지게 되었고 그 결과 교회와 기독교는 세속적인 사람들에게 아무런 영향력도 행사하지 못하게 되었습니다.[543] 부더베인 리트펠트(Budewijn Rietveld)는 그의 논문 "신학적 윤리의 문제로서의 세속화"(Saecularisatie als Probleem der Theologische Ethiek)에서 세속화가 기독교에 미친 영향을 비기독교화와는 구별되는 본질적인 하나님과의 관계의 문제로 다루었습니다. 그는 세속화를 '세상이 스스로 주인이 되어 존재하기 위한 삼위 하나님으로부터의 이탈'이라고 정의하였습니다.[544] 세속화로 인해 세계의 주인이 하나님으로부터 인간으로 옮겨가게 되었고, 인간의 이성에 대한 신뢰가 하나님에 대한 믿음을 대신하게 되었습니다.

결과적으로 이러한 세속화의 바람에 휩쓸렸던 서구의 교회들은 많은 기독교인들이 세상으로 나가버렸고, 붕괴 수준의 위기를 겪고 있습니다. 실제로 유럽의 독일과 이탈리아에는 인구 중 6%만이, 스칸디나비아 국가들에서는 1~3%만이, 영국에서는 12% 만이 주일예배에 참석하고 있습니다. 캐나다에서는 40년 전보다, 호주에서는 25년 전보다 절반 이하로 출석율이 감소되었습니다. 미국에서는 약 40% 사람들이 교회에 출석하고 있지만 기독교의 영향력은 실질적으로 감소했습니다.[545] 한국도 서구의 전철을 밟아가고 있는 중입니다. 여러 통계치를 보면, 20세기 중반 이후 폭발적인 양적 성장을 경험했던 한국 교회도 20세기 후반인 1990년대 이후 양적 성장의 정체 단계를 넘어 침체 또는 감소 추세를 보이고 있는 실정입니다.

세속화는 복음전도에도 영향을 미쳤습니다. 세속 사회에서는 자연과학은 사실(fact)의 세계로, 종교나 도덕과 같은 영역은 가치(value)의 세계로 분리합니다. 자연과학적 인식만이 객관적이고 보편타당한 진리를 말하는 유일한 방식이 되며, 종교나 도덕은 개인적이고 주관적이기 때문에 누구에게나 타당한 것으로 인정하지 않습니다. 따라서 세속 사회에서 종교의 자리, 즉 기독교 신앙은 사회의 공적 영역으로부터 추방되어 사적 영역에 머물게 되었습니다. 이제 더 이상 공개적인 활동으로서의 복음전도는 세속 사회에서 용납되기 어려워졌습니다. 세속 사회에서 종교는 개인의 선택 사항이며 선호도의 문제가 되었습니다.[546] 이러한 상황은 교회의 공적 영향력을 축소시켰고, 복음 전도의 의지도 점차 약화시키고 있습니다.

이상에서 우리는 세속화의 의미와 영향들에 대해 살펴보았습니다. 세속화는 우리가 살고 있는 세상의 정치, 경제, 사회, 문화 등 모든 영역에 걸쳐 지금도 진행되고 있고, 점점 그 영향력을 넓혀가고 있습니다. 교회는 세속화의 가장 큰 피해자이고, 세속화로 인해 복음전도도 이전 세대보다 훨씬 힘들어졌습니다. 그러나 역설적으로 교회조차도 세속화의 영향을 받아왔으며, 이로 인한 심각한 부작용들이 발생하고 있습니다.

교회 속에 나타난 세속화

1. 번영의 신학

교회가 세속화 되면서 슬며시 들어와서 많은 사람들에게 영향을 끼치고 있는 것이 바로 '번영의 신학'입니다. 번영의 신학은 '잘 사는 것이 하나님의 축복'이라는 복음주의 사상입니다. 번영의 신학은 미국에서 발생하였고, 한국 교회에도 큰 영향을 미쳤습니다. 번영의 신학을 주장하는 사람들은 하나님이 원하시는 방법대로 신앙생활을 한다면 그에 대한 번영, 주로 물질적 축복이 믿는 사람들에게 주어진다고 가르칩니다. 그러나, 이들의 가르침대로라면 하나님은 내 욕구와 필요를 충족시키기 위한 하나의 도구로 전락해 버리고 맙니다. 하나님이 나의 필요를 채우기 위해 감동시켜야 할 대상이 되고 마는 것입니다. 번영의 신학을 믿는 이들은 어떻게 하면 하나님을 감동시켜 우리를 축복하게 할까를 고심합니다. 헌금은 축복을 위한 투자이고, 기도는 하늘을 감동시키기 위한 전략으로 변질되어 버립니다. 이들은 십자가의 예수를 더 이상 찾지 않고 사업을 성공하게 하고 큰 집을 주시는 예수를 찾습니다.

그리스도께서는 재정적인 번영을 주기 위해 오시지 않았습니다. 그 분이 오신 것은 영원한 번영에 우리의 시선이 맞춰지도록 하기 위해서입니다.[547]

물론, 예수를 믿으면 잘 되고 형통하며 축복을 받을 수 있습니다. 그러나 그것만을 강조하다 보면 교회를 교회되게 만드는 본질이 상실 됩니다. 이것은 전도와 매우 밀접한 관계를 가지고 있습니다. 왜냐하면 전도는 복음을 전하여 생명을 살리고 세우는 기독교의 본질적인 문제와 관련되어 있기 때문입니다. 그러므로 기독교의 본질을 흐리게 만드는 일이 생기거나 그것 때문에 교회가 건강해지지 못하면 자연스럽게 전도는 힘들고 어려워지며 급기야는 쇠퇴할 수밖에 없습니다.

실제로 번영의 신학은 한국적인 상황에서 볼 때, 샤머니즘에 근원을 둔 기복신앙에 편승하여 더 활개를 치고 있습니다. 그 결과 교회를 물질 지상주의로 이끌고 있으며, 교회도 기업처럼 성장은 추구하지만 한 영혼을 소중히 여기며 그 영혼을 생명으로 세워가는 복음의 본질적인 의미는 퇴색해 가고 있는 실정입니다. 본질이 퇴색되어 갈 때 나타나는 것들이 있습니다. 그것은 복음 안에 있는 '십자가'라는 중심 주제가 잊혀져감으로써 희생과 헌신보다는 자신의 안일에 초점이 맞추어져서 외적으로는 기독교인의 사회적인 책임과 사명도 망각하게 만들고, 내적으로는 이단과 사이비들이 판치는 형국을 만들게 됩니다. 실제로 한국 교회는 신천지를 비롯한 이단들과 치열한 싸움을 싸우고 있는데, 이는 번영의 신학에 물들어 복음의 본질을 상실해 가는 교회가 처한 위치를 가르쳐 주는 것이라고 생각됩니다.

2. 복음전도의 도구화

교회가 세속화의 영향을 받아 나타난 또 다른 현상은 '복음전도의 도구화'입니다. 세속화의 영향을 받은 교회는 번영의 신학에 물들게 되었고, 그로 인해 교회적인 성공의 척도도 외적으로 나타나는 양적 성장에 두게 되었습니다. 대부분의 교회가 양적 성장을 통한 대형 교회만을 지향하면서 교회 성장에 대한 개념마저도 바뀌어 버리고 말았습니다. 교회가 영적으로 부흥하여 성장한다는 개념을 넘어 수단과 방법을 개의치 않고 자신의 교회의 양적 성장만을 추구하게 된 것입니다.[548]

교회가 양적 성장만을 추구하다보니 복음 전도는 자연스럽게 양적 성장을 위한 도구로 변질되어 버리고 말았습니다. 우리는 이미 복음 전도가 무엇인지 다루었습니다. 한마디로 말하면 복음 전도는 죽어가는 자들에게 생명의 복음을 전하여 그들의 생명을 살리는 일이라고 말할 수 있습니다. 그러나 양적 성장의 수단으로 전락해 버린 전도는 생명을 살리기 보다는 교회의 빈자리를 채우는 것을 우선합니다. 복음을 전하기보다는 교회를 홍보하고 선전하는 것에만 급급합니다. 사람들을 교회로 끌어오기 위해 갖가지 상품을 내세우기도 합니다. 보이는 열매에만 집착하다보니 다른 교회 신자들을 데려오는 것도 서슴지 않습니다. 전도의 행위가 생명을 얻는 일보다는 하나의 행사나 실적 위주의 영업 또는 사업으로 전락해 버렸습니다.

이러한 양적 성장을 위한 복음 전도는 단기적으로는 효과가 나타날 수 있습니다. 그러나 장기적으로는 실적 위주의 전도로 인해 교인들은 전도에 대한 피로감과 거부감을 갖게 합니다. 나아가 교인들이 이로 인해 전도를 부담스러워 하고, 결국 전도를 회피해 버리는 현상이 발생합니다. 또한 수단을 가리지 않는 전도 방법으로 인해 교회가 비난의 표적이 되어, 사회의 신뢰를 상실하게 되고 결국 성장이 중단되고 종국에는 교인들의 수가 감소합니다. 교회 성장을 위한 행동들이 도리어 교회성장을 철저히 방해하게 되는 역설적인 현상이 나타나게 됩니다.[549]

전도는 교회의 성장을 위해 사람을 끌어오기 위한 수단이 아닙니다. 전도는 기독교의 본질적인 문제인 복음을 전하여 생명을 살리고 세우는 일입니다. 그렇기 때문에 전도가 본연의 임무에 충실하지 못하고 교회 성장을 위한 도구가 되어버리면 그 교회는 생명을 살리지 못하게 되고, 결국 건강해지지 못하게 됩니다. 교회가 건강해지지 못하면 자연스럽게 전도는 힘들고 어려워지며 급기야는 쇠퇴할 수밖에 없게 됩니다. 악순환이 일어나게 되는 것입니다. 결국 본질을 잃어버린 채 교회 성장의 도구로 전락해 버린 복음 전도로 인해 교회는 영적인 침체, 교세의 감소를 맛보게 되어버리는 것입니다.

이상에서 우리는 교회 속에 나타난 세속화의 영향에 대해 살펴보았습니다. 세속화의 거센 물결 속에서 교회는 많은 영향을 받아 왔습니다. 대표적인 것이 바로 번영의 신학의 창궐입니다. 믿음을 축복의 도구로만 여기는 번영의 신학은 교인들을 영적으로 병들게 했습니다. 교회 스스로도 번영의 신학으로 인해 본질을 잃어버린 채 복음 전도를 도구로 삼아 양적 성장만을 추구했습니다. 본질이 아닌 외적인 성장에만 집착한 교회는 결국 본질도 잃어버리고, 양적으로도 쇠퇴하고 있습니다. 이는 역설적으로 더더욱 온전한 복음 전도의 필요성을 깨우쳐 주고 있습니다. 교회가 쇠퇴할수록 더욱더 복음 전도의 필요성은 증대됩니다. 세속화된 세상에서도 생명의 복음은 전해져야 하는 것입니다.

세속화로 전도를 어렵게 만드는 종교사상적 요인들

지금까지 우리는 세속화의 의미와 특징, 그리고 그 영향을 살펴보았습니다. 세속화는 세상의 모든 영역에서 영향력을 발휘하고 있고, 그로 인해 복음 전도가 점점 어려워지고 있습니다. 본 장과 다음 장에서는 세속화 시대에 복음 전도를 어렵게 만드는 요인들이 무엇인지 알아보고, 그 가운데 나타난 세속인들의 특징을 살펴보고자 합니다. 특히 세속인들의 특징에 대하여는 세속 신학자 하비 콕스(Harvey Cox)가 그의 저서 『세속도시』(The Secular City)에서 말하고 있는 특징들(무명성, 이동성, 실용주의, 불경성)을 중심으로 보도록 하겠습니다.[550] 물론 전도를 어렵게 만드는 요인들 속에는 이 특징들이 복합적으로 나타날 수 있습니다. 그러나 여기에서는 각각의 요인들에 대하여 가장 관련 있는 특징들을 연관시켜 설명함으로써, 전도의 어려움을 극복할 수 있는 방안을 찾는데 도움을 주고자 합니다.

1. 무신론적 지성주의

　세속화된 현대 사회를 정의하는 말 가운데 '무신론적 지성주의'라는 용어가 있습니다. 이 용어는 세속화가 진행되면서 현대 지식인들에게 나타나는 종교적인 성격을 가리키는 말입니다. 종교사회학자 윌슨(Bryan Wilson)에 의하면, 세속화의 진전으로 우리 사회는 도덕에 기반을 둔 인간 공동체에서 합리성에 근거한 조직 사회로 변화되었는데, 그 결과 공동체 존립의 근거를 제시하고 공동체를 유지시키는 동력을 제공하던 종교의 문화유지 기능을 잃게 되었다고 합니다.[551] 달리 표현하자면, 세속화 끝에 서 있는 현대사회에서 종교는 더 이상 환영받지 못하고 증명 가능한 사실만을 진리로 인정하려고 하는 무신론적인 사고가 팽배해졌으며, 이러한 가치관은 현대 지식인들에게 더욱 두드러지고 있고 사회 지도층의 무신론적인 태도는 결국 사회정신의 무신론화로 이어지고 있다는 것입니다.[552]

　무신론은 하비 콕스(Harvey Cox)가 주장한 세속적인 사람의 특징 중 불경성(profanity)과 관련이 있습니다. 불경성이란 완전히 세속적인 사람들의 지성적인 시야를 가리키는 말로서, 그들의 인생을 정의하는데 어떤 초월적인 실재가 사라져 버렸다는 것을 말하는 것입니다.[553] 그러므로 세속적인 사람들을 '불경하다'고 부르는 것은 그들이 신성을 더럽혔다는 의미가 아니라 종교적이 아니라는 것을 의미합니다. 그들은 인간의 삶의 의미와 가치가 신에 의해 창조되고 부과되었다는 전통적인 기독교의 신관과, 인간의 자유와 책임은 병립할 수 없다고 생각하며, 그렇기에 신과 온전한 인간 존재 중 하나를 선택하지 않으면 안 된다고 주장합니다. 그래서 그들은 전통적 신을 배제하고 온전한 인간 존재를 선택했습니다. 그들은 인간의 삶의 의미와 가치의 원천이 인간 스스로에게 있다고 여기며, 그들의 인생에 그 가치와 방향을 지시하는 어떠한 신성한 것도 존재 하지 않는다고 생각합니다.[554] 이러한 불경성은 무신론의 기초가 됩니다.

이러한 무신론적 지성주의는 전도자들로 하여금 세상 사람들을 만나서 복음을 전하는데 있어 접촉점을 찾기 어렵게 만들었습니다. 왜냐하면 그들은 이미 신의 존재에 대해 부정하고 있으며 인간 스스로에게서 삶의 의미와 가치를 찾고 있기 때문입니다. 그리고 그로 인해 전도는 어렵고 힘들다는 인식이 퍼지게 되었기 때문입니다. 접촉점을 찾기 힘든 전도는 일방적인 선포로 끝나 버릴 수밖에 없고, 관계의 형성을 위한 노력 없이는 열매를 기대하기 어렵게 되었습니다.

2. 포스트모더니즘과 다원주의

포스트모더니즘은 모더니즘에 대항하는 새로운 세계관을 의미합니다. 서구사회에서 포스트모더니즘은 모더니즘의 기초인 합리적 이성에 대한 불신과 인간과 사회에 대한 낙관론적 세계관이 무너지면서 생겨났습니다. 이러한 포스트모더니즘을 한마디로 정의 내리기는 쉽지 않지만, 주요한 포스트모더니즘의 특징은 합리주의에 대한 철저한 비판, 관계적 세계관, 상대주의, 다원주의 등으로 요약되며, 모든 가치를 개인적인 영역에서 해석합니다. 그러므로 '절대'와 '절대적'이라는 말은 영향을 잃어가며, 남들에게 보이는 공적인 세계는 더 이상 의미가 없습니다. 그들은 철저한 모든 가치 판단의 기준을 그들에게 유익한지, 혹은 그것이 효과가 있는지에 대한 철저하게 개인적이고, 실용주의적 계산에 두고 있습니다.[555]

이러한 포스트모더니즘의 성격은 하비 콕스가 주장한 세속적인 사람들의 특징인 실용주의(pragmatism)와 연결될 수 있습니다. 사전적으로 해석하면, 실용주의라는 말은 사람들이 실제적인 혹은 물질적인 일에 몰두하며 경험 속에서 실제로 이루어지는 것에만 흥미를 가진다는 뜻입니다. 그러므로 실용주의적인 사람들은 "그것이 어떤 효과가 있는가?"라는 질문에 관심을 기울이며 기능적 질문을 하고, 기능적 사고를 합니다. 그래서 석연치 않은 문제들이

나 추상적인 개념에 거의 흥미를 가지지 않습니다.[556] 종교를 판단할 때도 절대적인 가치 판단이 아닌 나에게 어떠한 효과가 있는가를 보며 상대적인 가치 판단을 내립니다.

실용주의적 사고를 하고 절대 가치가 사라진 포스트모더니즘은 종교에 있어서도 종교다원주의를 출현시켰습니다. 종교다원주의는 종교들 간의 차이점들은 진리와 거짓의 문제가 아니라 하나의 진리에 대한 인식의 차이라는 것을 믿는 신념입니다.[557] 그래서 모든 종교가 동일한 구원과 동일한 진리를 향해 달려가는 것으로 이해합니다. 역사적 상황과 배경에 따라 종교가 차이가 있을 뿐, 실제로는 같을 것이라는 입장을 취하고 있다는 것입니다. 이러한 상황에서 예수만이 진리라고, 그 안에만 생명이 있다고 외치는 것은 배타적으로 여겨질 뿐만 아니라 실제로 배타적이라고 비판을 받으며 전도를 어렵게 하고 있습니다.

포스트모더니즘의 여러 가지 특징 중에 절대적인 진리를 부정하는 상대주의와 다원주의는 전도에 있어 가장 큰 걸림돌입니다. 진리 자체를 부정하기 때문에 성경의 진리를 전할 접촉점을 찾기 어렵게 만들기 때문입니다. 게다가 종교 다원주의는 기독교를 배타적인 종교로 몰아붙이며 설 곳을 잃게 만들고 있습니다.

세속화로 전도를 어렵게 만드는 사회문화적 요인들

1. 물질 만능주의

세속화를 촉진시킨 주요한 요인 중의 하나는 산업화에 따른 경제의 발전입니다. 산업화에 따른 경제발전은 자본주의를 발전시켰습니다. 자본주의는 태생적으로 이윤의 창출에 최고의 가치를 두고 있습니다. 물질적 가치 창출이 자본주의의 목적인 것입니다. 이는 물질이 최고의 가치를 지니는 물질

만능주의로 이어집니다. 도덕적, 윤리적 가치는 경제적 가치 앞에 어떠한 힘도 쓰지 못합니다. 경제적 가치만 창출할 수 있다면 어떠한 비윤리적인 행위도 용인될 수 있는 것입니다.

이러한 물질만능주의는 교회로 흘러 들어와 교회가 본질을 외면하고 겉치레에 치중하는 모습을 낳게 하였습니다. 또한 앞에서 언급한 '번영신학'에 영향을 주었고 하나님이 계셔야 할 자리에 대신 물질이 차지하게 만들어 교회를 병들게 하고 쇠약하게 만들었습니다. 이미 서구 사회에서는 경제적인 성장과 풍요로움으로 인해 교회가 비워져 술집과 극장으로 팔려가는 사례가 속출하였고,[558] 독일교회는 종교세 납세를 피하기 위해 '기독교인'임을 부정하는 사례가 늘어가고 있다고 합니다.[559]

또한 물질만능주의는 하비 콕스가 주장한 세속인들의 특징인 무명성(anonymity)을 극대화 합니다. 무명성은 인간관계에 있어 이름 없이 기능으로만 맺는 인간관계를 가리키는 말입니다. 현대인들은 무엇을 하든지, 이전 세대의 사람들과는 비교할 수 없을 정도로 다양한 사람들과 폭 넓은 접촉을 하며 살아가고 있습니다. 그러나 수많은 사람들 중에서 극히 일부의 사람들만 선택하여 인격적인 관계를 맺으며, 나머지 사람들과는 이름 없이 기능적으로 비인격적인 관계를 맺고 있습니다.[560] 결국, '사람'은 사라지고 '기능'만 남게 되었습니다. 더구나 물질만능주의에서는 사람을 '기능'으로 규정하는 데에서 더 나아가 '물질적 가치'로 환산하여 규정하기도 합니다. '88만원 세대', '연봉 1억불의 사나이', '시급 5,000원 짜리 일자리', '10억짜리 아파트' 등, 이제는 물질적 가치로 사람도, 기능도 규정하게 된 것입니다.

이러한 모습은 한국교회에서도 재현되고 있습니다. 앞에서 살펴본 바와 같이, 한국의 기독교는 기복주의 신앙과 합쳐져 극도의 개인주의 현상으로 치닫거나, 하나님을 물질적인 풍요로움을 주는 신으로 전락시켜 가고 있습니다. 이러한 교회와 교회 지도자의 부패한 모습들은 기독교를 향한 불신을 낳으며 복음 전도를 방해하고 있습니다. 세상에 거룩한 영향력을 끼칠 수 있는 힘을 잃어 가게 하기에 본질적으로 전도를 어렵게 만드는 요소가 된 것입니다. 또한 복음이라는 본질의 의미를 변질시키고 물질적 성공을 앞세우며 전도가 생명을 잃은 공허한 외침에 불과하게끔 만들어 가고 있습니다.

2. 스포츠, 연예 문화의 종교화

오늘날 현대인들의 삶 속에서 스포츠와 연예 문화는 빼놓을 수 없는 중요한 부분이 되었습니다. 스포츠와 연예 문화는 사람들을 통합하고 하나의 공동체를 형성하기도 합니다. 이러한 스포츠와 연예 문화는 기존의 종교를 고리타분하게 생각하는 현대인들에게 새로운 종교적 역할을 감당하고 있습니다. 스포츠와 연예 문화는 종교에서 발견되는 몇 가지 중요한 요소를 가지고 있습니다. 예를 들면 종교에 있는 신화 혹은 전설 같은 것을 스포츠나 연예 문화도 가지고 있습니다. 또한 신화적 인물도 함께 존재합니다. 오늘날 스포츠 스타나 연예인들은 많은 사람의 우상으로 군림하며 일종의 교주와 같은 지위를 누리고 있습니다.[561] 그리고 종교를 통해 느낄 수 있는 카타르시스를 스포츠나 연예 문화를 통해서도 느낄 수 있습니다. 이러한 이유들로 인해 세속인들은 스포츠와 연예 문화에 종교적 의미를 부여하여 그것을 종교화 하고 있습니다.

이와 같은 스포츠와 연예 문화의 종교화는 하비 콕스가 주장한 세속인의 특징인 이동성(mobility)을 통하여 그 영향력을 점점 확장시켜가고 있습니다. 세속인은 한 곳에 오래 머무는 것에 쉽게 싫증을 냅니다. 그래서 이동하지만, 이러한 이동은 장소적인 변화만이 아닌 사회의 변화도 의미합니다.[562] 인터넷과 미디어의 발달로 인해 현대인들은 이동에 거의 제약을 받지 않게 되었습니다. 이들은 인터넷과 미디어를 통해 다양한 그룹을 접하게 되었고, 어떤 그룹에 가입할지 말지를 주체적으로 선택하고 결정하며 다양한 집단에 임의로 가입할 수 있고 그 과정에서 그 집단에 맞추어 정체성의 변화를 경험하기도 합니다.[563] 이러한 성향은 종교의 영역에서도 나타나는데 기존의 종교에 싫증을 낸 사람들은 그들에게 기쁨과 만족을 주는 새로운 종교를 찾아 이동하려고 합니다. 스포츠와 연예 문화는 그들의 종교적 욕구를 쉽게 채워줄 수 있는 대안이 되며, 또한 쉽게 이동할 수 있는 영역이 됩니다. 그러므로 결국 세속인들은 스포츠와 연예 문화를 종교화하여 이 새로운 종교로 이동하고 있는 것입니다.

복음 전도에 있어서 가장 중요한 부분은 복음이 전도 대상자들에게 그들이 겪고 있는 인생의 한계와 불안, 그리고 삶의 무력함을 채워줄 수 있다는 것을 느끼게 하는 것입니다. 그러나 세속인들은 복음을 통해 채워져야 할 부분을 이미 스포츠와 연예 문화를 통해 충족시키고 있습니다. 종교화 된 스포츠와 연예 문화들이 복음이 들어가야 할 그 자리를 대신하여 자리 잡고 있기 때문에 전도자들이 그들에게 복음을 전하기가 쉽지 않은 것입니다. 그것들을 극복하기 위해서는 스포츠와 연예 문화가 줄 수 있는 기쁨과 만족을 넘어서는 참된 평강과 기쁨, 생명, 즉 기독교 본질의 영원한 요소들로 승부를 걸 수밖에 없습니다.

세속화 시대에 효율적이고 능력 있는 복음전도의 전략

1. 본질적인 차원에서의 접근

세속화 시대에 효율적인 전도를 위해서는 먼저 본질적인 차원에서의 접근이 필요합니다. 전도는 복음의 내용을 통하여 세상이 줄 수 없는 영원한 하나님 나라를 맛보게 해주고 풍성히 누리게 하는 것이기에, 교회가 이러한 본질적인 요소들로 충실히 준비될 때 세상을 변화시킬 수 있기 때문입니다.

절대적 진리에 대한 통전적 이해와 경험

　세속화 시대에 효율적인 복음 전도를 위해서는 무엇보다도 먼저 복음전도자, 혹은 교회가 절대적인 진리인 복음에 대한 통전적 이해와 경험을 가지고 있어야 합니다. 진리가 객관화되어지고 종교를 대체할 수 있는 많은 대안들이 출현하고 있는 이때에, 복음전도를 위해서는 무엇보다도 세상이 가지고 있지 못한 진리에 대한 경험과 확신이 필요하다는 이야기입니다. 또한 그것을 전하는 것이 전도의 목표이기 때문입니다. 만약 기독교에 흥미를 가지고 있는 몇몇 사람만을 전도하려면, 그리고 그들을 통한 양적인 성장만을 추구한다면 전도방법의 개선과 그들의 시선을 끌 수 있는 교회의 환경 개선이 더 중요할 수도 있습니다. 그러나 주님의 지상명령은 "온 천하 만민에게 복음을 전파하라"(막 16:15)는 것이기에, 세상의 모든 사람을 전도하기 위한 것이라면 세상이 가지고 있지 못한 기독교의 절대적인 진리인 복음에 관한 통전적인 이해와 경험이 있어야 합니다. 그것만이 세상을 바꿀 수 있기 때문입니다.

　그렇다면 복음에 대한 통전적인 이해란 무엇을 말하는 것일까요? 그것은 사도들에 의해 전승되어진 케리그마의 복음, 즉 복음의 핵심 요소인 "예수의 십자가와 부활"이라는 요소와 예수께서 전하신 복음의 핵심 개념인 '하나님 나라'[564]를 연결하여 전체적으로 이해하는 것을 말합니다. 이 둘은 서로 다른 내용이 아니라 같은 내용이기 때문입니다. 즉, 십자가와 부활의 메시지를 통한 죄 사함과 구원, 그리고 그 결과 하나님과의 관계 회복 속에 하나님의 통치와 주권 아래로 들어가는 하나님 나라의 삶이 강조되어야 한다는 것입니다.[565] 예수께서 선포하신 하나님 나라를 누릴 수 있는 유일한 방법이 '십자가와 부활'이라는 뜻도 됩니다. 적어도 이렇게 복음을 이해하고 경험하며 전할 수 있다면 통전적이라고 할 수 있습니다. 트레빈 왁스(Trevin K. Wax)도 자신의 저서 『일그러진 복음』에서 복음을 일그러뜨리지 말 것을 당부합니다. 즉 한 쪽만을 강조하는 복음은 복음을 일그러뜨리는 행위이며 온전한 복음이 아니라는 것입니다. 그는 '창조, 타락, 구속, 회복'이라는 주제 안에서 복음을 하나의 스토리로 만들어 통전적으로 볼 것을 강조합니다.[566]

세속적인 사회는 기독교의 전도 자체를 배타적이라고 비난합니다. 이런 상황에서 예수만이 참된 길이요, 진리요, 생명이라는 것을 담대하게 외치기 위해서는 전도자에게 복음에 대한 통전적 이해와 분명한 확신이 있어야 합니다. 복음에 대한 분명한 이해와 확신이 없다면 종교다원주의의 비난 앞에 굴복할 수밖에 없습니다. 확신은 정확한 지식의 바탕에 그 내용이 경험되어질 때 생겨 납니다. 경험되지 않는 지식은 천박하고, 지식 없는 경험은 공허합니다. 복음도 지식과 경험이 모두 갖추어질 때 그것은 흔들리지 않는 확신이 되어 무신론이나 종교다원주의의 거센 비난 속에서도 담대히 올바른 복음을 전할 수 있을 것입니다.

복음전도에 대한 의미의 점검

세속화의 영향을 받은 교회는 복음전도를 도구화하는 경향이 있다는 것을 앞에서 살펴보았습니다. 전도를 교회 성장을 위한 도구로 만들어 버리고 도구화된 복음전도는 그 생명력을 잃고 전도 자체를 어렵게 만듭니다. 그렇기 때문에 이럴 때일수록 기본에 충실해야 합니다. 즉 복음전도가 무엇인지에 대한 바른 이해를 가져야 하는 것입니다. 복음전도에 대한 바른 이해가 있을 때 올바른 실천을 통해 진정한 열매를 거둘 수 있기 때문입니다. 복음전도는 사람을 교회로 인도하여 교회를 양적으로만 성장시키는 도구가 아님을 분명히 알아야 합니다.

남감리교 대학의 조직신학자인 윌리엄 아브라함(William J. Abraham)은 미국의 신학교육 전도학회(Academy of Evangelism for Theological Education)의 의뢰를 받아 전도와 신학의 관계를 규명하였습니다. 아브라함은 『The Logic of Evangelism』이란 저서를 통해 "전도는 사람들을 처음으로 하나님 나라에 입문(Initiation)시키기 위한 목적에서 진행되는 일련의 의도적 활동들을 말한다."라고 정의했습니다.[567] 이러한 아브라함의 정의는 기존의 복음전도의 정의를 '하나님 나라의 관점' 안에서 새롭게 인식시켜 주는 내용입니다. 물론 하나님 나라의 입문은 예수의 십자가를 통해서 가능함은 강조할 필요가 없습니다. 이것은 그리스도인들은 이 땅에서 세상의 통치만을 받으며 살아가는 것이 아니라, 하나님의 통치를 받으며 살아야 할 존재임을 가르쳐줍니다.[568] 또한 입문이라는 관점을 강조함으로 복음전도를 결신의 관점이 아닌 과정을 위한 출발이라는 인식을 하게끔 만들어 더 깊은 신앙의 삶으로 나아갈 수 있도록 인도해 줍니다.[569]

이러한 전도에 대한 올바른 인식은 전도가 세속화된 사회에서 도구화 되지 않고 기독교의 본질인 생명을 전하는 일에 충실할 수 있도록 도와줍니다. 그 결과 전도자와 피전도자 모두 물질만능주의와 스포츠, 연예 문화에 현혹되지 않고 생명을 전하며 생명을 누릴 수 있도록 해 줄 수 있는 것입니다.

유기체적 교회 공동체 형성

초대교회는 자신의 신앙을 지키며 전도하기에는 오늘날 보다 더 열악한 사회 속에 살았고, 오히려 신앙 때문에 거센 비난과 핍박을 받았습니다. 그럼에도 불구하고 사도행전 2장 43-47절에서 보여주는 초대교회 공동체는 "온 백성의 칭송을 받으며 구원 받는 사람이 날마다 더해졌다"고 기록하고 있습니다. 그 이유는 세상이 하지 못하는 일들을 신앙 안에서 실천하였고 세상에 보여주었기 때문입니다. 즉, 구성원들끼리 서로 진심으로 사랑하고 믿어 다 함께 서로의 물건을 통용하고 재산과 소유를 팔아 각 사람의 필요에 따라 나눠주는 삶을 살았기 때문입니다. 그들이 경험한 하나님 나라의 모습을 공동체적인 삶으로 세상에 나타내었기에 그 파급효과가 컸습니다. 이러한 삶은 오늘날 물질 만능주의에 빠진 교회의 모습과는 사뭇 다릅니다. 또한 날마다 성전에 모이기를 힘쓰고 하나님을 찬미했다고 기록되어 있는데, 이러한 모습 역시 스포츠, 연예 문화에 종교의 자리를 내주고 있는 오늘날의 기독교의 모습과 차별이 있습니다.

하워드 스나이더는 『교회 DNA』라는 그의 저서에서 교회는 유기체적 공동체임을 강조하였습니다.570) 교회 공동체는 예수의 DNA를 가진 생명을 소유한 유기체적 공동체로서 살아 있는 역동성을 갖고 있어야 한다는 것입니다. 교회가 예수의 생명을 가진 유기체적 공동체로 살아갈 때 세상을 향하여 복음전도의 문이 활짝 열립니다.571) 초대교회가 그러했습니다. 결국, 세속화된 세상에서 교회가 자신의 건강한 성장과 존재가치를 보여주기 위해서라도 초대교회와 같은 유기체적인 공동체를 형성해야 하겠지만, 그것이 또한 능력 있는 복음전도의 중요한 방법이 됨을 알아야 합니다. 유기체적인 공동체가 형성되어지면 세상은 그 공동체를 보며 도전을 받을 뿐더러, 그 공동체 안에서 함께 하나님 나라라는 목적지를 향해 달려갈 수 있습니다. 그리스도인의 능력 있는 삶으로 세상을 이끌어 갈 것이기 때문입니다.

2. 방법적인 차원에서의 접근

이제 세속화된 세상을 전도하기 위한 방법적인 차원에서 전략을 제시하려 합니다. 세속화된 세상에 효율적으로 복음을 전하기 위해서는 전략이 필요합니다. 그리고 전략은 세속화된 세상을 구분하여 차별적으로 접근하고 전하는 데에서 시작됩니다. 필자는 세속화된 세상을 '복음에 관한 수용성과 관계성'이라는 기준을 중심으로 세 부류로 구분하고 각 부류에 맞는 전략을 제시하려 합니다.572)

수용적 부류를 향한 전략 - 체계적인 복음제시를 하라

세상의 세속화가 급격히 진행된다고 할지라도, 그 안에는 기독교에 대해서 호의적인 사람들이 있게 마련입니다. 이 부류를 수용적인 부류라 칭합니다. 이미 앞 장에서 언급하였지만, 수용적인 부류의 사람들은 전도와의 관계성에 있어서도 대부분이 좋은 관계를 유지하고 있습니다.[573] 이 부류에는 명목상의 신자도 포함됩니다. 수용적인 부류를 좀 더 구체적으로 분류하자면, 구도자(The Seeker)와 대기자(Waiting on You)로 구분할 수 있습니다.[574] 여기서 구도자라고 하는 부류의 특징은 '천국과 지옥의 존재를 인정'하고 '천국가기 위해 노력하는 사람'이며 '예수님을 하나님의 아들로 인정'합니다. 또한 '가족을 통하여 기독교의 긍정적인 영향을 받은 자'라고 할 수 있습니다.[575] 또한 대기자 부류의 특징은 '대부분이 교회 다닌 적'이 있고, '주일학교에 대한 좋은 기억과 교회에서 긍정적인 것을 경험해본 사람'들입니다. 또한 '나름대로 기도생활'을 하기도 하지만 '구원에 대해서는 혼합적인 생각'을 가지고 있는 사람들이기도 합니다.[576]

이러한 부류를 전도하기 위해서는 복음에 대한 구체적인 선포가 필요합니다. 이미 마음은 열려 있지만, 복음의 내용에 대해서 체계적으로 듣거나 접할 기회가 없었던 사람일 수 있고, 혹 예전에 복음의 내용을 접해 보았다고 할지라도 지금 다시 들을 수 있는 상태가 되었기 때문입니다. 그러나 조심할 부분이 있습니다. 수용적인 부류 안에서도 구도자와 대기자로 나눌 수 있듯이, 구도자에게는 좀 더 세심한 배려가 필요하다는 것입니다. 전도자의 자세에 따라서 그들을 구원시킬 수도 있지만, 그렇지 않을 때 그 영혼을 잃을 수 있다는 것을 알아야 합니다.

무관심한 부류를 향한 전략 - 흥미 있는 소그룹으로 초대하라

　기독교에 대해서 무관심한 부류(The Learner and The Apathetics)란, 말 그대로 기독교에 대해서 호기심을 갖지 못하고 자신의 일에 바빠서 기독교 신앙에 관심을 갖지 못하는 부류이니다. 라이너(Thom S. Rainer)는 미국에서 이 부류가 36%로 비신자들 가운데 가장 높은 비율을 차지하고 있다고 밝혔습니다.[577] 한국적인 정황에서도 같은 결과가 나왔습니다. 라이너의 틀을 가지고 한국에서 똑같이 수용성을 조사한 황병배 박사에 따르면, 한국적 정황에서도 무관심한 부류가 50.4%로 나타나 가장 높은 비율을 차지하였기 때문입니다.[578] 이러한 수치는 세속화된 세상 속에서도 복음전도에 관한 서광을 제시하기도 합니다. 비수용적인 부류보다도 무관심한 부류가 더 많다는 것은 복음전도가 수치적으로라도 더 가능하다는 것을 보여주고 있기 때문입니다. 또한 이 부류에 관한 복음전도의 전략이 더 중요하고도 시급함을 나타내 줍니다. 이 부류의 사람들이 교회를 가지 않는 이유에 대해서는, 게을러서(6%), 바빠서(39%), 교회가 무의미해서(14%), 교회 안의 가식 때문에(11%), 기타(30%)라고 응답하였습니다.[579] 이는 교회에 대해서 이 부류가 어떻게 생각하고 있는가를 엿볼 수 있는 대목입니다.

　이들을 위한 전도전략으로는 흥미 있는 교회 소그룹으로 초대하는 것입니다. 교회 소그룹의 특징은 당장 교회로 들어오는 것은 아니지만, 세상과 교회의 절충의 상태에서 기독교를 경험할 수 있도록 해주는 장점이 있습니다. 그러므로 기독교 소그룹 가운데에서 이들에게 흥미를 끌 수 있는 소그룹에 초대하여 그리스도인들과 삶을 나누고 기독교에 대해서 배워갈 수 있게 한다면 효율적일 수 있습니다. 실제로 라이너가 조사한 바에 따르면, 이들은 주일학교 소그룹이나 기독교의 다른 소그룹에 참여한 경험들이 있었던 자들이 많기에, 혹은 경험이 없더라도, 소그룹에 초대하면 참여할 가능성이 높다고 하였습니다.[580] 그런데 소그룹에 초대하여서 이들을 회심시키기까지는 그리스도인들이 먼저 자신의 삶을 기꺼이 오픈하고 나눠주고 이어서 교회와 그리스도인에 관한 좋은 이미지를 나눠주며 예수 때문에 변화된 자기 간증을 활용하여 성경공부로 발전시켜 가는 것이 좋습니다.

이러한 좋은 예를 조지 헌터(George G. Hunter III)가 제시한바 있습니다. 앞에서도 소개한 일명 아그네스 리우(Agnes Liu)의 '삼각 스케일' 모델입니다.[581] 홍콩 신학대학원의 아그네스 리우 박사는 16년간 홍콩의 근로자들을 전도하며 연구한 끝에 이 모델을 고안했는데, 태도 변화, 경험, 그리고 마지막에 신학 지식이라는 삼각형 모양을 이루고 있습니다. 이들은 평신도가 이끄는 소그룹 모임에서 교제를 통해 교회에 대한 태도의 변화를 보이며, 신앙적인 경험을 하고, 마침내 성경을 알고 싶어 하는 단계에까지 이른다는 것입니다. 이 모델은 무관심한 부류에게 소그룹의 진실하고 친밀한 교제를 통해 하나님 나라의 삶을 소개하고 누릴 수 있도록 해 주는데 가장 좋은 방법일 수 있습니다.

적대적인 부류를 향한 전략 - 좋은 관계형성을 위해 노력하라

적대적인 부류는 기독교에 대해서 반감을 가지고 있거나, 깊은 상처가 있어서 쉽게 마음을 열지 않고 오히려 싸우려는 마음이 있는 자들입니다. 이들을 세분하자면 '극도로 적대적인 자(Highly antagonistic attitude)'와 '저항자(The Resistant)'로 나눌 수 있습니다.[582] 이들의 특징은 비신자들 가운데 가장 부유한 자들이라고 할 수 있으며, 교육 수준 역시 가장 높은 자들입니다.[583] 또한 교회에 대해서는 상처가 있어 부정적으로 생각하는 사람들이 많으며 성경을 하찮게 여기며 천국이나 지옥의 존재를 믿을 가능성이 적은 자들입니다.[584]

이들을 전도하기 위해서는 먼저 인내가 있어야 합니다. 즉, 한 번에 전도가 된다고 생각하면 오산입니다. 이들은 자신에게 있는 상처를 말할 수 있는 시간도 필요하고, 또한 교육수준과 삶의 수준이 높은 사람들이기에 삶의 한계를 다른 사람들보다 적게 경험했을 가능성이 많습니다. 그러한 그들이기에 그들도 살아가다 보면 경험하게 되는 삶의 한계를 전도자가 기다려줄 필요가 있다는 것입니다. 그러나 막연하게 기다리는 것은 중요하지 않습니다. 그들에게 복음을 전할 수 있는 기회를 얻기 위하여 좋은 관계를 형성하는 것이 가장 중요합니다.

그렇다면 적대감을 가지고 있는 부류에게 어떻게 좋은 관계를 형성할 수 있을까요? 먼저, 사랑하는 마음으로 섬김이 중요합니다. 사랑의 섬김은 꼭꼭 닫혀 있었던 피전도자의 마음을 녹이고 여는데 가장 중요한 역할을 감당할 수 있습니다. 다음으로는, 적절한 대화로 기독교를 변증하기도 하며 관계를 형성해 나갈 수 있습니다. 오랫동안 CCC 캠퍼스 사역자로 복음을 전했던 랜디 뉴먼은 『전도, 예수님처럼 질문하라』에서 질문식 전도법을 제안했습니다.[585] 그는 포스트모던의 청중들에게는 복음을 대화하여 주고받는 기술, 질문을 던져 가며 이모저모 살펴보는 기술이 필요하다고 주장하였습니다.[586] 이 부분들이 전도자를 통하여 잘 실천되어질 수 있다면 비수용적인 부류라고 할지라도 그들의 마음을 열고 그리스도께로 돌아올 것입니다.

Chapter 18

다종교 시대의 복음전도
- 종교 다원주의에 따른 대응 전략[587]

　한국에 처음 기독교가 들어왔을 때도 유교나 불교와 같은 토착 종교가 오랫동안 자리 잡고 있는 다종교 상황 속에서 복음을 전해야 했습니다. 그렇기에 오늘날 한국 교회가 경험하고 있는 다종교 상황이 전혀 낯설기만 한 것은 아닙니다. 그러나 크게 두 가지 측면에서 오늘날 한국 교회가 경험하는 다종교 상황은 변화되었다고 할 수 있다. 그것은 세계화의 흐름 속에 전 세계의 다양한 종교들이 더욱 가까이에서 공존하고 교류하게 된 현상적인 측면과 다원적 가치를 인정하며 구원을 주는 종교는 하나가 아니라 여럿이어야 한다는 다원주의적인 사상의 흐름에 있습니다. 이러한 변화는 기독교에 새로운 도전과 커다란 위협을 동시에 안겨주고 있습니다. 새롭게 형성된 다종교사회 속에서 교회가 어떻게 대응하며 교회의 사명을 이뤄갈지에 대한 고민은 모든 종교에 구원의 길이 있다는 다원주의의 사상을 만나 예수 그리스도의 유일성이 위협을 받고 있는 상황이 더해지고 있기 때문입니다. 이에 본 장에서는 오늘날의 다종교사회가 형성된 과정을 살펴보고 이러한 다종교사회에서 교회가 처한 위협, 특별히 복음전도를 위해 해결해야 할 문제점들을 짚어본 다음 이를 극복하기 위한 방안으로서 세속화와 탈세속화의 통전적인 입장에서 복음주의 기독교가 취할 수 있는 효율적인 전도전략을 제시해 보고자 합니다.

다종교사회의 형성과 도전

1. 다종교사회의 형성

다종교사회의 형성 원인

역사적으로 인류는 언제나 다종교적인 사회를 형성하고 있었다고 할 수 있습니다. 그러나 그동안의 다종교사회는 대표적인 하나의 종교가 정신적인 기초를 제공하며 사회 전반을 이끌어가는 형태를 띠고 있었습니다. 초대교회도 이러한 다종교적인 상황 속에서 탄생하여 313년 콘스탄티누스에 의해 공인될 때까지는 온갖 핍박과 순교의 위협 속에서 신앙을 지켜야 했습니다. 그리고 392년 기독교는 로마의 국교로 발돋움하며 중세 유럽 전체를 지배하는 대표적인 종교로서의 위상을 위치를 차지하게 되었습니다. 그러나 종교개혁으로 인한 개신교의 출현은 새로운 다종교사회를 형성하는 발판이 되었다고 할 수 있습니다. 비록 같은 뿌리를 가진 기독교였지만 종교의 자유를 쟁취하기 위한 가톨릭교회와 개신교의 갈등은 유럽에서 피비린내 나는 종교 전쟁으로 이어졌습니다. 전쟁의 참혹함을 경험한 이후 가톨릭은 '국교회 안의 관용'이라는 형태로 개신교의 다양한 종파들이 공존할 수 있도록 하였습니다.[588] 이렇게 유럽에서 다종교사회가 형성 될 수 있는 발판이 만들어졌다면 국교회의 핍박을 피해 새로운 땅으로 이주한 청교도들로 시작된 미국은 처음부터 종교의 국가와 종교를 분리하고 종교를 선택할 자유를 허용함으로 다종교사회의 발판을 놓았다고 할 수 있습니다.[589]

그러나 오늘날 다종교사회가 형성된 더 직접적인 원인은 교통과 통신의 발달로 이루어진 세계화(Globalization)에 있다고 할 수 있습니다. 스캇 존스(Scott Jones)는 "기독교와 현대 과학 사이의 충돌보다 곧 닥치게 될 기독교와 타종교와의 충돌이 더 크다"는 맥스 워런(Max Warren)의 예측을 전하며 세계화가 모든 세계의 문화들을 서로 가까워지도록 이끌어 사람들이 다른 문화와 다른 종교를 직접적으로 더 많이 경험할 수 있게 되는 현상에 주목합니다.[590] 또한 기독교 국가로 여겨졌던 미국과 유럽이 많은 이민자들에 의해 종교 다원적으로 변해가고 있다는 사실을 지적하며, 다양한 신앙을 가진 사람들과 관계를 맺는 것이 한 사회의 시민이 되어 가는 자연스러운 일이 되었다고 이야기 합니다.[591] 이제 세계는 단순한 교류를 뛰어넘어 하나의 지구촌을 형성해 가고 있으며 자유로운 이주의 시대(The Age of Migration)가 된 것입니다. 이런 이주의 흐름 속에 이주자들이 자신들의 문화와 종교를 가지고 이동하면서 국제적인 이주는 다양한 문화와 종교의 공존이라는 다문화 다종교 현상을 낳게 되었던 것입니다.

다종교사회의 형성 과정

인류는 재해나 빈곤과 갈등의 문제를 해결하기 위해 끊임없이 이동해 왔습니다. 그러나 오늘날 교통과 통신의 발달, 정보와 지식의 확산, 삶의 질에 대한 향상 욕구는 국제적인 이주를 더욱 가속화시키고 있으며, 이러한 국제적인 이주로 인해 현대 사회는 다문화·다종교사회로 변화되어 가고 있습니다. 유엔의 집계에 따르면 2015년 전 세계의 이주자는 2억 4400만 명으로, 21세기가 시작된 15년 사이에만 41%나 늘어났다고 한다.[592] 이러한 다문화·다종교사회의 핵심 문제는 사람들이 이주하면서 자기들의 문화와 종교를 가지고 들어온다는 사실입니다. 언어적으로나 문화적으로 익숙하지 않는 상황에서 자기 나라의 문화와 종교를 유지하며 살아가는 사람들이 많아지고 있는 것입니다.

한국 역시 오랜 역사 가운데 유교, 불교, 토착 종교가 공존하는 다종교사회였지만 국제적인 이주의 영향으로 더욱 다양한 종교들이 공존하는 다종교사회로 변화되고 있습니다. 2021년 말 한국 체류 외국인은 1,956,781명으로 전 인구의 3.79%에 해당되는 비율을 차지하고 있고,[593] 다양한 종교들이 유입된 결과 자생 종교와 외래 종교를 합해 510여개 이상의 교단과 교파가 있는 것으로 파악되고 있습니다.[594] 이렇게 국제적인 이주는 전 세계적으로 다문화[595] 다종교사회로의 이행을 가속화시키고 있으며, 이에 따라 종교의 역할에 대한 기대는 커지고 복음 전도를 위한 다각적인 연구도 요구되고 있는 것입니다.

다종교사회와 종교 다원주의

오늘날의 다종교사회는 단순히 다양한 종교들이 공존하고 있는 현상으로만 이해되지 않고 다원주의라는 강력한 신념이 그 흐름을 주도하고 있는 사회라 할 수 있습니다. 그렇기 때문에 다종교사회를 논함에 있어 종교다원주의에 대해 살펴보는 것은 필수적이라고 할 수 있습니다. 한 사회 속에 서로 다른 종교들이 공존해 있는 가치중립적인 상태를 나타내는 '다원성(plurality)'이나 '다원적(plural)'이라는 말과 달리 '다원주의(pluralism)'라는 말은 한 종교가 다른 종교에 대한 입장이나 태도를 표명하는 일종의 가치판단적인 개념입니다.[596] 특별히 종교다원주의라는 말은 "절대 종교란 있을 수 없고 모든 종교는 상대적이기에 구원에 이르는 길도 다양하며 다른 종교에도 구원이 있을 수 있다"[597]는 오늘날 다종교 상황에 대한 기독교 내의 한 분파의 입장을 대변하는 말이기도 합니다. 다종교사회에 대해 기독교 내에서도 이러한 종교다원주의적인 입장이 나타나게 된 원인은 무엇일까요?

종교다원주의가 출현하기까지는 여러 가지 다양한 흐름이 있었습니다. 그러나 기독교 내부적으로는 두 가지 큰 흐름이 종교다원주의를 태동하게 만든 원인이라 할 수 있는데, 첫째는 WCC의 영향을 받은 일부 선교사들에 의해서, 둘째는 비교 종교학자들에 의해 종교다원주의가 제기되었습니다. 18,19세기의 기독교 선교 정책은 식민주의 정책을 바탕으로 하는 제국주적인 선교 정책이었습니다. 그런데 세계 대전을 겪으면서 서구 문화에 대한 신뢰성을 잃어버린 선교사들이 그동안 식민주의 정책과 함께 이루어진 제국주의적인 선교방식에 대해 반성하며 각 사회와 문화의 고유성과 가치를 인정해야 된다고 주장하기 시작했던 것입니다. WCC의 연합 운동의 영향 아래 다른 종교를 인정하고 다른 종교들과의 공존을 전제로 대화해야 한다는 입장을 제기한 것입니다.[598]

또 다른 한편으로는 문화 인류학과 비교 종교학이 발달하면서 타 문화와 종교에 대한 가치를 발견하면서 모든 종교를 존중해야 한다는 종교다원주의적인 주장이 제기되었습니다. 동서양의 활발한 교류로 타 종교인들과의 만남은 물론 문헌 연구들을 통해 다른 종교들 안에서도 종교적인 가치를 발견하게 되었고 모든 종교는 상대적이고 나름의 진리를 가지고 있다는 결론을 도출하게 되었던 것입니다.[599]

이러한 종교다원주의의 강력한 도전은 새로운 다종교사회의 형성과 더불어 기독교의 존립을 위협하며 복음전도의 커다란 장애물로 여겨지고 있습니다. 모든 종교는 상대적이며 나름의 진리를 가지고 있는데 반드시 예수 그리스도를 통해 구원을 받아야만 한다는 기독교의 복음전도는 이러한 종교다원주의 다종교사회의 평화를 해치는 위협으로 여겨지기 때문입니다.

2. 다종교사회의 종교적 특징

세속화에 따른 종교의 사회적 위치 변화

종교사회학자들은 사회의 변화에 따른 종교의 변화를 세속화[600]라는 이론으로 설명하고 있습니다. 세속화라는 말은 다양하게 정의될 수 있는데, 피터 버거(Peter Berger)는 세속화를 "사회와 문화의 어떠한 영역이 종교적인 제도와 상징체계의 지배로부터 벗어나는 과정"[601]이라고 정의합니다. 이것은 서구 사회에서 지배적이었던 기독교라는 종교의 영향력이 쇠퇴하는 현상을 나타내는 말로 이해될 수 있는 것입니다. 사회와 제도적인 면에 있어서 교회의 통제와 영향력 아래 있던 국가가 교회로부터 분리되는 일이 일어나고, 문화와 사상적인 면에서도 종교적인 내용 대신에 이성과 과학이 그 자리를 대신하는 일들이 벌어진 것입니다. 물론 세속화는 기독교뿐만 아니라 모든 종교의 영향력에서 벗어나는 과정이라고 할 수 있지만 서구 사회에서는 기독교의 영향력에서 벗어나는 일이 세속화의 핵심이 되었던 것입니다. 이러한 세속화의 결과로 사회 질서 속에서 삶의 방향과 가치를 일깨워주던 종교의 공적인 영향력은 줄어들고 종교는 단지 개인의 취향이나 개인적 경험에 불과한 사적인 것으로 여겨지게 되었습니다. 종교의 사회적 위치가 변화된 것입니다.

종교의 부흥과 탈세속화 현상

종교의 세속화를 주장하는 학자들은 이렇게 종교가 공적인 위치와 역할을 잃어버리고 사적인 영역에서 그 영향력을 행사하다가 결국에는 쇠퇴하거나 소멸할 것이라고 주장하였습니다. 그러나 그와 반대의 현상들이 목격되기 시작했습니다. 이러한 현상을 보면서 피터 버거는 현대 사회가 "이전 세계만큼이나 상당할 정도로 종교적이며, 몇몇 지역은 그 어느 때보다도 더욱 종교적"이라고 이야기하면서 "우리가 세속화 된 세계에서 살고 있다는 가정은 잘못된 것"이라고 주장하기도 하였습니다.[602] 특별히 이러한 종교의 부흥은 보수적인 이슬람과 복음주의 교회에서 일어나고 있습니다.[603] 이렇게 전 세계적으로 일어나고 있는 종교 부흥의 원인에 대해 피터 버거는 두 가지를 제시합니다. 첫 번째는 근대화가 이룩한 산업화와 도시화는 사람들이 살아오던 확실성의 토대를 침식함으로 인해 불안해진 사람들은 종교 운동이 제공하는 확실성에 이끌린다는 것이고, 두 번째는 세속화 관점은 엘리트 문화집단에 의해 형성된 것이라는 점인데 대다수의 대중들은 이 엘리트 문화에 반발을 느끼며 강력한 반세속주의적 경향을 띤다는 것입니다.[604] 이와 같이 근대화와 더불어 종교의 세속화가 일어난 것은 사실이지만 그와 정반대로 강력한 탈세속화 현상 또한 일어나고 있습니다. 따라서 오늘날 다종교사회를 제대로 이해하기 위해서는 세속화의 입장에서 뿐만 아니라 탈세속화의 입장에서도 바라보는 통전적인 시각을 가져야 할 것입니다.

종교의 시장 형성과 합리적 선택

피터 버거는 세속화의 입장에서 종교가 더 이상 객관적 진리가 아닌 주관적 확신에 불과하게 되었고, 그렇기에 종교는 개인의 '선택'이나 '선호'의 문제가 되었다고 주장합니다. 이제 상이한 종교 집단들은 모두 국가에 의해 인정받으며 그것들 상호간에 자유롭게 경쟁하는 시대이며, 이제는 종교가 시장에서 '구매'하도록 강요받는 것이 아니라 '판매'되는 상황이 되었다는 것입니다.[605] 그런데 로드니 스타크(Rodney Stark)와 같은 탈세속화 학자들도 종교의 시장 이론을 주장합니다. 시장 이론가들은 "규제가 약할수록, 다원화될수록, 그리고 경쟁이 많을수록" 종교적 생명력은 강하게 일어난다고 주장합니다.[606] 이러한 시장이론은 다종교사회의 현상을 다양한 종교의 공존의 모습과 그 안에서 치열하게 경쟁하는 상황을 설명해 줄 수 있는 이론입니다. 물론 시장이론에 대한 반론들도 존재하고 종교를 경제적인 측면으로만 이해할 수 없다는 한계를 가지고 있지만 다종교사회의 종교적 현실을 반영하는 이론으로서 충분히 설득력을 지니고 살펴보아야 할 필요성이 있다고 여겨집니다.

3. 다종교사회의 전도적 도전

다종교사회의 이슈, 대화와 협력

다양한 종교가 공존하는 다종교사회에서는 종교간의 대화와 협력은 필수적인 것으로 인식됩니다. 한스 큉(Hans Küng)의 "종교의 평화 없이는 세계의 평화도 없다. 또 종교의 대화 없이는 종교의 평화도 있을 수 없다."[607]는 선언은 종교간의 대화와 협력의 중요성을 피력한 말로 인식되고 있습니다. 인류의 역사 속에서 종교간의 갈등은 전쟁으로 이어지며 수많은 희생을 낳았기 때문입니다. 오늘날에도 세계 곳곳에서 여전히 종교간의 갈등으로 인한 폭력이 이어지고 있습니다. 이러한 차별과 폭력으로 얼룩진 역사를 반성하고 대화와 협력을 통해 종교간의 평화를 이룩하는 것은 오늘날 다종교사회에서는 더욱 요구되어지는 일이라 할 수 있을 것입니다.

기독교 내에서 이러한 종교간의 대화와 협력을 이끌어가고 있는 곳은 WCC입니다. WCC는 1961년 뉴델리 총회에서 아시아 신생 교회의 요청을 받아들여 처음으로 타종교인과의 대화의 문을 열기 시작하였습니다.[608] 1971년에는 타종교와 대화의 문제를 전담하는 '대화 사무국(Sub-unit on Dialogue with People of Living Faiths and Ideologies, DFI)'을 창설하고, 1979년에는 '대화 가이드라인'문서를 발표하였는데, 이 문서는 타종교 안에 하나님이 현존한다고 인정하면서도 타종교에 구원이 있다는 사실은 인정하지 않으며 복음전도를 위해 타종교인과 적극적으로 대화할 것을 주장합니다.[609] 그러나 1990년 바르 선언에서는 '다원성에 대한 신학적 관점'이라는 문서를 발표하며 종교다원주의적인 입장을 나타내기도 하였습니다. 물론 이러한 입장은 WCC의 중앙위원회에서는 수용되지는 않았지만 WCC 안에 종교다원주의적인 대화와 협력의 모습이 나타나기도 했던 것입니다.[610] 다양한 종교가 공존하는 상황에서 타 종교와의 대화와 협력은 필수적인 것이지만 자칫 이러한 대화와 협력이 종교 다원주의를 옹호하는 방향으로도 흘러갈 수 있기에 주의를 요하는 부분이라 할 수 있습니다.

힌두교의 종교 다원주의적 전략

 힌두교의 종교 다원주의적인 전략은 기독교의 복음 전도의 또 다른 도전이 됩니다. 힌두교는 요가를 앞세워 그 영역을 확장해 나가고 있습니다. 요가는 흔히 선적수행(禪的修行)을 통한 인간과 신의 결합을 뜻하는 말로 여겨집니다.[611] 19세기 말 인도 내에서 일어난 힌두교 개혁운동 가운데 라마크리슈나 미션(Ramakrishna Mission)은 힌두교를 세계적으로 알리는 데 결정적인 역할을 하였습니다. 라마크리슈나(Ramakrishna)는 여러 가지 종교적 경험을 통해 모든 종교는 본질적으로 같다는 결론에 도달하게 되었는데, 이러한 라마크리슈나의 가르침은 환영을 받으며 그의 제자인 비베카난다(Vivekanand)를 통해 미국 사회에 깊은 인상을 끼치게 되고 급속도로 확장되기 시작하였습니다.[612] 이들은 힌두교의 교리를 가르치면서 요가를 강조하는데, 요가의 궁극적인 목적은 깨달음을 얻어 해탈에 이르는 것으로 요가를 통하여 절대적인 생명을 얻고 신과 같이 된다[613]고 이야기합니다. 오늘날 건강을 위해 요가와 명상이 급속도로 전파되고 있는데 이러한 요가를 통해 힌두교의 교리, 즉 다원주의적인 종교관을 가질 수 있게 되는 것입니다. 이러한 다원주의적 가치 추구는 복음 전도에 있어서 커다란 장애물이 될 수 있습니다. 각 종교의 신앙 형태가 구원에 이를 수 있는 다양한 방법이기 때문에 반드시 기독교의 복음을 받아들여만 하는 필요성이 약화되기 때문입니다. 따라서 힌두교의 종교다원주의적인 사상의 포교 활동은 기독교의 복음 전파에 커다란 도전이 되고 있다고 할 수 있습니다.

이슬람의 전투적인 포교 활동

힌두교의 포용적인 정책과 달리 이슬람은 종교다원주의적인 상황 속에서도 배타주의적인 태도를 견지하며 저돌적인 포교활동을 벌이고 있습니다. 미국의 여론조사 기관인 퓨리서치센터의 조사에 의하면 2015년 기준 전 세계 인구 중 기독교인 비중은 31%로 가장 많았지만, 무슬림이 24%로 뒤를 이었고, 비종교인은 16%, 힌두교와 불교는 각각 15%와 7%로 조사되었습니다.[614] 신앙의 자유를 찾아 떠난 청교도들이 신앙을 기반으로 세운 나라인 미국에서 기독교인의 비중이 가장 높게 나타났지만 그 비율이 31%에 불과하다는 사실과 함께 그 뒤를 바짝 따르고 있는 종교가 무슬림이라는 것은 기독교의 위축과 더불어 무슬림의 적극적인 포교 활동을 반증하는 결과라고 할 수 있습니다. 이러한 결과는 한국도 예외가 아닌데, 다른 종교인들에 비해 무슬림이 독자적 문화와 종교 영역을 구축하면서 한국인을 동화시키는 현상이 나타나고 있는 것입니다. 2018년 기준 한국의 무슬림 수는 6만명 가량으로 한국에 거주하는 외국인까지 합치면 26만명 가량 됩니다. 또한 이슬람 사원은 16개, 작은 규모의 '무쌀라'는 80여개에 이른다고 합니다.[615] 이슬람은 기독교인들에게도 적극적인 포교활동을 벌이고 있을 뿐만 아니라 전도 대상자들을 먼저 선점한다는 점에서 이슬람의 적극적인 포교 활동은 분명 기독교의 복음 전도에 위협을 가하고 있다고 할 수 있습니다. 더욱이 폐쇄적인 무슬림들에게 어떻게 복음을 전할 수 있는지는 복음주의 기독교의 큰 숙제가 아닐 수 없습니다. 이와 같이 힌두교의 종교다원주의적인 포교 활동과 이슬람의 전투적인 포교 활동은 다종교사회에서 복음주의 기독교가 복음 전도를 위해 반드시 극복해야 할 과제들이라고 할 수 있습니다.

다종교사회와 복음주의 기독교[616]

1. 다종교사회에 대한 기독교의 세 가지 대응과 전도적 함의

배타주의적 대응에 따른 전도적 함의

다종교사회에서 타종교에 대한 기독교의 자세는 흔히 세 가지로 분류됩니다.[617] 이러한 구분은 1983년 앨런 레이스(Alan Race)의 분류 방식을 따른 것으로 배타주의, 포괄주의 그리고 다원주의로 나누어집니다.[618] 배타주의는 기독교 밖에는 구원이 없다는 입장으로 요한복음 14장 6절과 사도행전 4장 12절을 근거로 오직 예수 그리스도만으로 구원이 가능하다는 입장입니다. 이를 대변하는 신학자로는 칼 바르트(Karl Barth), 에밀 브루너(Emil Brunner), 헨드릭 크래머(Hendrik Kraemer)가 있습니다. 기독교의 배타주의적 입장은 기독교 절대주의 또는 특수주의라고도 불리며 기독교의 전통적이고 기본적인 입장을 나타냅니다. 예수 그리스도를 통한 구원의 절대성이 무너진다면 더 이상 기독교가 존재할 이유와 목적을 잃어버리게 되기 때문입니다.

그러나 기독교의 이러한 자기 확신은 오늘날의 다종교사회에서는 다종교사회의 평화를 깨뜨리는 부정적인 것으로 비쳐지면서 비난을 받고 있습니다. 실제로 한국의 종교 이미지 평가에서 개신교는 '공격적'이고, '강요하는 전도방식'으로 언급되었으며, 전반적으로 개신교는 '배타적'이라는 평가를 받았는데, 특별히 타종교인들은 개신교가 '이기적'이고 '오만하다'고 언급하고 있습니다.[619] 복음의 절대성은 고수해야 되겠지만 타종교인들과의 관계 속에서 공격적이고 오만한 태도는 분명 문제가 있다고 할 수 있을 것입니다. 또한 복음 전파를 위한 전도의 당위성은 확보하면서도 공격적이고 강요하는 전도 방식에 대해서는 재고해 보아야 할 것입니다.

포괄주의적 대응에 따른 전도적 함의

두 번째는 포괄주의로 타종교에 대해서는 개방적인 입장을 취하면서 구원은 그리스도를 통해서만 가능하다는 입장입니다. 누가복음과 사도행전의 신학을 근거로 '다른 종교에 있는 모든 진리는 본래 기독교의 것'이라고 주장하며 다른 종교에도 진리가 있을 수 있다는 사실을 인정합니다. 가톨릭이 제2바티칸 공의회에서 이러한 입장을 표명한 이후 한스 큉(Hans Küng)이나 칼 라너(Karl Rahner)와 같은 가톨릭 신학자들은 다양한 형태의 포용주의를 제시하고 있습니다. 개신교 내에서는 클라크 피녹(Clark Pinnock)과 같은 신학자들에 의해 주창되고 있으며 이는 배타주의적 태도에서 벗어나 타 종교를 포용하려는 시도라고 볼 수 있습니다. 배타주의는 교회 밖에는 구원이 없다는 교회 중심주의로 표현되었다면 포괄주의는 그리스도 중심주의로 전환을 꾀하고 있습니다. 배타주의의 그리스도 중심적이라는 것은 그리스도가 유일한 구원자이지만 그를 통한 구원은 기독교나 교회 밖에서도 가능하다는 것입니다.[620] 교회 중심주의에서 그리스도 중심주의로의 전환에 대해서는 시사하는 바가 크다고 할 수 있습니다. 구원은 교회가 아니라 예수 그리스도를 통해서 이루어지기 때문입니다. 그러나 이러한 포괄주의적 입장이 일부 급진적인 자유주의 신학자들을 통해 다원주의적인 입장으로 이어지기도 하였습니다. 예수 그리스도의 유일성을 견지하고는 있지만 타 종교에도 구원의 가능성을 열어 놓는 문을 제공했기 때문입니다. 그렇기에 예수 그리스도를 통한 구원을 강조하는 포괄주의의 입장은 복음전도에 있어서 매우 중요한 핵심을 강조하고 있는 것처럼 보이지만 이러한 포괄주의적인 대응방식이 다원주의적으로 흐르지 않도록 주의를 요한다고 할 수 있습니다.

다원주의적 대응과 전도적 함의

세 번째는 다원주의로 절대 종교란 존재하지 않으며 모든 종교가 상대적이고 구원에 이르는 길도 다양하다는 주장입니다. 대표적인 학자로는 존 힉(John Hick)과 폴 니터(Paul Knitter)와 같은 학자들이 있습니다. 존 힉은 신학에 있어서도 코페르니쿠스와 같은 전환이 일어나야 한다고 이야기하면서 그리스도를 중심으로 전개되어 온 신학을 이제는 신 중심의 신학으로 전환할 것을 주장하였습니다.[621] 이러한 전환이 의미하는 것은 모든 종교 안에 있는 하나님은 본질적으로 같으며 단지 다른 이름으로 불리고 있다는 주장으로 이로 인해 모든 종교의 구원 가능성이 활짝 열리게 된 것입니다. 폴 니터는 신 중심적 다원주의에서 더 나아가 구원 중심적 다원주의를 주장함으로 종교다원주의 새로운 전환을 꾀하였는데 종교간의 진정한 만남을 위해서는 공동의 기반보다 공동의 목표를 추구하는 것이 더 중요하다고 주장하였습니다.[622] 이러한 종교다원주의자들의 주장은 너무 급진적이어서 복음 전도의 입장에서는 절대 수용 불가한 입장이라고 할 수 있습니다. 비록 종교다원주의자들을 주장이 오늘날 다종교사회에서 가장 적합한 입장으로 보인다 하더라도 종교다원주의는 복음 전도를 위해 반드시 극복하고 해결해야 할 과제라는 사실을 분명히 해야 할 것입니다.

2. 다종교사회에서의 복음주의 기독교의 입지

복음주의 기독교의 전략적 대응

복음주의의 기본적인 입장은 예수 그리스도를 통한 구원의 유일성을 강조하는 입장이기 때문에 배타주의로 보일 수 있습니다. 그러나 1974년 스위스 로잔에서 열린 '세계 복음화 국제대회'에서 기독교의 사회적 책임을 강조하고 다른 종교와의 대화의 필요성을 인정하는 등 극단적인 배타주의와는 다른 모습을 보이고 있습니다. 이 선언은 전도의 우위성을 재천명하면서도 다른 종교와의 관계에 있어서는 변화를 모색하는 것이었습니다.[623] 케이프타운 서약에서는 "다원주의의 도전에 대해서는 경계하면서도 예수 그리스도의 유일성을 확고하게 유지하되 변화하고 있는 세상에서 타 종교와 타 종인들과의 창조적 관계설정의 필요성"을 인정하기도 하였습니다.[624] 이제는 타 종교와 타종교의 사람들을 무조건적으로 비판하며 복음을 강요하는 태도를 버리고 함께 사는 사회의 발전과 안녕을 위해 대화하고 협력하는 자세가 필요하다는 것에 동의하는 것입니다.[625] 하지만 이러한 대화와 협력은 종교 다원주의자들이 이야기하는 대화와 협력과는 다르다고 할 수 있습니다. 복음주의 기독교가 추구하는 대화와 협력은 사회의 공통된 문제를 위해 대화하고 협력하는 것이고 우리의 기독교를 변증하기 위한 대화가 되어야 하기 때문입니다.

복음주의 기독교의 강력한 전도 운동

역사적으로 볼 때 복음주의는 세 단계의 과정을 거쳐 발전했는데 첫째는 종교개혁에 뿌리를 둔 개신교 정통주의며, 둘째는 웨슬리와 에드워즈에 의해 촉발된 18세기 각성운동으로 드러난 영미 복음주의이고, 셋째는 20세기 초 자유주의의 등장으로 기독교의 근본 교리를 사수해야 되겠다고 생각하여 일어난 근본주의에 있습니다. 앞에서 살펴본 바와 같이 종교개혁은 다종교사회로의 발판을 마련해 준 역사적인 사건이었습니다. 그 이후로 복음주의 기독교는 교파간의 경쟁이라는 다종교 상황에서 강력한 전도운동을 통해 부흥을 이루어왔다는 것이 18-19세기 부흥운동이 보여주는 역사적인 증거입니다. 복음주의 기독교의 역사 속에서 증명된 엄청난 부흥은 종교의 자유와 선택과 연결되어 있습니다. 복음주의 기독교의 역사는 개인의 신앙

체험과 확신 속에서 종교의 영향력이 충분히 발휘될 수 있음을 보여주며, 종교의 선택과 자유는 복음의 강력한 증거를 위한 동기가 될 수 있다는 사실을 보여주는 것입니다.

복음주의 기독교의 새로운 부흥

이러한 복음주의 기독교의 강력한 전도 운동과 다종교 상황에서의 생명력은 오늘날 새롭게 형성된 다종교사회에서도 그 영향력을 드러내고 있습니다. 피터 버거는 복음주의 기독교의 급속한 부흥이 지리적으로는 이슬람보다 더욱 크다고 평가하면서 전 아시아와 아프리카, 남미에 이르는 부흥은 성서적 정통성과 도덕적 엄격성을 포함하고 있으며 체험을 중시하는 예배 형식과 성령 치유의 강조 등을 결합하고 있다고 이야기 합니다.[626] 뿐만 아니라 미국 내에서도 진보적인 주류 교회보다는 근본적인 복음주의 교회가 성장하고 있다는 것은 주지의 사실입니다. 이러한 복음주의 기독교의 부흥은 종교다원주의의 위협 앞에서도 복음 전도의 열매를 거둘 수 있는 확실한 증거입니다. 이러한 복음주의 정신을 계승한 20세기 복음주의자들은 종교다원주의적인 태도를 경계하며 1974년 로잔 대회를 통해 복음을 수호하고 선교와 복음 전도를 희석시키려는 모든 도전 앞에 강력히 대응하고 있는 것입니다. 그렇기에 다종교사회에서 복음주의는 강력한 종교다원주의의 도전을 이겨내고 다종교사회에 복음과 복음전도의 위치를 공고히 할 수 있는 입지에 있다고 할 수 있습니다.

3. 다종교사회에서 복음주의 기독교의 전도적 이점

복음주의 기독교의 세속화에 대한 수용과 거부

세속화에 대한 반응은 크게 두 가지로 나눌 수 있습니다. 그것은 수용과 거부입니다. 세속화의 긍정적인 면을 보고 수용하는 사람들이 있는 반면 세속화의 부정적인 측면을 인식하고 거부하는 사람들이 있는 것입니다. 특별히 복음주의 기독교는 세속화의 흐름 속에서 종교의 사사화(개인화)에 따라 개인을 위한 복음 전도에 힘을 쏟는 방식으로 수용하는 모습을 보였습니다. 그러나 또 한편에서는 세상의 영향력이 교회에 들어오는 것을 경계하고 기독교의 정통과 순수함을 지키려는 노력이 있어 왔습니다. 복음주의 기독교는 이러한 방식을 통해 예수 그리스도의 유일성을 견지하면서 종교다원주의와 세속화의 흐름 속에서 강력한 부흥을 이끌어 왔던 것입니다.

자유 경쟁에 최적화된 복음주의 기독교

앞에서 살펴본 바와 같이 근대 복음주의의 시작은 가톨릭교회와의 대립 속에 종교의 자유를 얻으려는 투쟁으로 이해될 수 있습니다. 개신교의 이러한 투쟁은 종교의 자유와 선택이라는 측면을 가져왔고 사람들로 하여금 자유롭게 종교를 선택할 수 있도록 함으로서 오히려 복음전도를 촉진하는 계기가 되었습니다. 그러한 단적인 예가 미국에서 대중의 지지를 받기 위한 교파간의 경쟁이 적극적인 전도활동으로 나타났던 모습일 것입니다. 개신교는 다양한 교단과 교파를 형성하고 개교회간의 경쟁 속에 활발히 전도 활동을 펼쳐나가며 전 세계의 복음화에 앞장서 온 것입니다. 물론 개신교 내부에서 이루어진 경쟁이었기에 타종교와의 경쟁은 또 다른 측면을 가지고 있을 것입니다.

오늘날의 종교다원주의는 모든 종교는 하나라고 주장함으로써 이러한 경쟁을 무의미한 것으로 만들고 있습니다. 그러나 진정한 다원성이란 모든 종교가 하나로 연결되는 것이 아니라 말 그대로 다양하게 존재해야 하는 것이며 각 종교가 가지고 있는 절대성을 놓치게 된다면 기독교뿐만 아니라 어떤 종교도 종교로서의 존재감을 상실하게 되는 것입니다. 그렇기에 선의의 경쟁은 다종교사회 속에서 기독교의 절대성을 포기하지 않으면서 복음을 전할 수 있는 배경이 될 수 있습니다. 종교 시장 이론에 대한 반론들이 존재하고 경쟁적으로 신도를 확보하기 위한 과도한 경쟁이 문제를 야기 시키기도 하지만 종교의 자유와 선택의 문제는 복음 전도에 있어서 매우 중요한 동기를 제공하고 있다고 할 수 있습니다.

공적 종교로서 복음주의 기독교의 역할

비록 세속화의 흐름 속에 종교가 사적인 영역으로 제한되었지만 여전히 종교는 사적인 영역에서도 그 역할을 감당하며 오히려 공적인 영역에 영향을 끼쳤다는 것이 탈세속화 이론에서 주장하는 바입니다. 카사노바(J. Casanova)는 "많은 경우 종교는 사적인 영역에서 개인을 지켜줄 뿐만 아니라 공적인 의미 또한 보호하는 역할을 한다"고 주장하며, "많은 사회에서 공적 규범이 사적 영역으로 유입될 뿐 아니라 종교의 영향을 받는 도덕적 원칙이 정부 혹은 경제의 공적 영역에 침투하고 있다"고 주장합니다.[627] 그런데 이러한 주장은 복음주의 기독교가 추구하는 것과 같은 맥락이라 할 수 있습니다. 먼저 복음을 통해 한 개인이 변화되면 그 변화된 개인을 통해 지역 사회가 바뀔 수 있다는 것이 복음주의 기독교가 추구하는 사회 변화입니다. 이러한 사실이 역사를 통해 증명되었고, 탈세속화 이론을 통해서 종교의 공적 역할이 다시 부각되기 시작한 것입니다. 특별히 복음주의 기독교는 이러한 신념 속에 실제적으로 그러한 역할을 감당해 왔기 때문에 교회의 부흥은 사회의 변화를 이끌어왔던 것입니다.

다종교사회에서의 효율적인 복음전도 전략

1. 다종교사회의 전도 대상자 분석

복음적 대화를 나눌 수 있는 종교다원주의 기독교인

복음전도에서 전도의 대상을 누구로 설정하느냐에 따라 복음전도의 전략과 방법이 달라집니다. 그렇기에 전도 대상을 분석하는 것은 효율적인 복음전도의 전략을 수립하기 위해 반드시 선행되어야 할 일입니다. 다종교사회에서 복음 전도의 첫 번째 대상자는 종교다원주의를 주장하는 기독교 안의 자유주의자이라 할 수 있습니다. 비록 그들이 기독교라는 같은 울타리 안에 있지만 구원에 대한 이해는 완전히 다른 것을 볼 수 있습니다. 그렇기에 그들 역시 구원의 대상으로 볼 수 있는 것입니다. 기독교 안의 자유주의자들을 구원의 대상으로 본다는 것은 이들에 대한 배타적인 태도를 재고해 보아야 한다는 뜻입니다. 20세기 복음주의는 자유주의에 대항한 근본주의와 연결되어 있습니다. 그렇기에 복음주의 안에는 자유주의자들에 대한 배타적인 태도가 나타나고 있다고 할 수 있습니다. 그러나 가장 강력한 복음전도의 동기는 사랑이기에 먼저 기독교 안에 있는 이들부터 사랑과 존중의 마음으로 다가가야 할 것입니다. 비록 구원에 대한 이해가 다르다 하더라도 기독교나 복음에 대한 이해가 있고 예수 그리스도에 대한 경험이 있을 수 있기 때문에 이를 바탕으로 대화를 나눌 수 있을 것입니다. 그러나 이러한 대화는 종교다원주의에 대한 논쟁이 아니라 예수와 복음에 대한 근본적인 신앙으로부터 출발해야 할 것입니다.

종교적 대화를 나눌 수 있는 타종교인

다종교사회에서 두 번째 복음전도의 대상은 종교적 대화를 나눌 수 있는 타종교인들이라 할 수 있습니다. 비록 다른 종교를 가지고 있지만 종교라는 같은 관심사를 가지고 있기 때문에 종교에 관한 대화를 나눌 수 있는 것입니다. 그러나 물론 각자가 다른 신념을 가지고 있기 때문에 쉽게 논쟁으로 흘러버릴 수 있다는 단점이 있습니다. 그렇기에 매우 조심스러운 것이 사실이고 많은 준비가 필요할 것입니다. 무엇보다도 무조건적으로 타 종교를 비난하거나 그들의 교리를 무시해서는 안 될 것입니다. 이런 이유 때문에 기독교는 배타적이라는 비난을 받아왔기 때문입니다. 또한 타종교인이라고 해도 종교 지도자와 일반 신도들을 구분해야 할 것이며 일반 신도들도 신앙의 정도에 따라서 접근하는 방법이 달라질 수 있을 것입니다. 존스는 복음전도의 시작점이 세상을 사랑하신 하나님의 사랑과 세상을 구원하고자 하는 하나님의 열망으로 이해한다면 타종교와 타종교인을 대하는 태도에 분명히 변화가 일어날 것이라고 이야기합니다.[628] 그리고 타종교인을 사랑하기 위해서는 그들의 종교를 이해하는 것은 중요한데, 그러한 이해는 영적 관용에 기여하고 진정성 있는 대화를 통해서 열매 맺는 복음전도를 위한 길을 닦아준다는 것입니다.[629] 요한복음 3장 16절은 복음 전도가 사랑에서 시작된 것임을 보여주고 있습니다. 다종교사회에서는 이러한 사랑의 원리가 타종교와 타종교인에게도 나타나야 할 것입니다.

종교관련 대화를 나눌 수 있는 무종교인

다종교사회에서 세 번째 복음전도의 대상은 종교를 가지고 있지 않은 사람들일 것입니다. 일반적으로 신앙을 가지고 있지 않은 무종교인은 첫 번째 전도 대상자로 여겨집니다. 그러나 다종교사회라는 관점에서 보면 무종교인에 대해서도 다양한 접근이 가능합니다. 세속화의 흐름 속에서 무종교인들은 기본적으로 종교에 대해 무관심할 가능성이 높습니다. 따라서 전혀 종교에 관심이 없는 무종교인들이 있을 수 있습니다. 이들에게는 종교와 관련된 사회적인 이슈들을 통해 접근하여 종교에 대한 관심을 불러일으킬 수 있을 것입니다. 또한 탈세속화의 흐름 속에서 보면 무종교인이라고 하더라도 신비적인 것에 대한 막연한 관심을 가지고 있는 사람들도 있을 것입니다. 이는 사람들 안에 종교에 대한 본능적인 관심이 있다는 사실을 반증하는 것이기도 하다. 따라서 이들에 대해서는 종교의 신비성을 접촉 포인트로 사용할 수 있을 것입니다. 마지막으로 다종교 상황에서 다양한 종교를 경험한 무종교인들이 있을 수 있습니다. 다양한 종교를 경험했다는 사실과 이미 종교를 경험했음에도 불구하고 무종교인이 되었다는 사실은 매우 신중한 접근을 요하는 부분입니다. 다양한 종교를 경험했다는 사실은 더욱 종교다원주의적인 입장을 견지하고 있을 가능성이 높다고 볼 수 있고, 종교를 경험하고도 무종교인이 되었다는 사실은 종교에 대한 거부감이 훨씬 높다고 볼 수 있을 것이기 때문입니다. 이러한 세부적인 이해가 선행되지 않을 때 복음전도는 일방적으로 이루어지고 독선적이라는 비난을 받게 되는 것입니다. 이러한 다종교 사회에서는 켈트식 전도 방법이 권장됩니다. 조지 헌터(George Hunter)는 복음을 제시하고 결단한 사람들만 교제권으로 수용하는 로마식 전도방법보다는 먼저 사람들을 교제권으로 수용하고 봉사와 대화를 통하여 복음을 권면하는 켈트식 전도방법으로의 변화를 주장합니다.[630]

2. 다종교사회를 위한 전도적 준비

하나님 나라의 복음의 회복

다종교사회에서 효율적인 복음전도를 위해서 하나님 나라의 복음을 회복하는 일이 시급합니다. 사도들이 전한 십자가와 부활의 복음은 예수께서 선포한 하나님 나라의 복음에 뿌리를 두고 있었습니다.[631] 예수님의 공생애 첫 메시지는 "회개하라 천국이 가까웠다(마 4:17)"는 하나님 나라에 대한 메시지였습니다. 이런 예수님의 천국 복음은 사도들에 의해 천국을 누릴 수 있는 예수님의 십자가와 부활의 메시지에 초점을 맞춰 전해지게 되었던 것입니다. 그리고 이러한 경향은 오늘날까지 이어지며 전도자들이 십자가와 부활은 강조하였지만 하나님 나라는 죽어서 가는 나라로 축소해 전하는 경향이 있었던 것입니다. 그러나 예수님의 십자가와 부활의 복음은 예수님의 하나님 나라 선포의 성취라는 개념에서 이해되어져야 하며, 그럴 때 복음전도는 하나님 나라와 연결되어 더욱 강력하게 선포되어질 수 있습니다. 이러한 하나님 나라의 복음은 오늘날 다종교사회를 위해 반드시 회복되어야 할 복음이라 할 수 있습니다. 왜냐하면 하나님 나라의 복음은 다양한 종교가 공존하고 있는 다종교 사회에서 타종교인들과의 관계를 어떻게 형성할 수 있는지 신학적인 근거를 제공하기 때문입니다. 또한 이 땅에서 하나님 나라를 누리며 성숙한 신앙을 구현하는 그리스도인들로 말미암아 복음은 더 강력하게 전해질 수 있기 때문입니다. 따라서 복음주의 기독교는 본래 가지고 있었던 하나님 나라의 복음을 회복할 때 강력한 복음 선포를 위한 발판을 마련할 수 있을 것입니다.

종교 시장 경쟁을 위한 전문 전도자 양성

복음 전도는 모든 그리스도인의 필수적인 사명입니다. 그리스도인이라면 영혼을 살리기 위해 언제나 최선을 다해야 할 것입니다. 그러나 오늘날과 같이 고도로 다원화된 세상에서 복음 전도를 위해서는 전문화된 전도자를 양성하는 일이 필요합니다. 전문화된 전도자라는 것은 우선 다종교사회에 대한 이해를 가지고 있는 전도자를 의미합니다. 다종교사회에서는 다양한 종교에 대한 이해를 가지고 있어야 하며, 그들이 주장하는 다양한 논리에 대응할 수 있어야 하기 때문입니다. 뿐만 아니라 복음에 대해서도 전문적인 역량을 갖춰야 할 것입니다. 그동안의 복음 메시지는 사영리나 전도폭발의 복음 제시처럼 정형화 되어 있고 단순화 되어 있었습니다. 그러나 복음의 핵심은 변하지 않는다 하더라도 대상에 따라 접근하는 복음의 포인트가 다를 수 있고, 또한 복음의 내용이 매우 풍성하기 때문입니다. 전도 전문가를 양성해야 한다고 해서 다종교사회에서는 반드시 전문 전도자만 전도를 할 수 있다는 뜻은 아닙니다. 변화되는 사회를 연구하고 전도의 방법을 계발할 전문가들이 필요하다는 뜻입니다. 또한 이러한 전문 전도자들의 도움을 받으며 전도할 필요가 있다는 것입니다.

공적 역할을 위한 교회공동체의 체질 개선

세 번째로 다종교사회에서 효율적인 복음전도를 위해서는 교회공동체의 체질이 개선되어야 할 것입니다. 뉴비긴은 복음을 전하는 데 있어서 '복음의 해석자로서 회중'의 역할을 높이 평가했습니다. 그는 "복음이 믿을 만한 메시지로 들릴 수 있게 하기 위해서는 복음을 믿고 복음에 따라 사는 남자와 여자들로 이루어진 회중이 복음의 유일한 해석자이자 단 하나뿐인 해답"[632]이라는 결론을 얻었다는 것입니다. 초대 교회 시절부터 복음을 믿고 복음에 따라 사는 그리스도인들로 인하여 복음은 가장 힘 있게 전달되었습니다. 그리고 오늘날 다원화된 사회 속에서도 그 원리는 변함이 없는 것입니다. 오히려 종교가 주관적인 진리로 여겨지는 시대에 진리대로 사는 모습을 보여 주는 것이 복음을 가장 강력하게 객관적 진리로 증거하는 일이 될 것입니다. 무엇보다도 복음의 생명력을 소유하고 있는 교회 공동체를 통해 교회 밖의 사람들이 복음의 생명력을 보고 경험하게 되는 것이 성경적 전도의 원리(요일 1:1-3)입니다. 그렇기에 교회 공동체가 복음의 생명력을 유지하며 이 세상을 섬길 때 다종교사회를 위한 최적화된 공동체로 세워질 수 있을 것입니다. 이러한 교회 공동체의 공적 역할을 위해 선교적 교회론이 힘을 얻고 있습니다. 선교적 교회론은 성육신적인 전도 방식을 지향합니다. 이러한 성육신적인 전도 방식은 하나님이 예수님을 이 땅에 보내신 방식이었고 예수님께서 우리를 세상에 보내신 방식으로 하나님의 사랑을 근거로 해서 그리스도의 죽음과 부활을 본받아 온전히 변화된 삶으로 세상 사람들을 제자도로 이끄는 방식이었습니다.[633] 따라서 교회 공동체가 선교적 교회로 그 체질을 개선하는 것은 오늘날 다종교사회에서 최우선적으로 수행해야 할 과제일 것입니다.

3. 로잔선언의 3P에 따른 전도 방법

선포(proclamation)를 위한 대화식 전도

다종교사회에서의 복음전도를 위해 다종교사회 속에 살고 있는 전도대상자들을 분류하고 전도자에 대한 준비를 마쳤다면 이제 구체적인 복음 전도의 전략을 세워 보아야 할 것입니다. 1974년 로잔 대회에서는 복음전도를 현존(presence)의 전도, 선포(proclamation)의 전도, 설득의 전도(persuasion)로 정의하고 있습니다. 이러한 로잔선언의 복음전도의 정의에 따라 다종교사회에서의 전도전략을 세워볼 수 있을 것입니다. 선포는 복음전도에 있어서 가장 중심적인 활동이었습니다. 그런데 오늘날 다종교사회에서는 선포에 대해 많은 공격이 가해지고 있다. 이러한 복음의 선포가 일방적이고 배타적인 모습이라는 것입니다. 그러나 복음의 선포는 포기할 수 없는 중요한 성경적 전도의 방법입니다. 오늘날 다종교사회에서 복음의 선포는 대화 가운데 전달될 때 더욱 효과적이라 할 수 있을 것입니다. 다종교사회에서 핵심 이슈는 대화와 협력이었습니다. 일방적인 자기주장은 외면될 뿐입니다. 그렇기에 복음 선포가 일방적인 자기주장으로 여겨지지 않도록 상대방과의 진지의 대화가 권면됩니다. 이러한 대화는 상대방의 말에 귀를 기울이는 것을 핵심으로 합니다. 대화 역시 일방적인 자기 이야기가 아니라 소통이 되어야 하기 때문입니다. 그렇기에 이러한 대화에서 중요한 것은 상대방의 이야기를 진심으로 귀담아 들으려는 자세와 진지한 탐구에 있다고 할 수 있는 것입니다. 요한복음에 나타나는 예수님의 모습을 보면 니고데모와의 대화, 사마리아 여인과의 대화를 통해서 복음을 전하는 것을 볼 수 있습니다. 그리고 이러한 대화에서 예수님은 반드시 그들의 관심사로부터 시작했다는 것입니다. 그렇기에 상대방의 이야기를 귀 기울여 들으면서 상대방의 관심사에 집중할 필요가 있습니다. 따라서 이러한 대화식 전도 방법을 위해 다음의 세 가지를 실천해 볼 것을 제안합니다. 첫째, 이웃의 이야기에 먼저 관심을 보이라. 둘째, 이웃의 이야기에서 그들의 종교적 관심사를 찾아라. 셋째, 그들의 종교적 관심과 관련된 대화를 나누며 복음에 대한 이야기를 나누라.

설득(persuasion)을 위한 질문 전도

두 번째는 설득의 전도입니다. 직접적인 대화로서 그 복음을 선포했다 하더라도 여전히 복음을 받아들이지 못하는 사람들이 많습니다. 그렇기에 끝까지 포기하지 않고 그들을 설득해 나가는 것이 중요합니다. 더욱이 오늘날 다종교사회에서는 이러한 설득의 과정은 더욱 중요한 전도의 방법이 될 수 있습니다. 타종교인들과의 대화에서는 설득을 위한 과정이 반드시 필요할 수 있기 때문입니다. 오랫동안 C.C.C.에서 복음을 전해 온 랜디 뉴먼(Randy Newman)은 예수님께서는 질문을 통해 복음을 전하셨다는 사실에 주목하였습니다. 포스트모더니즘 시대의 청중들에게 필요한 것은 주고받는 기술, 질문을 던져 가며 아이디어를 살펴보는 기술이 필요하다는 것입니다.[634] 사실 질문을 통해 상대방을 설득하기 위한 질문이 어렵게 느껴질 수 있습니다. 그렇기에 이러한 질문 전도를 위해 다음을 실천해 보기를 제안합니다. 첫째, 대화를 질문으로 시작해 보라. 둘째, 상대방의 질문에 성급히 대답하지 말고 질문을 던져라. 셋째, 숨겨진 의도를 끌어 낼 수 있는 질문을 하라.

현존(presence)을 위한 생활 전도

마지막으로 현존의 전도는 다종교사회의 구성원으로 충실히 살아가는 것이 복음전도의 중요한 방법이 된다는 것입니다. 다종교사회에서는 종교간의 갈등이 사회의 안녕과 평화를 위협하기 때문에 기독교인들도 다종교사회의 구성원으로서 사회적 책임을 다하며 그리스도의 사랑을 실천하며 살아가는 것이 더욱 더 강조되어야 하며 선행되어야 합니다. 예수님은 그리스도인을 '세상의 빛'이라고 말씀하셨습니다(마 5:14). 이 말씀은 빛이 되라는 것이 아니라 이미 빛이라고 선포하신 것입니다. 그러나 이 빛은 스스로 빛나는 것이 아니라 예수 그리스도를 비추는 빛입니다. 그렇기에 현존의 전도는 단순히 윤리적인 삶을 사는 것을 말하는 것이 아니라 그리스도를 나타내는 삶이라고 할 수 있습니다. 따라서 현존의 전도를 위해서는 먼저 그리스도와 깊은 교제 속에 그리스도를 중심으로 사는 삶이 되어야 합니다. 그리고 그리스도의 마음을 가지고 세상을 섬겨야 하는 것입니다. 세상을 섬기기 위해 많은 일을 할 수 있겠지만 다음의 세 가지를 실천해 볼 것을 제안합니다. 첫째, 시간을 나누라. 시간을 정해 놓고 다른 사람과 시간을 나눌 수 있기를 바랍니다. 일주일에 4-6시간, 한 달에 1-2일 정도는 다른 사람들을 섬기는 시간을 가지는 것도 좋은 방법입니다. 특별히 다종교사회에서는 다른 종교를 가진 사람들과 만남을 가져 보는 것도 좋을 것입니다. 종교에 대해 토론하기 위해서가 아니라 사랑을 나누는 시간을 가지다보면 그들에 대한 깊이 이해 속에 복음을 증거할 기회를 얻을 수 있을 것입니다. 둘째, 재정을 흘려보내라. 자신의 수입의 일부분을 정해 놓고 나눌 수 있다면 좋을 것입니다. 특별히 다종교사회에서는 다문화 사람들을 섬기는데 재정을 써 볼 것을 제안합니다. 언어와 문화가 낯선 이방 땅에서 살아가는 사람들에게는 도움의 손길이 많이 필요하기 때문입니다. 재정을 흘려보내며 그들과 삶을 나누다 보면 자연스럽게 복음의 빛이 그들의 마음을 변화시킬 수 있을 것입니다. 셋째, 지역사회를 위해 내가 할 수 있는 봉사를 찾아 볼 것을 제안합니다. 특별히 고령화 사회로 진입하고 있는 오늘날에 독거노인들을 돌아볼 수 있기를 바랍니다. 어르신들은 토속적인 한국 종교에 더 익숙해 있는 경우가 많습니다. 그러나 인생을 마감하는 시기에 있는 어르신들을 섬기면서 진정한 인생의 의미를 나누다 보면 복음을 나눌 수 있는 계기를 마련할 수 있을 것입니다.

하나님께서는 이 세상을 창조하시면서 '각기 그 종류대로' 식물과 새와 땅의 짐승들을 창조하셨습니다. 따라서 하나님이 만드신 세상 안에서 다양한 가치를 발견하고 다양한 아름다움을 누리는 것은 매우 성경적이라고 할 수 있습니다. 그렇기에 다원적인 것 그 자체가 문제가 되는 것은 아닙니다. 그러나 종교에 있어서 다원주의적인 주장은 기독교의 존재 이유와 복음 전도를 무의미하게 만드는 것이기에 분명 대비해야 할 것입니다. 오늘날 한국 교회는 다종교사회의 흐름과 종교다원주의의 강력한 도전 앞에 놓여 있습니다. 이러한 도전 앞에 위축되지 않고 더욱 복음에 대한 확신 속에서 삶으로 복음을 증거해 나갈 때 오히려 세상은 복음의 진리에 매료될 수 있을 것입니다.

Chapter 19

뉴노멀 시대의 복음전도
- 새로운 일상에 따른 대응 전략[635]

'뉴노멀(New Nomal)'이란 말은 2003년 벤처 투자가인 로저 맥너미가 '시대 변화에 따라 새롭게 떠오르는 기준 또는 표준'을 뜻하는 말로 처음 사용하였고, 2008년 세계 금융 위기 이후 새로운 경제 질서를 의미하는 말로 널리 퍼지게 되었습니다. 그리고 2019년 코로나 팬데믹이 유행하면서 그 의미는 더욱 확장되었고, 실제적인 삶의 변화에 따른 새로운 일상을 살게 되었습니다. 이러한 코로나 팩데믹 속에서 한국 교회가 가장 큰 위협을 받은 자리는 예배와 전도일 것입니다. 모임이 금지되면서 교회에 함께 모여 예배를 드릴 수 없었기에 예배에 대한 갈등과 고민이 깊어졌습니다. 또한 사람을 만나는 것을 두려워하는 분위기 속에서 코로나 확산의 주된 장소로 교회가 지목되면서 교회에 대한 비난은 높아졌고 이로 인해 전도하기가 더욱 힘들어진 것입니다.

그러나 사실 초대교회 때보다 더 어려운 전도의 시기는 없었습니다. 초대교회는 예수를 믿으면 공동체로부터 외면 받고 생명을 보장할 수 없는 상황이었음에도 불구하고 교회사에서 찾아볼 수 없는 부흥을 이룩했습니다. 그렇기에 오늘날 아무리 어려운 상황에 교회가 놓여 있다고 해도 복음 전도를 멈출 수 없을 것입니다. 이미 앞 장에서 살펴본 것처럼 삶의 위기나 한계에 놓였을 때 복음에 대한 수용성이 높아집니다. 2021년 1월 퓨리서치가 경제 선진국 14개국을 조사한 결과에 따르면, 코로나로 인해 종교적 믿음이 '강해졌다'는 응답이 '약해졌다'는 응답보다 모든 나라에서 다 높게 나왔으며, 한국의 무종교인의 경우 2017년도에는 종교의 필요성을 느낀다는 사람들이 40%였는데, 2021년에는 48%로 더 높아진 것으로 나타났습니다.[636] 그렇기에 코로나 이후 새로운 일상을 살아가게 되면서 어려움과 한계를 경험하고 있는 지금 이 시기가 오히려 전도하기에 가장 적기라고 할 수 있을 것이다. 그렇다면 어떤 전략으로 뉴노멀 시대의 복음 전도를 실천할 수 있는지 나누어보고자 합니다.

현재까지 복음 전도에 관한 개관

뉴노멀 시대의 효율적인 복음 전도에 관한 실제적인 지침에 앞서서, 우리는 먼저 복음 전도의 역사를 살펴볼 필요가 있습니다. 왜냐하면 복음 전도의 역사를 살펴보면서 지금까지 복음 전도가 어떻게 그 시대를 반영하여 복음을 전해왔고, 시대가 바뀌어 감에 따라 어떻게 그 방법을 바꾸어 왔는지 알 수 있기 때문입니다. 여기서 방법이란, 복음의 내용을 다른 표현과 틀에 담아낸 형식에 관한 것이 아니라, 한 영혼을 주님께로 돌이키는데 사용된 거대한 틀을 말합니다. 역사는 왜 우리가 현재와 같은 모습이 되었는지를 설명해 줍니다. 특히 전도의 역사는 왜 우리 대부분이 전도할 때 특정 방법과 특정 단어들을 사용하는지도 설명해 줍니다.

1. 18세기 이전의 전도

실제로 고전적인 전도에 관하여서는 연구가 거의 이루어진 바 없으며, 더욱이 중세시대에는 믿음과 실천으로 이루어진 '전도'의 개념은 도저히 상상할 수 없었습니다. 우리가 생각하는 복음 전도는 17세기에 들어와서 르네상스의 분리적 사고 및 비그리스도교 세계와의 많은 접촉으로 인하여 구분이 가능해졌다고 할 수 있습니다. 종교개혁 시기만 하더라도, '카톨릭 신자냐? 개신교 신자냐?'의 구분만 있었을 뿐, 당연히 모든 사람들이 그리스도 교인들이었습니다. 16세기 종교 개혁 이후 개신교 선언과 기도서 중 어떤 것에서도 전도에 관한 책임을 찾아볼 수 없습니다. 방대한 분량의 하이델베르그 신앙고백에서도 '이웃의 영혼을 구원하는 것'에 대한 단 한 번의 언급만 있을 뿐입니다.

그러나 중세에 전도에 대한 귀한 사례가 있습니다. 그것은 켈트부족을 전도한 패드릭 사제에 관한 이야기입니다. 이것이 흔히 말하는 켈트식 전도입니다. 패드릭 사제는 16세 때, 켈트족 해적에게 붙잡혀 노예로 살다가 탈출하여 사제가 된 뒤, 꿈으로 하나님의 계시를 받고, 자신이 노예로 살았던 켈트족을 찾아가 전도하여 위대한 열매를 거두었습니다. 고대 켈트족에게는 드루이드라고 불리는 사제 그룹이 있었는데, 그들은 종교적 관리뿐만이 아니라, 관리, 학자, 의사의 역할까지 감당하며 켈트족의 지배계급으로 군림하고 있었습니다. 이들은 마술의 힘을 빌려서 사람들을 축복하였습니다. 켈트족은 이들을 중심으로 정신세계를 의존하였고 현실 세계를 살아갔습니다. 켈트족은 천성적으로 자연 친화적이고, 예술적인 감성이 풍부한 사람들이었습니다.

이와 같은 켈트족을 전도하기 위하여 패드릭은 오랜 시간을 헌신하였습니다. 패드릭이 전도한 방법은, 주로 공동체를 통한 전도였습니다. 즉, 그의 일행이 도착한 지역에서 선교 활동에 거부감이 없다면, 마을 인근에 캠프를 치고 수도원 공동체를 세웠습니다. 그리고 그곳을 기점으로 켈트족을 만나고 도와주었습니다. 또 자신의 공동체로 켈트족을 초청하기도 하였습니다. 이 공동체는 병들고 가난한 사람들을 도와주며 그들의 영혼을 위해서 기도했으며, 거주지가 불분명한 사람들이 독립하여 살 수 있도록 도와주었습니다. 이러한 활동은 곧 그들이 세운 공동체의 메시지가 되어 그리스도인들의 삶의 양식을 전하는 도구가 되었습니다. 20세기 최고의 커뮤니케이션 학자인 마샬 맥루한은 "매체는 메시지다"라는 위대한 말을 남겼는데, 이미 패드릭은 그것을 앞서서 실천한 셈입니다.

단, 이 시기에는 켈트사상과 모델이라고 불릴만한 통일된 특별한 교회가 존재하지는 않았습니다. 그럼에도 불구하고, 삶을 파고 들어가 그들과 하나가 되어 복음을 전하는 그들만의 전도방식은 큰 효과를 거두었습니다. 어느 정도의 성과가 나타났는지, 정확하지는 않지만 추측하기로는 대략 700개의 교회를 세웠고, 1000명의 사제들에게 안수를 주었습니다. 패트릭의 일생동안 총 150개의 켈트족 가운데 30~40개의 부족들이 복음화된 것으로 보입니다.[637] 이러한 전도는 그 당시 로마교회의 전도방식과 차별화되었습니다. 일반적으로 로마교회의 전도방식은 '복음을 전함 - 예수님 영접 - 교회 소속'이라는 형식이었지만, 켈트부족 전도방식은 '공동체 중심의 사랑실천과 초대 - 교제 속에서 복음 공유 - 그리스도인으로 변화'라는 형식을 취하였습니다. 그 후, 종교개혁이 일어난 지 250년 이상이 지난 뒤인 1793년에 이르러 윌리엄 캐리가 선교의 문을 열며 인도에 가서 중대한 복음 전도 사역을 감당하게 되었습니다.

2. 18세기 이후의 전도

18세기에 본격적인 선교와 전도의 시대가 열리게 됩니다. 모라비안들을 통하여 복음 전도가 매우 강조되며 확산되었고, 1720년대부터 '복음 전도'라는 말이 사용되었습니다. 하지만 이 단어가 널리 사용된 것은 19세기 중엽부터였습니다. 또한 웨슬리를 통하여 영국에 체계적인 복음전도가 실천되었으며, 그 결과 위대한 부흥을 경험하기도 하였습니다. 19세기 와서야 현대 대중전도가 탄생하였습니다. 찰스 피니가 그 대표적인 인물입니다. 그는 훗날 전도 집회로 불려진 '부흥회'를 조직하였으며, 최초로 '강단 초청'을 한 사람이었습니다. 이것은 어떻게 사람들에게 전도 메시지에 반응할 기회를 줄 것인가의 문제를 고민하다가 해결한 방식이었습니다. 메시지에 반응한 사람들이 강단 앞으로 나올 때, 구원 상담가들을 준비시켜 그들을 상담해주고 영접 기도를 따라 하게 하며 구원의 확신을 심어주었습니다. 회심은 분명해야 했고, 언제 일어났는지 알 수 있어야 합니다. 새로운 회심자는 과거를 돌아보면서 언제 자신이 그리스도인이 되었는지를 알 수 있어야 했기 때문입니다. 이러한 유형의 복음 전도는 피니가 최초로 만들어 내었는데, 이 유형은 변경되지 않고 '대중 전도'의 대들보가 되었습니다. 이러한 유형의 대중 전도는 여러 부정적인 측면도 가지고 있었습니다. 끊임없는 조작의 위험성, 과장할 수 있는 위험, 그리고 재정적 비용이 많이 들어가는 부분, 개인적 회심을 겨냥한 나머지 사회적 관심이 부족하다는 비난도 있지만, 찰스 피니와 빌리 선데이, 그리고 빌리 그레이엄에 이르기까지 위대한 전도자들은 이 방법을 통하여 많은 영혼을 구원한 것은 부인할 수 없는 사실입니다.

3. 현대 복음 전도의 다양한 시도

1980년대가 되자, 각 교회들은 교인 수의 감소, 재정적인 압박, 그리고 복음 전도 활동의 감소 등으로 전도를 심각하게 생각하게 되었고, 더 많은 실험들과 참신한 생각들이 나타났습니다. 직접적인 선포 중심의 말로만 하는 전도에 대해서 그 실효성에 문제를 제기하게 되었습니다. 실제로 1900년대의 복음 전도는 대중 집회와 인쇄된 글에 의해서만 선포되었습니다. 그러나 1920년대 라디오가 등장하고 공공 방송이 시작되자 그것을 이용하여 복음 전도의 또 다른 방법들이 나타나기 시작하였습니다. 빌리 그레이엄은 1950년대에 전도 매체로 영화를 사용하는 방법을 처음 시도하였고, 그 뒤에 텔레비전을 통하여 전도와 모금이 이루어지기도 하였습니다. 그야말로 '전자 교회'가 탄생한 것이다. 전자통신을 비방하는 사람들은 이로 인해 교회에 가는 사람이 줄어들 것이라고 생각했지만, 연구 조사에 따르면 그것은 거의 아무런 영향을 미치지 못한 것 같습니다.⁽⁶³⁸⁾ 텔레비전 전도자들의 흥망이 반복되며, 텔레비전 다음으로 비디오가 사용되었습니다. 그리고 그 뒤를 이어 인터넷이 등장하였습니다. 1996년 마크 켈리너는 『인터넷 상의 하나님』이라는 책을 발간하면서, 인터넷을 "역사상 가장 위대한 전도의 분야 중에 하나"라고 표현하였습니다. 그리고 2005년 5월에는 '바보들의 배(Ship of Fools)'라는 인터넷 교회에서 예배가 시작되기도 하였습니다.

뉴노멀 시대 복음 전도를 위한 준비

1. 뉴노멀 시대, 보이지 않는 세계에 대한 관심

코로나로 인해 새롭게 열린 뉴노멀 시대는 그동안 생각하지 못했던 것들의 중요성을 깨닫고 그 문제에 관심을 가지게 되는 시대입니다. 코로나 바이러스로 인한 팬데믹 현상은 보이지 않는 세계에 관심을 갖도록 만들어 주었습니다. 보이는 것이 모든 것이라고 생각하였던 현대 사회 사람들에게 보이지 않는 세상의 중요성을 인지하게 해 준 것입니다. 이렇게 본다면, 보이지 않는 바이러스보다 더 영향력 있는 하나님 나라를 세상에 효율적으로 전할 수 있는 좋은 기회가 부여되었다고 볼 수 있습니다. 그러나 하나님 나라를 영향력 있게 전하기 위해서는, 교회 공동체가 먼저 교회의 본질적인 요소 중에 하나인 하나님 나라를 누리는 공동체가 되어야 합니다. 그 안에 보이지 않는 영원한 생명력이 준비되어야 합니다. 그래야 능력 있게 전할 수 있기 때문입니다. 이를 위해 교회 공동체는 먼저, 교회의 정체성을 점검해야 합니다. 교회는 세상의 공동체들과는 다른 공동체이기 때문입니다. 교회가 세상과는 다른 종말론적인 공동체라는 사실과, 그 안에 담겨 있는 영생에 관한 내용으로 재무장하는 일이 우선적인 것입니다.

이러한 정체성의 회복은 세상을 섬기고 사랑하며 하나가 될 수 있는 동력을 제공합니다. 아무리 좋은 방법과 틀이 제공된다고 할지라도, 힘이 부여되지 않으면 실천하는 데 한계가 있을 수 있습니다. 이미 언급하였듯이, 중세 켈트식 전도방법이 가능하였던 것은, 패드릭 신부를 통하여 공동체가 세상을 사랑하고 섬기며 하나가 될 수 있었던 동력을 소유하였기 때문입니다. 그렇기에 공동체가 곧 메시지가 될 수 있습니다. 오늘날 이러한 부분이 교회 공동체 안에서 회복되어야 합니다. 현 상황 때문에 교회 공동체는 지금 당장 교인 수가 줄어드는 것을 염려하며, 한번 떠나간 사람들이 다시 교회로 돌아오지 않을 것이라는 비관적인 자세는 좋지 않습니다. 만약 그러한 현상이 대부분 교회에서 나타난다고 할지라도, 그 현상으로 인하여 오히려 교회의 정체성을 점검하고 본질을 회복하여 교회다워질 수 있다면, 보이지 않는 바이러스에 지치고 소외와 격리로 의존할 곳을 잃어버린 현대인들에게 교회는 의지하고 기댈 수 있는 영향력 있는 공동체로 자리매김 할 수 있을 것입니다.

2. 뉴노멀 시대, 미래에 대한 불안의 시대

뉴노멀 시대는 미래에 대한 불안을 가지고 있는 시대입니다. 전혀 생각지도 못했던 코로나라는 펜데믹으로 인해 5~10년이라는 시간동안 천천히 일어나야 할 변화가 한꺼번에 이루어졌고, 이로 인해 미래는 더욱 불투명하게 느껴지기 시작했기 때문입니다. 이러한 때에 초대교회 교인들을 향해 던진 베드로의 메시지가 떠오릅니다. "너희 속에 있는 소망에 관한 이유를 묻는 자에게는 대답할 것을 항상 예비하되"(벧전 3:15). 이 말씀은 참 역설적인 말씀입니다. 고난에 있는 그리스도인들에게 소망이 있다고 말하고 있기 때문입니다. 예수 그리스도의 복음 때문에 하나님의 자녀가 되었지만, 로마의 핍박을 받아야 했던 그리스도인들! 얼마나 힘들고 어려웠겠습니까? 그리스도인들을 박해하고 죽음으로 내몰았던 주체가 다른 세력이 아니라, 당대 최고의 권력을 휘두르고 있었던 로마였기 때문에 아마도 초대 교인들은 숨 쉬는 것

자체가 고난이었고 이 고난이 끝나지 않을 수 있다는 두려움에 시달렸을지도 모릅니다.

한번 생각해 봅시다! 고난 중에 있는 사람들, 그리고 핍박 속에서 숨쉬기조차 힘들어하는 사람들에게 무슨 소망이 있었겠습니까? 그러나 베드로는 과감히 "너희 안에는 소망이 있다"고 단정지어 말했습니다. 그리고 그 소망은 살아있는 "산 소망"(벧전 1:3)이라고 정의했습니다. 이것이 초대교회가 가지고 있던 세상을 향한 복음 전도의 메시지였습니다. 그렇다면 세상은 그리스도인들 안에 있는 소망을 어떻게 확인할 수 있었을까요? 그것은 그리스도인들의 삶이었습니다. 비록 현실적으로 힘들고 어려웠지만, 그들이 세상을 살아가는 삶의 방식에서 그들 안에 있는 하나님 나라에 관한 소망이 드러났던 것입니다. 그리스도인들의 삶 자체가 세상을 향한 메시지가 된 것입니다.

세상 사람들은 이것을 이해할 수 없었습니다. 그 정도 되면 분명히 예수를 포기하거나 외면해야 했습니다. 살기 힘들다고 낙심하고 비관해야 했습니다. 그러나 그리스도인들은 그들 내면에 있는 소망을 붙잡고 있었습니다. 그래서 세상은 그리스도인들에게 물었습니다. 그들의 삶을 통하여 드러내고 있는 소망이라는 메시지에 관하여! 그때 그리스도인들은 예수 그리스도의 복음 때문에 경험하는 소망을 말해주었고, 평안의 이유를 말해주었을 것입니다. 그리고 자연스럽게 전도할 수 있었습니다. 오늘날에도 마찬가지라고 생각합니다. 불투명한 미래 속에서 힘들고 어렵고 소외되고 삶이 밑바닥일지라도, 예수 그리스도가 주시는 소망을 다시 붙잡을 수 있다면, 그래서 세상에 전해줄 메시지를 준비할 수 있다면, 그리스도인들은 세상에 영향을 끼치며 자연스럽게 전도할 수 있을 것입니다.

3. 뉴노멀 시대, 고독과 소외의 시대

뉴노멀 시대에 비대면이 일상이 되면서 한국은 더욱 고독사회로 빠르게 전환되고 있습니다. 통계청의 2022년 7월 말 자료에 의하면, 우리나라의 '1인 가구' 비율은 33.4%, 2015년 27.9%보다 5.5%나 증가한 것으로 나타나고 있는데, 2015년부터 매년 1% 이상씩 꾸준히 증가하고 있는 것으로 나타나고 있습니다.[639] 목회데이터연구소에 따르면, 코로나19로 거리두기가 지속되었던 2021년 한국의 '사회적 고립도'는 34%로 역대 최고로 나타났으며, 연령별로는 20대 27%, 30대 28%, 40대 31%, 50대는 37%로 상승하다가 60대 이상 고령층의 경우 42%까지 높아지고 있는 것으로 나타났습니다.[640] 뿐만 아니라 비대면이 일상이 되면서 디지털 사용이 어려운 소외계층은 사회로부터 더욱 고립되고 있습니다.

코로나라는 비상 상황 속에서 진행되었던 비대면 예배에 익숙해져 교회 출석에 안일해지고, 교회에서 마음이 멀어져 가는 사람들 때문에 많은 교회 지도자들이 어려움을 호소하기도 합니다. 그러나 그러한 사람들의 표면적인 모습만을 보지 말고, 그들의 영혼의 외침에 관심을 기울여야 합니다. 성경은 다음과 같이 말하고 있다. "...사람들에게 영원을 사모하는 마음을 주셨느니라..."(전 3:11). 그렇습니다! 모든 사람에게는 영원을 사모하는 마음이 있습니다. 비록 죄로 타락하여 하나님과 멀어져 있더라도, '영원'이라는 요소는 그들의 고향과 같은 요소입니다. 그러므로 교회 공동체는 한 사람 한 사람의 영혼에서 영원을 그리워하고 경험하고자 소리치는 그들의 영적인 외침을 듣기 위해 노력해야 합니다. 비대면이 일상이 되어 혼자 있는 시간이 많아질수록, 사람들은 자신의 내부의 곤고함을 호소하게 되어 있습니다. 그렇기에 오히려 이러한 때에 영원을 그리워하는 영혼의 외침에 귀 기울이며 교회 공동체가 반응해 줄 수 있다면 사람들은 새로운 시각으로 교회를 바라볼 수 있을 것입니다.

뉴노멀 시대 효율적인 전도방법 제안

1. 양육그룹(nurture group)의 다양화를 통한 복음 전도

교회와 세상의 완충지대로서의 양육그룹

 교회와 세상의 간극은 우리가 생각했던 것보다 클 수 있습니다. 그래서 세상을 잘 알지 못하면 효율적으로 전도하기 어려울 수 있습니다. 같은 이유로 목회자들이 성도들을 대상으로 하는 설교보다 세상 사람들을 대상으로 하는 전도설교가 어렵다고 느끼는 것과 같은 것입니다. 세상이 교회와 기독교 신앙을 알지 못하는 것은 당연할 수 있지만, 교회와 그리스도인은 세상을 잘 알아야 세상과 접촉하고 관계를 형성하여 복음을 효율적으로 전할 수 있습니다. 그렇다면, 비그리스도인들을 단도직입적으로 교회로 데려오기보다는, 소위 완충 지역을 만들어 거부감이나, 충격 없이 교회로 자연스럽게 연결될 수 있는 노력이 필요하다고 할 수 있습니다. 그 완충 지역을 양육그룹이라고 호칭할 수 있습니다.

 통계를 보면, 양육그룹을 사용하는 교회는 교인 숫자가 1998년 이후 안정세를 유지하고 있다고 밝히고 있습니다.[641] 그 이유는 무엇일까요? 첫째는 방법과 관련된 것인데, 교회의 의식과 제도에 영향을 덜 받으면서 참석하는 사람들에 부응하는 방식으로, 한 그룹의 사람들이 둘러앉아 성경을 배우는 학습 방식이 아닌 시각, 청각, 후각, 촉각을 통해 배우는 학습 방법을 제공합니다. 둘째는, 단도직입적으로 죄에 대한 회개를 강조하기보다는 하나님께서 가지고 계신 친근한 성품을 강조하여 호응을 얻어 점진적으로 마음을 열게 한다는 것입니다. 셋째는 관계를 중요시한다는 점인데, 그룹에 참석하면서 마음을 열고 함께 웃으며 친목을 도모한다는 것입니다. 넷째는 양육그룹들은 독자적인 그룹 활동을 하지만, 교회와 연결되어 있기에 궁극적으로 그

들을 교회로 인도하는 데 도움을 줍니다. 다섯째, 양육그룹은 이성과 경험이 잘 어우러질 수 있도록 하며, 그룹 리더가 아닌 다른 사람들을 통해 성령이 역사하실 여지를 줍니다. 이상의 양육그룹의 특징을 한마디로 하자면, 과정을 중시하는 것이라 할 수 있습니다.

다양한 양육 그룹들

실제로 이러한 양육그룹은 이미 1980년대, 빌리 그레이엄의 영국집회에서부터 시작되었습니다. 전도 집회에 참여한 사람들 중에 경기장 앞으로 나온 사람들을 그룹으로 묶어서 그들을 지역교회에, 보다 확실하게 정착시키려는 의도에서 시작되었습니다. 이러한 양육그룹에서 신앙에 소극적인 그리스도인들과 심지어 비그리스도인들이 신앙에 대해 이야기를 나누면서 그 중 일부가 그리스도인이 되는 것을 목격할 수 있었습니다. 이러한 양육그룹의 필요성은 영국 성공회에서 다양한 방식의 양육그룹 운영서를 만들어 내면서 열매를 맺기 시작하였습니다. 실제로 회심이란 생각보다 더 복잡한 과정이며, 일정한 기간에 거쳐, 때로는 수년간에 걸쳐 일어나기도 하기 때문입니다.

영국 성공회는 '기독교 입문'이라는 주제에 관하여 연구하기 시작하였고, On the Way(도상에서)라는 보고서를 출간하였습니다. 이 보고서의 핵심 사항은, 회심이 한순간에 불신앙(不信仰)에서 신앙으로 나아가는 개인의 갑작스러운 결단과 변화가 아니라, 각 개인이 여러 여정을 거쳐 믿음에 이르게 된 순례 여행으로 여겨지게 되었다는 것입니다.[642] 이렇게 하여 나오게 된 프로그램이 알파코스이며, 이 프로그램은 1977년 런던 브롬턴에 있는 성삼위 교회에서 시작되었습니다. 이후 알파코스는 경이적인 성장을 이루었습니다. 또 이와 비슷한 양육그룹 프로그램인 엠마우스가 만들어지기도 하였습니다. 실제로 이 프로그램을 사용하여 양육그룹을 실천하고 있는 교회들은 놀라운 효과를 보고 있다고 합니다.

이와 비슷한 양육그룹을 활성화하여 전도를 활성화 한 예가 또 있다. 앞장에서 여러 번 언급한 조지 헌터가 제시한 아그네스 리우(Agnes Liu)의 삼각스케일 모델입니다.[643] 아그네스 리우 박사는 홍콩의 중국인들을 평신도가 이끄는 소그룹 모임에 초청하고 교제를 나누게 하였습니다. 그 모임을 통하여 친밀감을 형성한 뒤에 중국인 근로자들은 교회에 대한 태도의 변화를 보였으며, 이러한 변화는 신앙적인 경험으로 이어졌고, 마침내 성경을 알고 싶어 하는 단계까지 이르렀다는 것입니다. 이 모델 또한 교회와 간극이 넓은 세상 사람들을 양육그룹을 통하여 전도할 수 있는 가장 좋은 방법을 보여주고 있습니다.

양육 그룹의 핵심 프로세스

이러한 양육그룹의 활성화를 통한 복음 전도의 효율적인 열매는 앞에서 소개한 켈트 전도방법과 같습니다. 뉴노멀 시대에 교회의 공적인 영향력이 약해지고, 교회와 더 거리를 두고 있는 세상에 다가설 수 있는 좋은 방법이며 그들에게 신앙을 갖도록 도움을 줄 수 있는 좋은 방법이기도 합니다. 그렇기에 뉴노멀 시대에는 로마식 전도도 상황에 따라 필요하겠지만, 켈트식 양육그룹의 활성화가 더 필요한 때라고 할 수 있습니다.

이 모든 양육그룹들은 켈트식 전도법과 동일한 '공동체 중심의 사랑실천과 초대 - 교제 속에서 복음 공유 - 그리스도인으로 변화'라는 형식을 취합니다. 2017년 2월 20일 "Churchleaders.com"에서는 이러한 형식을 다음과 같이 표현하였습니다.

        Old Evangelism: Believe − Become − Belong
        New Evangelism: Belong − Believe − Become

여기에서의 핵심은 양육그룹을 만들어 접촉하고 관계가 형성될 때까지 복음의 정신을 바탕으로 사랑을 실천하여 복음에 관심을 가질 수 있도록 돕고, 그 후 그들이 그리스도인들이 될 수 있도록 이끌어 준다는 것입니다.

2. 교회 안의 사이버 교회를 통한 복음 전도

교회 안의 작은 교회

비대면이 일상이 되는 뉴노멀 시대는 온라인 중심의 사이버 공간이 강조되는 시대라고 할 수 있습니다. 특별히 코로나 19사태를 겪으면서 서로 대면하여 소통하는 데 어려움을 느끼면서 더욱 사이버 공간의 활용이 높아지고 있습니다. 사이버 공간에서 학교 수업이 이루어지고, 각종 세미나와 정책 발표도 메타버스라는 가상 공간에서 진행되기도 했습니다. 또한 교회도 대면 모임의 한계 때문에 온라인으로 드리는 비대면 예배가 활성화 된 것이 현실입니다. 그렇다면 복음 전도를 위하여 사이버 공간을 어떻게 활용할 수 있을까요? 먼저 '교회 안의 작은 교회(ecclesiolae in ecclesia)' 운동이 교회 갱신과 부흥에 큰 영향을 끼쳤던 것처럼, 오늘 이 시대에 필요한 것은 '교회 안의 사이버 교회(Cyber Church in Local Church)'가 필요하다고 생각합니다.

'교회 안의 작은 교회 운동'이 본격적으로 교회의 갱신과 부흥에 영향을 끼친 것은 경건주의 운동의 창시자인 필립 야곱 슈페너부터입니다. 슈페너는 31살에 프랑크푸르트 루터교회 목사로 초빙을 받아서 20년간(1666~86) 목회를 하면서 경건주의 운동을 일으켰습니다. 슈페너는 1670년에 자기 집에서 소그룹 모임을 결성하고 성경읽기, 기도생활, 설교와 경건 서적에 대한 토론을 시작했습니다. 이 모임을 '경건 모임'(collegia pietatis)이라고 했는데, 이것이 '교회 안의 작은 교회' 운동의 시작이었고, 여기서 '경건주의'라는 말이 출현했습니다. 경건의 모임이 확대되면서 슈페너는 루터교회 정통주의자들로부터 심하게 공격을 받았고 심지어 이단이라는 누명까지 썼습니다. 그러나 슈페너는 교회개혁을 위해 '분리주의'를 택하지 않고 '교회 안에 작은 교회', 즉 경건한 소그룹 운동을 시도하였으며, 성직자 중심의 교회보다는 평신도 사역의 중요성을 가르쳐 '만인 제사장직'을 실현하려고 했던 것입니다.

슈페너가 교회의 암울한 현실을 일깨우고 교회의 본질을 되찾으며 부흥을 일으키는 중요한 역할을 '교회 안의 작은 교회' 운동을 통해 감당하였다면, 비대면이 일상이 되는 뉴노멀 시대의 교회는 '교회 안의 사이버 교회'라는 캐치프레이즈를 통해 세상을 향한 복음 전도와 교회 갱신에 도움을 줄 수 있을 것이라고 생각합니다. 이미 이 시대는 사이버 공간을 통해 소통과 지식전달, 그리고 관계를 만들어 나가는 핵심 공간이 되어가고 있기 때문입니다. 이미 사이버교회가 출현했다는 소식이 들리기도 합니다. 물론 이러한 사이버교회를 정통교회로 인정할 수 있을 것인가는 신학적으로 논란이 될 수도 있고, 토론이 필요할 것입니다. 그러나 '교회 안의 사이버 교회'는 교회 안의 한 기관으로 역할을 감당하는 것이기 때문에 큰 문제는 되지 않을 것이라 생각합니다.

교회 안의 사이버 교회 운영 원칙

교회 안의 사이버교회는 어떠한 모습으로 어떻게 운영되며, 어떻게 복음 전도에 활용될 수 있을까요? 첫째, 교회 안의 사이버 교회는 교회로부터 독립된 체제로 운영되어야 합니다. 어느 정도의 재정적인 능력이 되는 교회는 교회 홈페이지가 있고, 그 홈페이지를 통하여 교회에서 예배드리는 실황을 인터넷을 통해 교인들이 볼수 있도록 하기도 합니다. 그러나 이러한 형태는 여기서 언급하는 사이버교회가 아닙니다. 교회 안의 사이버교회는 말 그대로 지역교회 안에 존재하지만, 독립된 교회처럼 운영체제를 달리하는 것을 말합니다. 즉, 사이버교회를 전담할 수 있는 사역자를 임명하고, 그 사역자가 사이버교회를 운영할 수 있도록 합니다. 예배 시간이 지역교회와 다를 수도 있고,[644] 기존 교회가 가지고 있지 못한 새로운 프로그램도 있을 수 있으며, 세상을 향한 위로와 격려, 그리고 그들과 하나 될 수 있는 체계를 가지고 운영하여야 합니다. 이를 위해 사이버 공간에 대한 이해를 갖춘 전문적인 사역자를 사이버교회의 사역자로 임명할 필요가 있으며, 그 사역자가 사이버교회를 운영하며 댓글을 달고 모임을 주선하고 연결해주는 일들을 체계적으로 할 수 있도록 자율권을 주고 일임해야 합니다. 사이버교회의 사역자는 당장 가나안 성도들과 세상 사람들이 교회로 연결되지 않는다고 할지라도, 끈질기게 세상과 소통하고 그들과 하나가 되기 위하여 노력하는 사람이어야 합니다. 그들과 허물없는 친구가 될 수 있어야 합니다.

둘째, 가나안 성도와 비그리스도인들의 교재의 장이 되어야 합니다. 이미 언급한 바와 같이, 세상 사람들이 교회로 직접 들어와 그리스도인이 되기까지는 시간과 과정이 더욱 필요합니다. 그렇기에 사이버교회에서는 세상과 접촉점이 될 수 있는 공간을 마련해 주어야 합니다. 사이버교회에서 세상과 접촉점이 될 수 있는 공간 마련을 위해 다양한 소그룹 형태의 모임이 운영될 수 있습니다. 운동 소모임도 결성하여 만들 수 있고, 취미 생활 소모임도 만들어 운영할 수 있습니다. 또한 세상의 이슈가 되는 소식들을 나누고 활발히 교제 할 수 있는 모임의 장도 마련할 수 있습니다. 사이버교회는 세상과 가나안 성도들만을 위한 공간은 아닙니다. 기존 신자들이 들어와서 신앙에 도움을 받고 성장할 수 있는 공간이기도 하여야 합니다. 이를 위하여 신앙의 정도에 따른 모임을 만들 필요가 있습니다. 특별히 변증론적인 내용을 가지고 기독교를 설명하는 초기 단계의 모임은 무척 흥미를 자아낼 수 있고 다양한 질문을 유도하여 지속적인 관계를 끌어갈 수 있을 것입니다. 물론 이 모임을 효율적으로 운영하기 위해서는 이 분야의 전문가에게 위임하는 방식을 취할 수도 있을 것입니다. 또한 기존의 신자들이 힘을 얻고 각성할 수 있는 공간을 만드는 것도 중요합니다. 이들이 사이버 교회를 통해 은혜를 받을 수 있다면 사이버교회를 홍보할 수 있는 강력한 전도요원이 될 수 있을 것입니다. 또한 기존의 지역교회와 사이버교회가 크로스 체크를 하면서 성도들을 성장시켜갈 수 있는 효과를 얻을 수도 있습니다. 그러나 주의할 점은 사이버교회 안에 있는 다른 모임들도 그렇지만, 전문성을 가지지 못할 경우, 영적인 깊이와 도전이 되지 못할 경우에는 효과를 보지 못하고 오히려 사이버교회 운영에 악효과를 낼 수 있다는 점입니다.

셋째, 차별화된 컨텐츠를 만들어서 공유해야 합니다. 코로나 시대가 되면서, 온라인으로 예배를 내보내는 교회가 많아졌습니다. 그런데 이 상황에서 빈익빈 부익부 현상이 나타났습니다. 대형 교회 목사가 설교한 예배 실황은 예배가 끝난 뒤, 그 예배를 본 사람의 조회수가 만을 넘지 못했는데, 중소형 교회의 목사라도 사람들이 인정하는 콘텐츠를 갖춘 예배의 실황은 매주 몇 만 명 이상이 시청하는 것으로 나타난 것입니다. 이것이 무엇을 의미합니까? 사이버교회를 운영하는 것이 중요한 것이 아니라, 사람들이 공감할 수 있고, 사람들의 필요에 맞는 콘텐츠를 제작하는 것이 중요하다는 것을 알 수 있습니다. 미국의 팀 켈러 목사의 설교 영상은 그 설교를 듣는 사람의 숫자가 전 세계에서 십만명 이상이 된다고 합니다. 사이버교회는 지역교회의 한계를 넘어, 우주적 교회의 모습을 드러내 보여 주기도 합니다. 즉, 지역교회의 한계를 넘는다는 것입니다. 그러므로 사이버교회가 자신만의 차별화된 콘텐츠를 만들어 운영할 수만 된다면, 교회 안의 사이버교회로 존재하지만, 지역교회의 한계를 뛰어넘는 교회로 자리매김할 수 있다는 것입니다. '울지마! 톤즈!'라는 다큐멘터리 영화가 상영된 적이 있습니다. 종교에 상관없이 사람을 사랑하는 모습, 그리고 어려운 나라에서 그 나라 사람들을 위하여 몸을 바쳐 사랑한 모습이 많은 사람들에게 감동을 주고 눈물을 주었습니다. 사이버교회에서는 이와 같은 선교사들의 숨어 있는 사례들을 발굴하고 영상화하여 감동을 줄 수 있습니다. 사실 이러한 콘텐츠를 만드는 일은 그리 어려운 일이 아닙니다. 각 교회에서 후원하고 파송한 선교사들에게 선교지의 감동적인 이야기를 핸드폰으로 영상을 찍어 보내 달라고 요청할 수 있기 때문입니다. 이러한 콘텐츠는 선교사들에게도 자신들의 소식을 알리고 도움을 요청할 수 있는 좋은 도구가 되기 때문에 양쪽 모두에게 좋은 일이 될 수 있습니다.

3. 찾아가는 전도와 현존의 전도 강조

찾아가는 전도로의 전환

한국 교회는 1907년 평양대부흥 이후 1970~80년대에 또 한 번의 부흥의 시기를 맞이했는데, 그 중심에는 '73 빌리 그래함 전도대회와 '74 엑스플로와 같은 대형 전도 집회가 있었습니다. 그 이후로 한국 교회는 전도집회와 같은 대중전도에 힘을 쏟아왔습니다. 그러나 비대면 사회인 뉴노멀 시대에는 이러한 대중 전도집회보다 일대일 개인전도가 더욱 효과적인 전도방법이 될 수 있습니다. 한국교회탐구센터에서 발표한 교회 출석한지 5년 미만의 새신자에 대한 통계(2021.10)에 따르면, 새신자 초청 행사를 통해 교회를 나온 비율은 19%에 불과했습니다. 그런데 다른 항목에서 전도자가 피전도자의 고민을 들어주고, 공감해 줄 때 교회를 출석하는 결정적인 계기가 되었다는 비율이 42%로 나타나고 있습니다.[645] 새신자들이 관계 속에서 교회 출석의 계기를 가지게 된다면 대중적인 모임이나 노방전도에 거부감이 큰 뉴노멀 시대에는 개인적인 관계 속에서 일대일로 전도를 펼쳐 나가는 것이 더욱 효율적인 전도의 방법일 될 수 있을 것입니다.

따라서 이제는 '오라'는 전도의 방법보다는 '가라'는 전도의 방법이 더욱 강조되어야 할 것입니다. 그리스도인들이 소외되고 고독한 사람들을 찾아가 일대일 관계 속에서 복음 전도를 실천할 수 있어야 하는 것입니다. 필자는 코로나 기간 동안 "전도의 이론과 실제"라는 수업을 통하여 이러한 찾아가는 전도의 좋은 사례를 접하게 되었습니다. 감리교회 사모님의 사례였는데, 이

교회는 시골의 작은 교회이고 어르신들이 주로 모이는 교회였다고 합니다. 코로나로 교회에 모이는 일이 어렵게 되었을 때, 온라인으로 예배를 시도해 보았지만 어르신들이 접속하는데 어려움을 겪어 별 효과가 없었다고 합니다. 그래서 고안한 것이 찾아가는 예배였습니다. 일 년에 두 차례 대 심방을 할 때만 찾아갔었지만, 교회로 모일 수 없는 상황이 되자, 매주 직접 찾아가 예배를 드린 것입니다. 쉽지는 않았지만 최선을 다하여 찾아간 집에서 예배를 드리고 말씀을 나눌 때, 눈물이 터지고 은혜가 임하기 시작하였다고 합니다. 소외되고 외로웠던 성도들은 직접 찾아온 목사와 사모가 너무 고마웠던 것입니다. 그런데 이 소문이 마을에 퍼지자, 마을에서도 교회를 향한 시선이 바뀌게 되었고, 좋은 영향력을 끼치게 되었다고 합니다. 급기야 시간이 되면 교회로 찾아와서 대화하려 하는 마을 어르신들이 생기게 되었고, 교회를 찾는 마을 사람들이 생겨나 교회 앞에 모임의 장소를 마련하고 차를 대접하며 적극적으로 대처했다고 합니다. 그 결과 코로나 때문에 오히려 부흥한 교회가 되었던 것입니다. 큰 규모의 교회가 아니라면, 이러한 방법이 오히려 교회를 부흥시키는데 도움이 될 수 있을 것입니다.

메시지를 살아내는 현존(presence)의 전도

현존의 전도는 코로나 이후에 더욱 필요한 복음 전도의 중요한 방법으로 자리 매김 되어야 할 것입니다. 코로나로 인해 불안과 소외가 커진 상황 속에서, 그리스도인의 삶을 통하여 평안과 헌신의 섬김을 세상에 보여줄 수 있다면 그것보다 강력한 전도의 방법은 없을 것이기 때문입니다. 이러한 현존의 전도를 위해서는, 먼저 예수 그리스도와 깊은 교제 속에 두려움을 극복할 수 있는 평안을 경험해야 합니다. 그리고 예수께서 그러하셨듯이, 그분의 마음을 가지고 세상을 섬기며 내 안에 계신 그리스도의 모습을 보여주어야 합니다.

세상을 섬기며 그리스도의 모습을 보여줄 수 있는 많은 일들이 있겠지만, 다음의 세 가지를 실천해 볼 것을 제안합니다. 첫째는 재정을 흘려보내는 것입니다. 코로나로 많은 사람들이 재정적인 어려움을 겪고 있는 이때에 내가 할 수 있는 범위 안에서 재정을 흘려보낼 수 있다면 세상은 감동할 것입니다. 둘째는 지역 사회를 위해 내가 할 수 있는 봉사를 찾아볼 것을 제안합니다. 교회가 지역 사회에 방역이 필요한 곳을 섬기게 된다면 교회를 바라보는 태도가 달라질 수 있을 것입니다. 셋째는 어렵고 소외된 사람들을 찾아가는 것입니다. 코로나 이후 많은 것들이 비대면으로 전환되어 더욱 소외되고 어려운 이웃들이 많아질 것이기 때문입니다. 그들을 돌아볼 수 있다면 교회를 향한 비난들도 잠재울 수 있을 것입니다.

코로나 사태로 겪게 된 고난은 분명 힘들고 어려운 시간이입니다. 그러나 역설적으로 우리에게 지나쳐버린 가치를 발견하게 하고 무엇을 위해 어떻게 살아야 할지를 가르쳐주었습니다. 그 가운데 하나가 보이지 않는 세계에 관한 것입니다. 물질 만능주의 시대를 살아가면서 눈에 보이고 손에 잡히는 것만을 경험하며 추구하고 살아왔던 현대인들은 코로나 사태 속에서 그동안 평범했던 일상의 소중함을 발견하고 보이지 않는 세계를 인식할 수 있게 되었으며, 인간의 한계를 경험하게 되었던 것입니다. 하나의 바이러스가 세상을 이처럼 뒤집어 놓을 수 있다면, 보이지 않는 하나님의 나라, 영원한 나라는 얼마나 영향력 있게 우리의 삶에 영향력을 끼치고 변화시킬 수 있겠습니까? 그렇기에 바로 이 때가 영원한 하나님 나라를 능력 있고 효율적으로 전할 수 있는 절호의 기회입니다.

Chapter 20

메타버스 시대의 복음전도
- 온라인 공간 활성화에 따른 대응 전략[646]

　코로나 이후 뉴노멀 시대의 가장 큰 특징은 '비대면'이라고 할 수 있습니다. 비대면 사회로 전환되면서 사람들은 더욱 디지털과 인터넷 세상에 집중하게 되었습니다. 전도자 래비 재커라이어스는 21세기를 위한 핵심 질문을 던졌습니다. "눈으로 듣고 느낌으로 생각하는 세대에 어떻게 복음을 전할 것인가?"라는 것입니다. 디지털과 인터넷이 만드는 세상은 눈으로 보고 느끼는 것을 더욱 강조하는 세상이기 때문에 래비 재커라이어스의 이러한 질문은 더욱 중요한 질문이 되었습니다. 이에 답하자면, 먼저 교회가 시대의 변화에 민감하게 반응해야 할 필요가 있다는 것입니다. 왜냐하면 세상 속에서 살아가는 사람들의 삶의 방식을 이해하지 못하면 전달하려고 하는 메시지를 효율적으로 전달하는 데 어려움을 겪을 수 있기 때문입니다. 그러므로 급격한 시대의 변화는 그 시대와 소통할 수 있는 새로운 형식의 전도방법을 요구한다고도 할 수 있습니다. 물론 복음의 본질적인 내용은 변하지 않는 것이지만 그 복음을 담는 방법들은 변화가 필요한 것입니다. 그렇다면 어떤 전도 방법들이 디지털 온라인 시대에 효과적인 전도방법이 될 수 있을까요? 이번 장에서는 디지털 온라인 시대의 효율적인 전도방법을 살펴보도록 하겠습니다.

온라인 공간의 활성화가 가져온 변화

1. 인터넷으로 전도의 방법이 다양화되었습니다.

오늘날 우리는 인터넷을 통해 정보의 홍수 속에서 살아가고 있습니다. 기독교 관련 자료들도 인터넷에서 검색만 하면 순식간에 수많은 정보들로 우리 눈앞에 펼쳐집니다. 대부분의 교회들도 홈페이지와 유튜브 채널을 통해 설교와 다양한 자료 등을 올려놓고, 성도들도 인터넷을 통해 찬양과 기도, 설교를 모두 들을 수 있게 되었습니다. 하지만 수많은 복음의 메시지가 인터넷 상에 놓여 있음에도 불구하고, 우리는 이 기쁜 소식을 온라인 공간을 통해 믿지 않는 자들과 얼마나 공유하고 있었는지 진지하게 생각해봐야 할 것입니다. 이제 온라인은 새로운 선교지로 급부상하고 있습니다. 젊은 세대들은 인터넷에서 보내는 시간이 점점 더 길어지고 있고, 인터넷을 통해 모든 것을 관계를 형성하고, 수입을 벌고, 여가를 즐기고 있습니다. 기성세대들도 코로나를 통해 인터넷이라는 가상공간에 필요성을 절감하고 더 많은 시간들을 보내게 되었습니다.

사실 인터넷 전도는 컴퓨터와 휴대폰만 있으면 누구나 가능하기 때문에 내성적인 사람도 가능하고 전도하고자 하는 의지만 있으면 지금이라도 시작할 수 있습니다.[647] 그러므로 전도자는 인터넷에 올라와 있는 수많은 복음의 내용들을 자신이 원하는 방식에 담아 전달할 수 있는 것입니다. 대표적인 예로 이메일을 통한 간증을 나누는 전도 방법이 있습니다. 간증을 통한 전도는 전도자가 인터넷을 통해 예수를 만난 자신의 삶의 체험을 소개하면서, 간증을 읽는 이들로 하여금 기독교에 관심을 갖게 하는 전도입니다. 이미지나 영상을 넣어서 메일을 보내면 더욱 더 효과적인 전도 이메일 편지를 만들 수 있습니다. 뿐만 아니라 이러한 신앙의 고백은 지인들뿐만 아니라 다양한 홈페이지, 블로그, 카페 등을 통해서도 전파될 수 있는 장점이 있습니다. 또한 채팅이나 메신저를 통하여 복음을 전하거나, 인터넷 게시판에 댓글을 통하여 상담을 할 수도 있고, 각 게시물에 맞게 복음을 전할 수도 있습니다. 또는 유튜브(Youtube)나 틱톡과 같은 영상 채널을 통해 복음을 전달하는 것도 효과적인 방법이 될 것입니다. 코로나가 유행하면서 이미 유튜브를 통해 많은 설교나 기독교 영상들이 전해지고 있습니다. 또한 사이버 공간을 통해 교육 및 필요를 제공하여 복음을 전하는 방식입니다. 인터넷 문화 센터를 통한 전도를 들 수 있습니다. 사이버 문화 센터를 통해서 어학강좌, 꽃꽂이 강좌, 문화 강좌 등 다양한 강좌 등을 통해 커뮤니티를 이루어 나가고, 오프라인으로 연결하여 배운 내용들을 실습하는 시간을 가질 수 있습니다. 이를 통해 복음을 들을 수 있기 계기를 마련해 줄 수 있습니다. 사실 이 밖에도 인터넷의 특성[648]상 수많은 전도 방법들을 찾아낼 수 있을 것입니다. 어쩌면 인터넷 전도는 영상, 음성, 문자 등 복음을 담고 있는 내용들을 어떻게 결합하느냐에 따라 수많은 전도방법들을 창의적으로 만들어낼 수 있는 전도방법의 미개척지이기도 합니다. 그러나 효율적인 전도방법들을 찾아냄에 있어서 성경적인 원칙을 지켜간다면 더욱 건강한 전도 방법들을 만들어 나갈 수 있을 것입니다.

2. SNS를 통해 복음이 빠르게 확산될 수 있습니다!

오늘날 스마트폰의 확산과 함께 지구촌에는 소셜네트워크서비스(Social Network Service)-이하 SNS[649]를 통한 놀라운 변화들이 곳곳에서 일어나고 있습니다. 사람들은 언제 어디서든지 스마트폰이나 스마트패드 등을 통해 SNS에 모여서 대화하고 삶을 나누고 있습니다. 2022년 한국의 SNS 및 커뮤니티 앱 사용자 순위를 보면, 네이버 밴드가 1,139만명으로 1위를 차지했으며, 인스타그램이 1,070만명, 페이스북이 545만명, 네이버 카페는 474만명, 카카오 스토리는 416만명이 사용하는 것으로 나타나고 있습니다.[650] 한국인의 87%

이상이 SNS를 통해 소통하고 있는 것입니다. 그렇기에 한국교회가 노방전도, 관계전도(오프라인)을 통해 복음을 전해온 것처럼 SNS라는 공간을 통해 만나는 이들에게도 복음을 전해야 하는 시대적인 사명이 요구됩니다. 이러한 SNS를 통한 전도는 과거 다른 어떤 전도와는 달리 스마트폰 하나만 있으면 언제 어디서나 복음을 전할 수 있는 장점이 있습니다.

그러나 SNS를 통해 복음을 손쉽게 전할 수 있다고 해서, 너무 간편하게 복음전도를 생각할 수 없는 시대입니다. 왜냐하면, 여전히 SNS를 통해 많은 사람들이 교회와 기독교인들에 대한 부정적인 이야기를 나누고 있고, 그것이 사회적인 파급까지 일으킬 수 있기 때문입니다. 그러므로 우리는 SNS를 통해 복음을 전하는데 있어서 먼저 기독교와 복음이라는 주제를 가지고 그들과 '소통할 수 있는 관계'를 형성하는 것이 중요합니다. 그러한 관점에서 보면, SNS는 교회가 세상을 섬기고 가난한 사람들을 돕는 공동체이며 그들과 함께 아름다운 세상을 만들어가는 사람들의 모임이라는 인식을 심어줄 수 있는 좋은 도구가 되기도 합니다. 그렇기 때문에 수많은 사람들이 관계를 맺어가고 있는 SNS야 말로 친교, 인맥관리, 홍보뿐만 아니라 전도의 도구로 매우 유용하게 사용될 수 있는 방법이라고 할 수 있습니다.

3. 메타버스를 통해 실시간 전도가 가능해졌습니다!

코로나 대 유행 이후 대면 행사를 개최할 수 없게 된 상황에서 새롭게 주목받게 된 공간이 있습니다. 바로 메타버스입니다. 시사상식사전을 보면 메타버스란, "현실세계와 같은 사회·경제·문화 활동이 이뤄지는 3차원 가상세계를 일컫는 말로, 1992년 미국 SF 작가 닐 스티븐슨의 소설『스노 크래시』에 처음 등장한 개념입니다. 메타버스는 5G 상용화에 따른 정보통신기술 발달과 코로나19 팬데믹에 따른 비대면 추세 가속화로 점차 주목받고 있다."고 정의하고 있습니다.[651] 메타버스는 '가상', '초월' 등을 뜻하는 '메타'(Meta)와 우주를 뜻하는 '유니버스'(Universe)를 합성한 말로, 현실세계에서 이루어지는 사회, 경제, 문화 활동이 실제와 같이 이뤄지는 3차원의 가상세계를 말합니다. 코로나로 현실 세계에서 열리지 못한 입학식, 졸업식, 콘서트와 같은 행사들이 메타버스 세상에서 실제로 진행되기도 했습니다.

이러한 메타버스란 용어가 낯설기는 하지만 우리 삶에서 이미 경험하고 있는 것들입니다. 증강현실도 메타버스의 한 종류인데, 2016년에 실제 거리에 핸드폰을 갖다 대면 포켓몬들이 나타나며 포켓몬을 잡는 게임이 유행을 한 적이 있습니다. 바로 이것이 증강현실이 적용된 게임입니다. 최근에는 증강현실을 이용한 기독교 서적 '요나 이야기'라는 책이 출판되었습니다. 이 책에 스마트폰을 갖다 대면 요나 이야기 속의 캐릭터들이 입체적으로 나타납니다. 또한 라이프로깅(lifelogging)도 메타버스의 한 종류로 자신의 삶에 대한 기록을 가상공간에 기록하고 공유하는 것을 말하는데, 페이스북, 인스타그램, 트위터 등이 모두 여기에 해당됩니다.

그러나 코로나 유행 이후에 주목받고 있는 메타버스는 제페토, 이프랜드, 게더타운과 같은 플랫폼입니다. 제페토는 우리나라에서 개발된 메타버스 플랫폼인데 사용자의 90%는 해외 유저들입니다. 걸그룹 블랙핑크가 제페토에서 사인회를 개최하고, 현대자동차는 프로모션을 진행하면서 더욱 주목을 끌었습니다. 이프랜드는 SKT에서 만든 플랫폼으로 다양한 자료를 교환할 수 있고, PT를 보는 등 간단한 업무도 활용할 수 있어서 모임과 강연에 특화된 플랫폼으로 꼽힙니다. 게더타운은 미국의 스타트업 회사에서 만든 플랫폼으로 화상회의를 통한 대면 소통도 가능하고 다양한 오브젝트도 활용 가능한 플랫폼입니다.

코로나 이후 이러한 메타버스 플랫폼을 이용해서 교회의 모임과 예배도 진행하는 시도가 이뤄지고 있습니다. 특별히 김현철, 조민철 목사는 메타버스를 활용해서 교회학교를 세워나가는 일에 앞장서고 있습니다. "이전에는 교회 버스를 타고 주일학교에 갔지만, 지금은 온라인으로 소통되는 메타버스로 교회학교에 간다."고 이야기 하면서 메타버스를 통한 교회 교육과 그에 맞는 철학을 세워나가고 있습니다.[652] 뿐만 아니라 2021년 12월에는 예장합동총회교육개발원에서 메타버스를 활용한 국내 최초의 주일학교 교재가 발간되었기도 했습니다. 겨울성경학교를 위해 계발된 이 교재는 가상현실 공간인 '킹스랜드'를 돌아다니면서, 주기도문의 내용과 의미 등을 스스로 알아가는 방식입니다.[653] 이미 게임이나 SNS를 통해 메타버스 세계에 익숙한 어린이들과 청소년들에게는 반가운 시도가 아닐 수 없습니다.

물론 메타버스를 잘 활용하기 위해서는 교육과 전도와 예배를 위한 신학이 필요할 것입니다. 여기에 대한 활발한 토의와 나눔이 있어야 할 것입니다. 그러나 코로나로 인해 메타버스의 세계는 우리의 일상에 더욱 가까이 다가와 있습니다. 목회데이터연구소의 자료에 따르면, 한국 국민들의 84%가 '메타버스 세상을 경험해 보고 싶어한다'고 나타나고 있습니다.[654] 또한 다른 항목에서 '메타버스 세상은 나의 호기심을 자극한다'는 답변이 63%으로 나타나고 있으며, '내가 원하는 모습으로 메타버스에서 사람들과 만나 교류하고 싶다'는 답변도 52%나 되었습니다.[655] 이제 메타버스 안에서 복음을 나눌 수 있는 다양한 공간을 만들고 메타버스 안에서 다양한 사람들을 만날 수 있는 새로운 캐릭터를 개발하는 일도 시도되어야 할 것입니다. 메타버스를 통한 전도는 더 이상 선택이 아닌 필수가 되어가고 있습니다. 그렇다면 이러한 인터넷 가상공간을 활용하여 어떻게 복음전도를 실천할 수 있을까요? 몇 가지 대응 전략을 제시해 보도록 하겠습니다.

온라인 공간의 활성화에 따른 복음 전도 전략

1. 인터넷 전도를 위한 기본적인 전략

첫째, 인터넷 전도를 위한 전문화, 집중화가 필요합니다. 인터넷 전도는 단회적인 일이 아니라 잃어버린 영혼을 복음화하기 위하여, 그리고 사이버 공간에서 기독교 문화가 자리 잡고 활성화 될 수 있도록 하기 위해 조직적이고 지속적으로 수행되어야 하는 일입니다. 사회가 시대적 변화에 발맞추어 더욱 다양하고, 전문화되는 것처럼 이제는 교회도 더욱 세부화 되고, 전문성을 가져야만 합니다. 디지털 시대에 맞는 전도 전략이 필요시 되며, 오프라인(off-line)보다 온라인(on-line)에서 시간을 더 많이 보내는 이들에게 복음을 전할 수 있는 선교 라인을 구축해야 하며, 복음적인 사이트와 복음적인 콘텐츠를 통하여 선교를 할 수 있는 발판을 마련해야 할 것입니다.[656] 이를 위해서는 인터넷 전도를 주도적으로 이끌어가고 인터넷 전도팀을 조직할 수 있는 전문성과 소명을 가진 담당 교역자가 필요합니다. 큰 교회에 교육담당, 음악담당 교역자가 있듯이 인터넷 전도의 목표를 설정하고 목표 달성을 위한 웹 선교 담당 사역자를 세우고 전문팀을 구성하는 등의 투자를 한다면 거기에 상응하는 실효를 거둘 수 있을 것입니다. 교회 및 교단적 차원에서 인터넷 전도에 대한 새로운 시대적 사명을 확인하고 인터넷 사역자를 준비하고 훈련하며 배치하는 총체적인 노력이 필요한 때라고 생각합니다.

  둘째, 인터넷을 통하여 지역사회와의 네트워크를 형성합니다. 교회는 지역사회의 특성을 반영할 수 있는 실용적인 콘텐츠를 구성하여 지역 사회를 섬김으로서 지역 사회와 지역 주민의 마음을 열 수 있고 더욱 그들이 다가올 수 있는 접촉점을 제공할 수 있어야 합니다. 예를 들어, 지역의 저소득층 및 학생들을 대상으로 하는 온라인 강좌를 개설하거나 오프라인 강좌를 인터넷을 통해 신청할 수 있도록 합니다. 또한 지역 사회봉사를 위한 인터넷 창구를 만들어 도움이 필요한 분들의 신청을 받고 가정이나 그들의 일자리를 방문하여 청소나 상담 등 그들과의 실제적인 관계를 만들어갈 수도 있습니다. 이처럼 교회 사이트가 주민의 삶의 질을 향상시키는 등 다양한 지역 공동체 참여를 유도하는 프로그램을 운영함으로써 교회와 지역사회의 네트워크를 형성하는 일에도 관심을 가져야 합니다. 왜냐하면 교회와 지역사회 간의 네트워크를 형성될 때, 지속적인 만남과 상호 교류 속에서 복음은 자연스럽게 그들의 삶 가운데로 흘러갈 수 있기 때문입니다.[657]

셋째, 전도를 위해 홈페이지나 블로그를 활용하는 것입니다. 교회적 차원에서 보면, 인터넷 홈페이지를 전도용으로 제작을 해서 각종 간증과 전도에 관련된 다양한 자료를 올려 둘 수 있습니다. 불신자가 인터넷으로 접속해 왔을 때, 그들이 자주 물어오는 질문을 메뉴 방식으로 준비해 놓고, 선택된 질문에 대해 은혜로운 답변을 성경과 예화를 들어가며 제공하는 것도 중요합니다. 만약에 불신자가 더 자세하고 깊은 질문을 통한 대화를 원하면 자유게시판이나 대화창을 통하여 담당 교역자나 인터넷상에서 대화를 갖도록 유도하는 것도 필요한 부분입니다.[658] 개인적 차원에서 보면, 블로그(blog)[659]라는 자신만의 특수한 가상공간을 만들어 놓고 서로 연결되어 있습니다. 이러한 블로그를 통한 취미나 관심 분야를 통한 사역이 인터넷과 접목하여 큰 효과를 거두는 경우가 많습니다. 그러므로 그들의 관심에 따라 나누어지고 있는 블로그에 복음의 내용을 담고 전도 사역을 집중하는 것도 전략적인 방법이라고 생각합니다.

2. SNS를 통해 복음으로 소통하십시오!

첫째, SNS을 통해 전도대상자를 찾고 그들과 지속적인 관계를 맺어야 합니다. SNS 속에 있는 사람들 중에서 나와 취미가 같은 사람, 같은 지역, 친구, 학교 등으로 검색하여 친구를 맺으며 관계를 만들어갈 수 있습니다. 그리고 내가 사용하고 있는 메일 계정과 연결해 놓으면 내 주소록에 있는 이메일을 사용하고 있는 트위터나 페이스북 사용자들을 상호간 연결해 줄 수도 있습니다. 페이스북의 경우 친구 추가를 통해 소통할 수 있지만 더 많은 사람들을 사귀고자 한다면 페이스북의 그룹에 참여하는 것도 좋습니다. 그룹에 참여하고자 한다면 검색창에 자신의 취미나 좋아하는 것들을 입력하고 검색하면 관련된 분야들이 나옵니다. 이를 기반으로 하여 공개 그룹에 가입하여 활동하면서 자신의 인맥을 넓혀 나갈 수 있습니다.

　이러한 과정에서 전도를 위해 중요한 것이 있는데, 수많은 SNS 친구들 중에서 전도대상자나 관심대상자들의 리스트를 따로 만들어 관리하는 것입니다. 이렇게 연결이 되면 서로가 작성한 이야기를 실시간으로 보고 들으면서 전도자의 경우 전도대상자가 현재 무엇에 관심이 있고, 어떠한 필요가 있는지를 집중적으로 파악할 수 있는 것이 가능하기 때문입니다. 이것은 전도자로 하여금 그들의 입장을 이해하고 주도권을 가지고 대화를 이끌어갈 수 있는 기회를 제공합니다. 또한 전도대상자에 대한 정보가 많을수록 전도자는 하나님 앞에 그 영혼을 위해 더욱 구체적이고 간절하게 기도를 할 수 있습니다. 그리고 기도를 하면서 동시에 지속적으로 그들의 이야기에 답변을 하거나 공감하는 반응을 달고, 다른 이들에게 홍보해줌으로 전도대상자로 하여금 전도자에 대한 호감을 가질 수 있도록 하는 것도 친밀한 관계 형성을 위해 중요합니다.

　둘째, SNS로 전도대상자의 필요를 발견하고, 그에 맞는 복음의 메시지를 전해줍니다. 전도대상자 리스트가 만들어지면 리스트에 들어간 사람들에게 특별히 관심 있게 보면서 그들의 이야기를 듣고 답변하고 그들에게 도움을 줄 수 있는 메시지를 주면서 그들에게 복음을 전할 수 있는 기회를 얻을 수 있습니다. 예를 들어 전도대상자들에게 매일 복음과 희망의 메시지를 준비하여 개개인 별로 쪽지를 보낼 수 있습니다. 쪽지에는 이름, 메시지 등의 내용을 담아서 보내어 회신된 글은 반드시 답변을 통해 지속적으로 소통하도록 합니다. 트위터의 경우 리트윗(RT)[660]을 통해서 좋은 글이나 유용한 정보, 팔로우들에게 알리고 싶은 내용을 통해서 복음의 메시지를 효과적으로 증거 할 수 있습니다. 또한 자신의 페이지에 글을 올리거나 사진을 올리게 되면, SNS를 통해 그 내용들이 자신의 친구들에게 실시간적으로 전달될 수 있습니다.

　그러므로 이것을 잘 활용하여 복음의 내용들을 글과 함께 동영상, 사진과 함께 올린다면 복음을 언제든지 전할 수 있게 됩니다. 더욱 효과적으로 복음을 전달하기 위해서, 전도대상자의 상황과 필요에 맞춰서 복음의 메시지를 선택한다면, 전도대상자들이 마음을 열고 받아드릴 수 있는 계기가 될 것입니다. 이러한 과정들을 통해 전도자는 전도대상자가 그가 자신이 믿을 수 있는 사람임을 스스로 깨달을 수 있도록 진정성을 보여주어야 합니다. 상호간의 신뢰가 형성되어지면 자연스럽게 관계를 통한 전도가 이루어질 수 있기 때문입니다. 하지만 SNS를 통한 전도가 트위터나 페이스북을 통해 연결된 만남으로만 끝나는 것은 결코 아닙니다. 온라인이라는 공간에서 오프라인이라는 공간으로 만남의 장소가 변경되지 않으면 실질적인 결실을 맺을 수 없기 때문입니다.[661]

셋째, SNS를 넘어 실제 만남의 공간 안에서 복음의 메시지를 소통해야 합니다. 온라인이든 오프라인이든 많은 사람들을 만나도 실제로 전도되는 경우는 극소수에 불과하므로 반드시 SNS를 통해 많은 관계를 맺고 그들을 오프라인 모임으로 인도하는 것이 중요합니다. 사람들은 일반적으로 자신과 비슷한 취미나 관심분야를 가지고 있는 사람에 대해서 호감을 갖기 마련입니다. 그리고 자신의 글에 관심이 있어 하는 사람을 발견하게 되면 접촉점을 찾을 수도 있습니다. 그렇기 때문에 이런 부류의 사람을 만나면 오랫동안 사귀었던 사람들처럼 쉽게 가까워질 수 있습니다. 특별히 자신이 살고 있는 지역에서 취미나 관심분야가 같은 사람을 만나면 이야기 소재도 다양하기 때문에 온라인에서 오프라인으로 만날 수 있습니다. 예를 들어, 페이스북 그룹에서 개최하는 오프라인 모임에 참석하여 그들과 교제하면서 복음을 제시할 수 있는 것입니다.[662]

이렇게 SNS를 넘어선 만남을 가질 때, 전도자는 그동안 자신이 전한 복음의 메시지나 그들을 위로했던 소망의 말씀들이 자신의 삶에서도 실제가 되고 있음을 보여줄 수 있게 됩니다. 물론 SNS을 통해서도 그들은 간접적으로 전도자의 삶을 관찰하며 복음을 받아드릴 수 있을 것입니다. 하지만 복음이 진정으로 기쁜 소식이며 영혼을 살리는 하나님의 능력으로 소통되기 위해서는 SNS가 온전히 담아낼 수 없는 복음에 대한 감격과 확신이 전도자의 말과 행동을 통해 증거 될 때임을 기억해야 할 것입니다.

온라인 공간을 통해 집중해야 할 전도 대상자

1. 가나안 성도를 위한 전도 전략

신 가나안 성도의 탄생

코로나가 확산되면서 한국 교회의 또 하나의 고민은 가나안 성도가 급증했다는 것입니다. 그런데 코로나로 확산된 가나안 성도는 기존에 발생한 가나안 성도와 그 결을 달리 한다고 할 수 있습니다. 2014년 처음 가나안 성도에 대한 통계가 발표되었을 때에는 오랜 기간 교회를 출석하던 사람들이 여러 가지 갈등 속에 교회를 떠나 신앙을 유지하며 가나안 성도가 되는 비율이 높았습니다. 그러나 2018년도에 다시 가나안 성도에 대한 통계 자료가 발표되었을 때는 교회 나온지 얼마 되지 않은 사람들도 자유로운 신앙생활을 위해 교회를 떠나는 경우가 늘어나고 있었습니다. 그리고 오랫동안 교회 안에서 갈등을 겪어 오다가 코로나가 계기가 되어 교회를 떠나 가나안 성도가 되는 사람들이 있었습니다. 뿐만 아니라 코로나로 온라인 예배를 드리게 되면서 반드시 교회 나가지 않더라도 얼마든지 예배드릴 수 있고 신앙을 유지할 수 있다는 당위성이 형성되면서 여전히 기존 교회에 소속되어 있지만 예배는 온라인으로 드리는 신 가나안 성도들이 탄생하게 되었습니다.

이렇게 가나안 성도와 신가나안 성도는 가나안 성도가 되는 과정부터 차이를 보이는 것처럼 온라인 참여에서도 차이가 납니다. 신가나안 성도는 온라인 예배를 드리다가 가나안 성도가 되었기에 온라인 참여도가 높다고 할 수 있습니다. 그러나 기존의 가나안 성도들의 온라인 참여도 높지 않다고 할 수 있습니다. 왜냐하면 코로나 이전에는 가나안 성도들이 교회 모임에도 참석비율이 낮았기 때문입니다.[663] 그러나 2021년 6월 지앤컴리서치의 조사에 따르면, 온라인으로 예배를 드리면서 오프라인에서 가끔 모임을 갖는 '온라인 교회'가 있다면 '참여할 의향이 있다'고 응답한 가나안 성도들은 61%나 되었습니다. 그렇기에 코로나는 기존의 가나안 성도들이 온라인 공간을 통해 다시 교회로 돌아올 수 있는 길을 열어 주었다고 할 수 있습니다. 따라서 온라인 공간은 기존의 가나안 성도와 신가나안 성도 모두에게 신앙을 유지시켜 주고 교회에 소속될 수 있는 좋은 기회를 제공하고 있다고 할 수 있을 것입니다.

소소한 일상을 보여주는 콘텐츠

코로나가 유행되면서 많은 교회들은 예배를 실시간으로 방송하는 온라인 예배에 집중해 왔습니다. 사실 대면 예배를 드리지 못하는 상황 속에서 유튜브 실시간 예배는 필수였다고 할 수 있습니다. 그러나 전국의 많은 교회들이 온라인 예배를 실시하는 상황 속에서 개 교회의 예배 영상을 통해 전도하는 것은 현실적으로 어려운 일입니다. 높은 경쟁률과 더불어 시스템과 전문 사역자가 갖춰지지 않은 작은 교회에서는 퀄리티 높은 콘텐츠를 만들기가 어렵기 때문입니다. 그렇기에 필자는 예배영상이나 설교영상 보다는 다양한 모습을 보여주는 콘텐츠를 만들어 볼 것을 추천합니다. 핸드폰 어플을 이용하면 사진 몇 장만으로도 훌륭한 영상을 만들 수 있습니다. 오히려 작은 교회는 친밀하고 따듯한 관계를 담은 모습들을 영상으로 만들어 올린다면, 가나안 성도나 믿지 않는 사람들에게 감동을 불러일으키며 가까이 다가갈 수 있을 것입니다. 사실 유튜브 영상 조회수를 살펴보면 기독교 컨텐츠만 봐도 찬양이 설교보다 조회수가 훨씬 높게 나타납니다. 또한 일반 유튜브 영상도 공감을 불러일으키는 소소한 일상을 보여주는 영상의 조회수가 높습니다. 그렇기에 예배와 설교 영상도 좋은 콘텐츠가 될 수 있겠지만 우리 교회만의 소소한 모습들을 보여주는 것이 교회와 복음에 마음의 문을 열게 하는 더 좋은 접촉점이 될 수 있는 것입니다.

온라인 소그룹의 활성화

그런데 유튜브 영상보다 더 강조하고 싶은 것은 줌과 같은 화상회의 프로그램을 통한 온라인 소그룹입니다. 한국교회탐구센터와 지앤컴리서치의 새신자에 대한 통계를 살펴보면, 전도를 받은 후 교회에 나가기로 결정할 때 가장 큰 걸림돌은 '정기적으로 주일예배 드리는 것' 19%과 '평소 좋아하던 것을 못 하게 될까봐' 9% 등 생활 패턴 및 습관을 변화시키는 것으로 나타납니다.[664] 20~30대는 생활 습관을 변화시키는 것이 가장 큰 장애 요인이었던 것입니다. 특별히 2-30대의 가나안 성도들은 바쁜 일상 때문에 교회에 정기적으로 출석하는 것을 힘들어 했습니다. 물론 신앙이 성장하면 예수 그리스도를 중심으로 신앙생활을 할 수 있게 되겠지만 전도대상자나 초신자들에게는 너무 어렵게 느껴지는 장벽이 될 수 있습니다. 그렇기에 그들의 라이프스타일에 따라 더 자유로운 온라인에서 개인적인 모임을 통해 성경을 배우며 예수 그리스도를 알아갈 수 있는 계기를 마련해 주는 것이 필요할 것입니다. 그 과정 가운데 신앙이 성장하면서 자신의 삶을 조정하며 주일을 성수할 수 있게 될 것이기 때문입니다. 뿐만 아니라 온라인 소그룹은 소속감을 증가시켜 줄 수 있는 가장 확실한 방법입니다. 목회데이터연구소의 자료에 따르면, 코로나19 상황에서도 소그룹 활동을 멈추지 않은 사람들은 '유대감 강화'와 '영성 유지'에 도움이 되었다는 비율이 각각 29%, 22%로 1,2위를 차지하고 있습니다.[665] 설문에 참여한 소그룹의 73%가 코로나 기간 동안 온라인으로 소그룹을 진행한 결과입니다. 그렇기에 가나안 성도들이 교회에 소속감을 느끼고 현장 예배에 신앙활동에 참여하도록 하기 위해서는 온라인 소그룹을 통해 삶을 나누고 신앙을 성장할 수 있도록 돕는 것은 필수불가결한 요소입니다.

2. MZ세대를 위한 전도 전략

MZ세대란 1980년대 초에서 2000년대 초 출생한 밀레니얼 세대와 1990년대 중반에서 2000년대 초반 출생한 Z세대를 통칭하는 말로, 디지털 환경에 익숙하고, 최신 트렌드와 남과 다른 이색적인 경험을 추구하는 세대를 말합니다. 최명화 대표는 이러한 MZ세대는 집단보다 개인을 중요시하며, 불공평과 진정성 없음에 대한 분노하고, 혼밥과 혼술을 에너지로 삼는 세대라고 표현합니다. 앞에서 살펴본 바와 같이 한국 사회는 이미 1인 가구로 변화되고 있습니다. 이러한 1인 가구 중에 젊은 세대 1인 가구는 여가 활동에 적극적이며, 소수의 깊이 있는 인간관계를 지향하고, 자유롭고 편안한 자아상을 가지고 있습니다. 이런 상황 속에서 가족 중심의 전통적인 교회 문화는 1인 가구로 하여금 교회에서 소외감을 느끼게 할 수 있기 때문에 교회에 나와도 소극적으로 행동하거나 가나안 성도가 될 가능성이 높다는 것입니다. 그렇기에 MZ세대를 위한 사역은 더욱 일대일 사역이 되어야 합니다. 이들은 모임 속에서도 개인적인 만남을 중요시하는 것입니다. 불공평에 분노하는 세대이기 때문에 더욱 공정하게 기회를 주어야 하며 진정성 있게 다가가야 합니다. 그렇기에 일대일 사역, 소그룹 사역이 더욱 중요하고 이러한 전도방법이 더욱 효율적이라는 것입니다.

또한 MZ세대는 디지털 연결성을 중요시하고 24시간 365일 개방 네크워크로 살아갑니다. 그렇기에 MZ세대를 위해서는 온라인 사역이 필수라고 할 수 있을 것입니다. 꿈이 있는 미래에서는 주일학교 사역을 위해 메타버스를 활용할 것을 적극적으로 권유합니다. 온라인과 메타버스 세계에서는 현실의 자신을 대신하는 아바타가 있습니다. 그리고 현실에서 가능하지 못한 일들을 온라인과 메타버스 세계에서 실현하고 있습니다. 그들에게 온라인과 메타버스의 세계는 가상의 세계가 아닌 현실의 세계이며, 현실 세계의 확장입니다. 그렇기에 온라인 공간에서 그들을 만나는 것은 매우 중요해지는 것입니다. MZ세대에 관심이 있다면 먼저 제페토 어플을 설치하고 아바타를 만들어 그들의 세계로 들어가 보십시오. 그곳에서 MZ세대를 만날 수 있을 것입니다. 그리고 그들과 대화할 수 있을 것입니다! 이야기를 들어주고 관계를 지속하다보면 복음을 전할 기회가 올 것입니다.

  메타버스 시대 전도를 위해서는 먼저 전도가 불가능하다는 생각을 버려야 합니다. 전도가 됩니다! 오히려 전도할 수 있는 적기입니다! 단지 방법의 변화가 필요하고 새로운 도전이 필요할 뿐입니다. 두려워하지 말고 용기 있게 메타버스의 세계로 MZ세대의 세계로 들어서기를 바랍니다. MZ세대는 실패해도 진정성 있는 모습을 응원합니다. 그러나 중요한 것은 개개인을 존중하는 일대일의 만남입니다. 이러한 일대일의 만남이 온라인 세상에서 제대로 이루어진다면, 오프라인에서의 만남으로 이어질 수 있을 것입니다.

미주

1) 기독교의 도(道)가 무엇이냐는 질문에 혹자는, '십자가' '은혜' '예수 그리스도' '부활' '사랑' 등 많은 단어를 말할 수 있을 것이다. 그러나 이 모든 단어를 포함한 한 단어가 '복음(福音)'이다. 그러므로 복음전도(福音傳道)라는 단어는 기독교의 전도가 무엇인지를 한 마디로 대변해 주는 단어라고 할 수 있다.
2) 성경에서 '전도'라는 단어는 '복음' 혹은 '기쁜 소식'의 의미를 가지고 있는 'ευαγγελιον'이라는 단어를 지칭하기도 한다. 그 단어가 동사로 사용될 때 '복음을 전하다' 혹은 '전도를 하다'라고 번역되는 것이다. 그렇기에 전도라는 의미 자체가 기쁜 소식, 즉 복음을 전해주는 것이고 그 의미를 강조하는 용어가 '복음전도'라고 할 수 있다. 여기에 대해서는 본 장에서 이어서 설명할 '성경적 의미'를 참조하라.
3) 더글라스 포터,『효과적인 복음전도 이렇게 하라』도서출판 프리셉트 역 (서울: 도서 출판 프리셉트, 1996), 16-17.
4) R. B. 카이퍼,『전도신학』박수준 역 (서울: 소망사, 1980), 107.
5) 복음전도에 관한 단어를 신약성경으로 한정하는 이유는 전도의 구체적인 의미를 담은 단어는 신약 성경에서 주로 사용되었습니다. 예수께서 십자가에서 죽으시고 부활하시며 약속하신 성령을 경험함으로써 전도의 문이 열리게 되었기 때문입니다. 그리고 본격적인 복음전도가 시작되었기 때문입니다.
6) 마이클그린,『초대교회 복음전도』박영호 역 (서울: 기독교문서선교회, 1988), 77-78.
7) 물론 예외적인 경우에 사용되기도 하였다. 누가복음 12:3절 "너희가 골방에서 귀에 대고 말한 것이 집 위에서 전파 되리라"에서 사용된 것이 그 대표적이다. 그럼에도 불구하고 이 단어는 신약성경 대부분에 있어서 유앙겔리조마이(ευαγγελιζομαι)-'기쁜 소식을 전하다'- 와 동일한 뜻으로 사용되었다. 마이클 그린,『초대교회 복음전도』, 101을 참조하라.
8) Ibid., 102.
9) 복음전도의 의미를 가지고 있는 케류소(κηρυσσω)에 대해서 더 자세히 알기를 원하면, 마이클그린『초대교회 복음전도』98-124를 참조하라.
10) Ibid., 127-139를 참조하라.
11) 홍성철, "전도학"『복음주의 실천신학개론』(서울: 도서출판 세복, 1999), 132. 신약에서 복음전도의 의미로 가장 많이 사용된 유앙겔리온(ευαγγελιον)이라는 단어에 대해서 더 알기를 원하면 마이클그린,『초대교회 복음전도』, 77-98을 참조하라.
12) C. H. Dodd, The Apostolic Preaching and Its Developments (Grand Rapids, Mi: Eerdmans Pub. Co., 1980), 7. Dodd는 좋은 소식을 다음과 같이 여섯 가지로 설명하였다: 첫째, 성취의 시대가 도래하였다. 둘째, 이것은 예수의 죽음과 부활을 통하여 일어났다. 셋째, 예수는 메시아로서 하나님 우편에 높이 들리셨다. 넷째, 교회 안에 임재하시는 성령은

그리스도의 임재의 증거이다. 다섯째, 그리스도는 다시 오셔서 새로운 시대를 열 것이다. 여섯째, 그러므로 회개하고 용서와 성령과 구원의 약속을 받아들이라. 홍성철, 『전도학개론』(서울: 도서출판 세복, 2014), 18-19를 참조하라.

13) John Stott, "The Lausanne Covenant" in Let the Earth Hear His Voice, ed., J. D. Douglas(Minneapolis, MN: World Wide Publication, 1975), 4.
14) 전문적인 용어로서 '현존의 전도'를 P-1, '선포의 전도'를 P-2. '설득의 전도'를 P-3라고 말하기도 합니다. 이는 '현존'Presence), '선포'(Proclamation), '설득'(Persuasion) 모두가 영어 'P'로 시작하기 때문에 붙여진 것입니다. 일반적으로 '3P'라는 것은 로잔선언에서 말하는 전도를 가리킨다고 할 수 있습니다.
15) 룻기를 보면, 나오미를 따라서 이방의 두 며느리가 유다 땅 베들레헴에 까지 같이 가겠다고 좇아 온 것은 두 아들을 잃고 남편까지 잃은 나오미였지만, 자신의 신앙의 삶이 며느리들에게 영향을 끼치어 그들의 마음을 사로잡았을 것이기 때문이었을 것이다.
16) 베드로전서 3장 15절에서 "너희 마음에 그리스도를 주로 삼아 거룩하게 하고 너희 속에 있는 소망에 관한 이유를 묻는 자에게는 대답할 것을 항상 준비하되 온유와 두려움으로 하고"라고 기술된 것도 그리스도인들의 세상 속에서 삶이 세상에게 호감과 매력을 줄 것을 알았기 때문이다.
17) 홍성철, "전도학"『복음주의 실천신학개론』, 137.
18) 물론 전도자 자신이 죄 가운데 있더라도, 그리고 영적으로 예민하지 않더라도, 기도하지 않더라도 영적인 결신을 경험할 수 있습니다. 그러나 이때의 영적결신의 경험은 성령께서 도우셔서 일어난 일이라기보다는, 자신의 능력으로, 말로써 설득하여 일어난 일이라고 할 수 있을 것입니다. 이때 보편적으로 갖는 느낌은 감동과 눈물, 그리고 감사가 있기 보다는 무미건조한 느낌입니다.
19) "Towards the Conversion of England"
20) 마이클 그린, 『현대전도학』 박영호 역 (서울: 기독교문서선교회, 1994), 17.
21) Ibid., 17-20.
22) 루이스 드룬몬드, 『현대전도학서설』 변은수 역 (서울: 성광문화사 1981), 30.
23) Ibid.
24) Ibid.
25) W. E. Sangster, Let Me Commend (Nashville: Abingdon Press, 1948), p. 14
26) 이명직, "전도" 「활천」 제5권 7호 (1927, 7), p. 346.
27) 길보른, "완전한 구원" 「활천」 제3권 2호 (1925, 2), p. 1-3.
28) 길보른, "성결을 전하라" 「활천」 제4권 1호 (1926, 1). p. 1-2.
29) 여기에 대해서는, 마이클 그린, 『초대교회의 전도』 김경진 역 (서울: 생명의 말씀사 1984), 12-15에서 비교적 세부적으로 언급하고 있다. 그러나 본 장에서는 마이클 그린의 내용을 기본으로 필자가 경험한 전도 현장과 교회에서 흔히 나타나는 내용들을 중심으로 기술하여 전도에 도움을 주고자 한다.
30) 지상명령은 신약성경에 다섯 군데 나타나 있다. 마태복음 28장 19-20절, 마가복음 16장 15-18절, 누가복음 24장 44-49절, 요한복음 20장 19-23절, 사도행전 1장 6-8절을 참조하라.

31) 마이클 그린,『초대교회의 전도』, 12.
32) 복음전도의 방법은 본 책의 6장에서 비교적 자세히 언급 될 것이다. 6장을 참조하라.
33) 베드로전서 장 23절을 보면, "너희가 거듭난 것이 썩어질 씨로 된 것이 아니요 썩지 아니할 씨로 된 것이니 하나님의 살아 있고 항상 있는 말씀으로 되었느니라." 라고 기록되어 있습니다.
34) 홍성철, "전도의 의미, 유앙겔리온을 중심으로"「신학과 선교」제24권 (부천: 서울신학대학교, 1999), 232-233을 참조하라. 또 W. T. Purkiser, ed., Exploring Our Christian Faith (Kansas City, Mo: Beacon Hill Press, 1960), 298. 이하를 참조하라.
35) 여기에 대해서는 마이클 그린,『초대교회의 전도』, 22-35를 참조하라.
36) 고린도전서 1장 21절에서 바울은, "하나님의 지혜에 있어서는 이 세상이 자기 지혜로 하나님을 알지 못하는 고로 하나님께서 전도의 미련한 것으로 믿는 자들을 구원하시기를 기뻐하셨도다"라고 하였다.
37) 도움을 위해서 구체적으로 창세기 3장 8-13절을 깊이 있게 묵상해보라.
38) Anthony A. Hoekema, Createdin God's Image (Grand Rapids. MI: Eerdmans Pub. Co., 1986), 75. 이하를 참조하라.
39) 이사야 14장 12-20절까지를 참조하시오. 천사의 타락을 유추해 볼 수 있는 이 구절에서 '계명성'은 라틴어 역본인 불가타 역에서 타락한 천사를 지칭하는 '루시퍼'로 되어 있다.
40) 홍성철, "전도학"『복음주의 실천신학개론』, 141.
41) 원형복음에 대한 복음적 설명이 필요하면, 홍성철, "원형복음"『교수논총』(부천: 서울신학대학교, 2000)을 참조하라.
42) 여기에 대해서는 홍성철,『전도학개론』(서울: 도서출판세복, 2014), 176-86을 참조하라. 복음주의자들이 주로 사용한 구속사적인 복음의 계시의 단계를 성경적으로 명확하게 표현해 놓았다. 필자도 이 틀을 따랐다.
43) Erich Sauer, The Dawn of World Redemption, trans., G. H. Lang (Grand Rapid, MI: Eerdmans Pub. Co., 1985), 60.
44) 히브리서 11장 4절, "믿음으로 아벨은 가인보다 더 나은 제사를 하나님께 드림으로 의로운 자라 하시는 증거를 얻었으니 하나님이 그 예물에 대하여 증거 하심이니라. 그가 죽었으나 그 믿음으로써 지금도 말 하느니라" 요한일서 3장 12절, "가인같이 하지 말라 그는 악한 자에게 속하여 그 아우를 죽였으니 어떤 이유로 죽였느냐 자기의 행위는 악하고 그의 아우의 행위는 의로움 이니라" 유다서 10-11절, "이 사람들은 무엇이든지 그 알지 못하는 것을 비방하는 도다 또 그들은 이성 없는 짐승같이 본능으로 아는 그것으로 멸망하느니라. 화 있을 진저 이 사람들이여! 가인의 길에 행하였으며 삯을 위하여 발람의 어그러진 길로 몰려갔으며 고라의 패역을 따라 멸망을 받았도다."
45) 여기에 대해서 더 알기를 원하면, 이건, "인류의 타락과 구원,"「활천」제16권 제10호 (1938, 10), 363-64. 이명직, "세상 죄 지신 하나님의 어린양,"「활천」제17권 제3호 (1939, 3), 678 - 81을 참조하라. 또「활천」제1권 10호 446쪽부터 실려 있는 "그리스도는 죄인을 위하여 죽으셨습니다"; 제2권 제8호 349쪽부터 실려 있는 "부활에 대한 강화"; 제3권 제4호 3쪽부터 실려 있는 "부활하신 그리스도와 우리"; 제3권 제5호 3쪽부터 실려 있는 "주의 십자가 묵상"; 제3권 제10호 7쪽부터 실려 있는 "그리스도와 죽음"; 제3권 제12호 15

쪽부터 실려 있는 "우리는 능히 예수를 이해하는가"; 제4권 제4호 5쪽부터 실려 있는 "심령의 신 창조"; 제5권 제3호 116쪽부터 실려 있는 "그리스도의 보혈"; 제10권 제3호 132쪽부터 실려 있는 "그리스도의 세 가지 나타나심"; 제10권 제7호 363쪽부터 실려 있는 "화목"; 제11권 제8,9호 424쪽부터 실려 있는 "그리스도 보혈의 능력"; 제15권 12호 638쪽부터 실려 있는 "십자가의 삼대기능"; 제18권 제8호 315쪽부터 실려 있는 "성서와 속죄"를 참고하라.

46) 홍성철, "전도학"『복음주의 실천신학개론』, 141-42.
47) 이명직, "심판,"「활천」제3권 제8호 (1925, 8), 6-7.
48) Ibid., 7-9.
49) John Wesley, Standard Sermons, V, p. 120-21.
50) 윌리엄 페이. 린다 에반스 셰퍼드『두려움 없이 전하라』전의우 역 (서울: 국제제자훈련원, 2006) 2장 "침묵의 죄"를 참고하라.
51) 존 스토트,『존 스토트의 복음전도』, 김성녀 역 (서울: IVP, 2001), 16.
52) Ibid.
53) 디 케임스 케네디, "복음나누기"『전도폭발: 제4개정판』, 김만풍 역 (서울: 한국전도폭발출판부,2003), 59.
54) 이 글은「복음과 실천신학」20(2009)에 발표된 글을 편집한 것입니다.
55) Gorge W. Peters, A Biblical Theology of Mission (Chicago: Moody, 1972), 181.
56) John R. W. Stott, "The Great Commission," One Race, One Gospel, One Task, (Minneapolis: World Wide Publications, 1967), 45.
57) John R. W. Stott, "The Great Commission," One Race, One Gospel, One Task, 46.
58) 홍성철,『주님의 지상명령』(서울: 도서출판 세복, 2004), 75
59) 장중렬,『교회성장과 선교학』(서울: 성광문화사, 1992), 78-79.
60) D. A. McGavran, The Bridges of God (New York: Friendship, 1955), 14.
61) 장중렬,『교회성장과 선교학』, 78.
62) Dennis Oliver, "Make Disciples," (Ph.D diss., Fuller School of World Mission, 1973), 14.
63) Dennis Oliver,, "Make Disciples," 14.
64) Gorge W. Peters, A Biblical Theology of Mission, 183.
65) David M. Howard/ 유재갑 옮김,『오늘의 지상명령』(서울: 생명의말씀사, 1976), 99.
66) 박창환,「희랍어 교본」(서울: 기독교서회, 1974), p. 103, 112.
67) Michel J. Wilkins/ 이억부 옮김,『제자도』(서울: 도서출판 은성, 1995), 41.
68) Michel J. Wilkins,『제자도』, 40.
69) Michel J. Wilkins,『제자도』, 42.
70) Michel J. Wilkins,『제자도』, 42.
71) Walter A. Henrichsen/ 네비게이토출판사 옮김,『훈련으로 되는 제자』(서울: 네비게이토출판사, 1980), 73.
72) Robert Coleman/ 홍성철 옮김,『주님의 전도계획』(서울: 생명의말씀사, 1980)을 참조하시길 바랍니다.
73) Johannes Blauw/ 전호진 외 옮김,『교회의 선교적 본질』(서울: 대한예수교 장로회 총회

출판국, 1988), 96.
74) Herbert J. Kane/ 이재범 옮김, 『선교신학의 성서적 기초』(서울: 도서출판 나단, 1976), 64-65.
75) Gorge W. Peters, A Biblical Theology of Mission, 183에서 Dr. Leavell의 글을 재인용.
76) Johannes Verkuyl, "The Biblical Foundation for The Worldwide Mission Mandate," Perspective on The World Christian Movement: (Pasadena, CA: William Carey Library, 1981), 49.
77) 여기서 일차적이라 함은 복음전도가 복음을 전하여 영생을 얻도록 하는 것을 우선적인 목적으로 하지만, 여기서 끝나는 것이 아니라, 복음의 내용이 그리스도인들의 삶에 실천되어질 수 있도록 지속적으로 가르치고 전하여 온전한 제자로 만들어 가는데 이차적인 목적이 있기 때문입니다.
78) William L. Banks, In Search of The Great Commission (Chicago: Moody, 1991), 81.
79) C. E. B. Cranfield, The Epistle to The Romans, vol. 1 ICC (Edinburgh: T & T Clark Limited, 1985), 306.
80) Lewis A. Erummond/ 변은수 옮김, 『현대전도학서설』(서울: 성광문화사 1981), 30.
81) Robert Coleman, 『주님의 전도계획』, 86.
82) 김득중, 『마태복음』(서울: 성서교재간행사, 1987), 422.
83) Allen Hadidian, Successful Discipling, (Chicago: Moody, 1979), 66.
84) John R. W. Stott/ 김성녀 옮김, 『복음전도』(서울: IVP, 2001), 138.
85) 존 스토트는 신약 성경의 주요 저자들이 그리스도의 십자가의 중심성을 믿었다는 사실과 그들의 확신은 바로 주님 자신의 마음으로부터 나온 것임을 그들이 믿었다는 사실을 의심할 수 없다고 피력하였다. 존 스토트, 『그리스도의 십자가』 황영철, 정옥배 옮김, (서울: 한국기독학생회출판부, 1994), 49.
86) 라원기, 『다시 보는 십자가』(서울: 생명의 말씀사, 2012), 49-50.
87) 로마인은 페르시아인이 만든 사형틀인 십자가를 적극 활용함으로 십자가의 잔인함으로 인해 상당한 범죄 억제 효과를 얻었으나 너무 잔인하고 고통스러워 로마 시민에게는 사용하지 않았다. 라원기, 『다시 보는 십자가』, 27-28.
88) 브루스 데머리스트, 『십자가와 구원』 이용중 옮김, (서울: 부흥과 개혁사, 2006), 263.
89) 하나님은 우주의 도덕적인 통치자이기 때문에 모든 것을 그저 용서하실 수 없다. 만약 하나님이 대가 없이 용서하시게 된다면 그것은 옳고 그름을 말살시키는 것이 된다. 마이클 그린, 『텅빈 십자가』 안지영 옮김, (서울: 서로사랑, 2007), 116-17.
90) 십자가에서 예수 그리스도를 통한 하나님의 사랑은 하나님 아버지와 예수 그리스도 두 분 모두에게서 찾을 수 있다. 라원기, 『다시 보는 십자가』, 86-106.
91) 존 스토트는 하나님의 거룩과 사랑이라는 이중성에 대해 이야기하면서, 오늘날 하나님의 거룩이 하나님의 사랑에 잠식되는 일원론적 사상에 경종을 울리고 있다. 존 스토트, 『그리스도의 십자가』, 164-65.
92) 벌코프는 그리스도의 순종에는 자원해서서 순종하셨다는 능동적인 측면과 함께 철저히 하나님에 의해 부과된 형벌에 의한 수동적인 측면을 모두 포함한다고 말한다. 루이스 벌코프, 『조직신학-하』 권수경, 이상원 옮김, (서울: 크리스찬 다이제스트, 1995), 621-22.

93) 홍성철,『전도학개론』(서울: 도서출판 세복, 2014), 166.
94) 김남준,『십자가』(서울: 솔로몬 말씀사, 1994), 116.
95) A.W. 토저,『내 자아를 버려라』이용복 옮김, (서울: 규장, 2008), 146-49.
96) 라원기,『다시 보는 십자가』, 62-66.
97) 라원기,『다시 보는 십자가』, 73.
98) 존 스토트,『그리스도의 십자가』, 348.
99) 이용규는 지금까지 한국교회가 강조해 온 '예수께서 십자가에 못 박힌 것'으로부터 우리가 '예수님과 함께 십자가에 못 박히는 단계'로 나아가야 완전한 복음이 될 수 있다고 하였다. 이용규,『더 내려놓음』(서울: 규장, 2007), 46.
100) 여기서 '표적'으로 번역된 '세메이아($\sigma\eta\mu\epsilon\iota\alpha$)'는 구체적으로 눈으로 볼 수 있는 현상'을 뜻하며 유대인들은 항상 증거를 요구했고 현상적인 것에 관심이 많아 하나님조차도 역사 속에 큰 표적과 큰 능력을 나타내신 분으로만 여겼다. 제자원 편,『옥스퍼드원어성경대전. 고린도전서 1-9장』(서울: 제자원, 2006), 99.
101) 고린도전서 1:23에서는 '미련한 것'이라고 말하는데, 이에 해당하는 '모리아($\mu\omega\rho\iota\alpha$)'는 '바보스러운 것'으로 영이신 하나님이 육인 인간의 몸을 입는다는 것에서부터 수치와 저주의 상징인 십자가가 이성적 논리로는 결코 변증할 수 없는 것이었기에 바보스러운 것으로 여겼다. 제자원 편,『옥스퍼드원어성경대전. 고린도전서 1-9장』, 105.
102) 로마인의 입장에서 십자가에서 죽임을 당한다는 것은 비참한 노예와 같은 낮고 천한 사람이라는 증거였기 때문에 십자가를 받아들일 수 없었다. 라원기,『다시 보는 십자가』, 28.
103) 김남준,『죄와 은혜의 지배』(서울: 생명의 말씀사, 2005), 33.
104) 김남준,『죄와 은혜의 지배』, 33-34.
105) 김남준,『죄와 은혜의 지배』, 34-40.
106) 루이스 벌코프,『조직신학-상』권수경, 이상원 옮김, (서울: 크리스찬 다이제스트, 1995), 355.
107) 여주봉,『십자가의 복음2』(서울: 요단출판사, 2009), 137-38.
108) 존 스토트는 사단에 대한 승리를 예언된 정복, 시작된 정복, 성취된 정복, 확인되고 선언된 정복, 확장되는 정복, 재림 시에 절정에 이를 정복 6가지로 설명하였다. 구약 성경을 통해 예언된 정복이 예수의 사역 속에서 시작되었으며 십자가로 성취되었고, 부활로 확인되었으며 사람들의 회개로 확장되며 마지막 재림 시에 절정을 이룰 것이라고 하였다. 존 스토트,『그리스도의 십자가』, 291-98.
109) 제씨 펜 루이스,『십자가의 도』채대광 옮김, (서울: 좋은씨앗, 2008), 23.
110) 존 스토트,『그리스도의 십자가』, 294.
111) 존 스토트는 골로새서의 이 구절이 죄의 용서와 우주적 세력인 정사와 권세의 정복을 함께 이야기 하고 있는 구절이라고 설명하면서 악의 세력을 무장해제 시킨 것과 증서를 제하여 버리신 것을 함께 표현함으로 두 가지 사실을 모두 강조하고 있다고 하였다. 존 스토트,『그리스도의 십자가』, 294-95.
112) 헬라어로 세상은 세속성, 즉 '세상에 대한 사랑'을 나타내는 말이다. 사무엘 채드윅,『십자가의 능력』장광수 옮김, (서울: 바울, 2006), 84.

113) 앤드류 머레이, 『십자가와 하나님 나라』 장광수 옮김, (서울: 예루살렘, 2009), 28.
114) 앤드류 머레이, 『십자가와 하나님 나라』, 28.
115) 제씨 펜 루이스는 정욕과 탐심을 육체에 속한 모든 종류의 습관과 욕망을 말한다고 하면서 흡연이나 마약 혹은 알코올에 붙잡혀 살아가는 것을 예로 들고 있다. 제씨 펜 루이스, 『십자가의 도』, 22.
116) 송신호는 육신을 못 박는다는 것은 육신의 본성적인 모든 성품을 포함하는데 타고난 선한 성품과 성장과정에서 형성된 왜곡된 성품까지도 십자가에 다 못 박아 죽었음을 받아들여야 한다고 하였다. 송신호, 『내가 죽은 십자가』 (경기: 말씀과 교제, 2004), 127-28.
117) 제씨 펜 루이스, 『십자가의 도』, 21.
118) 송신호, 『내가 죽은 십자가』, 129-30.
119) "한 사람으로 말미암아 죄가 세상에 들어오고 죄로 말미암아 사망이 들어 왔나니"(롬 5:12)의 말씀과 "사망이 왕 노릇 하였다"(롬 5:14)는 구절을 보면, 인간이 꼭 육적인 죽음을 경험하지 않아도 죄 때문에 들어 온 사망은 인간 위에서 왕 노릇 하고 있음을 알게 된다. 그 의미는 무엇일까? 마치 감기가 걸리면 감기의 증상이 있어서 그 증상을 감기라고 표현하듯이, 죽음이라는 것이 추상적 단어지만 하나님의 창조의 질서가 깨어지고 인간에게 들어온 모든 좋지 않은 요소들을 죽음의 증상들, 즉 죽음의 요소들이라고 칭한 것이다. 반대로 생명의 요소들은 하나님의 창조 질서 안에서 인간이 누렸던, 그리고 누릴 수 있는 모든 것들을 생명의 요소들이라고 지칭하였다.
120) 마틴 로이드 존스는 사람들은 단순히 기독교를 인간의 죄사함을 제공하는 종교라고 생각하지만 기독교의 본질적인 가르침은 나의 모든 위치와 하나님께 대한 모든 관계가 완전히 변화되는 것이라고 말하였다. 마틴 로이드 존스, 『십자가』 서창원 옮김, (서울: 도서출판 두란노, 1996), 233.
121) 벌코프는 성화는 옛사람, 죄의 몸을 극복하는 것과 그리스도 예수 안에서 선을 위해 창조된 새사람의 소생이라는 두 부분으로 구성되어 있다고 하였다. 루이스 벌코프, 『조직신학-하』, 785.
122) 민경설은 옛 사람은 고칠 수도 없고, 그 근본을 변화시킬 수도 없기 때문에 옛 사람을 완벽하게 처리할 수 있는 방법은 오직 믿음으로 예수님과 함께 연합하여 십자가에 못 박혀 죽는 죽음을 체험하는 길 뿐이라고 한다. 민경설, 『영혼을 살리는 십자가 능력』 (서울: 생명의 말씀사, 2003), 80-84.
123) 송신호, 『내가 죽은 십자가』, 131-32.
124) 앤드류 머레이는 '하나님의 나라를 어린아이와 같이 받들지 않는 자는 결단코 그곳에 들어가지 못하리라'는 마가복음 10장 15절의 말씀을 해석하면서 어린아이와 같이 된다는 것을 말구유에서 태어나는 것, 십자가의 죽는 것, 무덤에 장사되는 것으로서 설명하였다. 이런 것들이 어린아이와 같이 연약해 지는 것이 되어 하나님 나라에 들어갈 수 있게 한다는 것이다. 앤드류 머레이, 『십자가와 하나님 나라』, 151.
125) 예수 안에서 누릴 수 있는 하나님의 나라에 대해서는 하도균, 『하나님의 나라와 이를 위한 영적전투』(서울: 베드로서원, 2011), 74-90을 참조하라.
126) 이 글은 『복음과 실천신학』 31(2014)과 『변화하는 시대를 위한 전략적 복음전도』 2장에 실린 글입니다.

127) 성경에서 '나라'라고 번역되는 대표적인 단어인 '말쿠트'(מלכות)와 '바실레이아'(βασιλεία)를 살펴보면, 주로 '통치, 지배, 치세, 왕권'이라는 의미로 사용되고 있음을 알 수 있다. 그러므로 하나님 나라는 '하나님의 통치', 혹은 '하나님의 다스리심'으로 이해할 수 있을 것이다. 양용의, 『하나님 나라 어떻게 이해할 것인가』(서울: 한국성서유니온선교회, 2013), 21-23.

128) Michael Green, Evangelism through the local church (Nashville: A Division of Thomas Nelson Pub, 1992), 8-11. '복음전도'라는 명칭도 전도의 본질적 의미를 극대화시킨 명칭이라고 할 수 있다. 기독교의 전도는 복음을 전하여 영혼을 살리는데 있음을 강조한 명칭이다.

129) A. Schweitzer, The Mystery of the kingdom of God, tr. by W. Lowrie (London: A.&C. Black, 1913)을 참조하길 바랍니다.

130) C. H. Dodd, The Parables of the kingdom (London: Nisbet, 1935)을 참조하길 바랍니다.

131) 김세윤 외, 『하나님 나라 복음』(서울: 새물결플러스, 2013), 239-40.

132) 김세윤 외, 『하나님 나라 복음』, 240.

133) Howard Snyder/ 탁영철 옮김, 『하나님의 나라와 오늘날의 도전』(서울: 기독지혜사, 1991), 155-56.

134) George Elden Ladd/ 박미가 옮김, 『하나님 나라의 복음』(서울: 서로사랑, 2010), 60.

135) Hans Kung/ 정지련 옮김, 『교회』(서울: 한들출판사, 2007), 92.

136) 은준관, 『신학적 교회론』(서울: 한들출판사, 2005), 415, 451-60.

137) George Eldon Ladd/ 원광연 옮김, 『하나님 나라』(서울: 크리스챤다이제스트, 2005), 25.

138) Herman Ridderbos/ 오광만 옮김, 『하나님 나라』(서울: 솔로몬, 2012), 587-88.

139) 김희성, 『하나님의 나라』(부천: 하나님의 나라 & 성서연구소, 2010), 67.

140) 김세윤 외, 『하나님 나라 복음』, 222.

141) 김세윤 외, 『하나님 나라 복음』, 224.

142) 김희성, 『하나님의 나라』, 45-46.

143) 김희성, 『하나님의 나라』, 47-49.

144) Gerd Theissen & Annette Merz/ 손성현 옮김, 『역사적 예수』(서울: 다산글방, 2001), 401.

145) 김희성, 『하나님의 나라』, 57.

146) Howard Snyder/ 권영석 옮김, 『참으로 해방된 교회』(서울: IVP, 2005), 209.

147) D. Wenham, Paul: Fellower of Jesus or Founder of Christianity? (Grand Rapids: Eerdmans, 1995), 71-80.

148) 이에 대해서는 조영모, 『누가와 바울이 말하는 성령과 하나님 나라』, 3장을 참조하길 바랍니다.

149) Wenham, Paul: Follower of Jesus or Founder of Christianity?, 78-80.

150) 조영모, 『누가와 바울이 말하는 성령과 하나님 나라』, 173.

151) 조영모, 『누가와 바울이 말하는 성령과 하나님 나라』, 307-08.

152) 이에 대해서는, 하도균, "하나님 나라와 복음전도" [복음과 실천신학] 제31권 (서울: 한국복음주의실천신학회, 2014), 133-162를 참조하라.

153) 하도균, "하나님 나라와 복음전도", 152.

154) 여기서 일차적이라 함은 이미 앞에서 서술하였듯이, 복음전도는 복음을 전하여 영생을 얻도록 하는 것을 우선적인 목적으로 한다. 그러나 여기서 끝나는 것이 아니라, 복음의 내용이 성도들의 삶에 실천되어질 수 있도록 지속적으로 가르치고 전하여 온전한 그리스도인으로 만들어 가는데 이차적인 목적이 있다.
155) 하도균, "하나님 나라와 복음전도", 152.
156) Snyder, 『참으로 해방된 교회』, 350.
157) 양용의, 『하나님 나라 어떻게 이해할 것인가』, 210-20.
158) 이러한 사실은 특별히 누가복음에 더 잘 나타나 있다. 조영모, 『누가와 바울이 말하는 성령과 하나님 나라』(서울: 킹덤북스, 2010), 300.
159) I. H. Marshall, Luke: Historian and Theologian (Grand Rapid: Zondervan, 1970), 655.
160) 김세윤 외, 『하나님 나라 복음』, 265.
161) 고든 스미스, 「온전한 회심 그 7가지 얼굴」 임종원 역, (서울: 도서출판 CUP, 2012), 433.
162) Elmer L. Towns, A Practical Encyclopedia: Evangelism and Church Growth (Ventura, CA: Regal Books, 1995), 251.
163) Alfred Plummer, A Critical and Exegetical Commentary on the Gospel according to St. Luke, 5th ed (Edinburgh; T. & T. Clark, 1977), 561.
164) 이방인들로 하여금 계속해서 구원에 이르는 믿음을 갖게 하는 요 4:42은 신명기-이사야에서도 제시되며, BC 1세기와 AD 1세기의 유대인들 사이에서 선교 활동이 급증한 예가 된다.
165) 마이클그린, 「초대교회복음전도」 박영호 역, (서울: 기독교문서선교회, 1988), 206.
166) Ibid., 207.
167) 고넬료는 세 사람을 보냈는데, 성령이 말씀하실 때는 두 사람이 찾아왔다고 한 것은 아마 함께 온 군인 한 사람은 숫자에서 빼고 사환 두 사람만 말했기 때문일 것이다.
168) 초대교회 지도자들이 거의 고려하지도 않았던 곳인 사마리아인(8장), 내시(8장), 하나님을 두려워하는 자들(10장), 그리고 이방인들(13장)중에서 교회의 전선을 확장시킨 것은 사도들이 아니라 성령이었다는 사실은 주목할 만하다. 마이클그린, 「초대교회복음전도」, 277.
169) 마이클그린, 「성령을 믿사오며」 이혜림 역, (서울: 서로사랑, 2007), 96.
170) 이한수, 「신약이 말하는 성령」(서울: 도서출판 솔로몬, 2009), 343.
171) Ibid., 96.
172) 이 부분은 예수님께서 요한복음3장에서 유대인의 지도자인 니고데모에게 복음을 전하실 때 바람의 비유와 광야의 놋 뱀 사건의 비유를 들어 설명하신 것과 같은 맥락에서 이해될 수 있다. 성령의 능력아래 베드로가 더욱 논리적으로 복음의 핵심을 전달하고 있음을 증명해 주는 것이다.
173) 베드로가 본인의 전도설교에서 두 번째로 예를 든 내용은 구약의 다윗이었다. 마이클그린은 그의 책 제 3장인 '복음'에서 초대교회 당시 사도행전의 설교의 중요한 틀이 있었는데 그것이 구약성경의 '증거'였다고 말한다. 사도행전의 저자인 누가 역시 이것이 유대인들에게 복음을 전하는 사도들의 가장 주된 방법임을 확신한다고 언급한다. 마이클그린, 「초대교회복음전도」 박영호 역, (서울: 기독교문서선교회, 1988), 122~123. / 이처

럼 전도자가 유대인들에게는 너무나 익숙한 다윗의 기록된 말씀을 복음전도에 이용한 것은 성령의 도우심을 통해 효과적으로 복음을 전하기 위한 세밀한 접근이라 볼 수 있다.

174) 요16:8의 '죄'(sin)로 사용된 헬라어는 '하마르티아'로서 복수가 아닌 단수로 쓰였다. 본 단어의 의미는 표적(과녁)을 벗어나는 것, 잘못, 실수, 목표를 이루지 못하는 것을 의미한다. 이는 각종의 죄의 열매들 즉 '자범 죄'를 의미하는 것이 아닌 인간 안에 있는 죄의 본성, 즉 '죄의 뿌리'를 의미하는 것이다.
175) 켄트 필폿, 『진실로 회심했는가』, 이용복 옮김 (서울: 규장, 2009), 98.
176) 갈4:6 "너희가 아들인고로 하나님이 그 아들의 영을 우리 마음 가운데 보내사 아바 아버지라 부르게 하셨느니라." 롬8:9 "만일 너희 속에 하나님의 영이 거하시면 너희가 육신에 있지 아니하고 영에 있나니 누구든지 그리스도의 영이 없으면 그리스도의 사람이 아니라."
177) 엘머 타운즈, 『성령의 명칭들』, (서울: 도서출판 알돌기획, 1995), 134.
178) 한영태, 『웨슬레의 조직신학』 (서울: 성광문화사, 2002), 187.
179) Ibid., 188.
180) 존 웨슬리, "신생", 한국웨슬리학회 편, 「웨슬리설교전집 3」, 194.
181) 홍성철, 「복음전도의 성경적모델」 (서울: 도서출판세복, 2005), 85.
182) 비슬리-머리, 「WBC-요한복음」 박영호 역 (서울: 도서출판 솔로몬, 2001), 191.
183) Lesslie Newbigin, Bearing the Witness of the Spirit: Lesslie Newbgin's Theology of Cultural Plurality, (Grand Rapids, Mich: Eerdmans, 1998), 170.
184) 켄트 필폿, 『진실로 회심했는가』, 이용복 옮김 (서울: 규장, 2009), 136-145.
185) Ibid., 210-221.
186) 이 글은 「선교신학」 47(2017)과 『변화하는 사회를 위한 전략적 복음전도』 1장에 실린 글입니다.
187) 요한복음이 얼마나 선교학적인 문헌인가와 더불어 요한복음에 나타난 선교학적 주제들에 대해 깊이 있게 연구한 홍기영, "요한복음에 나타난 선교학적 주제들의 고찰," 「선교신학」 제21집(2009년 7월): 11-46을 참조하라.
188) 진 게츠/ 하도균 역, 『성경적 복음전도의 모형: 서로 사랑하자』 (서울: 도서출판 세복, 2004), 7.
189) Ibid., 45.
190) 홍기영은 교회의 연합과 일치가 선교와 매우 밀접한 관계를 가지고 있으며, 연합과 일치는 세상을 향해 나아가라는 주님의 전도명령을 보다 효과적으로 수행할 수 있는 방법이라고 이야기 한다. 홍기영, "요한복음에 나타난 선교학적 주제들의 고찰," 36.
191) Scott J. Jones, The Evangelistic Love of God & Neighbor (Nashuville: Abingdon Press, 2003), 166-167을 참조하라.
192) 진 게츠, 『성경적 복음전도의 모형: 서로 사랑하자』, 61.
193) John Wesley, The Works of John Wesley, An edition of the complete and unabridged Works by the Photo offset process from the authorized Edition published by the Wesleyan Conference Office in London, 1987, 14 Vols. (Grand Rapids: Zondervan Publishing

House, 1958), Vol. IX, 292.
194) 마이클 그린/ 김경진 역, 『초대교회의 전도』 (서울: 생명의 말씀사, 1998), 144-145를 참조하라.
195) 베드로후서 1장 4절의 "신성한 성품에 참여하는 자가 되게 하려함이라"는 구절에서 "참여하는 자"의 의미가 '교제(koinosos)'를 의미한다.
196) 알렌 클라이더, 『초대교회의 예배와 전도』, 53.
197) 예일대학교 고대사학가인 램지 맥멀랜(Ramsay MacMullen)은 초대교회의 성장의 규모가 1세기 말부터 콘스탄티누스 황제(Emperor Constantine)가 회심한 312년까지 매 세대마다 약 50만 명씩 증가했다고 하였다. Ramsay MacMullen, Christianizing the Roman Empire(A. D. 100-400), (New Haven: Yale University Press, 1984), 86, 109-110을 참조하라.
198) 한의신, 『신약성서의 코이노니아』 (서울: 대한기독교서회, 1996), 69를 참조하라.
199) John Wesley, The Works of John Wesley, Vol. VIII, 310.
200) John Wesley, The Works of John Wesley, Vol. IX, 292.
201) Ibid.
202) John Wesley, "The Image of God," The Works of John Wesley: Sermons IV 115-151, Edited by Albert C. Outler. The Bicentennial Edition. (Nashville: Abingdon press, 1984), Vol. 4, 294.
203) Ibid.
204) John Wesley, "God's Love to Fall Man," The Works of John Wesley: Sermons II 34-70, by Albert C. Outler. The Bicentennial Edition. (Nashville: Abingdon press, 1984), Vol. 2, 422-435와 "Original Sin," The Works of John Wesley: Sermons II 34-70, 185를 참조하라.
205) John Wesley, "The Image of God," The Works of John Wesley: Sermons IV 115-151, 293.
206) 하나님의 형상과 전도에 관한 연관성에 대해서는 권오훈, "존 웨슬리의 전도이해," 「선교신학」 제29집(2012년 2월): 12-13을 참조하시오.
207) John Wesley, "Original Sin," The Works of John Wesley: Sermons II 34-70, 184를 참조하라.
208) John Wesley, "The Love of God," The Works of John Wesley: Sermons IV 115-151, 331.
209) H. 린드스트룀/ 전종옥 역, 『웨슬리와 성화』 (서울: 기독교대한감리회 홍보출판국, 1998), 187.
210) John Wesley, "The Love of God," The Works of John Wesley: Sermons IV 115-151, 332.
211) John Wesley, "On Love," The Works of John Wesley: Sermons IV, 115-151, 383.
212) John Wesley, The Works of John Wesley, Vol. IX, 292.
213) John Wesley, "God's Love to Fallen Man," The Works of John Wesley: Sermons II 34-70, 428.
214) 이에 대해서는 앞에서 언급하였듯이, 하나님의 사랑의 목적이 깨어진 하나님과의 관계 회복에 있고 잃어버린 하나님의 형상을 회복하는데 있으므로 사랑의 궁극적인 목적을 복음전도와 연관시킬 수 있다.
215) Theodore Runyn, The Creation: John Wesley's Theology Today (Nashville: KingsWood

Books, 1985), 207.
216) John Wesley, "On Working Out Our Own Salvation," The Works of John Wesley: Sermons III 71-114, by Albert C. Outler. The Bicentennial Edition. (Nashville: Abingdon press, 1984), Vol. 3, 203.
217) 조종남,『요한웨슬리의 신학』, 101.
218) 송흥국,『웨슬레 신학』(서울: 대한기독교서회, 1975), 58.
219) 노로 요시오/ 김덕순 역,『존 웨슬리의 생애와 사상』(서울: 기독교대한감리회 교육국, 1993), 527을 참조하라.
220) Wily and Culbertson, Introduction to Christian Theology (Kansas City: Beacon Hill Press, 1946), 313.
221) 한영태,『삼위일체와 성결』(서울: 성광문화사, 1994), 220-223을 참조하라.
222) 김홍기,『존 웨슬리의 희년사상』(서울: 감리교신학대학교 출판국, 1995), 35를 참조하라.
223) John Wesley, "The Repentance of Believers," The Works of John Wesley: Sermons I 1-33, by Albert C. Outler. The Bicentennial Edition. (Nashville: Abingdon press, 1984), Vol. 1, 348.
224) John Wesley, "The Scripture Way of Salvation," The Works of John Wesley Sermons II 34-70, 162-169를 참조하라.
225) 존 웨슬리/ 김영운 역,『존 웨슬리 총서 10: 서간집』(서울: 신교출판사, 1979), 314.

226) Ibid., 321.
227) 이에 대해서는, A. Skevington Wood, The Burning Heart: John Wesley, Evangelist (Exetes: The Paternoster Press, 1967)을 참조하라.
228) 이에 대해서는, 홍성철,『불타는 전도자 존 웨슬리』(서울: 도서출판 세복, 2006), 13-100, 1부 "불타는 전도자의 형성"을 참조하라.
229) John A. Newton, Susanna Wesley (London: The Epworth Press, 1968), 122.
230) 홍성철,『불타는 전도자 존 웨슬리』, 21-25를 참조하라.
231) Leland Ryken, Worldly Saints: The Puritans As They Really Were (Grand Rapids, MI: Academie Books, 1986), 206.
232) 홍성철,『불타는 전도자 존 웨슬리』, 60-76을 참조하라.
233) Ibid., 88-89.
234) 임영택, "웨슬리 초기공동체의 교육목회 방법 연구: 은총의 수단,"「기독교교육정보」제50집(2016년 9월): 172-173.
235) 이에 대해서는, 하도균, "교회 공동체성 회복을 통한 효과적인 복음전도에 관한 연구,"「신학과 실천」제36호(2013년 9월): 561-588을 참조하라.
236) 케네스 콜린스/ 이세형 역,『거룩한 사랑과 은총: 존 웨슬리의 신학』(서울: kmc, 2014), 377-382를 참조하라. 웨슬리의 사랑의 사역은 사회의 소외된 층만이 아니라, 경제, 정치 영역에까지 그 영향력을 끼치었다.
237) John Wesley, "Upon Our Lord's Sermon on the Mount IV," The Works of John Wesley:

Sermons I 1-33, 531-549를 참조하라.
238) W. 클라이버, M. 마르쿠바르트/ 조경철 역,『감리교회신학』(서울: 기독교대한감리회홍보출판국, 2007), 379.
239) 허버트 케인/ 박광철 역,『기독교 세계선교사』(서울: 생명의 말씀사, 1981), 117. 여기서 케인의 "선교"라는 말은 웨슬리에게 있어서 전도라는 말과 같이 사용되어질 수 있다. 그의 선교의 유일한 목표가 잃어버린 자를 찾아 구원하는 것이었기 때문이다.
240) Howard A. Snyder, The Radical Wesley & Patterns for Church Renewal (Downers Grove, IL: Inter Varsity Press, 1980), 3.
241) 하도균,『전도, 메시아 예수를 전하라』(서울: 소망사, 2016) 91-99를 참조하라. 저자는 예수께서 세상의 메시아가 될 수 있었던 것은, 세상과 하나가 되어 '상처 입은 치유자'가 되었기 때문이라고 하였다.
242) Robert G. Tuttle, John Wesley: His Life and Theology (Grand Rapids, MI: Francis Asbury Press, 1989), 277.
243) John Wesley, "The Law Established through Faith, II," The Works of John Wesley: Sermons II 34-70, 42와 John Wesley, "Catholic Spirit," The Works of John Wesley: Sermons II 34-70, 89를 참조하라.
244) 이에 대해서는 권오훈, "존 웨슬리의 사랑으로 역사하는 믿음,"「선교신학」제25집(2010년 11월): 128-133을 참조하라.
245) 김진두,『웨슬리와 사랑의 혁명』(서울: 도서출판 감신, 2003), 39.
246) 하도균, "복음전도를 위한 피전도자 이해,"『전도바이블』, 244-261을 참조하라.
247) 존 웨슬리/ 김광식, 이계준, 송홍국 역, "이성적이며 종교적인 인사들에게 대한 간곡한 호소,"『존 웨슬리 총서 9: 논문집』(서울: 신교출판사, 1979), 300.
248) 존 웨슬리,『존 웨슬리 총서 10: 서간집』, 252.
249) 홍순원, "성령과 사회적 성화: 존 웨슬리의 성령론적 윤리,"「신학과 실천」제35호(2013년 5월): 573-575를 참조하라.
250) 웨슬리는 영국 국교회로부터 설교할 기회를 얻지 못하였기에 자연스럽게 설교할 수 있는 야외로 향하게 되었다. 결정적으로 설교의 기회를 박탈당하게 된 것은 옥스퍼드 대학에서 "성경적인 기독교"라는 제목으로 설교하며, 영국 국교회를 향하여 날선 질문들을 던져 개혁을 요구하였을 때였다. 설교권을 박탈당한 뒤, 웨슬리는 국교회가 관심을 갖지 않았던 교구 외의 산업지대, 광산지대의 야외로 향하게 되었고 야외설교를 통하여 하나님을 만날 수 없었던 자들을 회심시키기 위해 노력하였다. 이에 대해서는, 김홍기,『존 웨슬리 신학의 재발견』(서울: 대한기독교서회, 1993), 38-40을 참조하라.
251) 김진두,『웨슬리의 실천신학』(서울: 도서출판 진흥, 2000), 182.
252) 이상만,『12단계 오이코스 전도』(서울: 도서출판 오이코스코리아, 2005), 51
253) 제임스 케네디,『전도폭발;제4개정판』김만풍 역, (서울: 국제전도폭발 한국본부, 2003), 28-29.
254) William j. Abraham, The Logic of Evangelism, (Michigan: Wm. B. Eerdmans Pubilshing Co., 1989), 73.
255) 윌리엄 멕케이는 전도를 위한 관계란 다른 사람에 대한 관심과 더불어 진실한 돌봄이

그 특징이라고 이야기하면서 지속적인 보살핌 속에서 전도할 권리를 얻게 된다고 말하고 있다. 윌리엄 맥케이,『가정전도 이야기』(서울; (주)미션월드 라이브러리, 1998), 89-90.

256) 홍성철은 실제로 접촉이 없으면 전도는 불가능하다고 이야기 하면서, 그런 이유 때문에 복음을 효과적으로 전함에 있어서 접촉은 어렵기도 하지만 너무나 중요한 과정이라고 이야기한다. 뿐만 아니라 접촉은 복음전도의 중앙에 자리잡고 있으며 전도는 접촉을 통해서 시작된다고 주장한다. 홍성철,『전도학 개론』(서울: 도서출판 세복, 2014), 107-109.

257) 윌리엄 맥케이,『가정전도 이야기』, 108-109.

258) 윌 메거츠,『양보 없는 전도』조계광 역, (서울; 생명의 말씀사, 2005), 297.

259) 윌리엄 맥케이는 들어주기는 가장 중요한 전도의 기술이라고 주장하면서 상대방에게 완전히 집중해서 들어주어야 하는데, 이때 얼굴표정이나 자세 또는 손으로 하는 행동이 말로 하는 반응보다 더 많은 것을 표현한다고 이야기 한다. 윌리엄 맥케이,『가정전도 이야기』, 110.

260) 윌리엄 맥케이는 청취하는 동안 피해야 하는 다섯 가지 함정이 있는데, 해결사로 나서는 것, 평가하는 것, 물러나는 것, 성급한 결론, 무모한 분석이라고 이야기 한다. 위의 책, 115-119.

261) 트레빈 왁스는 복음은 세발의자와 같다고 이야기 하면서, 복음 '이야기'는 복음 '선포'의 특성을 이해하기 위해 꼭 필요한 성경 기사를 제공하고, 복음 '선포'는 복음 '공동체'를 탄생시킨다고 이야기 한다. 그리고 예수님의 삶과 죽음과 부활을 통해 하나님이 행하신 일에 관한 선포가 복음의 핵심이라고 이야기하면서 예수께 집중된 이 메시지는 배경을 필요로 한다고 주장하고 복음 선포를 이해하려면 그것과 관련된 이야기를 파악할 필요가 있다고 하는 이야기 중시 자들의 주장을 긍정하고 있다. 트레빈 왁스,『일그러진 복음』김태곤 역, (서울: 생명의 말씀사, 2012), 19-29.

262) 홍성철은 전통적인 수사학의 3대 요소인 말해진 내용의 논거 자체인 로고스(logos), 화자의 열정인 파토스(pathos), 그리고 화자의 인품과 삶을 의미하는 에토스(ethos)가 균형을 갖추었을 때 가장 온전한 전달과 설득이 일어날 것을 기대할 수 있지만 전도를 이끌며 결정짓는 것은 성령이기에 가장 핵심적이고 통합적인 전도적 수사학의 요소는 성령의 역사에 민감하게 개방되는 것이라고 말하고 있다. 김선일, "복음전도와 하나님의 말씀",『전도학』홍성철 편, (서울: 도서출판 세복, 2006), 173-174.

263) 회개와 믿음에 대해서는 홍성철,『전도학 개론』, 324-338을 참조하라.

264) 윌리엄 페이와 린다 에반스는 말씀만을 가지고도 전도할 수 있다고까지 이야기 한다. 윌리엄 페이, 린다 에반스 셰퍼드『두려움 없이 전하라』전의우 역, (서울: 도서출판 국제제자훈련원, 2006), 63-83; 말씀과 전도와의 관계에 대해서는 홍성철,『전도학 개론』, 242-260을 참조하라.

265) 위의 책, 24.

266) 윌 메거츠,『양보 없는 전도』, 279-281.

267) 이상만,『오이코스전도 핸드북』(서울: 도서출판 엠마오, 1997), 75.

268) 맥가브란은 자신의 책『교회성장학』(understanding church growth)에서 사람들이 수용

적이게 되는 요소를 크게 여섯 가지로 제시한다. 그 여섯 가지는 새로운 정착, 귀향한 여행자들, 정복을 당함, 민족주의, 지배로부터의 자유, 문화이식으로서 맥가브란은 이러한 상황이 사람을 복음에 대하여 수용적인 반응을 일으키게 한다고 말하고 있다. 이에 대하여는 맥가브란의『교회성장학』의 12장 '인간과 사회의 수용성'에 대한 부분을 참고하라. Donald A. McGavran, Understanding Church Growth, (Grand Rapid, Michigan: William B. Eerdmans Publishing Company, 1970), 245-265. 이 책의 번역본으로 고원용 역의『교회성장학』(서울: 보이스사, 1974)이 있다.

269) Geore G. Hunter III, The Contagious Congregation: Frontiers in Evangelism and Church Growth (Nashville, TN: Abingdon, 1979), 104.
270) C. Peter Wagner, Strategies for Church Growth (Ventura, CA: Regal, 1987), 78.
271) 라이너의 피전도자의 수용성에 따른 분류는 그의 책 'The Unchurched Next Door'를 참고하라. Thom S. Rainer, The Unchurched Next Door, (Grand Rapid, MI: Zondervan, 2003). 이 책의 번역본으로 이혜림 역의『우리가 교회 안 가는 이유』(서울: 예수전도단, 2007)이 있다.
272) Thom S. Rainer, The Unchurched Next Door, 23.
273) 론 스미스,『개인전도의 입문』권명달 역, (서울: 보이스사, 1982), 100.
274) Thom S. Rainer, The Unchurched Next Door, 63.
275) Thom S. Rainer, Surprising insight, (Grand Rapid, MI: Zondervan, 2001), 70.
276) 마크 덴버,『복음과 개인전도』, 김귀탁 역 (서울: 부흥과 개혁사, 2009), 153.
277) 민경설, [전도동력리포트] (서울: 선교햇불, 2005), 13-14.
278) Ralph Winter, Perspectives on the World Christian Movement, Ralph Winter & Stephen Hawthorne ed. (Pasadena, CA: William Carey Library, 1981), 311을 참조하라.
279) 마이클 그린, [현대전도학] 박영호 역 (서울: 기독교문서선교회, 1994), 172-73.
280) 김양태, [허리굽혀 공감하라] (서울: 생명의말씀사, 2001), 17.
281) 홍성철, [전도학개론], (서울: 도서출판 세복, 2014), 85.
282) 이에 해서는 김양태, [허리굽혀 공감하라] 24-30을 참조하라.
283) 마이클 그린, [현대전도학], 169-170.
284) 김학중, [당신은 전도하는 제자입니까? 2] (서울: 넥서스, 2010), 92.
285) 이상만, [12단계 오이코스 전도, 훈련자용] (서울: 생명의말씀사, 2009), 144를 참조하라.
286) 윌리엄 페이. 린다 에반스 셰퍼드, [두려움 없이 전하라] 전의우 역 (서울: 국제제자훈련원, 2006), 117.
287) 이상만, [12단계 오이코스전도], 145.
288) 디 제임스 케네디, [전도폭발] 김만풍 역 (서울: 국제전도폭발 한국본부, 2012), 203-7을 참조하라. 여기서는 다섯 가지의 방법을 제시하고 있으나 필자는 네 가지의 방법에 집중하였다. 대부분의 기본적인 반대의견 처리 방법은 여기에서 많이 아류 되었다.
289) 디 제임스 케네디, [전도폭발] 203.
290) 마이클 그린, [현대전도학], 174.
291) Ibid.
292) 이 글은『신학과 실천』36(2013)에 실린 글입니다.

293) 게하르트 로핑크/ 정한교 옮김, 『예수는 어떤 공동체를 원했나』(서울: 분도출판사, 1987), 126-35.
294) 한스 큉/ 정지련 옮김, 『교회』(서울: 한들출판사, 2007), 107.
295) 한스 큉(Hans Küng)은 교회의 여러 속성을 이야기하며 "교회는 죄 속에서도 거룩하며, 거룩하면서도 죄 많은 교회"라고 언급하였습니다. 한스 큉, 『교회』, 467.
296) 론 니콜라스/ 신재구 옮김, 『소그룹 운동과 교회성장』(서울: IVP, 2006), 26-32.
297) 김상권, 『청년실종, 공동체성으로 공략하라』, 101-10. 여기서 김상권은 네 가지 요소들이 교회 공동체를 활성화시키는 요소로서 공동체에 크게 영향을 끼치고 있음을 주장합니다.
298) 론 니콜라스, 『소그룹 운동과 교회성장』, 40-46.
299) 김현진, 『공동체신학』(서울: 예영커뮤니케이션, 1998), 94-95.
300) 김현진, 『공동체신학』, 94.
301) 데이비드 플랫/ 최종훈 옮김, 『래디컬』(서울: 도서출판 두란노, 2011), 8.
302) 데이비드 플랫, 『래디컬』, 95.
303) Michael Harper, A New Way of Living, (Plainfild, N.J.: Logos, 1973), 8.
304) 은준관, 『실천적 교회론』(서울: 한들출판사, 2006), 491, 498.
305) 론 니콜라스, 『소그룹 운동과 교회성장』, 31. 범위에 차이가 있지만, 선교와 복음전도라는 요소는 공동체를 활성화하는데 기여하는 특성이 동일하다고 볼 수 있기에 앞으로 '선교'라는 요소를 '복음전도'라 바꾸어 명칭할 것입니다.
306) 은준관, 『실천적 교회론』, 517.
307) 디트리히 본회퍼/ 유성석, 이신건 옮김, 『성도의 교제』(서울: 대한기독교서회, 2010), 153.
308) 이강천, 『코미멀』(서울: 쿰란출판사, 2012), 35.
309) L. Berkhof, Systematic Theology, (Michigan: Eerdmans, 1983), 562-64.
310) 김현진, 『공동체신학』, 56.
311) P. Althaus, Communio Sanctorum, (Munchen: Chr. Kaiser Verlag, 1929), 8.
312) 이신건, 『교회에 대한 오해와 이해』(서울: 신앙과 지성사, 2012), 111.
313) 김현진, 『공동체신학』, 78.
314) Martin Luther, "A Brief Explanation of the Ten Commandment, the Creed, and the Lord's Prayer," Works of Martin Luther, vol. II, 372.
315) Wilhelm Pauck, The Heritage of the Reformation, (New York: The Free Press of Glencoe, 1961), 31.
316) 존 칼빈/ 고영민 옮김, 『기독교 강요 제4권』(서울: 로고스출판사, 1991), 5-10.
317) 존 칼빈, 『기독교 강요 제4권』, 429-30.
318) 김용복, "코이노니아로서의 교회: 한국 기독교적 시각," 『교회와 코이노니아』, 한국기독교학회 편 (서울: 대한기독교서회, 1993), 22.
319) 설은주, 『코이노니아와 신앙교육』(서울: 예영커뮤니케이션, 2000), 60-64.
320) 한의신, 『신약성서의 코이노니아』(서울: 대한기독교서회, 1996), 114.
321) 한의신, 『신약성서의 코이노니아』, 160.

322) 진 바니어/ 피현희 옮김, 『희망의 공동체』(서울: 도서출판 두란노, 2000), 60.
323) Richard Niebuhr, The Purpose of Church and Its Ministry, (New York: Hasper Press, 1977), 31.
324) Albin Lindgren, Foundations for Purposeful Church Administration, (Nashville: Abingdon Press, 1965), 57.
325) 이 글은 「신학과 실천」 66(2019)에 실린 글입니다.
326) 조종남, 『웨슬리의 갱신운동과 한국교회』(서울: 대한기독교서회, 2006), 48-49.
327) 김현진, 『공동체 신학』(서울: 예영커뮤니케이션, 1998), 24.
328) Ibid., 28
329) Ibid., 29.
330) Ibid.
331) 김영한, 『바르트에서 몰트만까지』(서울: 대한기독교출판사, 1988), 98.
332) 이광수, "소그룹 목회의 이론과 실제," 「신학과 실천」 23(2010), 68-69.
333) 하도균, "교회 공동체성 회복을 통한 효과적인 복음전도에 관한 연구," 「신학과 실천」 36(2013), 565.
334) 김현진, 『공동체 신학』, 56.
335) Ibid., 77-78을 참조하라.
336) Ibid., 78.
337) Ibid., 94-95.
338) Ibid., 94.
339) Ibid., 95.
340) Max Delespesse, The Church Community (Nort Dame: Ave Maria 1973), 8.
341) 하워드 스나이더/명성훈 역, 『교회사에 나타난 성령의 역사』(서울: 도서출판 정연, 2010), 2장 "교회갱신운동에 관한 연구"를 참조하라.
342) 미로슬라브 볼프/김명윤 역, 『광장에 선 기독교』(서울: IVP, 2014), 33-36.
343) Ibid., 37-38.
344) 하도균, 『전도바이블』, (고양: 예수전도단, 2014), 318-22를 참조하라.
345) Ibid., 318-25를 참조하라.
346) 김남식, "한국교회 프로그램식 전도의 현실과 문제, 그리고 대안," 「신학과 실천」 46(2015), 500-01.
347) 로버트 콜먼/홍성철 역, 『주님의 전도 계획』(서울: 생명의 말씀사, 2006), 38-39.
348) 진 게츠/하도균 역, 『성경적 복음전도의 모형: 서로 사랑하자』(서울: 도서출판 세복, 2004), 7.
349) John Wesley, Works, (New York: Oxford University Press, 1975), 11:518.
350) Leland Ryken, Worldly Saints: The Puritans As They Really Were (Grand Rapids, MI: Academie Books, 1986), 8.
351) Patrick Collinson, The Elizabethan Puritan Movement (London: Jonathan Cape, 1967), 22를 참조하라.
352) 정홍호, 윤기철, "선교신학적 관점에서 세속화 극복을 위한 웨슬리의 '산 신앙' 연구",

「복음과 선교」 39(2017), 213.
353) Ibid.
354) 소그룹 구조가 경직된 교회의 구조를 무너뜨리고 종교 개혁 정신을 구현할 수 있는지 다음의 논문을 참조하라. 권문상, "공동체 교육과 교회 구조의 혁신: 소그룹 중심의 교회 구조를 통한 공동체신앙의 회복," 「성경과 신학」 75(2015), 307-11.
355) 이재완, 『존 웨슬리의 교회안의 작은교회 선교운동』 (서울: 한들출판사, 2015), 15.
356) Ibid., 59.
357) 여기서 신도회(societies)는 신도반(class)와 속회(band)로 이루어진 감리교 운동 (Methodist movement)의 소그룹 운동을 말하는 것이다. 하워드 스나이더 『교회사에 나타난 성령의 역사』, 257.
358) Ibid..
359) 정홍호, 윤기철, "선교신학적 관점에서 세속화 극복을 위한 웨슬리의 '산 신앙' 연구," 220.
360) 존 웨슬리/한국웨슬리학회 역, 『존 웨슬리논문집 1』 (서울: 한국웨슬리학회, 2009), 18.
361) 박창훈, 『존 웨슬리 사회비평으로 읽기』 (서울: 대한기독교서회, 2014), 143.
362) 웨슬리의 설교는 당시 영국국교회의 "십 오분 짜리 도덕적 처방"에 불과한 설교와 달리 구원의 복음을 직접적이면서도 쉽고 현실적으로 설교함으로 신선한 자극이 되었으며, 교회와 교회 밖의 사람들이 말씀의 역할과 능력을 재발견하도록 이끌었다. 안덕원, "존 웨슬리에 있어서 설교와 성찬의 의미와 관계: 한국 교회에서의 적용," 「성경과 신학」 65(2013), 157-58.
363) 존 웨슬리, 『존 웨슬리논문집 1』, 33-35.
364) 하워드 스나이더/조종남 역, 『혁신적 교회 갱신과 웨슬레』 (서울: 대한기독교서회, 1995), 75.
365) 박창훈, 『존 웨슬리 사회비평으로 읽기』, 140.
366) John Wesley, Works, 8:260.
367) Ibid., 8:259-60.
368) John Wesley, Works(Sermons) 1:541.
369) 하워드 스나이더, 『혁신적 교회 갱신과 웨슬레』, 75.
370) Ibid.
371) William B. Lewis, "The Conduct and Nature of the Methodist Class Meeting," Spiritual Renewal for Methodism. Samuel Emerick ed. (Nashville: Methodist Evangelistic Materials, 1958), 25.
372) 하워드 스나이더, 『교회사에 나타난 성령의 역사』, 256.
373) John Wesley, Works, 8:256-57.
374) John Wesley, Works(Sermons) 1, 1-33을 참조하라.
375) 조성호, "웨슬리의 역사적 상황과 기독교 영성형성의 상관관계 연구," 「신학과 실천」 61(2018), 399.
376) 김진두, 『웨슬리와 사랑의 혁명』 (서울: 도서출판 감신, 2003), 39.
377) E. Douglas Bebb, Wesley (London: Epworth, 1950), 123.

378) 케네스 콜린스/박창훈 역, 『진정한 그리스도인: 존 웨슬리의 생애』 (부천: 서울신학대학교출판부, 2009), 216.
379) 김한옥, "한국교회 소그룹 목회의 실태와 발전 방안," 『신학과 실천』 12(2007), 32-33.
380) 구병옥, "공동체를 통한 전도: 역사적·현대적 사례 연구," 『신학과 실천』 43(2015), 548-49.
381) 이 글은 『선교신학』 51(2018)과 『변화하는 사회를 위한 전략적 복음전도』 7장에 실린 글입니다.
382) The Manila Manifesto, (2018년 7월 18일 접속). https://www.lausanne.org/content/manifesto/the-manila-manifesto.
383) 이 어구는 온전한 복음전도의 실천이 단순히 복음의 내용만을 선포하고 설득하는 것에서 머무르지 않고, 그리스도의 사랑으로 세상을 사랑하고 관심으로 가지고 참여하며 그 세상을 변화시켜 가고자 하는 일체의 노력을 포함하며, 이러한 그리스도인의 사회적 책임을 통하여 자연스럽게 세상에 복음을 선포할 수 있는 관계 형성의 더 많은 기회를 얻게 되는 일련의 모든 과정을 포함하는 의미이다.
384) John Stott, "Evangelism and Social Responsibility: An Evangelical Commitment, The Grand Rapids Report," in Making Christ known: Historic Mission Documents from the Lausanne Movement, 1974-1989 (Grand Rapids, Mich.: W.B. Eerdmans Pub., 1997), 179.
385) John Stott, Evangelism and Social Responsibility: An Evangelical Commitment (Grand Rapids: LCWE and WEF, 1982), 24.
386) Ibid., 25.
387) Ibid.
388) Donald W. Dayton, Discovering an Evangelical Heritage (New York: Harper & Row, 1976), 15-24를 참조하라.
389) J. Wesley Bready, England: Before and After Wesley (London: Hodder & Stoughton, 1939), 405를 참조하라.
390) 존 스토트/ 정옥배 역, 『현대사회 문제와 그리스도인의 책임』 (서울: IVP, 2012), 26.
391) 존 스토트, 『현대사회 문제와 그리스도인의 책임』, 30을 참조하라.
392) 윌리암 아브라함/ 김남식 역, "전도신학: 전도의 핵심," 『전도의 이론과 실제 I』 (서울: 한국전도학연구소, 2015), 63.
393) 김영동, 『교회를 살리는 선교학』 (서울: 장로회신학대학교출판부, 2003), 108을 참조하라.
394) 복음주의 진영의 사회적 책임에 대한 인식과 WCC로 대표할 수 있는 자유주의 진영의 사회적 책임에 대한 인식에 대해서는 박영환, "휘튼대회의 복음전도와 사회참여에 관한 선교사역적 이해," 『선교신학』 44 (2016): 159-161을 참조하라.
395) 로저 E. 올슨/ 이종원, 박응주 역, 『복음주의 신학사 개관』 (서울: 크리스천투데이, 2017), 20-21을 참조하라.
396) 로잔선언의 "그리스도인의 사회적 책임" 항목의 자세한 내용은 신현광, "한국교회의 복음전도 방향에 관한 연구," 『복음과 실천신학』 20 (2009): 39-40을 참조하라.
397) 그랜드 래피즈 보고서의 내용에 대해서는 다음을 참조하라. Evangelism and Social

Responsibility: An Evangelical Commitment (LOP 21), https://www.lausanne.org/content/lop/lop-21 (2018년 7월 18일 접속); 존 스토트/ 한화룡 역, 『복음전도와 사회적 책임: 그랜드 래피드즈 보고서』(서울: 두란노서원, 1986), 31-38, 52-54.

398) 전도가 사회적 책임에 비해 논리적 우선성을 갖는다는 의미에 대해서는 박보경, "로잔 운동에 나타난 전도와 사회적 책임의 관계," 『복음과 선교』 22 (2013): 21을 참조하라.
399) John Wesley, The Works of John Wesley 19 (Nashville: Abingdon Press, 1990), 67.
400) 존 웨슬리/ 이성덕 역, 『존 웨슬리, 나의 삶이 되다』(서울: 신앙과지성사, 2011), 135.
401) 존 웨슬리, "1789. 6. 2. 더블린 크로니클(Dublin Chronicle) 발행인에게 쓴 편지," 『서간집: 존 웨슬리총서 10』 웨슬리사업회 편역, (서울: 신교출판사, 1979), 314.
402) 존 웨슬리, "1789. 3. 1. 전도자들과 동료들에게 쓴 편지," 『서간집: 존 웨슬리총서 10』, 321.
403) 존 웨슬리/ 김영운 역, 『일기 上: 존 웨슬리총서 7』(서울: 한국교육도서출판사, 1977), 162.
404) 존 웨슬리, "1755. 9. 24. 사무엘 워커(Samuel Wailer)에게 쓴 편지," 『서간집: 존 웨슬리 총서 10』, 145.
405) 존 웨슬리/ 송흥국 역, "감리회 초기 연회록(1744-1758)," 『일기 下: 존 웨슬리 총서 8』(서울: 한국교육도서출판사, 1979), 296.
406) 웨슬리의 사회적 종교라는 개념을 권오훈은 관계적(relational)으로 해석하며 한국 교회가 교회 밖과 관계를 잘 맺는 사회적 교회로의 변화를 꾀하고 있다. 권오훈, "사회적 교회," 『선교신학』 27 (2011): 9-10.
407) 존 웨슬리, "산상설교 IV," 『웨슬리설교전집 2』 한국웨슬리학회 편역, (서울: 대한기독교서회, 2006), 134.
408) Ibid., 142.
409) Ibid., 136.
410) 윌리암 R. 캐논/ 남기철 역, 『웨슬리 신학』(서울: 기독교대한감리회 교육국, 1986), 28-30을 참조하라.
411) 존 웨슬리, "이성적이며 종교적인 인사들에 대한 간곡한 호소문," 『논문집: 존 웨슬리총서 9』 한국웨슬리학회 편역, (서울: 신교출판사, 1979), 300.
412) 존 웨슬리, 『서간집: 존 웨슬리총서 10』, 252.
413) 하워드 스나이더는 웨슬리의 하나님의 형상 이해에서 전도의 이유를 설명한다. 인류가 하나님의 형상을 몸에 지니고 있기에 그들은 구원받고 치유되고 회복될만한 가치와 무언가가 있다는 것이다. Howard A. Snyder, "The Missional Flavor of John Wesley's Theology," in World Mission in the Wesleyan Spirit, edited by. Darrell L. Whiteman and Gerald H. Anderson (Franklin: Providence House Publishers, 2009), 63-64.
414) John Wesley, Sermons II: John Wesley's Fifty-Three Sermons (Nashville: Abingdon Press, 1983), 227-228을 참조하라.
415) Ibid.
416) Ibid.
417) 조종남, 『요한 웨슬레의 신학』(서울: 대한기독교출판사, 2000), 134.

418) 이에 대해서는 하도균, "성경적 복음전도의 모형으로서 사랑에 관한 연구," 「선교신학」 47 (2017): 352-357을 참조하라.
419) Howard A. Snyder, "The Missional Flavor of John Wesley's Theology," 66-67을 참조하라.
420) Ibid.
421) William M. Greathouse, From the Apostles to Wesley: Christian Perfection in Historical Perspective, (Missouri: Beacon Hill Press, 1979), 112-119를 참조하라.
422) John Wesley, A Plain Account of Christian Perfection (Kansas City, MO: Beacon Hill Press, 1966), 140.
423) 존 웨슬리, "새로운 창조," 『웨슬리 설교전집 6』 한국웨슬리학회 편역, (서울: 대한기독교서회, 2006), 217.
424) Howard A. Snyder, "The Missional Flavor of John Wesley's Theology," 71.
425) 라은성, "존 웨슬리의 부흥운동과 사회운동," 『국제신학』 (서울: 국제신학대학원출판부, 2007), 10에서 재인용하였음.
426) 이에 대해서는, 박창훈, "존 웨슬리의 사회적 성결에 대한 재 고찰," 「한국교회사학회지」 30 (2011): 121-149를 참조하라. 웨슬리는 소그룹이라는 단어 대신 '신도회'라는 단어를 사용하였다.
427) 존 웨슬리, "메도디스트라 불리는 사람들에 대한 평이한 해설," 한국웨슬리학회 편역, 『존 웨슬리 논문집 I』 (서울: 한국웨슬리학회, 2009), 18.
428) John Wesley, "To Mr. T.H., alias Philodemus, alias Stephen Church, alias R.W." The Letters of the Rev. John Wesley, A.M., edited by John Telford (London: The Epworth Press, 1931), 119.
429) 신도회 안에서도 '속회'라는 소그룹을 통하여 이러한 일들이 일어났다. 그리고 신앙의 성속에 따라 '반(the band)'이라는 소그룹 공동체와 신앙의 침체를 겪은 자들을 위한 '참회자반', 그리고 최고의 성숙도를 가진 이들을 위한 '선발 신도회'가 구성되어 있다.
430) 존 웨슬리, "메도디스트라 불리는 사람들에 대한 평이한 해설," 『존 웨슬리 논문집 I』, 22-23.
431) Ibid., 21.
432) 존 웨슬리, "메도디스트라 불리는 사람들에 대한 평이한 해설," 『존 웨슬리 논문집 I』, 39-46을 참조하라.
433) 박창훈, "존 웨슬리의 사회적 성결에 대한 재 고찰," 138.
434) 존 스토트, 『현대사회의 문제와 그리스도인의 책임』, 38-39.
435) 조종남, 『요한 웨슬레의 신학』, 50.
436) 데오도레 러니온/ 김고광 역, 『새로운 창조』 (서울: 기독교대한감리회 홍보출판국, 2001), 271.
437) 김영선, 『존 웨슬리와 감리교 신학』 (서울: 기독교서회, 2002), 393-394.
438) Ibid., 394.
439) 맨프레드 마르크 바르트/ 조경철 역, 『존 웨슬리의 사회윤리』 (서울: 보문출판사, 1992), 82.
440) 김홍기, 『존 웨슬리의 역사신학 조명』 (서울: 감리교신학대학교출판부, 1995), 48.

441) Charles Yrigoyen, "Thoughts Upon Slavery," in John Wesley: Holiness of Heart and Life (Kindle Edition: October 5, 2009), 123.
442) 김홍기, "존 웨슬리의 사회복지 운동과 한국적 적용,"「사회봉사 이론과 실제: 감리교회를 중심으로」(서울: 기독교대한감리회 편, 1999), 85.
443) 데오도레 러니온,『새로운 창조』, 272.
444) 복음은 인간만을 위한 것이 아니라, 온 세상을 위한 것이다. 하나님이 만드는 모든 피조물도 그들의 구속을 위하여 하나님의 아들들이 나타나는 것을 기다리기 때문이다(롬 8:19-22).
445) 신현광, "한국교회의 복음전도 방향에 관한 연구," 42-44.
446) 한국 교회의 전도 방법의 변화에 대한 자세한 내용은 다음을 참고하라. 홍병수, 황병준, "한국교회 전도 패러다임 변화에 관한 연구,"「복음과 실천신학」37 (2015): 167-173.
447) 한국기독교목회자협의회, "2018 분석리서치 한국인의 종교생활과 신앙생활 의식조사,"「한목협 한국인의 종교생활과 신앙의식조사 1차 발표회」(2017년 12월 27일): 110.
448) 이 글은「신학과 실천」52(2016)와『변화하는 사회를 위한 전략적 복음전도』5장에 실린 글입니다.
449) 법무부 출입국 통계 2022.11.30. 접속 https://www.moj.go.kr/moj/2412/subview.do
450) 박홍순, "다문화 사회의 이해와 대학생 선교", 대학과 선교 6집 (2009), 49.
451) 장훈태, 선교적 관점에서 본 다문화 사회 (서울: 도서출판 대서, 2011), 88-89.
452) 문경희. "국제결혼 이주 여성을 계기로 살펴보는 다문화주의와 한국의 다문화 현상", 67-93을 참조하라.
453) 김범수 외, 다문화 사회복지론 (경기: 양서원, 2007), 67.
454) Harold Troper, "Multiculturalism." In Paul Robert Magocsci (ed) Encyclopedia of Canada's Peoples (Toronto: University of Toronto, 1999), 997-1006을 참조하라.
455) 한국은 2007년을 기준으로 외국 이주민이 국민 전체의 2%를 넘었으며 이러한 추세로 간다면 2020년에는 5%에 달할 것이라고 한다. 이는 이민자들이 건국하여 건국 때부터 다문화를 표방하며 나라를 시작한 캐나다나, 2차 대전 후 국가의 안보와 경제를 위하여 본격적으로 다문화 사회를 선언하고 이민자들을 받아들여 본격적인 다문화 국가가 된 호주에 비하면 아주 적은 숫자이지만, 한국도 본격적인 다문화시대로 접어들었음을 의미한다. 육동일, "다문화 껴안아야 선진국된다", opening 열린마당, 중앙일보 (2008년 4월 25일자).
456) 국제결혼의 비중이 해마다 늘어나고 있으며, 특히 농어촌의 경우 35.9%에 이르고 있다. 이를 위해서는 2006년 통계청 자료를 참조했다.
457) 정미경, "다문화사회를 향한 한국기독교의 이주민선교", 복음과 선교 (서울: 한국복음주의선교신학회, 2011), 21을 참조하라.
458) Will Kymlicka & Baogang He ed., Multiculturalism in Asia, (New York: Oxford, 2005), 6.
459) 신진호, 세계일보 (2011년 3월 8일자).
460) 이현정, "한국의 다문화 모델을 위한 공감론적 접근", 동국대학교 박사학위논문 (서울: 동국대학교, 2014), 129.
461) 오경석 외, 한국에서의 다문화주의: 현실과 쟁점 (서울: 한울아카데미, 2007), 32-34.

462) 하나다문화센터 다린 "다문화정책 바로 알기-다문화 정책〉 2021년 다문화가족 포용 정책 방향(1)" https://blog.naver.com/hanadarin/222192132868. 2020년 11월 30일 접속.
463) 손신, "결혼이주여성의 사회문화적 적응과 종교의 역할", 복음과선교 (서울: 한국복음주의선교신학회, 2014), 225.
464) Peter Mclaren, Critical Pedagogy and Predatory Culture: Oppositional Politics in Post Modern Era (Routlege, 1995), 132를 참조하라.
465) 신명기 26장 5절을 보면, "내 조상은 방랑하는 아람 사람으로서…"라는 구절이 나온다. 여기에서 이스라엘의 정체성을 엿볼 수 있다.
466) Elizabeth Conde-Frazier, S. Steve Kang and Gary A. Parrett, A Many Colored Kingdom (Grand Rapids, MI: Baker, 2004), 57.
467) Christiana Van Houten, The Alien in Israelite Law, 이영미 역, 너희도 이방인이니 (경기: 한신대학교출판부, 2008), 22.
468) 최경순, "다문화 선교공동체로서의 교회를 위한 기독교교육과정 연구", 장로회신학대학교 박사학위논문 (서울: 장로회신학대학교, 2011), 17.
469) 박홍순, "우리시대의 이주민을 위한 성경해석", 목회와 신학 통권 224호 (2008년 2월), 98-99.
470) 천사무엘, "다문화사회 기독교 학교의 성서교육", 신학논단 65집 (서울: 연세대학교출판부, 2011), 259를 참조하라.
471) 여기에 대해서는, 하도균, 십자가 (경기: 예수전도단, 2015), 14-18을 참조하라.
472) Charles Hirschman, The International Migration Review Vol. 38, No 3 (2004), 1-19.
473) Roland Robertson, "Globalization and Sociological Theory," Roland Robertson and Kathleen E. White, Globalization: Critical Concepts in Sociology vol. 1 (London Routledge, 2003), 295-299를 참조하라.
474) Letty M. Ruessell, "Encountering the 'other' in the World of Difference and Danger," Harvard Theological Review, Vol. 99. No.4 (2006, 10), 467.
475) Seforosa Carroll, " Strangers and Frangipani Lei: Exploring a Christology of Hospitality," Faith in a Hyphen: Cross-Cultural Theology (Sydney: UTC Publications, 2004), 155.
476) Letty M. Ruessell, Just Hospitality (Kentucky: Westminster/ John Knox Press, 2009), 15.
477) Letty M. Ruessell, "Encountering the 'other' in the World of Difference and Danger," 458.
478) C. Ellis Nelson, How Faith Matures? (Louisville: Westminster/ John Knox Press, 1989), 155.
479) Darrell L. Guder, "Toward a Holistic Theology of Mission: World, Community, Neighbour," 선교와 신학 15집 (2005), 171-173을 참조하라.
480) James Fowler, Weaving the New Creation, 박수봉 역, 변화하는 시대를 위한 기독교육 (서울: 한국장로교출판사, 1996), 200-208을 참조하라. 또한 James Fowler, Life Maps: Conversations on the Journey of faith (Texas: Word Books Publisher, 1985)를 참조하라.
481) 양명득, 다문화사회, 다문화교회 (서울: 한국장로교회출판사, 2009), 71.
482) "1. The Way into Union" in the of "Basis of Union," (1992).
483) 양명득, 다문화사회, 다문화교회, 81.

484) "5. Appendix Ⅰ - The Uniting Church is a Multicultural Church," The Report of General Assembly (1985. 7), 180.
485) Ibid.
486) "Conclusion. - Property Policy in a Multicultural Church," The Report of General Assembly, (1992. 9).
487) "6. Appendix Ⅰ - The Uniting Church is a Multicultural Church," The Report of 7th. General Assembly, (1985), 180.
488) "7. 9. Appendix Ⅰ - The Uniting Church is a Multicultural Church," The Report of 7th. General Assembly, (1985), 180-181.
489) "8. Appendix Ⅰ - The Uniting Church is a Multicultural Church," The Report of 7th. General Assembly, (1985), 180.
490) Peter Mclaren, Critical Pedagogy and Predatory Culture: Oppositional Politics in Post Modern Era, 132.
491) 은준관, 실천적교회론 (서울: 대한기독교서회, 1999), 517.
492) 하도균, "복음전도의 정의", 전도바이블 (경기; 예수전도단, 2014), 1장 18-47을 참조하라.
493) Louis Berkhof, Systematic Theology (Grand Rapids: Eerdmans, 1996), 562-564.
494) 김현진, 공동체신학 (서울: 예영커뮤니케이션, 1998), 56.
495) 한의신, 신약성서의 코이노니아 (서울: 대한기독교서회, 1996), 160.
496) 하도균, "복음전도를 위한 피전도자의 이해", 전도바이블 11장을 참조하라.
497) Ibid., 250-256을 참조하라.
498) 하도균, "세속화시대의 복음전도", 전도바이블 304-306을 참조하라.
499) Tom S. Rainer, The Unchurched Next Door 이혜림 역, 우리가 교회 안가는 이유 (서울: 예수전도단, 2007), 147.
500) 황병배, "The Rainer Scale을 통해서 본 한국 불신자 유형 조사와 효과적인 전도를 위한 선교적 통찰", 제48회 한국실천신학회 정기학술대회 자료집 (서울: 한국실천신학회, 2013), 60.
501) George G. Hunter Ⅲ, How to Reach Secular People (Nashville: Abingdon Press, 1992), 83-84.
502) 하도균, "복음전도자들을 위한 피전도자들의 이해", 전도바이블 256-261을 참조하라.
503) 이 글은 기독교대한성결교회총회임원회에서 주최한 성결복음학술제(2022)에서 발표한 글을 수정한 것입니다.
504) 여기에 대해서는 이동호, "코로나19 시대 '함께 살아감'을 위한 기독교 윤리," 「대학과 선교」 49(2021): 91-114를 참조하라.
505) 코로나로 인해 야기된 사회문제에 대해서는 이종원, "코로나19로 인한 사회문제와 그 해결책," 「대학과 선교」 45(2020): 70-76을 참조하라.
506) 행정안전부, "주민등록 인구 기타현황", https://jumin.mois.go.kr/index.jsp (2022년 6월 11일 접속).
507) 중생을 경험하는 일차적인 전도와 성결을 경험하는 이차적인 전도에 대해서는 하도균,

"복음전도와 사회적 책임에 관한 연구: 존 웨슬리(John Wesley)의 사상을 중심으로,"「선교신학」51(2018): 273을 참조하라.

508) 율법의 관점에서 예수님과 바리새인과 어떻게 달랐는지는 김충연, "율법의 종말인가 율법의 완성인가?: 마태복음의 율법이해를 중심으로,"「대학과 선교」42(2019): 108-111를 참조하라.

509) 요한복음에서 선교학적 주제들을 얼마나 잘 드러나 있는지에 대해서는 홍기영, "요한복음에 나타난 선교학적 주제들의 고찰,"「선교신학」21(2009): 11-46을 참조하라.

510) 진 게츠/ 하도균 역,『서로 사랑하자: 성경적 복음전도의 모형』(서울: 도서출판 세복, 2004), 7.

511) 웨슬리의 성결에서 죄의 제거가 부정적인 측면이라면, 사랑의 충만은 긍정적인 측면이라 할 수 있다. 이동호, "웨슬리의 사회성화와 디아코니아,"「대학과 선교」44(2020): 67.

512) 마이클 그린/ 김경진 역,『초대교회의 전도』(서울: 생명의 말씀사, 1998), 144-145를 참조하라.

513) Scott J. Jones, The Evangelistic Love of God & Neighbor (Nashuville: Abingdon Press, 2003), 166-167을 참조하라.

514) 알렌 클라이더/ 허현 역,『초대교회의 예배와 전도』(춘천 : 한국 아나뱁티스트 출판사, 2003), 53.

515) 예일대학교 고대사학가인 램지 맥멀랜(Ramsay MacMullen)은 초대교회의 성장의 규모가 1세기 말부터 콘스탄티누스 황제(Emperor Constantine)가 회심한 312년까지 매 세대마다 약 50만 명씩 증가했다고 하였다. Ramsay MacMullen, Christianizing the Roman Empire (A. D. 100-400), (New Haven: Yale University Press, 1984), 86, 109-110을 참조하라.

516) 권오훈, "존 웨슬리의 사랑으로 역사하는 믿음,"「선교신학」, 25(2010): 134-135.

517) John Wesley, The Works of John Wesley, Vol. IX, 292.

518) Ibid.

519) 이에 대해서는 하도균, "복음전도의 모형으로써 '사랑'에 관한 연구: 존 웨슬리의 사상을 중심으로,"「선교신학」47(2017): 343-378을 참조하라.

520) John Wesley, "On Working Out Our Own Salvation," The Works of John Wesley: Sermons III 71-114, by Albert C. Outler. The Bicentennial Edition. (Nashville: Abingdon press, 1984), Vol. 3, 203.

521) Wily and Culbertson, Introduction to Christian Theology (Kansas City: Beacon Hill Press, 1946), 313.

522) 이에 대해서는, A. Skevington Wood, The Burning Heart: John Wesley, Evangelist (Exetes: The Paternoster Press, 1967)을 참조하라.

523) 이에 대해서는, 홍성철,『불타는 전도자 존 웨슬리』(서울: 도서출판 세복, 2006), 13-100, 1부 "불타는 전도자의 형성"을 참조하라.

524) John A. Newton, Susanna Wesley (London: The Epworth Press, 1968), 122.

525) 홍성철,『불타는 전도자 존 웨슬리』, 21-25를 참조하라.

526) Ibid., 60-76을 참조하라.

527) 김홍기,『존 웨슬리의 희년사상』(서울: 감리교신학대학교 출판국, 1995), 35를 참조하라.
528) 팀 켈러/ 장성우 역,『팀 켈러의 탈기독교 시대 전도』(서울: 두란노, 2022), 55.
529) Ibid., 56-59.
530) Ibid., 59.
531) 최윤식,『한국교회 미래지도2; 2020 2040』(서울: 생명의 말씀사, 2015), 176.
532) 박보경, "코로나-19시대의 복음전도 사역을 위한 제언",「선교신학」65(2022): 181-182.
533) Ibid., 182.
534) Ibid., 180-182.
535) 알렌 클라이더,『초대교회의 예배와 전도』, 53.
536) 하도균,『전도, 메시아 예수를 전하라』(서울: 소망사, 2016) 91-99를 참조하라. 저자는 예수께서 세상의 메시아가 될 수 있었던 것은, 세상과 하나가 되어 '상처 입은 치유자'가 되었기 때문이라고 하였다.
537) 이 글은「신학과 실천」41(2014)에 실린 글입니다.
538) 목창균,『현대신학논쟁』, (서울: 두란노, 2011), 282.
539) Ibid., 282-283.
540) 이원규,『종교의 세속화』, (서울: 대한기독교출판사, 1987), 17.
541) Ibid.
542) Harvey Cox, The Secular City (New York: The Macmillan Company, 1967), 17-18.
543) 홍성철,『전도학』, (서울: 세복, 2006), 411.
544) 이정석,『세속화 시대의 기독교』(서울: 이레서원, 2000), 26-27.
545) George G. Hunter III, How To Reach Secular People (Nashville: Abingdon Press, 1992), 24.
546) Hank Hanegrraff, Christianity in Crisis: 21st Century, 김성웅,『바벨탑에 갇힌 복음』(서울: 새물결플러스, 2010), 339.
547) 한국일, "복음전도와 교회의 공적책임", [장신논단] 제35집 (서울: 장로회신학대학교 기독교사상과 문화연구원, 2009), 143-144
548) 신경규, "한국교회의 문제와 과제: 장기적 교회성장을 위하여", [개혁주의 교회성장] 제3호 (서울: 개혁주의교회성장학회, 2008), 24.
549) Ibid., 25.
550) 하비 콕스는『세속도시』2장에서 세속도시의 모습으로 무명성(Anonymity)과 이동성(Mobility)을, 3장에서 세속도시의 생활양식으로 실용주의(Pragmatism)와 불경성(Profanity)을 제시하고 있습니다. 세속도시의 모습과 생활양식은 그 안에 살고 있는 세속적인 사람들의 특징이 구현된 것으로 볼 수 있습니다. 그래서 본 서에서는 세속도시의 모습과 생활양식을 세속적인 사람들의 4가지 특징으로 다루었습니다.
551) Bryan Wilson, Religion In Secular Society, (Edinburgh: Morrison And Gibb, 1966), 158-159.
552) 조재국, "현대사회의 과제와 한국교회의 사명"「신학과 실천」8 (2005), 297.
553) Harvey Cox, The Secular City, (New York: The Macmillan Company, 1967), 63.

554) Ibid.
555) 최동규, "한국 포스트모던 문화의 도전과 교회성장의 과제," 「신학과 실천」 20 (2009), 358.
556) Harvey Cox, op. cit., 54.
557) Lesslie Newbigin, The Gospel in a Pluraisit Society, (Geneva: WCC Publications, 1989), 14.
558) "강덕영 장로 칼럼-종교인과 신앙인(1)," 「국민일보」 2012년 6월 4일 자.
559) 이성덕, 『이야기 기독교사』 (서울: 살림, 2007), 250.
560) Harvey Cox, op. cit., 35-36.
561) 이원규, 『기독교의 위기와 희망: 종교사회학적 관점』 (서울: 대한기독교서회, 2003), 125.
562) Harvey Cox, op. cit., 45.
563) 최동규, op. cit., 363.
564) 여기에 대해서는 하도균, 『현재적 하나님 나라와 이를 위한 영적 전투』 (서울: 베드로서원, 2011), 12를 참조하라.
565) 신약성경에서 '하나님 나라'라는 표현을 대할 때, 우리는 '하나님의 통치', '하나님의 왕권 행하심', 혹은 '하나님의 다스리심'으로 이해하는 것이 옳다. 그렇기에 이 세상에서 지금도 하나님의 통치 영역에 들어가 하나님 나라를 누리는 것이 가능하다고 말할 수 있다. 김세윤, 김회권, 정현구 공저, 『하나님 나라 복음』 (서울: 새물결플러스, 2013), 222.
566) 트레빈 왁스, op. cit., 33-46.
567) William J. Abraham, The Logic of Evangelism, (Grand Rapids, MI: Eermans, 1989). 95.
568) 김선일, "신학적 실천으로서의 복음전도," 「신학과 실천」 23 (2010), 15.
569) Ibid.
570) 이에 대해서는 하워드 스나이더/ 최형근 역, 『교회 DNA』 (서울: 한국기독학생회출판부, 2007), 15-38을 참조하라.
571) 여기에 대해서는 필자가 발표한 논문을 참조하라. 초대교회의 유기체적인 공동체의 모습이 어디에서 기인하였고, 또한 오늘날 교회가 어떻게 이 모습을 회복하여 복음전도를 효율적으로 실천할 수 있을까를 서술하였다. 하도균, "교회 공동체성의 회복을 통한 효과적인 복음전도에 관한 연구" 「신학과 실천」 36 (2013), 561-588.
572) 이미 세속화된 세상을 구분하는 틀로서 시카고 대학의 교수였던 마틴 마티(Martin E. Marty)는 '완전 세속(Utter Secularity)', '단순 세속(Mere Secularity)', '통제된 세속(Controlled Secularity)'이라는 세 가지 구분의 틀을 제시하였다. Martin E. Marty, The Modern Schism: Three Paths to the Secular, (New York: Harper & Row, Publishers, 1969), 10을 참조하라. 또한 홍성철은 이 틀을 조금 발전시켜 세속화된 세상을 역시 세 가지로 구분하였는데, '명목상의 교인인 사람', '교회에 무관심한 사람'. '무신론자, 혹은 유물주의자'로 구분하였다. 홍성철, op. cit., 407-21을 참조하라. 필자는 '수용성과 관계성'이라는 기준으로 세속화된 사람들을 세 부류로 나누고 그들에게 적합한 접근방식을 제시할 것이다. 이것은 이상만, "수용성에 따른 전도전략," 『12단계 오이코스전도, 훈련자용』 (서울: 생명의 말씀사, 2009), 169-200에서 그 틀만 가져온 것이다.
573) 이상만, op. cit., 173.

574) 톰 S. 라이너/ 이혜림 역, 『우리가 교회 안 가는 이유』(서울: 예수전도단, 2007), 173-224.
575) Ibid., 179-189를 참조하라.
576) Ibid., 203-214를 참조하라.
577) Ibid., 147.
578) 황병배, "The Rainer Scale을 통해서 본 한국 불신자 유형조사와 효과적인 전도를 위한 선교적 통찰," 『제48회 한국실천신학회 정기학술대회 자료집』(서울: 한국실천신학회, 2013), 60.
579) 톰 S. 라이너, op. cit., 158.
580) Ibid., 166-167.
581) George G. Hunter III, op. cit., 83-84.
582) 톰 S. 라이너, op. cit., 91-144를 참조하라.
583) Ibid., 94-108.
584) Ibid.
585) 랜디 뉴먼/ 윤종석 역, 『전도, 예수님처럼 질문하라』(서울: 두란노, 2013), 60-83.
586) Ibid., 12.
587) 이 글은 『신학과 실천』 56(2017)과 『변화하는 사회를 위한 전략적 복음전도』 6장에 실린 글입니다.
588) 박명수, "다종교사회의 형성과 복음주의 신앙," 『성결교회와 신학』 25(2011), 14-16.
589) Ibid., 16-19.
590) Scott J. Jones, The Evangelistic Love of God and Neighbor, (San bernardino, CA: Abingdon Press, 2014), 159.
591) Ibid.
592) 조일준, 『이주하는 인간, 호모 미그란스: 인류의 이주 역사와 국제 이주의 흐름』(서울: 푸른역사, 2016), 159-160.
593) 법무부 출입국 통계, 체류외국인, https://www.moj.go.kr/moj/2412/subview.do. 2022.11.30. 접속.
594) 구승모, "한국 사회의 다문화 상황과 문제," 『다문화 선교』(서울: CLC, 2015), 21-39.
595) 한국 사회의 다문화 현상과 복음전도에 관해서는 하도균, "다문화 사회 속에서 효율적인 다문화 교회 정착과 복음전도를 위한 연구," 『신학과 실천』 52(2016), 681-710와 박형신, "한국의 배타적 민족주의, 시민사회론, 선교적 교회론," 『신학과 실천』 48(2016), 519-545를 참조하라.
596) 한인철, 『종교다원주의의 유형』(서울: 한국기독교연구소, 2000), 19.
597) 목창균, 『현대신학논쟁』(서울: 도서출판 두란노, 1995), 423.
598) Ibid., 411.
599) Ibid., 412.
600) 세속화와 복음 전도와의 관계에 대해서는 하도균, "세속화 시대의 효율적인 복음전도에 관한 연구," 『신학과 실천』 41(2014), 513-538.
601) 본 소고에서는 다종교사회에서의 종교 현상에 대해 세속화와 탈세속화의 두 가지 입장에서 살펴보려고 한다. 따라서 그 두 가지 이론을 모두 주장한 피터 버거의 정의로부터

602) 피터 버거,『세속화냐? 탈세속화냐?』, 15.
603) Ibid., 21-24.
604) Ibid., 27.
605) 피터 버거,『종교와 사회』, 153-156.
606) 최현종, "세속화",『21세기 종교사회학』(서울: 다산출판사, 2013), 104.
607) 한스 큉/ 안명옥 옮김,『세계윤리구상』(서울: 분도출판사, 1992), 15.
608) 송인설, "복음주의와 에큐메니칼 운동의 대화 가능성에 대한 연구: 종교다원주의 논쟁을 중심으로,"「한국기독교신학논총」91(2014), 86.
609) Ibid., 86-87.
610) Ibid., 89-90.
611) 정태혁,『요가수트라』(서울: 문예신서, 2000), 111.
612) 이충웅, "크리스천요가에 대한 복음주의 선교신학적 비판",(한세대학교대학원 박사학위논문, 2011), 134-135.
613) 정태혁,『요가수트라』, 112.
614) 김현태. "이슬람교, 2075년에 세계 최다 종교 될 것,"「세계일보」(2017년 4월 14일자) 해당 싸이트: http://www.segye.com/newsView/20170413002536.
615) 연합뉴스, "[한국의 이슬람교 ①토종 무슬림' 6만 시대 맞았다" 2022년 11월 30일 접속. https://www.yna.co.kr/view/AKR20201019082900501
616) 복음주의에 대해서는 한 마디로 정의하는 것은 어렵다. 복음주의의 역사적 발전 과정을 보면 종교개혁에 뿌리를 둔 개신교 정통주의와 18-19세기 영미에서 일어난 부흥운동으로 드러난 영미 복음주의, 그리고 20세기에 들어서는 자유주의에 대한 대항으로 일어난 근본주의로 나눌 수 있다. 본 논문에서는 이러한 세 가지 모두를 포함하여 오늘날 오순절 교회까지 복음주의 기독교로 정의할 것이다. 박명수,『근대복음주의 주요 흐름』, 434—437.
617) 최근에는 종교의 특수성과 다양성을 강조하는 사중적 모델이 대세이나 본 연구에서 가장 기본적인 세 가지 모델을 제시한다. 이에 대해서 더 자세히 알기 원하면 송인설, "복음주의와 에큐메니칼 운동의 대화 가능성에 대한 연구: 종교다원주의 논쟁을 중심으로," 80-81을 참조하라.
618) Alan Race, Christians and Religious Pluralism: Patterns in the Christian Theology of Religions (Maryknoll: Orbis, 1982). 목창균,『현대신학논쟁』, 413에서 재인용.
619) 최현종, "한국 종교 이미지 평가 및 매체 영향력 분석,"「복음과 실천신학」제24권(2011년 11월), 241.
620) 목창균,『현대 복음주의』(서울: 황금부엉이, 2005), 357.
621) John Hick, God has many names, (Philadelphia: Westminster Press, 1982), 36. 한인철,『종교다원주의의 유형』, 62-63 재인용.
622) Ibid., 140.
623) 목창균,『현대 복음주의』, 361-362.
624) 김승호, "종교다원주의 상황에서 예수 그리스도의 유일성에 대한 선포,"「로잔 운동과

선교 신학』(서울: 도서출판 케노시스, 2015), 117.
625) 다원주의 도전에 따른 선교적 활동에 대해서는 위형윤, "다원주의에 대한 선교학의 방향에 관한 고찰 – 2000년대 한국교회의 선교적 과제," 「신학과 실천」12(2007), 97-127을 참조하라.
626) 피터 버거, 『세속화냐? 탈세속화냐?』, 23.
627) 최현종, "세속화," 106.
628) Jones, The Evangelistic Love of God and Neighbor, 162.
629) Ibid., 164.
630) 이에 대해서는 김남식, "로마식과 켈트식 전도 패러다임에 대한 연구," 「신학과 실천」49(2016), 269-288을 참조하라.
631) 하나님 나라와 복음 전도와의 관계에 대해서는 하도균, 『전도 바이블』(경기: 도서출판 예수전도단, 2014), 166-185을 참조하라.
632) Lesslie Newbigin/ 홍병룡 옮김, 『다원주의 사회에서의 복음』(서울: IVP, 2007), 419.
633) 김선일, "신학적 실천으로서의 복음전도,"「신학과 실천」 23(2010), 25-26..
634) Randy Newman/ 윤종석 옮김, 『전도, 예수님처럼 질문하라』(서울: 두란노서원, 2013), 12.
635) 이 글은 「성결교회와 신학」 44(2020)에 실린 글입니다.
636) 목회데이터연구소, "코로나19, 세계인의 종교적 신앙 강화시켰다!," 「넘버즈」 제91호 (2021): 3.
637) 켈트전도에 대해서는 다음을 참고하라. 이상택, 『켈틱 기독교와 현대교회』(서울: 한국장로교출판사, 2013), 김선일, 『전도의 유산』(서울: CLC, 2014), 존 피니, 『새로운 전도가 온다』한화룡 역 (서울: 비아, 2015), 조지 헌터, 『켈트전도법』황병배 역, (서울: 한국교회선교연구소, 2012).
638) 존 피니, 『새로운 전도가 온다』, 115를 참조하라.
639) 통계청, '가구주의 성, 연령 및 세대구성별 가구(일반가구) - 시군구" https://kosis.kr/statHtml/statHtml.do?orgId=101&tblId=DT_1JC1517&checkFlag=N. 2022년 11월 30일 접속.
640) 목회데이터연구소, "위클리 리포트 152호-〈한국인의 외로움과 사회적 고립도〉" http://www.mhdata.or.kr/bbs/board.php?bo_table=koreadata&wr_id=204. 2022년 11월 30일 접속.
641) Ibid.
642) Ibid., 130을 참조하라.
643) Georg G Hunter III, How to Reach Secular People. Nashville: Abingdon Press, 1992 p. 83-84를 참조하라.
644) 그 이유는 사이버교회가 세상 속에 있는 가나안 교인들과 비그리스도인들을 대상으로 주로 운영되는 것이기 때문에 그들의 입자에서, 그들 위주로 운영해야 효율성이 있기 때문이다.
645) "새신자 10명 중 7명, 어려움과 고난 겪을 때 교회 찾아,"「데일리 굿뉴스」 https://www.goodnews1.com/news/articleView.html?idxno=401272 (2021년 11월 26일

자).

646) 이 글은 『전도바이블』 초판에 실린 16장과 한국성결신문 2021년12월29일자에 실린 "위드 코로나 시대의 전도 전략"을 수정 편집한 글입니다.
647) 김상철, 「인터넷과 영상을 통한 21세기형 전도와 양육」 (서울: 나침반, 2006), 19-20.
648) 인터넷은 신문, 라디오, 텔레비전 등으로 각각 개별화되었던 매체를 통합하는 특성을 지니고 있다. 인터넷에서 제공되는 서비스는 기존의 미디어들이 개별적으로 제공하던 정보를 인터넷이라는 공통의 근간을 통해 가공,전달,소비할 수 있는 시스템을 만들었다. 인터넷은 IT기술과 통신기술의 급격한 발전에 따라서 매체들이 인터넷을 중심으로 통합하는 융합(convergence)현상은 앞으로 더욱 심화될 것으로 예측된다. 이러한 현상을 두고 인터넷을 토탈미디어(total media)라 하기도 한다. 오택섭 외 3명, 「뉴미디어와 정보사회」 (서울: 나남, 2009), 220.
649) 소셜네트워크(영어: Social Network)는 사회학에서 개인, 집단, 사회의 관계를 네트워크로 파악하는 개념이다. 「위키백과사전」, https://ko.wikipedia.org/wiki/소셜네트워크 다시 말해 직역하면 "사회적인 연결망"으로 해석할 수 있다. Social은 사람을 뜻하며, 연결망은 인터넷을 통한 네트워크이다. 간단히 소셜네트워크는 "사람과 사람이 연결된 네트워크"라 할 수 있다. SNS(Social Network Service)는 소셜네트워크를 서비스하는 사이트를 말하며, SNS를 제공하는 업체는 세계적인 서비스 사이트로 페이스북(Facebook) 그리고 트위터(Twitter) 등이 있다. 우리나라에는 싸이월드(Cyworld), 미투데이(me2day), 블로그, 온라인 카페 등이 서비스하고 있다. 이창현, 「트위터는 넓게 페이스북은 깊게 블로그는 소신있게」 (서울: 가메출판사, 2011), 9.
650) CaTalk, "2022년 국내 SNS · 커뮤니티 앱 순위 TOP 10" 2022년 12월 1일 접속. https://catalk.kr/information/sns-community-app-ranking.html
651) [네이버 지식백과] 메타버스 (시사상식사전, pmg 지식엔진연구소). 2022년 12월 1일 접속.
https://terms.naver.com/entry.naver?docId=6226822&cid=43667&categoryId=43667
652) 김현철 · 조민철, 『메타버스 교회학교』 (서울: 꿈미, 2021), 19.
653) 기독신문, "총회교육개발원, 메타버스 활용 국내 최초 주일학교 교재 발간" 2022년 12월 1일 접속. http://www.kidok.com/news/articleView.html?idxno=213689.
654) 목회데이터연구소, 위클리리포트 157호 〈메타버스 세계〉, 2022년 12월 1일 접속. http://www.mhdata.or.kr/bbs/board.php?bo_table=koreadata&wr_id=209&page=1.
655) Ibid.
656) Ibid., 32.
657) Keck, L.E, The Pauline Letters, (Abingdon Press, 1991), 19.
658) 김영욱, 「21세기 전도전략」 (서울: 기독교문서선교회, 2002), 191-192.
659) 블로그(blog 또는 web log)란 웹(web)과 로그(log, 기록)를 합친 낱말로, 스스로가 가진 느낌이나 품어오던 생각, 알리고 싶은 견해나 주장 같은 것을 웹에 일기처럼 차곡차곡 적어 올려서, 다른 사람도 보고 읽을 수 있게끔 열어 놓은 글들의 모음이다. 블로그는 개인적인 성격을 가지고 있지만 때에 따라서는 인터넷을 통해 기존의 어떤 대형 미디어에 못지않은 힘을 발휘할 수 있기 때문에 '1인 미디어'라고도 부른다. 관심사에 따라 자

유롭게 글을 올릴 수 있는 일종의 개인 웹사이트 http://ko.wikipedia.org/wiki/블로그
660) 자신이 팔로하는 사용자가 올린 트윗을 다른 팔로어(친구)들에게 알려주고 싶을 때 사용한다.
661) 고재관, 이동현 공저,「트위터 · 페이스북 · 카카오톡을 활용한 스마트전도법」(서울: 은혜출판사, 2012), 23.
662) 고재관, 이동현 공저,「트위터 · 페이스북 · 카카오톡을 활용한 스마트전도법」, 60.
663) 이경선,『가나안 성도 전도 전략』(서울: 도서출판 토비아, 2019), 165.
664) 목회데이터연구소, "121호-〈새신자가 교회를 찾는 시점, 76%가 삶의 어려움 있었다!〉" 2022년 12월 30일 접속. http://www.mhdata.or.kr/bbs/board.php?bo_table=koreadata&wr_id=172.
665) 목회데이터연구소, "127호-〈한국교회 소그룹 실태조사〉 2022년 12월 1일. http://www.mhdata.or.kr/bbs/board.php?bo_table=koreadata&wr_id=178&page=3#.

개정판
뉴노멀 시대를 선도하는
전도 바이블

초판 1쇄 발행 2023. 07. 01.

지은이	하도균
펴낸이	방주석
펴낸곳	도서출판 소망
주 소	10252 경기도 고양시 일산동구 고봉로 776-92
전 화	031-976-8970
팩 스	031-976-8971
이메일	somangsa77@daum.net
등 록	(제48호) 2015년 9월 16일

ISBN 979-11-981157-2-0 03230
책값은 뒤표지에 있습니다.

나의 힘이신 여호와여 내가 주를 사랑하나이다(시18:1)